इब्नबतूता की भारत यात्रा
या
चौदहवीं शताब्दी का भारत

विविध

इब्नबतूता की भारत यात्रा या चौदहवीं शताब्दी का भारत

nbt.india
एकः सूते सकलम्
राष्ट्रीय पुस्तक न्यास, भारत
NATIONAL BOOK TRUST, INDIA

इस पुस्तक का पहला संस्करण सन् 1933 में श्रीकाशी विद्यापीठ, बनारस द्वारा प्रकाशित किया गया।

पांडुलिपि दिनेश शर्मा के सौजन्य से प्राप्त

ISBN 978-81-237-2039-5

पहला संस्करण : 1997
बारहवीं आवृत्ति : 2020 (*शक* 1941)

Ibnabatuta Ki Bharat Yatra *(Hindi)*

₹ 135.00

निदेशक, राष्ट्रीय पुस्तक न्यास, भारत
नेहरू भवन, 5 इंस्टीट्यूशनल एरिया, फेज़-II
वसंत कुंज, नई दिल्ली-110070 द्वारा प्रकाशित
www.nbtindia.gov.in

समर्पण पत्र

पिता स्वर्गः पिता धर्मः पिता ही परमं तपः
पितरि प्रीतिमापन्ने प्रीयन्ते सर्वदेवताः

जिनकी असीम कृपा
के कारण ही मेरे हृदय में इतिहास-प्रेम का अंकुर जमा,
उन्हीं परमपूज्य पिताजी श्री जयकृष्णदासजी के
श्रीचरणों में यह ग्रंथरूपी भेंट अत्यंत
श्रद्धापूर्वक रखी गई।

–मदनगोपाल

विषय सूची

चित्रों की सूची

प्राक्कथन

वर्षों की बात है, जब पुरातत्व विभाग की एक रिपोर्ट पढ़ते समय बतूता से मेरा सर्वप्रथम परिचय हुआ था। उसी समय से मैं इसकी खोज में था; परंतु कुछ तो आलस्यवश और कुछ अन्य कार्यों में लग जाने के कारण, फिर बहुत दिन तक मैं इस पुस्तक को न देख सका। अब कोई तीन वर्ष हुए, यह पुस्तक भाग्यवश मुझको मिल गई और इसमें तत्कालीन भारतीय समाज का सुचारु चित्र अंकित देख मैंने हिंदी भाषा-भाषियों को भी इसका रसास्वादन कराना उचित समझा।

भारतीय इतिहास में यह पुस्तक अत्यंत महत्व की समझी जाती है। सन् 1809 से—जब इसका सर्वप्रथम परिचय फ्रैंच विद्वानों द्वारा सभ्य संसार को हुआ था—आज तक, जर्मन, अंग्रेजी आदि अन्य विदेशी भाषाओं में इस पुस्तक के समूचे, अथवा स्थलविशेषों के बहुत से अनुवाद होने पर भी हमारे देश में उर्दू को छोड़ अन्य किसी भाषा में इसका अनुवाद नहीं है। इस बड़ी कमी की पूर्ति करने के विचार से ही मैंने यहां केवल भारत भ्रमण देने का प्रयत्न किया है।

पुस्तक की मूल भाषा अरबी से अनभिज्ञ होने के कारण, इस पुस्तक को मैंने अथ से लेकर इति तक अन्य अनुवादों के आश्रय से ही लिखा है। इस विषय में श्री मुहम्मद हुसैन तथा श्री मुहम्मद हयात-उल-हसन महोदय की उर्दू कृतियों से और गिब्ज महोदय के 'अंग्रेजी अनुवाद' से यथेष्ट सहायता ली गई है। आवश्यकतानुसार स्थान स्थान पर नोटों को लाभदायक बनाने के विचार से कनिंगहम के 'प्राचीन भारत का भूगोल' (नवीन संस्करण) नामक ग्रंथ से भी कई बातें उद्धृत की गई हैं। इस प्रकार पुस्तक को उपादेय तथा रोचक बनाने के लिए मैंने यथासंभव कोई बात उठा नहीं रखी। अपने इस प्रयास में मैं कहां तक सफल हुआ हूं, इसका निर्णय पाठकों पर निर्भर है।

नगरों इत्यादि के संबंध में दिए हुए नोटों में मुझसे भूल होना संभव है। यदि विज्ञ पाठकों ने इस संबंध में मेरी कुछ सहायता की तो अगली आवृत्ति में त्रुटियां सुधार दी जाएंगी।

जहां तहां अरबी तथा फारसी अंशों का अनुवाद कर देने के कारण, श्री जहीर आलम चिश्ती बी.ए., एल.एल.बी.; श्री मुहम्मद राशिद एम.ए., एल.एल.बी.; श्री बदरउद्दीन, बी.ए., एल.एल.बी; और श्री रघुनंदन किशोर बी.ए., एल.एल.बी. का, मैं अत्यंत ही अनुगृहीत

हूं। इंडियन म्यूजियम के क्यूरेटर की कृपा से मु. तुगलक का चित्र तथा प्रिय मित्र बाबू लक्ष्मीनारायणजी (वकील) की कृपा से पुस्तक के अन्य चित्र उपलब्ध हुए हैं, एवं चि. कृष्ण जीवन और श्री विनायकराव (गुरुकुल इंद्रप्रस्थ) ने अत्यंत परिश्रम से भारत का मानचित्र (गिब्ज के अनुसार) तैयार किया, अतः ये सब धन्यवाद के पात्र हैं। अंत में मैं प्रकाशक महोदयों को भी धन्यवाद देना आवश्यक समझता हूं, क्योंकि उन्हीं ने पुस्तक को प्रकाशित कर मेरा परिश्रम सार्थक बनाया है।

मुरादाबाद
आश्विन, शुक्ला 2, संवत 1988 **—मदनगोपाल**

भूमिका

भारत में मौलाना बदरुद्दीन तथा अन्य पूर्वी देशों में शैख शमसुद्दीन कहलाने वाले, इतिहास-प्रसिद्ध यात्री 'इब्नबतूता' का वास्तविक नाम 'अबू अब्दुल्ला मुहम्मद' था। 'इब्नबतूता' तो इसके कुल का नाम था, परंतु भाग्य से अथवा अभाग्य से, आगे चलकर संसार में यही नाम सबसे अधिक प्रसिद्ध हुआ। यह जाति का शैख था। इसका वंश संसार के इतिहास में, सर्वप्रथम, साइरैनेसिया तथा मिस्र के सीमांत प्रदेशों में, पर्यटक-जाति के रूप में प्रकट होने वाली लवात की बर्बर जाति के अंतर्गत था। परंतु इसके पुरखे कई पीढ़ियों से मोराको प्रदेश के टैंजियर नामक स्थान में बस गए थे, और इसी नगर में 'शैख अब्दुल्ला' बिन (पुत्र) मुहम्मद बिन (पुत्र) इब्राहीम के यहां 24 फरवरी 1304 ई. को इसका जन्म हुआ।

इसके पिता क्या करते थे? इसका बाल्यकाल किस प्रकार बीता? इसने कहां तक शिक्षा पाई तथा किन किन विषयों का अध्ययन किया? इन प्रश्नों के संबंध में इसने कुछ भी नहीं लिखा है। केवल दिल्ली-सम्राट के सम्मुख स्वयं इसी के कहे हुए वाक्य के आधार पर कि 'हमारे घराने में तो केवल काजी का ही काम किया जाता है' और इसके अतिरिक्त यात्रा-विवरण में दिए हुए इस कथन के कारण कि 'इसका एक बंधु स्पेन देश के रौन्दा नामक नगर में काजी था', ऐसा अनुमान किया जाता है कि स्वदेश में इसकी गणना मध्यम वर्गीय उच्च कुलों में की जाती होगी; और इसने कुलोचित साहित्य एवं धर्मग्रंथों का भी अवश्य ही अध्ययन किया होगा। इस पुस्तक में दी हुई इसकी अरबी भाषा की कविता तथा अन्य कवियों के यत्र तत्र उद्धृत एक-दो चरणों से प्रतीत होता है कि यह प्रकांड पंडित न था। परंतु इस संसार-यात्रा में स्थान स्थान पर मुसलमान-संप्रदाय के धर्माचार्यों तथा साधु-महात्माओं के दर्शन करने की उत्कट अभिलाषा से इसकी धार्मिक प्रवृत्तियों का भलीभांति परिचय मिल जाता है। इसी धर्मावेश के कारण इस नवयुवक ने मातृभूमि तथा माता-पिता का मोह छोड़कर 22 वर्ष की (जो सौर वर्ष के अनुसार केवल 21 वर्ष 4 मास होती थी) थोड़ी सी अवस्था में ही, मक्का आदि सुदूर पवित्र स्थानों की यात्रा करने की ठान ली और 725 हिजरी में रजब मास की दूसरी तिथि (14 जून 1325) को बृहस्पतिवार के दिन यत्किंचित धन लेकर ही संतुष्ट हो, उछाह भरे हुए चित्त से, माता-पिता को रोते हुए छोड़कर, बिना किसी यात्री—निर्धन साधु तथा धनी व्यापारी—का साथ हुए, अकेला ही, सुदूर मक्का और मदीना की पवित्र यात्रा करने चल दिया।

स्पेन और मोराको से लेकर सुदूर चीन-पर्यंत—उत्तरी अफ्रीका तथा समस्त पूर्वी एवं मध्य एशिया के प्रदेशों ने इस समय तक मुसलमान धर्म अंगीकार कर लिया था; केवल लंका और भारत ही इसके अपवाद थे, परंतु यहां (अर्थात भारत में) भी अधिकांश भाग में मुसलमान ही स्वच्छंद शासक बने हुए थे। मक्का तथा मदीना की अपने जीवन में कम-से-कम एक बार यात्रा करना प्रत्येक सामर्थ्य वाले मुसलमान का धर्म होने के कारण इन सुदूरस्थ देशों की जनता को देशाटन करने के लिए एक तो वैसे ही धार्मिक प्रोत्साहन मिलता था, दूसरे, उस समय, धनी तथा निर्धन, प्रत्येक वर्ग के मुसलमानों को धार्मिक कृत्य में सहायता देने के लिए हर देश में अलग अलग संस्थाएं बनी हुई थीं जो यात्रियों के लिए प्रत्येक पड़ाव पर अतिथिशाला, सराय तथा मठ आदि में भोजनादि का, धर्मात्माओं द्वारा दिए हुए दान-द्रव्य से, उचित प्रबंध करती थीं; और कहीं कहीं तो चोर-डाकुओं इत्यादि से रक्षा करने के लिए साधु-संतों के साथ सशस्त्र सैनिक तक कर दिए जाते थे। इन सब सुविधाओं के कारण, तत्कालीन मुसलमान जनता 'एक पंथ दो काज' वाली कहावत को मानो चरितार्थ करने के लिए ही पुण्य के साथ साथ देशाटन का आनंद भी लूटती थी, और प्रत्येक पड़ाव पर उत्तरोत्तर बढ़ने वाले यात्रियों के समूह-के-समूह देश देश से एकत्र होकर पवित्र मक्का और मदीना की यात्रा करने चल देते थे।

इस धार्मिक हेतु के अतिरिक्त, मध्ययुग में एशिया, अफ्रीका तथा यूरोप के मध्य स्थल-मार्ग द्वारा व्यापार होने के कारण, तत्कालीन संसार के राजमार्गों पर कुछ एक सुविधाओं के साथ चहल-पहल भी बनी रहती थी और सभ्य संसार के अधिक भाग पर मुसलमानों का आधिपत्य होने के कारण देशों का समस्त व्यापार भी प्रायः मुसलमान व्यापारियों के ही हाथों में था। वर्तमान काल की अपेक्षा ये सब सुविधाएं नगण्य होने पर भी, उस समय की परिस्थिति एवं अराजकता को देखते हुए कहना पड़ता है कि इन व्यापारियों द्वारा भी अकेले-दुकेले मुसलमान यात्रियों को धार्मिक भ्रातृ-भाव के कारण, अवश्य ही यथेष्ट सहायता मिलती होगी।

हां, तो इन्हीं मध्ययुगीय राजमार्गों द्वारा बतूता ने भी अपनी प्रसिद्ध ऐतिहासिक यात्रा प्रारंभ की थी। घर से कुछ दूर अकेले चलने के पश्चात तिलिमसान (तैलेमसैन) नामक नगर से कुछ ही आगे इसका और ट्यूनिस के दो राजदूतों का साथ हो गया, परंतु यह स्थायी न था और कुछ ही पड़ाव चलने पर उनमें से एक का देहांत हो जाने के कारण, यह ट्यूनिस के व्यापारियों के साथ हो लिया और फिर अलजीरिया, ट्यूनिस होते हुए समुद्र के किनारे किनारे सूसा और स्फाव आदि नगरों की राह से 5 अप्रैल 1326 ई. को एलैक्जैंड्रिया[1] जा पहुंचा।

1. बतूता के कथनानुसार यह नगर उस समय संसार के चार सर्वोत्तम बंदर-स्थानों में से था। अन्य तीन बंदरों में कोलम (क्विलौन) और कालीकट तो भारत में थे, तीसरा जैतून चीन में था।

इस नगर में आने से पहले बतूता का विचार केवल हज करने का ही था; परंतु यहां के प्रसिद्ध साधु बुरहानउद्दीन तथा महात्मा शैख उल मुरशिदी के दर्शन करने पर इसके विचार सर्वथा पलट गए। प्रथम साधु ने तो इससे भविष्यवाणी की थी कि तू बहुत लंबी यात्रा करेगा और मेरे भाई से चीन में तेरी मुलाकात भी होगी। दूसरे ने इसको एक स्वप्न का आशय समझाते हुए यह कहा था कि मक्का की यात्रा के उपरांत 'यमन', इराक और तुर्कों के देश में होता हुआ तू भारत पहुंचेगा और वहां वन में संकट पड़ने पर मेरा भाई दिलशाद तेरी सहायता कर सब दुख दूर करेगा। संतों की वाणी ने बतूता पर ऐसा जादू का सा प्रभाव डाला कि भ्रमण करने की सुप्त आकांक्षाएं उसके हृदय में सहसा प्रबुद्ध हो गईं और यदा कदा विपत्ति आ पड़ने, तथा अन्य साधु-महात्माओं के दर्शन करने पर संसार से विरक्ति उत्पन्न होने पर भी वह सदैव उत्तरोत्तर बढ़ती ही गईं। शैखों से विदा होकर बतूता हज की सीधी राह छोड़ काहिरा[1] की ओर चल दिया और वहां से लौटकर फिर उत्तरी

एलैक्जैंड्रिया उस समय एक अत्यंत सुंदर नगर समझा जाता था। इसके चारों ओर पक्की दीवार बनी हुई थी और उसमें चार सुंदर द्वार लगे हुए थे। बतूता के आगमन के समय जहाजों का पथ-प्रदर्शन करने के लिए नगर से तीन मील की दूरी पर एक अत्यंत ऊंचा प्रकाशस्तंभ (लाइट हाउस) भी यहां बना हुआ था, जो इसके यात्रा से लौटने तक (750 हिजरी = 1349 ई. में) संपूर्णतया नष्ट-भ्रष्ट हो चुका था। नगर के बाहर प्रसिद्ध रोमन शासक पौम्पी के स्तूप देखकर बतूता को अत्यंत ही आश्चर्य हुआ था। कहा जाता है कि यह 'स्मारक' प्राचीन सैरापियम (मिस्र के देवता के मंदिर) के स्थान पर बनाया गया था। स्मरण रखने की बात है कि एलैक्जैंड्रिया ही एक ऐसा नगर है जहां बतूता के नाम से एक मुहल्ले का नाम देकर इस प्रसिद्ध अरब यात्री को सम्मानित किया गया है।

1. नगरों की माता तुल्य यह अत्यंत प्राचीन नगरी संसार-प्रसिद्ध फैराओह (फराऊन) उपाधिधारी सम्राटों की राजधानी थी। इसके असंख्य सुंदर भवन, तथा ठाट-बाट को देखकर बतूता आश्चर्यचकित हो गया। कहते हैं कि बतूता के भ्रमण के समय यहां पखालों में ऊंटों पर पानी लादने वाले सक्का लगभग बारह हजार थे, गदहे तथा खच्चर वाले मजदूर 30 हजार की संख्या में थे और सम्राट तथा उसकी प्रजा की 36000 नावों द्वारा नील नदी में व्यापार होता था। पाठकों को इस जगह की जनसंख्या का इन बातों से अवश्य ही कुछ आभास हो जाएगा। वास्तव में यह नगर तब अत्यंत ही समृद्धिशाली था। इटली के यात्री फ्रैस्कोवाल्डी के कथनानुसार, जो 1384 में यहां आया था, महामारी फैलने के उपरांत भी लगभग एक लाख व्यक्ति नगर में भीतर गुंजाइश न होने से रात्रि को नगर के बाहर सोते थे। बतूता के समय में यहां उमर की बनवाई हुई अत्यंत ही प्रसिद्ध मस्जिद थी और असंख्य मदरसे वर्तमान थे। इनके अतिरिक्त रोगियों के लिए अमूल्य औषध आदि से पूरित एक औषधालय तथा साधु-संतों के पोषणार्थ मठ भी यहां के दर्शनीय पदार्थों में थे। औषधालय में एक सहस्र दीनार प्रतिदिन व्यय किए जाते थे और मठों में विद्वान साधु-संतों द्वारा पृथक संप्रदायों की विधि के अनुसार गुप्त विषयों की शिक्षा दी जाती थी।

मिस्र में होता हुआ दमिश्क के व्यापारियों के साथ सीरिया और पैलेस्टाइन में गजा, हैब्रोन (हजरत एब्राहम-इब्राहीम का नगर), पवित्र जैरुसैलेम[1] टायर, त्रिपोली, एण्टिओक और लताकिया आदि नगरों की सैर कर और साधु-महात्माओं के दर्शन से तृप्त हो 726 हिजरी में रमजान मास की 9वीं तिथि को (9वीं अगस्त 1326) बृहस्पतिवार के दिन दमिश्क[2] जा पहुंचा।

---

1. वह नगर है जहां ईसा मसीह को सूली (क्रास) पर चढ़ाया गया था। मक्का और मदीना के पश्चात यह नगर भी मुसलमानों की दृष्टि में अन्य कारणों के अतिरिक्त इस हेतु से पवित्र माना जाता है कि यहीं से अपनी जीवितावस्था में मुहम्मद साहब—मकान में रहते हुए भी—बुर्राक नामक घोड़े पर चढ़कर स्वर्ग की सैर करने गए थे। वह स्थान, जहां से यह यात्रा हुई थी, मस्जिद 'अल अकस' के नाम से प्रसिद्ध है। बतूता ने इसकी कारीगरी की बड़ी प्रशंसा की है। वह कहता है कि उसके चार द्वार हैं और चारों की सीढ़ियां तथा अंदर का फर्श सब स्फटिक का बना हुआ है। अधिक भाग में सुवर्ण लगा होने के कारण दृष्टि चौंधिया जाती है। इसी मस्जिद के गुंबद के नीचे मध्य में रखी हुई उस शिला के भी बतूता ने दर्शन किए थे जिस पर चढ़कर हजरत स्वर्ग को गए थे। इसके अतिरिक्त ईसा की माता मेरी की कब्र तथा स्वयं उनके प्राणांत होने का स्थान भी दर्शनीय समझा जाता है। इसाई यात्रियों को नगर-प्रवेश करने पर मुसलमान शासकों को कर देना पड़ता था। 1914 के महासमर के उपरांत संधि हो जाने पर यह नगर अंग्रेजों के अधीन हो गया है और यहां यहूदी बसाए जा रहे हैं।
2. मध्ययुग में 'पूर्व की रानी' कहलाने वाला यह नगर वास्तव में अद्वितीय था। बतूता के कथनानुसार, नगर की उस शोभा का वर्णन करना लेखनी के वश की बात न थी। यहां उमैय्या वंश के प्रसिद्ध खलीफा वलीद प्रथम (705-715 हिजरी) की बनवाई हुई मस्जिद भी वास्तव में अद्वितीय थी। मुसलमानों के आगमन से पूर्व इस स्थान पर गिरजा बना हुआ था; फिर मुसलमान आक्रमणकारियों ने दो ओर से आक्रमण पर इस गिरजे के आधे आधे भाग पर कब्जा जमा लिया, परंतु उनका एक सेनापति तलवार के बल से घुसा था और दूसरा शांति के साथ, अतएव उस समय आधे भाग पर ही अधिकार करना उचित समझा गया और वहां पर मस्जिद बढ़वाने का उपक्रम हुआ तो ईसाइयों के रुपया न लेने पर दूसरा आधा भाग भी बलपूर्वक छीन लिया गया और ऐसी सुंदर एवं भव्य मस्जिद बनवाई गई कि संसार में इसकी उपमा मिलनी कठिन थी। इसके चार द्वार के चारों ओर हीरा-माणिक आदि बहुमूल्य वस्तुओं की दूकानें चौपड़ के बाजारों में बनी हुई थीं और वहां स्फटिक के बने हुए कुंडों में फव्वारे चला करते थे। संसार-प्रसिद्ध जल-घटिका भी, जो दिन-रात समय बताया करती थी, इसी मस्जिद में लगी हुई थी और बतूता ने भी स्वयं उसको देखा था। कुरानशरीफ के दिग्गज पंडित भी तब यहीं रहकर सहस्रों विद्यार्थियों को धर्मशास्त्र तथा अन्य विषयों की शिक्षा दे देकर मुस्लिम-संसार में भेजते थे। 'मूसा के पद-चिह्न' भी नगर के दर्शनीय स्थानों में हैं। बतूता के समय यहां मठ तथा अन्य धार्मिक संस्थाएं भी असंख्य थीं और उनसे भांति भांति की सहायता मुसलमानों को मिलती थी—यदि कोई संस्था मक्का की यात्रा का व्यय देती थी तो कोई निर्धनों की बालिकाओं के विवाह का

कुछ दिन यहां की सैर कर बतूता शव्वाल मास की प्रथम तिथि को (1 सितंबर 1326 ई.) हजाज जाने वाले यात्रियों के समूह के साथ बसरा होता हुआ पहले मदीने पहुंचा और हजरत तथा उनके साथी अबू बकर और उमर की कब्रों के दर्शन कर चार दिन के बाद राह के अन्य पवित्र स्थानों को देखता हुआ मक्का गया और पवित्र 'काबा' के दर्शन किए। इसी नगर के एक प्रसिद्ध मठ में अपने पिता के मित्र एक अत्यंत विद्वान साधु से बतूता की मुलाकात हुई। नगर के अन्य साधु-संतों तथा विद्वानों के दर्शन करने के उपरांत वह 17 नवंबर को यहां से इराकी यात्रियों के साथ बगदाद की ओर चल दिया, और एक पुरुष के परामर्श से इराक-उल-अजूम और इराक-उल-अरब की सैर करने की इच्छा से नजफ कर्बला, अस्फहान तथा शीराज (जहां शैख सादी की कब्र है) देखता हुआ बगदाद आया। वहां के सुलतान का आतिथ्य स्वीकार कर कुछ दिन का विश्राम लेने के बाद वह पुनः मक्का की ओर गया; राह में कूफा नामक स्थान से ही उसको ऐसा अतिसार हुआ कि मक्का तक दशा न सुधरी, परंतु उस वीर ने फिर भी हिम्मत न हारी और रुग्णावस्था में ही काबा की परिक्रमा कर पुनः मदीना पहुंचा। वहां जाकर चंगा होने पर वह फिर मक्का को लौटा।

इसके पश्चात अगले तीन वर्ष तक मकान में ही रहकर बतूता ने धुरंधर पंडितों से दर्शन और अध्यात्म-विद्या की शिक्षा ग्रहण की। गिब्ज महोदय के कथनानुसार यह भी संभव है कि भारत-सम्राट की विदेशियों के प्रति दानशीलता का समाचार सुन, वहां अच्छा पद पाने की इच्छा से ही इसने इस प्रकार इस्लामी धर्म-तत्वों के समझने का कष्टसाध्य प्रयत्न किया हो।

जो हो, धर्मज्ञान प्राप्त करने के अनंतर, बहुत से अनुयायियों के साथ बतूता ने पूर्व-अफ्रीका की यात्रा की, और वहां से लौटकर पुनः एक बार मक्का के दर्शन कर भारत जाने के निश्चय से जद्दा को गया भी परंतु वहां भारत जाने वाला जहाज उस समय न होने के कारण इसने विवश हो स्थल-मार्ग द्वारा ही जाने की ठहराई, और बहुत से घोड़े आदि ठाठ के सामान से सुसज्जित होकर (जिनकी संख्या और फिहरिस्त उसने जनता के चित्त में अविश्वास उत्पन्न होने के भय से नहीं बताई) अत्यंत धर्मवृद्ध एवं परिभ्रमणकारी सुसंभ्रम व्यक्ति की हैसियत से एशिया माइनर के धार्मिक संघों की अभ्यर्थना, और कृष्ण-सागर के मंगोल-जातीय 'खानों' का आतिथ्य स्वीकार करता हुआ यह सुप्रसिद्ध

समस्त व्यय ही अपने पास से उठाती थी, यहां तक कि कोई कोई तो स्वामी की क्रोधाग्नि में पड़ने से दास को बचाने के लिए उसके हाथ से कोई चीज टूट जाने पर वैसी ही नई वस्तु स्वयं मोल लेकर स्वामी को दे देती थी। अत्यंत वैभवसंपन्न होने के कारण नगर-निवासी एक से बढ़कर एक मकान, मस्जिद तथा मठ और समाधि बनवाते थे और विदेशी यात्रियों का खूब सत्कार करते थे।

अफरीकन (अफ्रीका-निवासी) सुअवसर पा तद्देशीय रानी के साथ कुस्तुनतुनियां देख, कास्पियन-समुद्र, मध्य एशिया तथा खुरासान की उपत्यका की राह नैशापुर देख, हिंदूकुश (जो बतूता के कथनानुसार शीताधिक्य के कारण हिंदुओं की मृत्यु हो जाने से इस नाम से प्रसिद्ध हुआ था) और हिरात पार कर काबुल गया, और वहां से करमाश होता हुआ कुर्रम घाटी में होकर 734 हि. में मुहर्रम उल हराम की पहली तारीख को सिंधु नद के किनारे भारत की सीमा पर आ गया।

कहना न होगा कि भारत सम्राट ने भी इसका आशातीत आदर-सत्कार किया, और दिल्ली में काजी के पद पर बारह सौ दीनार पर प्रतिष्ठित कर भूतपूर्व सम्राट कुतुबउद्दीन खिलजी के 'धर्मादाय' का प्रबंध भी इसके सुपुर्द कर दिया। तत्पश्चात लगभग नौ वर्ष तक 'बतूता' दिल्ली में ही रहा; और हम उसको कभी तो राजकार्य-संपादन करते हुए और कभी सम्राट के साथ प्रांत प्रांत में घूमते हुए देखते हैं। यह सब कुछ होने पर भी भारत के इतिहास में इसकी कोई विशेष प्रसिद्धि न हुई और अन्य राज-सेवकों के समूह में इसका अस्तित्व पूर्णतया विलीन हो गया। परंतु इस सुदीर्घ काल में यह विचित्र पुरुष, यहां की प्रत्येक राजकीय घटना और क्षुद्रातिक्षुद्र लौकिक व्यवहार को अवसर पाते ही अत्यंत ध्यानपूर्वक अपने स्मृति-क्षेत्र में संचित कर रहा था और शायद अपने रोजनामचे में भी लिखता जाता था। भारत से लौटने पर यह सब सामग्री मध्यकालीन राजदरबार के वर्णन में इस प्रकार व्यहृत की गई कि उसको पढ़कर हम चकित-से रह जाते हैं। भारत के समृद्धिशाली सम्राट तथा उनके शानदार दरबारी उस समय यह क्या जानते थे कि छह शताब्दी पश्चात संसार में उनका यश रूपी सुवर्ण मुक्तहस्त हो द्रव्य लुटाने वाले इस नगण्य, पश्चिमी काजी के ही स्मृति-नोटों की कसौटी पर कसा जाएगा।

फिर अंत में, दिल्ली की क्षण में विनष्ट होने वाली, अस्थायी संपदा की भांति अन्य पुरुषों की तरह बतूता पर भी, सम्राट की कोप-दृष्टि हुई, और उसके कारण शायद इसके जीवन का ही अंत हो जाता, परंतु भाग्य ने इसको यहां भी सहारा ही दिया, और संसार से विरक्त हो यतियों की भांति जीवन व्यतीत करना प्रारंभ कर देने के कारण ही शायद सम्राट ने इसकी प्रगाढ़ राजभक्ति और ईमानदारी पर विश्वास कर पुनः इस पर दयादृष्टि की। जो हो, अनुग्रह होने के कुछ काल पश्चात ही मुहम्मद तुगलक ने इसको अत्यंत सम्मानपूर्वक अपना राजदूत बना उपहार एवं रत्नादि अमूल्य धन देकर दलबल सहित चीन-सम्राट की सेवा में भेजा और तदनुसार नित्य नवीन देशों को देखने के लिए उत्सुक रहने वाले इस विचित्र पुरुष ने 743 हिजरी के सफर मास में चीन देश जाने के लिए दिल्ली से प्रस्थान कर दिया। अलीगढ़, कन्नौज, चंदेरी, दौलताबाद, और खम्बात की सैर कर जहाज में सवार हो तटस्थ नगरों की सैर करता हुआ कालीकट पहुंचा; परंतु वहां से प्रस्थान करने के समय सम्राट का समस्त अमूल्य उपहार और इसके अनुयायी अन्य राजसेवक भी जहाज

टूट जाने के कारण विनष्ट हो गए, केवल शरीर पर धारण किए हुए वस्त्र और 'जां नमाज' ही 'शैख' के पास शेष रह गई।

इस बेढब दशा में दिल्ली को लौटने पर सम्राट का पुनः कोपभाजन हो मृत्यु के मुख में जाने की आशंका होने के कारण, बतूता ने भारतीय समुद्र-तट के नगरों में कुछ काल तक इधर उधर घूमने फिरने के पश्चात मालद्वीप जाना ही निश्चय किया। वहां पहुंचकर काजी के पद पर प्रतिष्ठित हो इसने प्रेमोद्यान की सैर कर 16 मास तक खूब ही आनंद लूटा, परंतु धार्मिक आदेशों पर अधिक बल देने के कारण जनता का चित्त क्षुब्ध होता देखकर अंत में वहां से भी यह चलने के लिए विवश हो गया और चित्त में दबी हुई वही पुरानी धार्मिक प्रवृत्ति पुनः प्रबल हो जाने के कारण यह सरनदीप (स्वर्ण-द्वीप[1] लंका) के तुंग पर्वत शिखर पर बने हुए 'हजरत आदम के पद-चिह्नों, को देखने के लिए व्याकुल हो उठा। फिर वहां की यात्रा समाप्त कर भारत के कोरोमंडल तट के कुछ प्रसिद्ध नगरों को देख चीन जाने का निश्चय कर पुनः मालद्वीप चला गया और वहां से 43 दिन की यात्रा के पश्चात बंगाल में जाकर प्रसिद्ध महात्मा शैख जलाउद्दीन तवरेजी के (आसाम प्रांत में) दर्शन कर मुसलमानों के एक जहाज में बैठ अराकान, सुमात्रा, जावा (मूलजावा—यहां भी इस समय हिंदू राजा राज्य करते थे) की राह—जिसका बहुत प्रयत्न करने पर भी बतूता के टीकाकार अभी तक ठीक ठीक निर्णय नहीं कर सके हैं—चीन के जैलूम नामक बंदर-स्थान में (इसका वास्तविक नाम शायद कुछ और ही था)—जहां के कपड़े के नाम पर साटन नामक कपड़ा अब बनने लगा है—पहुंच गया।

इस यात्रा में बतूता ने अपने को सर्वत्र ही दिल्ली सम्राट का राजदूत प्रसिद्ध किया था और कितने आश्चर्य की बात है कि पास में कोई उपहार तथा अन्य प्रमाण-पत्र न होते हुए भी किसी के चित्त में इसकी ओर से तनिक-सा भी संदेह न हुआ। यही नहीं प्रत्युत

---

1. लंका में इस समय हिंदू राजा राज्य करते थे, परंतु हजरत आदम और हव्वा के पद-चिह्नों के कारण मुसलमान यात्री भी यहां अधिक संख्या में आते रहते थे। बतूता के समय में लंका तथा चीन दोनों ही देशों में शव-दाह किया जाता था। यहां देवनदेरा नामक स्थान में विष्णु का एक भव्य मंदिर भी था जिसको पुर्तगाल-निवासियों ने 1587 में पूर्णतया विध्वस्त कर डाला। बतूता के कथनानुसार भगवान विष्णु की मनुष्याकार मूर्ति सुवर्ण की बनी हुई थी और नेत्रों के स्थान में उसमें नीलम जड़े हुए थे। एक सहस्र ब्राह्मण मूर्ति की पूजा करने के लिए नियत थे और लगभग 500 स्त्रियां उसके सम्मुख दिन-रात भजन-कीर्तन करती रहती थीं। नगर की समस्त आय इसी मंदिर को अर्पित कर दी जाती थी, और प्रत्येक यात्री को यहां भोजन इत्यादि मिलता था। लंका में तब गोवध न होता था और किसी के ऐसा करने पर बतूता के कथनानुसार उस पापी का या तो उसी प्रकार वध कर दिया जाता था या उसको गौ के चर्म में लपेटकर अग्नि में भस्म कर दिया जाता था।

धार्मिक तत्वों की जानकारी होने के कारण, समस्त ज्ञात संसार का परिभ्रमण करने वाले इस विचित्र पुरुष का सर्वत्र आदर व सम्मान भी किया गया और राजदूत होने के कारण, प्रत्येक नगर में राज्य की ओर से इसकी खूब अभ्यर्थना भी की गई, परंतु वहां की राजधानी 'खान बालक'—(पैकिन) में जाने पर, सम्राट की अनुपस्थिति के कारण यह उनके दर्शन न कर सका और वहां से लौट जैतून से जहाज द्वारा सुमात्रा आदि होता हुआ पुनः मालावार में आ गया, परंतु दिल्ली के मायावी, विश्वासघातक और असार वैभव का दोबारा उपभोग करने की इच्छा न होने के कारण बतूता अब पश्चिम की ओर ही चल दिया और 1348 ई. में सुप्रसिद्ध महामारी के प्रारंभ होने पर हम उसको शीराज, अस्फहान, बसरा तथा बगदाद की सैर करने के उपरांत सीरिया में घूमते देखते हैं। भविष्य के लिए कोई कार्यक्रम स्थिर न होने पर भी इसने अब अंतिम बार मक्का की एक और यात्रा की और वहां से किसी अज्ञात कारणवश, जो विवरण में स्पष्टतया नहीं लिखा गया है, मोराको के अत्यंत वैभवशाली सुलतानों की सेवा में फैज (फास) नगर में 750 हि. में जा उपस्थित हुआ। हां, एक वर्णन योग्य बात जो रह गई है कि वह यह है कि स्वदेश पहुंचने से पहले इसको यह सूचना मिल चुकी थी कि इसके पिता का पंद्रह वर्ष तथा माता का लौट आने से कुछ ही दिन पहले स्वर्गवास हो गया था।

समस्त मुस्लिम जगत में केवल दो देश ही अब और शेष रह गए थे जिनको इसने न देखा था। वे थे 'अन्दे लूसिया' और नाइजर नदी पर बसा हुआ 'नीग्रो-देश'। उनके दर्शन करने की लालसा को भला ऐसा पुरुष किस प्रकार संवरण कर सकता था। तीन वर्ष तक उनकी भी इसने खूब सैर की और फिर 755 हि. में वहां से लौटकर घर आया। लगभग 30 वर्ष की इस लंबी यात्रा के पश्चात स्वदेश आने पर जब इसने देश देश का हाल बताना प्रारंभ किया तो जनसाधारण ने उन पर अविश्वास-सा किया जैसा कि समसामयिक इतिहासकारों के लेखों से प्रकट होता है; परंतु सुलतान अबू इनां के प्रधान वजीर द्वारा खूब समर्थन होने के कारण, सेक्रेटरी इब्न-जजी को आदेश दिया गया कि वह बतूता के, स्मरण-शक्ति द्वारा समस्त यात्रा विवरण बताने पर लिपिबद्ध करता जाए। सम्राट के इस अनुग्रह के कारण ही महान अरब यात्री का यह विचित्र एवं सुरम्य यात्रा विवरण वर्तमान रूप में इस समय उपलब्ध हो सका है। सुलतान ने फिर इसको सम्मान के साथ काजी के पद पर प्रतिष्ठित कर दिया और अंत में 73 वर्ष की अवस्था में बतूता ने (1377-78 ई. में) स्वदेश में ही अत्यंत सुख से प्राण त्यागे।

मध्यकालीन मुसलमानों के समस्त राज्यों और विधर्मियों के देश देश की इस प्रकार सैर करने वाला, सबसे प्रथम और अंतिम यात्री बतूता ही था। श्री यूल महोदय के अनुमान से इसकी यात्रा का विस्तार न्यूनातिनून हिसाब से 75000 मील होता है। उस भयानक समय में—जिसको हम अब अंधकार युग कहकर पुकारते हैं—इतनी सुदीर्घ यात्रा करना

अत्यंत ही दुःसाध्य कार्य था और वास्तव में स्टीम इंजन के आविष्कार से पहले इससे लंबी तो क्या, इतनी यात्रा करने वाला भी कोई अन्य पुरुष समस्त मानव-इतिहास में दृष्टिगोचर नहीं होता। इस यात्रा का ध्येय प्रारंभ में धार्मिक होने पर भी वास्तव में बहुत करके मनोरंजन ही था; इतिहास लिखने अथवा उसकी सामग्री एकत्र करने की इच्छा से बतूता ने यह कष्ट स्वीकार नहीं किया था। बहुत संभव है कि स्थान स्थान के मनोहर दृश्यों और महत्वपूर्ण तथा उपयोगी बातों के नोट उसने उसी समय ले लिए हों परंतु यात्रा-विवरण में केवल एक बार बुखारा नगर में प्रसिद्ध विद्वानों की समाधि पर लगे हुए शिला-लेखों की नकल उतारने का ही उल्लेख आता है और फिर यह सामग्री भी भारतीय समुद्री डाकुओं ने उससे छीन ली थी; इसके इस प्रकार नष्ट हो जाने पर फिर यदि मोराको सुलतान अपने अनुग्रह से यह समस्त यात्रा-विवरण लेखबद्ध न कराते तो समस्त संसार नहीं तो कम-से-कम भारतवासी अवश्य इस अमूल्य सामग्री से सदा के लिए वंचित हो जाते। फिर इस देश की इतिहास रूपी शृंखला की इस कड़ी को पुनः ठीक-ठाक बनाना असंभव नहीं तो दुःसाध्य अवश्य हो जाता।

यह ठीक है कि यात्रा की समाप्ति पर केवल स्मृति से ही इस विवरण की प्रत्येक घटना लिपिबद्ध कराने के कारण, इसमें अशुद्धियां भी हो गई हैं। कहीं यदि नगरों के क्रम उलट गए हैं या उनके नामोच्चार भ्रष्ट रूप से लिख दिए गए हैं तो कहीं दृश्यों के वर्णन में भी भ्रम-सा हुआ दीखता है (उदाहरणार्थ अबोहर को ही मुलतान और पाक पट्टन के बीच में लिख दिया गया है परंतु वह वास्तव में पाक पट्टन और दिल्ली के बीच में है; और कुतुब मीनार की सीढ़ियां इतनी चौड़ी बताई हैं कि हाथी चढ़ जाए, जो वास्तव में यथार्थ नहीं है)। इसी प्रकार प्राचीन ऐतिहासिक घटनाओं में भी—उनके विश्वस्त सूत्र पर अवलंबित होते हुए भी, जनश्रुति के आधार पर लिखी जाने के कारण, त्रुटियां रह गई हैं। और ऐसा होना स्वाभाविक भी है। बड़े बड़े ऐतिहासिक ग्रंथों तक में कभी कभी ऐसा हो जाता है, परंतु आश्चर्य की बात तो यह है कि असंख्य नगरों तथा पुरुषों के नामों का उल्लेख होने पर भी इस बृहत्कथा में अशुद्धियों की मात्रा इतनी न्यून क्यों है। इसमें वर्णित कथा को अन्य समसामयिक तथा प्रामाणिक ग्रंथों से मिलान करने पर सभ्य संसार ने इस वृत्तांत को प्रधान रूप से ठीक ही पाया। और प्रत्येक घटना तथा विवरण को छानबीन करने के पश्चात सत्य समझकर शुद्ध मति से उल्लेख करने के कारण (जो गुण मध्यकालीन लेखकों में कुछ कम दृष्टिगोचर होता है) वर्तमानकालीन विद्वान बतूता को आदर की दृष्टि से देखते हैं।

बतूता के आगमन के समय दिल्ली में तुगलक वंशीय सम्राट इतिहास-प्रसिद्ध मुहम्मद तुगलक का राज्य था। सिंधु नद से लेकर पूर्व में बंगाल तक, और हिमाचल से लेकर दक्षिण में कर्नाटक (कोरोमंडल तट) तक, कश्मीर, पूर्व आसाम तथा मद्रास प्रेसीडेंसी के कुछ भागों

को छोड़कर प्रायः समस्त आधुनिक भारतवर्ष उस समय इसी सम्राट की अधीनता में था। विदेशों से आए हुए मुसलमानों को अत्यंत प्रेम और श्रद्धा की दृष्टि से देखने के कारण सम्राट ने बतूता पर भी अनुग्रह कर उसको दिल्ली में काजी के पद पर प्रतिष्ठित कर दिया। इस प्रकार लगभग नौ वर्ष तक राज-सेवक के रूप में रहकर, यहां के प्राचीन मुसलमान-राजवंश, तत्कालीन सम्राट, राजदरबार, शासन-पद्धति, प्रसिद्ध घटनाओं, व्यापार, और विविध नगरों तथा प्रजाजन के संबंध में जो कुछ इस मोराको-निवासी ने देखा और सुना, उसका यह विस्तृत वर्णन यथेष्ट रोचक होने के साथ साथ अत्यंत महत्वपूर्ण भी है।

ईसा की चौदहवीं शताब्दी के भारत की वास्तविक दशा—और उसमें भी मुहम्मद तुगलक की शासन प्रणाली को, जो प्रधान रूप से मध्ययुगीय मुसलमान-शासन का उदाहरण स्वरूप थी—सच्चे रूप में जानने के लिए जियाउद्दीन बरनी के तथा पश्चातकालीन अन्य इतिहासों के होते हुए भी बतूता का विवरण ही कई कारणों से, जिनका स्पष्ट करना यहां व्यर्थ सा प्रतीत होता है, सबसे अधिक माननीय है। इतिहास फिर भी इतिहास ही है। कालविशेष की घटनाओं का अत्यंत विस्तार से वर्णन कर देने पर भी, उनमें प्रायः कुछ ऐसे आवश्यक अंगों की पूर्ति शेष रह ही जाती है जिससे समस्त वर्णन निर्जीव-सा प्रतीत होता है। परंतु इस कला में सिद्धहस्त होने के कारण बतूता यहां भी बाजी मार ले गया है; इसकी वर्णन-शैली कुछ ऐसी मनमोहक है कि लेखनी रूपी तूलिका से चित्रित होने पर ऐतिहासिक पात्र सजीव पुरुषों की भांति हमारे सम्मुख चलते फिरते दृष्टिगोचर होने लगते हैं। मोराको के प्रसिद्ध यात्री की यह विशेषता एक अपनी निजी संपत्ति-सी है।

प्रसिद्ध अंग्रेजी साहित्यिक श्री वालटर रैले ने अपने शेक्सपियर नामक ग्रंथ में एक स्थल पर, शेक्सपियर की वर्तमानकालीन आलोचनाओं की नीलामी से उपमा दी है, अर्थात नीलामी में जिस प्रकार सबसे अधिक बोली बोलने वाला व्यक्ति ही वस्तु पाने का अधिकारी होता है, प्रोफेसर महोदय की सम्मति में ठीक उसी प्रकार शेक्सपियर की अत्यंत प्रशंसा करने वाला ग्रंथ इस समय सर्वोत्तम कहलाता है और उसका लेखक उच्च कोटि का समालोचक। मेरी तुच्छ मति में कुछ कुछ यही वातावरण यहां इस समय मध्यकालीन भारत-सम्राटों के संबंध में भी होता जा रहा है, और प्रसिद्ध इतिहास लेखक तक, प्रायः प्रत्येक ही, सम्राट को यथासंभव सर्वगुण-संपन्न चित्रित करने का भीष्म प्रयत्न करते दिखाई देते हैं; यदि ऐसी दशा में मुहम्मद तुगलक सरीखे सम्राट की संकीर्ण हृदयता पर ध्यान न दें, उसको 'आदर्शवादी' बता प्रशंसा में पृष्ठ-पर-पृष्ठ लिखकर, बादशाह की धर्मांधता तथा पक्षपात को उदारता, धूर्त्तता को निष्पक्षता, दुर्बलता को सहनशीलता, और क्रूरता, धन-लोलुपता तथा मानसिक विकारों को राजनीतिक-प्रयोगों के पर्दे में छिपाकर अंत में (सम्राट के) संपूर्ण शासन को असफल होता देख उसको "अभागा" कहकर बचाने का प्रयत्न किया जाए तो आश्चर्य ही क्या है? परंतु बतूता का आंखों देखा वृत्तांत पढ़ने पर, जो आगे

विस्तृत रूप से दिया गया है, पाठक स्वयं देखेंगे कि इस सम्राट के शासनकाल में, (इसके) पूर्वजों के शासनकाल की ही तरह, हिंदुओं पर खूब कठोरता की जाती थी; पर प्रजा को, भारत में रहते हुए भी राजधर्म स्वीकार न करने पर 'जजिया' देना पड़ता था, बिना धार्मिक टैक्स दिए देवालय तक न बन सकते थे, सम्राट का युद्ध में सामना करके प्राण गंवाने वाले राजाओं के पुत्र, पराजित होकर आत्मसमर्पण करने पर, मुसलमान बना लिए जाते थे, और उनकी बहू-बेटियों को ईद के अवसर पर दरबार में नृत्य एवं गान के लिए विवश करने के उपरांत सम्राट के बंधु-बांधवों तथा राजपुत्रों में लूट की अन्य वस्तुओं की भांति बांट दिया जाता था।

सम्राट के धार्मिक विद्वेष तथा मानसिक संकीर्णता या पक्षपात का यहीं पर अंत हुआ न समझिए। व्यापार संबंधी नियमों में भी वह इसी तरह लागू होता था—उदाहरणार्थ विदेश से सामान आने पर मुसलमानों की अपेक्षा विधर्मियों से अधिक आयात कर लिया जाता था। ऐसी दशा में हिंदुओं के राज्य-शासन में भाग न लेने की अपेक्षा भाग लेना ही अधिक आश्चर्यकारक होता। बतूता ने सुदीर्घकाल तक भारत में रहकर राजदरबार की आंतरिक दशा के साथ-ही-साथ नगरों और प्रांतों में घूम फिरकर खूब सैर की थी और सभी स्थानों पर सम्मान की दृष्टि से देखा जाता था—परंतु यह सब कुछ होते हुए भी उसने न तो राज-दरबार में और न किसी प्रांत में किसी उच्च पदाधिकारी हिंदू का नाम लिखा है; उसके वर्णन में सर्वत्र ही मुसलमान और उनमें भी अधिकतया विदेशी ही दृष्टिगोचर होते हैं।

हां, धर्म परिवर्तन करने पर उच्च कुलोद्भूत हिंदुओं को भी ये पद प्राप्त हो जाते थे, और बतूता ने 'कबूला' तथा कंपिल-राजपुत्रों इत्यादि के कुछ एक नाम भी ऐसे बताए हैं जो धर्म परिवर्तन के कारण दरबार में प्रतिष्ठत पदों पर नियुक्त किए गए थे। केवल 'राजा रतन (सिंह ?)' नामक एक व्यक्ति के सैवस्तान तथा उसके आसपास की भूमिका से शासक होने का अवश्य पता चलता है; परंतु यह बात बतूता के आगमन से पहले की है और उसने एक तो इसका उल्लेख ही जनश्रुति के आधार पर किया है, दूसरे वह विवरण इतना सूक्ष्म है कि उसके आधार पर कोई कल्पना नहीं की जा सकती और न कोई ठीक ठीक निष्कर्ष ही निकाला जा सकता है। यह 'रतन' (?) नामक व्यक्ति किसी प्राचीन हिंदू राजकुल में उत्पन्न हुआ था अथवा साधारण प्रजा वर्ग से ही इस प्रकार उन्नति कर उच्च पद पर पहुंचा था? और सम्राट द्वारा सम्मानित होने से पहले यह कहीं का शासक था या नहीं, इस संबंध में बतूता सर्वथा मौन है। जो हो, केवल इस एक अस्पष्ट घटना के आधार पर ही सम्राट हिंदुओं को भी बेरोक-टोक उच्च पद देता था—यह सिद्धांत प्रतिपादन करना कुछ वर्तमानकालीन राजाओं के नामों के आगे उच्च सैनिक उपाधियां देख भविष्य के किसी

इतिहासकार के अंग्रेजों की सैन्य नीति में साधारण प्रजा के साथ उदार नीति का व्यवहार करने का निष्कर्ष निकालने के समान ही भयंकर होगा।

इसी प्रकार सम्राट की बहुश्रुत उदारता भी विदेशी मुसलमानों तक ही परिमित थी। आजकल समय समय पर ब्रिटिश जनता को भारत में नौकरी करने के लिए विविध प्रकार से प्रोत्साहन देने वाली गवर्नमेंट के समान उस समय के शासक भी ताजा वलायत (!) मुसलमानों के प्रति कुछ कुछ वैसी ही नीति बरतते थे। खुरासान, मध्य एशिया और अरब इत्यादि देशों से सह-धर्मियों के भारत में पदार्पण करते ही—जिसकी सूचना सम्राट को नियमानुसार दी जाती थी—सम्राट की ओर से उनकी अभ्यर्थना प्रारंभ हो जाती थी और द्रव्योपहार आदि के नाना प्रलोभनों द्वारा उनको भारतवर्ष में ही रोकने का प्रयत्न किया जाता था। बतूता के वर्णन से पता चलता है कि कुछ एक तो इनमें ऐसे अयोग्य थे कि स्वदेश में रहने पर शायद उनको भीख ही मांगनी पड़ती। परंतु भारत-सम्राट उनको भी मुक्त-हस्त हो दान देता था। यही नहीं, बहुतों ने तो स्वदेश में अपने घर बैठे हुए सम्राट से पर्याप्त दक्षिणाएं पाई थीं। इसी कारण आदर-सत्कार उचित सीमा से बढ़ जाने और राजकोष से असीम धन पात्रापात्र का विचार किए बिना ही दे डालने से मुहम्मद तुगलक की दानशीलता की उस समय समस्त मुस्लिम देशों में धूम मची हुई थी परंतु भारतीयों को इससे लेश मात्र भी लाभ न होता था।

यही दशा सम्राट के न्यायप्रियता आदि अन्य प्रसिद्ध गुणों की भी समझिए। अकारण ही पुरुषों को दंड देना और निर्मूल आरोप लगाकार यंत्रणाओं के भय से उसको स्वीकार कराना और फिर अंत में उनका प्राणापहरण कर लेना उसके बाएं हाथ का खेल था। जहाज टूट जाने के कारण चीन सम्राट के लिए जाने वाले उपहारों के नष्ट हो जाने पर, स्वयं बतूता को ही पुनः तुगलक के निकट लौटकर जाने में प्राणों का भय हुआ, यहां तक कि एक कौड़ी तक पास न रहने पर भी दिल्ली न जाकर उसने अन्य देशों में घूमकर भाग्य परखना ही अधिक अच्छा समझा।

सम्राट तथा उसके शासन के संबंध में फैले हुए 'चीन की चढ़ाई' आदि वर्तमानकालीन भ्रमों को दूर करने के अतिरिक्त बतूता ने तत्कालीन भारतीय इतिहास की कुछ अन्य बातों पर भी प्रकाश डाला है; कुतुबउद्दीन ऐबक की दिल्ली विजय-तिथि, बंगाल के मुसलमान गवर्नरों का शासनकाल, तुगलक वंश का तुर्क-जातीय होना, कोरोमंडल तट के मुस्लिम शासकों का वृत्त और तत्कालीन भारतीय मुद्रा आदि विषयों की जानकारी के संबंध में इस विवरण से यथेष्ट सहायता मिली है। बतूता भारतीय अनाजों के भाव के साथ-ही-साथ यदि यहां के मजदूरों का दैनिक वेतन भी लिख देता तो तत्कालीन भारतीय आर्थिक इतिहास को समझने में और भी सुगमता होती। खैर, उसके अभाव में हमको इतने पर ही संतुष्ट होना चाहिए।

भारत में बहुत दिनों तक निवास करने के कारण बतूता के हृदय पर कुछ गहरी छाप लगी थी और यही कारण है कि अन्य देशों का विवरण देते हुए भी यत्र-तत्र वह उनकी एतद्देशीय अनुभवों से तुलना कर बैठता है; इस प्रकार भारत संबंधी अन्य बातों की भी बहुत कुछ जानकारी हो जाती है और अन्य स्थानों की अपेक्षा भूमिका में ही उनको स्थान देना अधिक उचित समझकर हम उन्हें यहीं लिख रहे हैं।

आजकल की भांति गंगा उस समय भी पवित्र समझी जाती थी और मरणोपरांत हिंदुओं की हड्डियां इसी नदी में डालने की प्रथा थी। उनको अपना भोजन मुसलमानों के स्पर्श से बचाते देखकर बतूता को अत्यंत ही आश्चर्य हुआ था; वह कहता है कि यदि छोटे बच्चे भी मुसलमानों का छुआ भोजन खा लेते थे तो उनको भी गोबर खिलाकर शुद्ध किया जाता था। सती होने के लिए सम्राट की आज्ञा लेनी पड़ती थी और वह इसको कभी अस्वीकार न करता था।

भारतवासी तब साधारणतया सरसों का तेल सिर में डालते थे और बालों को रेह से धोते थे। एक-दूसरे से मिलने पर तांबूल द्वारा आदर किया जाता था और उच्चवर्गीय पुरुषों को पांच पान के बीड़े दिए जाते थे। ज्वार, बाजरा और मक्का आदि मोटा अनाज एतद्देशवासियों का प्रधान आहार था और कोयले का व्यवहार न जानने के कारण लोग लकड़ियों द्वारा ही अग्नि प्रज्वलित कर भोजन इत्यादि बनाते थे।

राजदरबार में प्रवेश करने से पहले पुरुषों की तलाशी ली जाती थी कि कहीं कोई चाकू आदि अस्त्र तो नहीं छिपा हुआ है। कोई व्यक्ति, सम्राट की आज्ञा बिना, झंडा ले डंके पर चोट करता हुआ राह में न चल सकता था, और बादशाह के अतिरिक्त किसी अन्य व्यक्ति के द्वार पर नौबत नहीं झड़ सकती थी।

मालाबार के कालीकट और किलोन तथा खम्बायत आदि अन्य बंदर-स्थानों से भारतीय जहाज सीलोन, सुमात्रा, जावा और अरब, अदन तक जाते थे। ये काठ के बने होते थे परंतु तूफान में टूट जाने के भय से काठ के इन तख्तों को कीलों से न ठोककर नारियल की बनी हुई रस्सियों से ही जकड़कर बांध देते थे। चीन जाने के लिए उसी देश के जहाज भारतीय बंदरगाहों पर मिल जाते थे और उन्हीं में अधिक सुभीता भी होता था।

शीघ्रगामी घोड़े यमन से और भारवाही उत्तम घोड़े तुर्की से सहस्रों की संख्या में आते थे और पांच सौ से लेकर पांच हजार दीनार तक बिकते थे। मालद्वीप से नारियल की रस्सी और कौड़ियां आती थीं। कौड़ियों का भाव चार लाख प्रति सुवर्ण मुद्रा के हिसाब से था।

इनके अतिरिक्त अन्य छोटी छोटी बातों को विस्तार भय से यहां नहीं लिखा है। पाठक उन्हें यथास्थान पाएंगे।

— मदनगोपाल

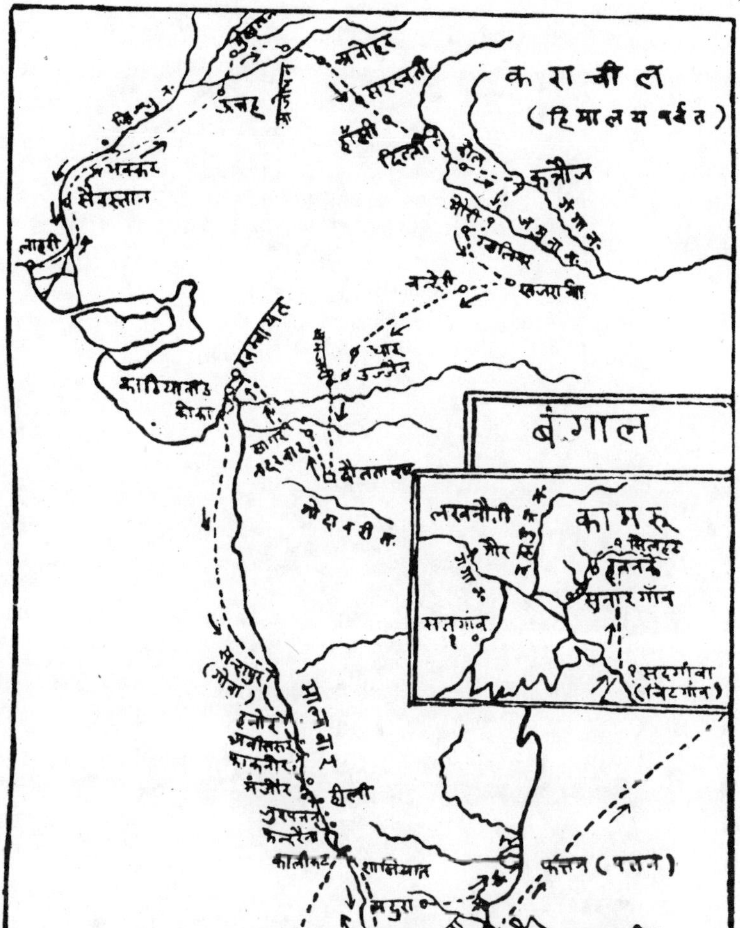

कराचील
(हिमालय पर्वत)
अबोहर
सरस्वती
हाँसी
दिल्ली
कन्नौज
ग्वालियर
चन्देरी
धार
उज्जैन
भक्कर
सेवस्तान
लाहरी
काठियावाड़
खम्बायत
दौलताबाद
बंगाल
लखनौती
कामरू
सुनार गाँव
सतगाँव
सदगाँवा
(चिटगाँव)
हनौर
मंजौर
हीली
कालीकट
मदुरा
कौलम
पत्तन (पत्तन)
सानद्वीप
(लंका)
धिवरमहल
(माल द्वीप)

बतूता का यात्रामार्ग

पहला अध्याय

सिंधु देश

1. सिंधु नद

सन् 734 हिजरी में मुहर्रम उलहराम की पहली तारीख को हम सिंधु नद[1] पर पहुंचे। इसका दूसरा नाम पंजाब[2] (पंचनद) भी है। संसार के बड़े बड़े नदों में इसकी गणना की जाती है। नील नदी के समान इसमें भी ग्रीष्म ऋतु में बाढ़ आती है, और मिस्र देशवासियों की भांति सिंधु देशवासियों का जीवन भी नदी की बाढ़ पर ही अवलंबित है। भारत-सम्राट मुहम्मदशाह तुगलक का राज्य भी यहीं से प्रारंभ होता है। यहां पर आते ही सम्राट के समाचार-लेखक हमारे पास आए और उन्होंने हमारे आगमन की सूचना भी तुरंत ही मुलतान के हाकिम कुतुब-उल-मुल्क के पास भेज दी। इन दिनों सम्राट की ओर से सरतेज[3] नामक व्यक्ति इस देश का अमीर था। यह सम्राट का दास भी था और सेना का बख्शी भी। हमारे इस प्रदेश में आने के समय अमीर 'सैवस्तान' नामक नगर में था।

2. डाक का प्रबंध

सैवस्तान से मुलतान की राह दस दिन की है, और मुलतान से राजधानी दिल्ली की राह पचास दिन की। अखबार-नवीसों (समाचार-लेखकों) के पत्र सम्राट के पास डाक द्वारा पांच

---

1. नदी के नाम से देश का नाम भी प्रसिद्ध हो गया। धीरे धीरे देश का नाम तो 'हिंद' हो गया पर नदी का नाम 'सिंधु' ही रहा।
2. जब तक 'सिंधु' नद में पांचों नदियां नहीं मिलतीं, वह 'पंजाब' अर्थात पंचनद के नाम से ही पुकारा जाता है। मुगल सम्राटों के पहले केवल 'सिंधु नद' को ही 'पंजाब' कहकर पुकारते थे, देश का नाम 'पंजाब' नहीं था। नासिरउद्दीन कबाचह के 'सिंधु' में डूबकर मरने के पश्चात बदाऊंनी लिखता है–"नासिरउद्दीन दर पंजाब गरीक बहर फना गश्त।"
3. इमादुल-मुल्क सरतेज जाति का तुर्कमान था। यह सम्राट का जामाता भी था और सेनापति भी। दक्षिण में हसन गंगोह बहमनी द्वारा किए गए बलवे का दमन करते समय वह एक युद्ध में (सन् 746 हिजरी में) मारा गया।

ही दिन में पहुंच जाते हैं। इस देश में डाक को 'बरीद'[1] कहते हैं। यह दो प्रकार की होती है—एक तो घोड़े की, दूसरी पैदल की। घोड़े की डाक को 'औलाक' कहते हैं। प्रत्येक चार कोस के पश्चात घोड़ा बदला जाता है; घोड़ों का प्रबंध सम्राट की ओर से होता है।

पैदल डाक का प्रबंध इस भांति होता है कि एक मील में, जिसको इस देश में 'क्रोह'[2] कहते हैं, हरकारों के लिए तीन चौकियां बनी होती हैं। इनको 'दावह'[3] कहते हैं। प्रत्येक 1/3 मील की दूरी पर गांव बसे हुए हैं जिनके बाहर हरकारों के लिए बुर्जियां बनी होती हैं। प्रत्येक बुर्जी में हरकारे कमर कसे बैठे रहते हैं। प्रत्येक हरकारे के पास दो गज लंबा डंडा होता है जिसमें छोर पर तांबे के घुंघरू बंधे होते हैं। नगर से डाक भेजते समय हरकारे के एक हाथ में चिट्ठी होती है और दूसरे में डंडा। वह अपनी पूरी शक्ति से दौड़ता है। दूसरा हरकारा घुंघरू का शब्द सुनकर तैयार हो जाता है और उससे चिट्ठी लेकर तुरंत दौड़ने लग जाता है। इस प्रकार इच्छानुसार सर्वत्र चिट्ठियां भेजी जा सकती हैं। यह डाक घोड़ों की डाक से भी शीघ्र जाती है। कभी कभी खुरासान तक के ताजे मेवे थालों में रखकर बादशाह के पास इसी डाक द्वारा पहुंचाए जाते हैं और भीषण अपराधियों को भी खाट पर पकड़ ले जाते हैं। जब मैं दौलताबाद में था तब सम्राट के लिए 'गंगाजल' भी इसी प्रकार वहां भेजा जाता था। गंगा नदी से दौलताबाद की राह चालीस दिन की है।

समाचार-लेखक प्रत्येक यात्री का ब्यौरेवार समाचार लिखते हैं। आकृति, वस्त्र, दास, पशु तथा रहन-सहन इत्यादि—सब कुछ लिख लेते हैं। कोई बात शेष नहीं रखते।

---

1. अरबी में दूत, और 12 मील की दूरी को 'बरीद' कहते हैं। बोलचाल में इसे डाकचौकी कहते हैं।
2. 'क्रोह' और 'कोस' एक ही शब्द के भिन्न भिन्न रूप हैं।
3. दावह—बदाऊंनी ने इस शब्द को 'धावा' लिखा है। इब्नबतूता ने डाकिये के डंडे और घुंघरू का जो मनोहर वृत्त लिखा है उसका दृश्य अब भी देहातों के डाकखानों में दृष्टिगोचर हो जाता है। मसालिक-उल-अवसार के लेखक शहाबुद्दीन दमिश्की बतूता के समसामयिक थे। इन्होंने सिराजुद्दीन उम्र शिवली की जबानी जो डाक का वर्णन किया है, वह भी प्रायः ऐसा ही है, किंतु वे इतना अधिक लिखते हैं कि प्रत्येक चौकी पर मस्जिद, तालाब और दुकानें भी होती थीं। दौलताबाद से दिल्ली तक बड़े बड़े नगरों के द्वार खुलने और बंद होने का समय तथा किसी असाधारण घटना के घटित होने का समाचार इस भांति मालूम हो जाता था कि प्रत्येक चौकी पर नगाड़े रखे जाते थे, एक नगाड़े का शब्द सुनकर दूसरा बजता था। इस प्रकार थोड़े ही समय में सम्राट को समाचार मिल जाते थे।

3. विदेशियों का सत्कार

आगे जाने के लिए जब तक सम्राट की आज्ञा न मिल जाए, और भोजन आदि आतिथ्य का उचित प्रबंध न हो जाए, तब तक प्रत्येक यात्री को मुलतान (सिंधु प्रांत की राजधानी) में ही ठहरना पड़ता है और उस समय तक प्रत्येक विदेशी के पद, मान-मर्यादा, देश, कुल इत्यादि का ठीक ठीक ज्ञान न होने के कारण, आकृति, वेश-भूषा, भृत्य, ऐश्वर्यादि लक्षणों के अनुसार ही उसका सत्कार होता है। भारत-सम्राट मुहम्मद शाह तुगलक विदेशियों का बहुत आदर सत्कार करते हैं, उनसे प्रेम करते हैं और उन्हें उच्च पदों पर नियुक्त भी करते हैं। बादशाह के उच्च पदस्थ भृत्य, सभासद, मंत्री, काजी और जामाता सब विदेशी ही हैं। उनकी आज्ञा है कि परदेशी को मित्र कहकर पुकारो। तदनुसार विदेशी पुरुष मित्र के ही नाम से संबोधित किए जाते हैं।

सम्राट की वंदना करते समय भेंट देना भी आवश्यक है और यह भी सबको मालूम है कि बादशाह उपहार पाने पर उसके मूल्य से द्विगुण, त्रिगुण मूल्य का पारितोषिक प्रदान करते हैं, अतएव सिंधु-प्रांत के कुछ व्यापारियों ने तो यह व्यवसाय ही प्रारंभ कर दिया है कि वे सम्राट की वंदना करने के लिए जाने वाले पुरुष को, सहस्रों दीनार ऋण के तौर पर दे देते हैं, भेंट तैयार करा देते हैं, भृत्यों तथा घोड़ों का प्रबंध कर देते हैं और उनके सामने भृत्यवत खड़े रहते हैं। सम्राट के वंदना स्वीकार करने के पश्चात पारितोषिक मिलने पर यह ऋण चुकता कर दिया जाता है। इस तरह से ये व्यापारी बहुत लाभ उठाते हैं। सिंधु पहुंचने पर मैंने भी यही किया और व्यापारियों से घोड़े, ऊंट तथा दास मोल लिए और तकरीत[1] निवासी मुहम्मद दौरी नामक इराक के व्यापारी से गजनी में तीरों (बाणों) के फलकों से लदा हुआ एक ऊंट तथा तीस घोड़े मोल लिए—क्योंकि ऐसी ही वस्तुएं बादशाह को भेंट में दी जाती हैं। खुरासान से लौटने पर इस व्यापारी ने अपना ऋण वापस मांगा और खूब लाभ उठाया। मेरे ही कारण यह बहुत बड़ा व्यापारी बन बैठा। बहुत वर्ष पीछे यह व्यक्ति मुझे हलब नामक नगर में मिला। उस समय यद्यपि काफिरों ने मेरे वस्त्र तक लूट लिए थे, तिस पर भी इसने मेरी तनिक भी सहायता न की।

4. गैंडे का वृत्तांत

सिंधु नद को पार करने के उपरांत हमारी राह एक बांस के वन में होकर जाती थी। यहां हमने (प्रथम बार) गैंडा[2] देखा। यह भीमकाय पशु कृष्ण वर्ण का होता है। इसका सिर

---

1. बगदाद के निकटस्थ एक कस्बे का नाम है।
2. फारसी में इसको 'करकदन' कहते हैं। यह दो प्रकार का होता है—एक शृंग वाला तथा दो शृंगों वाला था। द्वितीय प्रकार का पशु वैसे है तो सुमात्रा और जावा का परंतु ब्रह्म देश तथा चटगांव में भी पाया जाता है। एक शृंग वाला अब तो ब्रह्मपुत्र नदी के तट पर तथा अफ्रीका

बहुत बड़ा होता है—किसी किसी का छोटा भी होता है—इसीलिए (फारसी में) "करकदन सर बेबदन" की कहावत प्रचलित है। हाथी से छोटा होने पर भी इस पशु का सिर उससे कहीं बड़ा होता है। इसके मस्तक पर दोनों नेत्रों के मध्य में एक सींग होता है जो तीन हाथ लंबा तथा एक बालिश्त चौड़ा होता है। ज्यों ही गैंडा वन में दिखाई पड़ा, त्यों ही एक सवार सम्मुख आ गया। परंतु गैंडा घोड़े को सींग मारकर तथा उसकी जंघा चीरकर और उसे पृथ्वी पर गिराकर वन में ऐसा लुप्त हुआ कि फिर कहीं उसका पता न लगा। इसी राह में एक दिन फिर असर (नमाज जो संध्या के चार बजे पढ़ी जाती है) के पश्चात मैंने एक और गैंडे को घास खाते हुए देखा। हम लोग इसको मारने का विचार कर ही रहे थे कि यह भाग गया।

इसके उपरांत मैंने एक बार फिर एक गैंडा देखा। इस समय हम सम्राट की सवारी के साथ एक बांस के वन में जा रहे थे। सम्राट एक हाथी पर सवार थे और मैं दूसरे पर। इस बार अश्वारोहियों तथा पदातियों ने घेरकर गैंडे को मार डाला और सिर काटकर शिविर में ले आए।

5. जनानी (नगर)

हम दो पड़ाव चले थे कि जनानी[1] नामक नगर आ गया। यह विस्तृत एवं रम्य नगर सिंधु नदी के तट पर बसा हुआ है। यहां का बाजार भी अत्यंत मनोहर है। 'सोमरह' जाति यहां प्राचीन काल से निवास करती आई है। लेखकों का कथन है कि हजाज-बिन-युसुफ के समय में, सिंधु-विजय होने पर, इस जाति के पूर्व-पुरुष इस नगर में आ बसे थे। मुलतान-

---

महाद्वीप में ही पाया जाता है। श्रृंग चौदह इंच से अधिक लंबा नहीं होता। सिर तथा श्रृंग-वणन में इब्नबतूता ने अत्युक्ति से काम लिया है। फिर भी शेष देह से तुलना करने पर सिर बड़ा ही दीखता है। इस पशु का चर्म बहुत कड़ा होता है—कहते हैं कि तीक्ष्ण-से-तीक्ष्ण चाकू या तलवार भी उस पर असर नहीं करती। प्राचीन काल में इसके चर्म की ढालें बनाई जाती थीं। कौलविन महाशय लिखते हैं कि इस पशु के श्रृंग के बने हुए प्याले विष या विषाक्त पदार्थ रखने पर तुरंत फट जाते हैं; और इसके श्रृंग के दस्ते वाले चाकू या छुरी के निकट रखने पर विषाक्त पदार्थ के विष का प्रभाव जाता रहता है। नहीं कह सकते कि यह कथन कहां तक सत्य है। सम्राट बाबर ने भी इस पशु का अपनी तुजक (रोजनामचे) में वर्णन किया है।

1. जनानी—इस नाम के नगर का न तो अब पता चलता है और न अबुलफजल ने आईने-अकबरी में कुछ उल्लेख किया है। 'सय्यमा' जाति की राजधानी 'सामी' नामक नगर ठट्टा से तीन मील की दूरी पर था, परंतु उसको तो जामजूना ने बहुत पीछे बसाया है। 'सोमरह' जाति का बड़ा नगर 'मुहम्मदतूर' ठट्टा के निकट ऊछह और सक्कर के मध्यवर्ती देश में, सिंधु नद के दक्षिणी तट पर था।

निवासी शैख रुक्नउद्दीन (पुत्र शैख शम्सउद्दीन पुत्र शैख बहाउलहक) जकरिया कुरैशी मुझसे कहे थे कि उनके पूर्व-पुरुष मुहम्मद इब्न कासिम कुरैशी, सिंध-विजय के समय, हज्जाज द्वारा भेजे हुए ऐराकी (आधुनिक मैसोपोटामिया) सैन्य दल के साथ आकर यहां बस गए थे। इसके पश्चात उनकी संतान की उत्तरोत्तर वृद्धि होती गई। इन्हीं शैख रुक्नउद्दीन से मिलने के लिए शैख बुरहानउद्दीन ऐरज ने एलैक्जैंड्रिया में मुझसे कहा था। इस जाति (सोमरह) के पुरुष न तो किसी के साथ भोजन करते हैं और न भोजन करते समय इनकी ओर कोई देख सकता है। विवाह-संबंध भी ये किसी अन्य जाति से नहीं करते। इस समय 'वनार' नामक सज्जन इस जाति के सरदार थे जिनका वर्णन मैं आगे चलकर करूंगा।

6. सैवस्तान (सैहवान)

जनानी (नामक नगर) से चलकर हम 'सैवस्तान'[1] नामक नगर में पहुंचे। यह विस्तृत नगर मरुभूमि में है जहां कीकड़ के अतिरिक्त अन्य किसी वृक्ष का चिह्न तक नहीं है। वहां (जनानी में) तो नदी के किनारे खरबूजों के अतिरिक्त कोई दूसरी चीज ही नहीं बोई जाती थी, परंतु यहां के निवासी जुलबान (बोलचाल-मशंग) अर्थात काबुली मटर की रोटी खाते हैं। मछली तथा भैंस के दूध की यहां बहुतायत है। नागरिक सकनकूर अर्थात रेग[2] नामक मछली भी खाते हैं। कहने को तो यह मछली है पर वास्तव में यह जंतु गोह सरीखा होता है। इसके पूंछ नहीं होती और पैरों के बल चलता है। बालू खोदकर इसे बाहर निकालते हैं। इसका पेट फाड़कर आंतें इत्यादि निकाल लेते हैं और केसर के स्थान में हलदी भर देते हैं। लोगों को इसे खाते देख मुझे बड़ी घृणा हुई। (अतएव) मैंने इसे खाना अस्वीकार कर दिया। जब हम यहां पहुंचे तो गरमी प्रचंड रूप से पड़ रही थी, मेरे साथी नंगे रहते थे और एक बड़ा रूमाल पानी में भिगोकर तहबंद (बोलचाल-तैमद) के स्थान में बांध लेते थे और दूसरा कधों पर डाल लेते थे। कुछ देर के बाद इन रूमालों के सूख जाने पर इनको फिर गीला कर

---

1. सैवस्तान—आजकल इसका नाम 'सैहवान' है। यह कराची के जिले में एक ताल्लुका हैं और वहां से 192 मील की दूरी पर स्थित है, इसकी जनसंख्या सन् 1891 में लगभग 5000 थी। शहवाज नामक साधु का प्रसिद्ध मठ भी यहीं पर बना हुआ है। सन् 1306 ई. में इसका निर्माण हुआ था। लोग कहते हैं कि इस नगर का दुर्ग महान सिकंदर ने बनवाया था। इसका प्राचीन नाम सिंदिमान है। यूनानी इसी प्रकार से इसका उच्चारण करते थे। ऐसा प्रतीत होता है कि प्राचीन सिंधु-स्थान अथवा सैंधव-वनम् नामक संस्कृत नाम से बिगड़कर यह नाम बना है। आर्यकाल में यहां पर सैंधव जाति निवास करती थी। सिकंदर ने यहां 'सावुस' नामक राजा का सामना किया था।
2. रेगमाही—यह फारसी भाषा का शब्द है। हिंदी में इसे बनरोहू कहते हैं। यह स्थलीय जंतु गोह से मिलता जुलता है और आकार में सांडे से कुछ बड़ा होता है।

लेते थे। इसी प्रकार निरंतर होता रहता था। इस नगर का खतीब (जामे मस्जिद का इमाम) शैवानी है। उसने मुझे खलीफा अमोरुल मोमनीन (मुसलमानों के नायक) उमर इब्न अब्दुल अजीज, (परमेश्वर उन पर कृपा रखे) का आज्ञापत्र दिखाया, जो इसके पितामह को खतीब बनाते समय प्रदान किया गया था।

यह आज्ञापत्र इनके पास वंशक्रमानुगत दायभाग की भांति चला आता है। इसके ऊर्ध्व भाग में 'हाजा मा अमरा बही अब्दुल्ला अमीरउल मोमनीन उमर बिन अब्दुल अजीज बफलां' (अर्थात अब्दुल्ला अमीरउल मोमनीन उमर बिन अब्दुल अजीज ने अमुक को आज्ञा दी) लिखा हुआ है। इसकी लेखन-तिथि सन् 99 हिजरी है और इस पर अलहमृदि लिल्लाह वहदऊ (अर्थात धन्यवाद है उस परमेश्वर को जो एक है) लिखा हुआ है। खतीब कहता है कि ये शब्द स्वयं खलीफा के हाथ के लिखे हुए हैं। इस नगर में मुझे शैख मुहम्मद बगदादी नामक एक ऐसा वृद्ध व्यक्ति मिला जिसकी अवस्था एक सौ चालीस वर्ष से भी अधिक बताई जाती थी। यह शैख उस्मान् 'मरन्दी' के मठ में रहता था। किसी व्यक्ति ने तो मुझसे यह कहा था कि चंगेज खां के पौत्र हलाकू खां द्वारा, अब्बासी वंश के अंतिम खलीफा–'खलीफा मुस्तअसम बिल्लाह'[1]–के वध के समय यह पुरुष बगदाद में था। इतनी अवस्था बीत जाने पर भी इसके अंग-प्रत्यंग खूब दृढ़ बने हुए थे, और यह भली भांति चल फिर सकता था। 'सोमरह' जाति का उपर्युक्त सरदार इस नगर में रहता था और अमीर कैसर रूमी भी। ये दोनों सम्राट के सेवक थे और इनके अधीन 1800 सवार थे। 'रत्न' नामक एक हिंदू भी इसी नगर में रहता था। गणित तथा लेखनकला विषयक इसका ज्ञान अपूर्व था। किसी अमीर (कुलीन) द्वारा इसकी पहुंच सम्राट तक हो गई थी। उन्होंने इसका मान तथा प्रतिष्ठा बढ़ाने के विचार से इसको इस देश के प्रधान अधिकारी (हाकिम) के पद पर नियत किया और नगाड़े तथा ध्वजा रखने की आज्ञा प्रदान की जो केवल महान अधिकारियों को ही दी जाती है। सैवस्तान तथा उसके निकट के स्थान जागीर के तौर पर दे दिए गए। जब यह अपने नगर में (यहां) आया तो वनार और कैसर को एक हिंदू की दासता असह्य प्रतीत हुई और उन दोनों ने इसके वध करने की मंत्रणा की।

'रत्न' के नगर में आने के बाद कुछ दिन बीत जाने पर इन्होंने उससे स्वयं चलकर जागीर का निरीक्षण करने का निवेदन किया और आप भी साथ साथ चलने को उद्यत हो गए। वह इनके साथ चला गया। रात्रि को सब डेरों में पड़े सो रहे थे कि सहसा वन्य

---

1. मुस्तअसम बिल्लाह–यह अब्बास वंश का अंतिम खलीफा था। चंगेज खां के पौत्र हलाकू खां ने सन् 656 हिजरी में, कंबलों में लपेटकर गदा-प्रहार द्वारा इसका वध कर डाला। परंतु तारीखे खलीफा में पाद-प्रहार द्वारा इसका प्राणापहरण होना लिखा हुआ है। इसकी मृत्यु के साथ ही बगदाद के खलीफाओं का 520 वर्ष पुराना राज्य समाप्त हो गया।

पशु के आने का-सा शब्द सुनाई दिया। इस बहाने से इनके आदमियों ने शिविर में घुसकर उसका वध कर डाला और नगर में आकर सम्राट का कोष, जिसमें 12 लाख दीनार[1] थे,

---

1. दीनार—मुसलमानों के भारत में प्रथम आगमन के समय यहां 'दिल्लीवाल' नामक सिक्के का अधिक प्रचार था। यह सिक्का 'जेतल' के बराबर होता था। तबकाते-नासिरी का लेखक जेतल और टंक दोनों शब्दों का (समानवाची अर्थों में) व्यवहार करता है। सुलतान महमूद के हिजरी सन् 418 के सिक्कों पर अरबी भाषा में 'दिरहम' शब्द लिखा हुआ है और संस्कृत में 'अंक', जिससे यह प्रतीत होता है कि यह शब्द (टंक) संस्कृत का है, तुर्की का नहीं जैसा कि कुछ लोगों का अनुमान है।

प्राचीनकाल में सोने, तथा चांदो के 'टंक' 100 रत्ती भर होते थे, परंतु सुलतान मुहम्मद तुगलक ने एक ऐसे चांदी के टंक का प्रचार किया था जो केवल 80 रत्ती भर था। ऐसा प्रतीत होता है कि इब्नबतूता इस विशेष सिक्के को 'दिरहमी दीनार' के नाम से पुकारता था और प्राचीन साधारण चांदी के टंक को केवल 'दीनार' के नाम से।

मसालिक-उल-अवसार के लेखक का कथन है कि एक सुवर्ण टंक 3 मशकाल के बराबर होता है। और चांदी के टंक की 8 हश्तगानियां आती हैं। इसका पैमाना इस भांति है—

4 फलोस=1 जेतल
2 जेतल=1 सुलतानी
4 सुलतानी=1 हश्तगानी
8 हश्तगानी=1 टंक

इस प्रकार 1 टंक में 64 जेतल होते थे। (इसी पृष्ठ पर नीचे देखिए)

सम्राट अकबर के समय का 'जेतल' एक भिन्न वस्तु था। उस समय एक रुपए के सहस्रांश को जेतल कहते थे।

'तबकाते-अकबरी' में 'स्याह टंक' नामक एक और सिक्के का भी उल्लेख पाया जाता है। सम्राट मुहम्मद तुगलक के दान-वर्णन में लिखा गया है कि ध्यान रखना चाहिए कि इससे यहां उस चांदी के टंक से अभिप्राय है जिसमें 1 टुकड़ा (भाग) तांबे का भी होता है और यह आठ कृष्ण (स्याह) टंक के बराबर होता है।

सम्राट मुहम्मद तुगलक के सिक्कों में एक ऐसा सिक्का भी मिला है जिसमें तांबा तथा चांदी दोनों का मिश्रण है। यह सिक्का 32 रत्ती अर्थात 4 माशे का है। टंक भी चार माशे का बताया जाता है; इससे ऐसा प्रतीत होता है कि 'स्याह टंक' से उक्त लेखक का अभिप्राय इसी सिक्के से था।

निष्कर्ष यह निकला कि इब्नबतूता के समय में भारत में तीन प्रकार के टंक प्रचलित थे :

(1) श्वेत टंक (सफेद टंक)—शुद्ध रजत (चांदी) का 100 अथवा 80 रत्ती का होता था। 80 रत्ती वाला 'अदली' भी कहलाता है। इब्नबतूता इसको सदा 'दीनार' कहकर पुकारता है और अदली को वह 'दिरहमी दीनार' कहता है।

लूट लिया [हिंद के दस सहस्र स्वर्ण दीनार एक लाख रौप्य दीनार (?) के बराबर होते हैं और हिंद का एक स्वर्ण दीनार पश्चिम के 2½ स्वर्ण दीनार के बराबर होता है] और 'वनार'☆ को अपना अधिपति नियत किया। उसने अब 'मलिक-फीरोज' की उपाधि धारण की और सब कोष सैनिकों में बांट दिया।

---

(2) रक्त टंक (सुर्ख टंक)—शुद्ध सोने का 112 या 100 रत्ती भर होता था। इब्नबतूता इसको 'टंक' कहता है।

(3) कृष्ण टंक (स्याह टंक)—32 रत्ती का होता था; इसमें चांदी तथा तांबा दोनों का मिश्रण होता था। इब्नबतूता इसका उल्लेख नहीं करता। 'दिरहम' शब्द का वह प्रयोग तो करता है परंतु इससे उसका अभिप्राय 'हश्तगानी' नामक सिक्के से है जो आधुनिक 'दो-अन्नी' के बराबर होता था। इब्नबतूता स्वयं इस सिक्के को शाम (सीरिया) तथा मिस्र के दिरहम के बराबर बतलाता है और मसालिक-उल-अवसार के रचयिता की भी सम्मति यही है।

'रुपया' शब्द का प्रचार तो सम्राट शेरशाह के समय से हुआ है। और इसी ने विशुद्ध तांबे के सिक्कों का सर्वप्रथम प्रचार किया। इससे पहले तांबे के सिक्कों तक में थोड़ी बहुत चांदी अवश्य ही मिलाई जाती थी। सम्राट बाबर तथा बहलोल लोदी नामक पठान सम्राट के समय में एक टंक (कृष्ण) दो 'बहलोली' (सिक्का-विशेष) के बराबर होता था और एक बहलोली का 'वजन' 1 तोला 8 माशा 7 रत्ती होता था।

उस समय 1 श्वेत टंक के 40 'बहलोली' आते थे। सम्राट अकबर ने इसी बहलोली का नाम बदलकर 'दाम' कर दिया था।

☆ वनार—प्राचीन ऐतिहासिकों ने 'सोमरह' तथा 'सय्यमा' वंश के वृत्तांत एक दूसरे से इतने भिन्न लिखे हैं कि इनके संबंध में कोई बात निश्चित रूप से नहीं लिखी जा सकती। केवल इतना कहा जा सकता है कि अब्दुल रशीद गजनवी के राज्य-काल में, ई. सन् 1051 के लगभग, 'इब्ने समार' ने सोमरह वंश का राज्य स्थापित किया जो लगभग 300 वर्ष तक स्थिर रहा। इस काल में यह वंश कभी कभी दिल्ली के सम्राटों के अधीन हो जाता था और कभी कभी स्वतंत्र। कहते हैं कि सन् 1351 ई. में वंश का अंत हो गया और सय्यमा वंश का राज्य सिंधु-देश में स्थापित हुआ। परंतु हमें इसमें कुछ संदेह है। कारण यह है कि सन् 1361 में फीरोज तुगलक के सिंध पर चढ़ाई करते समय वहां सय्यमा वंश का राज्य होना पाया जाता है क्योंकि वहां के अमीर का नाम जामे वअंबिया था। सन् 1351 ई. में जब मुहम्मद तुगलक ने सिंधु-प्रदेश पर चढ़ाई की तो उस समय ठट्ठे में सोमरह वंश का वर्णन आता है। सन् 1334 ई. में इब्नबतूता भी सोमरह वंश का ही वर्णन करता है। परंतु कठिनाई यह है कि उनके सरदार का नाम 'वनार' बताता है जो वास्तव में 'सय्यमा' वंश का प्रथम जाम था। वगलर-नामह का लेखक सय्यमा वंश का उत्थान सन् 1334 ई. से बतलाता है और यही ठीक मालूम होता है।

सोमरह वंश सिंधु देश पर बहुत समय से शासन कर रहा था। 'सय्यमा' वंश का राज्य उस समय तक भलीभांति स्थापित भी नहीं हुआ था। मालूम होता है, इसी कारण इब्नबतूता ने इसका

मु. तुगलकशाह के सिक्के

सोने का सिक्का, दिल्ली
हिजरी सं. 727, 728, 729

तांबे का सिक्का,
दौलताबाद, 730 हि.

पीतल का सिक्का
दौलताबाद, 731, 732. हि.

परंतु अब स्वेदश तथा स्वजाति दूर होने के कारण वनार का हृदय भयभीत होने लगा। इस कारण वह तो अपने साथियों सहित अपनी जाति वालों की ओर चल दिया और शेष सेना ने 'कैसर रूमी' को अपना अधिपति बना लिया।

इस घटना का समाचार मिलते ही सरतेज इमादुलमुल्क ने मुलतान में सेना एकत्र कर जल तथा थल, दोनों मार्गों से इस ओर बढ़ना प्रारंभ किया। यह सुनकर कैसर भी सामना करने आया परंतु पराजित हो दुर्ग के भीतर बंद हो गया। सरतेज ने भी बड़ी दृढ़ता से घेरा डाल दिया और मंजनीक[1] लगा दी। चालीस दिन पश्चात कैसर ने क्षमा चाही परंतु जब क्षमा के भरोसे उसके सैनिक बाहर आए तो सरतेज ने उनके साथ कपटपूर्ण व्यवहार किया। उनका माल लूट लिया और सबका वध कर डाला। वह प्रतिदिन किसी की गर्दन काटता, किसी को खड्ग से दो टूक करता और किसी किसी की खाल खिंचवाकर और उसमें भूसा भरवाकर नगर के प्राचीर पर लटकवाता जाता था। उसने बहुतों की यही दशा की। इन शवों को देखकर भय के मारे हृदय कांप उठता था। उनकी खोपड़ियों का नगर के मध्य स्थान में ढेर लगा दिया था। इस घटना के बाद ही मैं इस नगर में पहुंचा और एक बड़ी पाठशाला में उतरा। मैं इस पाठशाला की छत पर सोता था, जहां से ये लटकते हुए शव दृष्टिगोचर होते थे। प्रातःकाल उठते ही इन शवों पर दृष्टिपात होने से मेरा चित्त बिगड़ उठता था। अंत में मैं यह पाठशाला छोड़कर दूसरे मकान में चला गया।

उल्लेख नहीं किया। सर हेनरी इलियट कहते हैं, 'सय्यमा' वंश के राजा सन् 1391 ई. में मुसलमान हुए। परंतु इब्नबतूता के वर्णन से पता चलता है कि उनकी सम्मति भ्रमपूर्ण है; क्योंकि मुसलमान होने के कारण ही तो 'वनार' हिंदू 'रत्न' की अधीनता में नहीं रहना चाहता था।

हमारी सम्मति तो यह है कि कुछ काल पहले से ही सोमरह वंश की शक्ति क्षीण हो चली थी, इब्नबतूता के समय में तो समस्त सिंधु देश पर मुहम्मद तुगलक का आधिपत्य था। इस वंश में तो 'अमीर' पद भी न रह गया था। सन् 1334 व 1351 के विप्लव 'सय्यमा' वंश के समय में हुए, ऐसा समझना चाहिए और इनका ही बड़ी कठोरता से दमन किया गया था जैसा कि बतूता लिखता है। वैसे तो जाम वनार और जामजूना के समय से ही (सन् 1333 ई. में) उत्तरी सिंधु-देश से दिल्ली सम्राट के अधिकारियों को निकाल बाहर करने पर सय्यमा वंश का प्रादुर्भाव हो चला था परंतु सन् 1361 ई. में तुगलक-सम्राट फीरोज के सिंधु राज्य पर धावा करने से जाम वअंबिया के समय से ही सय्यमा वंश का राज्य स्थायी हुआ।

यह 'सोमरे' और सोम या सिम्मे, प्राचीन सिंधु-देश-निवासी राजपूत थे। चाटुकारों ने इनको अरब एवं 'जमशेद' की संतान सिद्ध करने का असफल प्रयत्न किया है। नवानगर के राना तथा लुसबेला के नवाब अब भी जाम कहलाते हैं। कच्छ-भुज के जारिजा राजपूत भी सिम्मे हैं।

1. मंजनीक–इसके विषय में तीसरे अध्याय के विषय नं 1 में दिया हुआ नोट देखिए।

7. लाहरी बंदर

काजी अलाउलमुल्क फसीहुद्दीन खुरासानी काजी हिरात धर्मशास्त्र के ज्ञाता और प्रसिद्ध विद्वान थे। कुछ काल पूर्व ये अपना देश छोड़ बादशाह (भारत-सम्राट) की नौकरी करने चले आए थे। सम्राट ने इनको सिंधु प्रांत में लाहरी नामक नगर—इलाके सहित—जागीर में दे दिया।

ये महाशय भी अपना दलबल लेकर सरतेज की सहायता करने आए थे। असबाब इत्यादि से भरे हुए पंद्रह जहाज इनके साथ सिंधु नद में आए थे। मैंने भी इन्हीं के साथ 'लाहरी' जाना निश्चित किया।

काजी अलाउलमुल्क के पास एक जहाज था जिसको 'अहोरा' कहते थे। यह हमारे देश (मोराको) की 'तरीदा' नामक नौका के सदृश होता है; भेद केवल इतना ही है कि यह उससे अधिक लंबा-चौड़ा होता है। इस जहाज के अर्ध भाग को सीढ़ियां बनाकर ऊंचा कर दिया गया था और काठ के तख्ते पड़े होने से यह बैठने योग्य हो गया था। दाएं-बाएं तथा सम्मुख भृत्यादि से परिवेष्टित हो काजी महोदय इसी स्थान पर बैठा करते थे।

इस नौका को चालीस मांझी खेते थे, और इसके साथ चार छोटी छोटी डोंगियां भी रहती थीं—दो दाहिनी ओर और दो बाईं ओर। दो में तो नगाड़े, पताका, सरनाई इत्यादि होते थे और दो में गवैये बैठते थे। नौका चलने के समय कभी तो नौबत झड़ती थी और कभी गवैये राग अलापते थे। प्रातःकाल से लेकर चाश्त (अर्थात प्रातःकालीन नमाज) के पश्चात 10 बजे भोजन करने के समय तक इसी प्रकार गाते-बजाते चले जाते थे। भोजन का समय होते ही समस्त पोतों के एकत्र हो जाने पर दस्तरख्वान (वह वस्त्र जिस पर थाली इत्यादि रखकर भोजन करते हैं) बिछाया जाता था। उस समय भी जब तक अलाउलमुल्क भोजन समाप्त न कर लेते थे, ये लोग इसी प्रकार गाते-बजाते रहते थे। सबके भोजनोपरांत, स्वयं भोजन कर ये अपनी डोंगियों में चले जाते थे। रात्रि होने पर जहाज नदी में खड़े कर दिए जाते थे और तट पर, अमीर अलाउलमुल्क के सुख से विश्राम करने के लिए, डेरे लगा दिए जाते थे। निशाकाल में, समस्त दलबल के भोजन करने तथा इशा की नमाज पढ़ने (अर्थात 8-9 बजे रात्रि) के उपरांत प्रत्येक प्रहरी अपनी बारी समाप्त करते समय उच्च स्वर से प्रार्थना करता था कि अय अखवंद मुल्क (हे देश-सेव्य स्वामी), इतने प्रहर रात्रि व्यतीत हो चुकी है।

प्रातःकाल होते ही फिर नौबत झड़ने लगती और नगाड़े बजने लगते थे। प्रातःकालीन नमाज के पश्चात भोजन समाप्त होने पर जहाज चल पड़ते थे। अमीर यदि नदी द्वारा यात्रा करना चाहते थे तो पोत में आ बैठते थे और यदि इनका विचार स्थल-मार्ग से चलने का होता तो सब से आगे नौबत और नगाड़े होते थे और इनके पश्चात 'हाजिब' (अर्थात पर्दा उठाने वाला)। इन हाजिबों के आगे छह घोड़े होते थे; जिनमें तीन पर तो नगाड़े होते थे

और तीन पर शहनाई वाले। किसी गांव या ऊंचे स्थल पर पहुंचने पर तबले और नगाड़े बजाए जाते थे। दिन में भोजन के समय विश्राम होता था।

इस प्रकार, मैं अमीर अलाउलमुल्क के साथ पांच दिन रहा। और अंतिम दिवस सब लोग लाहरी[1] नगर पहुंच गए।

यह सुंदर नगर समुद्र-तट पर बसा हुआ है। इसी के निकट सिंधु नद समुद्र में गिरता है। यह नगर बड़ा बंदरगाह (पट्टन) है। यमन (अरब का प्रांतविशेष), फारिस के पोत तथा व्यापारियों के अधिक संख्या में आने के कारण यह नगर बहुत ही समृद्धिशाली है।

अमीर अलाउलमुल्क मुझसे कहते थे कि इस बंदर से साठ लाख दीनार कर के रूप में वसूल होता है और उनको इसका बीसवां भाग मिलता है। सम्राट भी इसी प्रमाण में अपने कार्यकर्ताओं को इलाके देते हैं।

एक दिन मैं अमीर अलाउलमुल्क के साथ नगर के बाहर सात कोस की दूरी पर तारना[2]

1. लाहरी—श्री हंटर महोदय अपने गैजेटियर में इसका नाम लाहौरी बंदर लिखते हैं। यह अब कराची के जिले में केवल एक गांव के रूप में अवशिष्ट है और सिंधु नद की पश्चिमी शाखा पर जिसको दिवाली भी कहते हैं समुद्र से बीस मील की दूरी पर स्थित है। शाखा के बहुत कुछ सूख जाने के कारण नगर भी उजड़ गया है। परंतु इब्नबतूता के समय यह सिंधु-प्रांत का सबसे बड़ा बंदर समझा जाता था। आईने-अकबरी में भी लाहरी बंदर का उल्लेख है। उस समय इसकी आय एक लाख अस्सी हजार रुपए की थी। इससे मालूम पड़ता है कि उस समय भी यह अच्छा खासा नगर रहा होगा। अठारहवीं शताब्दी के अंत तक यहां ईस्ट इंडिया कंपनी की एक कोठी थी, इसके पश्चात 19वीं शताब्दी में तो कराची ने इसे बिल्कुल दबा दिया। इससे पहले 'देवल' बदर की खूब ख्याति थी। यह स्थान लाहरी बंदर से 5 मील की दूरी पर था। गिब्ज के अनुसार लाहरी बंदर कराची से 28 मील दूर है।
2. तारना—जनरल सर कनिंगहम के अनुसंधान के अनुसार ये खंडहर सिंधु की प्राचीन राजधानी देवल के थे जो लाहरी बंदर से केवल पांच मील की दूरी पर था। इसकी पुष्टि तुहफतुल अकराम से भी होती है। उसमें लाहरी बंदर का प्राचीन नाम 'देवल' लिखा है। फरिश्ता तथा अबुल फजल 'ठट्ठा' और 'देवल' दोनों को एक ही नगर मानते हैं परंतु यह उनका भ्रम है। ठट्ठा तो अलाउद्दीन खिलजी के समय में स्थापित हुआ था। इसको कुछ लोग 'देवल-ठट्ठा' कहकर पुकारते हैं (बहुत संभव है कि यह भ्रम इसी कारण उत्पन्न हो गया हो)।

कुछ लोग 'कराची' नगर के दीपस्तंभ (Light-house) के निकट देवल की स्थिति बतलाते हैं परंतु यह अनुमान भी मिथ्या है; 'अलिफलैला' में जुबैदा की एक कथा इस प्रकार है कि बसरा से चलकर जहाज द्वारा यात्रा करने पर यह स्त्री भारत देश के एक ऐसे नगर में पहुंची जहां के समस्त पुरुष तथा नृपतिगण तक पाषाण में परिवर्तित हो गए थे। बहुत संभव है कि इस कथा के लेखक का इस वर्णन में इसी नगर की ओर संकेत हो। वर्तमान समय में इस नगर का सर्वथा लोप हो गया है। 'पीर-पाथो' की दरगाह के निकट यह नगर बसा हुआ था।

(तारण?) नामक स्थल देखने गया। यहां पशुओं तथा पुरुषों की ठोस पाषाण की असंख्य टूटी मूर्तियां और गेहूं, चना आदि अनाज तथा मिसरी आदि अन्य वस्तुएं भी पत्थरों में बिखरी हुई पड़ी थीं। नगर-प्राचीर, और भवन-निर्माण की यथेष्ट सामग्री भी फैली हुई थी। इन भग्नावशेषों के मध्य एक खुदे हुए पत्थर का घर भी था, जिसके मध्य एक पाषाण की वेदी बनी हुई थी। उस वेदी पर एक पुरुष की मूर्ति थी, जिसका सिर कुछ अधिक लंबा, और एक ओर को मुड़ा हुआ था और दोनों हाथ कमर से कसे हुए थे। इस स्थान के जलाशयों में जल सड़ रहा था। यहां मैंने दीवारों पर हिंदी भाषा में कुछ खुदा हुआ भी देखा। अमीर अलाउलमुल्क कहते थे कि इस प्रांत के इतिहासज्ञों का ऐसा अनुमान है कि वेदी-स्थित मूर्ति इस भग्नावशेष नगर के राजा की है। लोग इस समय भी इस घर को 'राजभवन' कहकर पुकारते थे। दीवार के लेखों से यह पता चलता है कि इसका विध्वंस हुए लगभग एक सहस्र वर्ष व्यतीत हो गए।

मैं अमीर अलाउलमुल्क के पास पांच दिवस रहा। इस बीच में उन्होंने मेरा बहुत ही अधिक आतिथ्य एवं सम्मान किया और मेरे लिए जादराह (अर्थात यात्रा के लिए आवश्यक भोजन, द्रव्य इत्यादि) भी तैयार करा दिया।

8. भक्कर (बक्खर?)

यहां से मैं भक्कर[1] पहुंचा। यह सुंदर नगर भी सिंधु नद की एक शाखा के मध्य स्थित है। इसका वर्णन मैं आगे चलकर करूंगा। इस शाखा के मध्य एक मठ बना हुआ है जहां यात्रियों को भोजन मिलता है। यह मठ कशलू खां ने (जिनका वर्णन अन्यत्र किया जाएगा) अपने शासनकाल में निर्माण कराया था। इस नगर में मैं इमाम अब्दुल्ला हनफी, नगर के काज़ी अबू-हनीफा और शम्स-उद्दीन मुहम्मद शीराजी से मिला। अंतिम महाशय ने मुझको अपनी अवस्था एक सौ बीस वर्ष की बताई।

---

1. भक्कर—वर्तमान काल में रोड़ी तथा 'सक्खर' के मध्य सिंधु नद की धारा में बने हुए गढ़ का नाम 'भक्कर' है। यह केवल गढ़ मात्र ही है और सदा से ऐसा ही रहा होगा। गढ़ तथा सक्खर की मध्यवर्ती नदी की धारा तो 200 गज चौड़ी है परंतु गढ़ तथा रोड़ी की मध्यवर्ती शाखा का विस्तार 400 गज से कम न होगा। यह द्वितीय शाखा बहुत गहरी है।

हमारा अनुमान यह है कि इब्नबतूता के समय में आधुनिक सक्खर का नाम ही भक्खर रहा होगा। रोड़ी नामक नगर की स्थापना 1297 हि. में होने के कारण उधर का तो विचार ही त्याग देना चाहिए। यहीं (सक्खर में) तारीख (इतिहास) 'मअसूमी' के लेखक मीर मुहम्मद मअसूम भक्करी की समाधि एवं मीनार है। ऐसा प्रतीत होता है कि बतूता ने 'भक्कर' नामक गढ़ तथा 'सक्खर' नामक नगर दोनों को एक ही समझकर यह लिखा है कि सिंधु नद की शाखा इसके बीच से होकर जाती है। वर्तमानकालीन गढ़ से सटकर उत्तर की ओर बने हुए ख्वाजा खिजर के (नाम से प्रसिद्ध) मठ को ही कशलू खां ने बनवाया होगा।

9. ऊछा

भक्कर से चलकर मैं ऊचह[1] (ऊछा) पहुंचा। यह बड़ा नगर भी सिंधु नद पर बसा हुआ है। यहां के हाट सुंदर तथा मकान दृढ़ बने हुए हैं।

इस समय यहां के सर्वोच्च अधिकारी (हाकिम) प्रसिद्ध पराक्रमी तथा दयावान सय्यद जलालउद्दीन केजी थे। घनिष्ठ मित्रता हो जाने के कारण मैं इनसे बहुधा मिला करता था। दिल्ली में भी हम दोनों फिर मिले। सम्राट के दौलताबाद चले जाने पर ये महाशय भी उनके साथ वहां चले गए थे। जाते समय, आवश्यकता पड़ने पर, अपने गांवों की आय भी व्यय करने की मुझे आज्ञा दे गए। पर अवसर आ पड़ने पर मैंने केवल पांच सहस्र दीनार ही व्यय किए।

इस नगर में मैं सय्यद जलालउद्दीन[2] अलवी की सेवा में भी उपस्थित हुआ और उन्होंने कृपा कर मुझको अपना खिरका (चोगा) प्रदान किया।

इनका दिया हुआ खिरका (चोगा), हिंदू डाकुओं द्वारा समुद्र-यात्रा में लूटे जाने के समय तक, मेरे पास रहा।

10. मुलतान

ऊचह से चलकर मैं सिंधु-प्रांत की राजधानी—मुलतान[3] आया। इस प्रांत का गवर्नर (अमीर-उल-उमरा) भी इसी नगर में रहता है।

---

1. ऊचह, ऊछह—अब यह नगर मुलतान से सत्तर मील की दूरी पर, भावलपुर राज्य में, 'पंचनद' के तट पर बसा हुआ है।

   प्राचीनकाल में पंजाब की पांचों नदियां ऊछा के पास सिंधु नद से मिलती थीं परंतु इस समय चालीस मील नीचे की ओर मिट्ठन-कोट के पास मिलती हैं। मध्यकाल में यहां यौधेय नामक राजपूत जाति निवास करती थी।

   श्री कनिंगहम साहब के मत में यह नगर एलैक्जेंडर द्वारा बनाया गया था। नासिरउद्दीन कवाचह के समय में यह सिंधु-प्रांत की राजधानी थी।

   बुखारा और गीलान के सय्यद यहां बसे हुए हैं। सय्यद जलाल बुखारी तथा मखदूम जहानियां की समाधियां भी यहां ही बनी हुई हैं परंतु वे चित्ताकर्षक न होने के कारण दर्शन योग्य नहीं हैं। समाधि-द्वार पर इनके कालनिर्णायक पद (शे'र) भी लिखे हुए हैं, जिनसे पता चलता है कि बतूता के आगमन के समय श्री मखदूम जहानियां की अवस्था 20 वर्ष की थी। उनके दादा श्री जलालउद्दीन का देहावसान बहुत दिन पहले हो चुका था।
2. ये जलालउद्दीन के पोते थे। इन्होंने ही फीरोज तुगलक की जाम वअंबिया से सन् 1361 में संधि कराई थी।
3. मुलतान बहुत प्राचीन नगर है। सिकंदर के भारत में आने के समय यह नगर 'मार्हन्स' जाति की राजधानी था। जनरल कनिंगहम साहब की सम्मति में 'सूर्य भगवान' के मंदिर के कारण

नगर पहुंचने से दस कोस पहले एक छोटी परंतु गहरी नदी पड़ती है जिसे नावों की सहायता बिना पार करना असंभव है। यहीं पार जाने वालों की तथा उनके माल असबाब की जांच पड़ताल होती है। पहले तो प्रत्येक व्यापारी के माल का चौथाई भाग कर-रूप में लिया जाता था और प्रत्येक घोड़े के पीछे सात दीनार देने पड़ते थे, परंतु मेरे भारत-आगमन

इसकी प्रसिद्धि हुई। सन् 641 ई. में प्रसिद्ध चीनी यात्री हुएनुसंग जब भारत आया तो उस समय भी इस मंदिर का अस्तित्व था और यह पांच मील के घेरे में बसा हुआ था। बिलादुरी भी (875 ई. में) इस मूर्ति का वर्णन करते हुए लिखता है कि समस्त सिंधु-प्रांत के यात्री यहां आकर सिर तथा दाढ़ी इत्यादि मुंडा मंदिर की परिक्रमा करते हैं। अबूजैद तथा मसऊदी ने भी (920 ई.) में इसका वर्णन किया है। इब्न हौकल (976 ई.) का कथन है कि एक पुरुषाकार मूर्ति वेदी पर बनी हुई थी। इसकी आंखों में हीरे लगे हुए थे और शरीर रक्त चर्म से आच्छादित था। यह पता नहीं चलता कि यह मूर्ति किस वस्तु से बनाई गई थी। इब्न हौकल के कुछ काल पश्चात 'करामतह' ने इस नगर को जीत लिया और मूर्ति तोड़कर उस स्थान में एक मस्जिद बनवा दी। अबूरिहान के समय यह मूर्ति न थी। औरंगजेब के राज्यकाल में एक फ्रांसीसी यात्री यहां आया था और उसका भी इस मूर्ति के संबंध में दिया हुआ वर्णन इब्न हौकल के वर्णन से ठीक मिलता है, परंतु लोग कहते थे कि औरंगजेब ने मंदिर तोड़कर किले में मस्जिद बनवा दी है। सिक्ख काल में मूलराज के समय यह मस्जिद मुलतान के घेरे जाने पर, मैगजीन के काम में लाई जाती थी और आग लग जाने के कारण एक दिन उड़ गई। जनरल कनिंगहम साहब ने इसके खंडहर (सन् 1853 में) खुदवाकर देखे थे और वे गढ़ के मध्य भाग में मिले जिससे पश्चिमी यात्रियों के इस कथन की पुष्टि होती है कि मंदिर बाजार के मध्य में बना हुआ था। बहुत संभव है कि नगर से पांच मील दूर बने हुए वर्तमान 'सूर्यकुंड' का इस मंदिर से कुछ संबंध हो।

इस नगर में शाहरुक्न आलम की समाधि भी बनी हुई है। कहा जाता है कि गयासउद्दीन तुगलक ने यह अपने लिए बनवाई थी परंतु मुहम्मदशाह तुगलक ने इसे शाहरुक्न आलम को प्रदान कर दिया। ऐसा प्रतीत होता है कि इब्नबतूता ने नगर से दस मील पहले जिस नदी को पार करने का उल्लेख किया है वह 'रावी' थी। यदि रावी, चिनाब और झेलम इन तीनों नदियों को पार करता तो छोटी नदी न लिखता। सन् 714 ई. में मुहम्मद कासिम सकफी के मुलतान-विजय करने के समय व्यास नदी इस जिले के दक्षिण-पूर्व कोण में बहती थी और रावी नदी जिले के नीचे नगर के बीच से जाती थी। तैमूर के समय तक रावी नदी नगर तथा किले के दोनों ओर बहती रही। कुछ लोगों के मत में महाराज श्रीकृष्णचंद्र के पुत्र का कुष्ठ-रोग भी इसी स्थान पर सूर्य की उपासना के कारण जाता रहा था। इस मंदिर की स्थापना भी उन्हीं के समय में शाकद्वीपी ब्राह्मणों द्वारा यहां हुई और सूर्य-पूजा भारत में प्रचलित हुई। सिकंदर ने भी भारत में इसी स्थान तक विजय की थी। इसके पश्चात वह सिंधु की ओर चला आया।

के दो वर्ष पश्चात सम्राट ने ये सभी कर उठा लिए। अब्बास वंशीय खलीफा का शिष्यत्व स्वीकार कर लेने के पश्चात तो उश्र[1] और जकात[2] के अतिरिक्त कोई कर ही नहीं रह गया।

मेरा असबाब वैसे तो बहुत दीखता था परंतु उसमें था कुछ नहीं, अतएव मुझे बड़ी चिंता हो रही थी कि कहीं कोई खुलवा न दे। ऐसा होने पर तो सारा भरम ही खुल जाता। मुलतान से कुतुब-उल-मुल्क के एक सेनानायक को यह आदेश देकर भेज देने के कारण कि मेरा सामान खुलवाया न जाए, मेरा सामान किसी ने छुआ तक नहीं और इस कारण मैंने ईश्वर को बार बार धन्यवाद दिया।

हम रातभर नदी के किनारे ही टिके रहे। प्रातःकाल होते दी 'दहकाने-समरकंदी' नामक सम्राट का प्रधान डाक-अधिकारी तथा अखबार-नवीस मेरे पास आया। मैं उससे मिला और उसी के साथ मुलतान के हाकिम के पास, जिनको कुतुब-उल-मुल्क कहते थे, गया। ये बड़े विद्वान एवं धनाढ्य थे और इन्होंने मेरा बहुत आदर-सत्कार किया। मुझे देखते ही खड़े हो गए, हाथ मिलाया और अपने बराबर स्थान दिया। मैंने भी एक दास, एक घोड़ा और कुछ किशमिश, बादाम उनको भेंट किए। ये दोनों मेवे इस देश में उत्पन्न नहीं होते—खुरासान से आते हैं—इसी कारण इनकी भेंट दी जाती है।

ये अमीर महोदय फर्श बिछे हुए बड़े से चबूतरे पर बैठे हुए थे। 'सालार' नामक नगर के काजी और 'खतीब'—जिनका नाम मुझे स्मरण नहीं रहा, इनके पास बैठे हुए थे। इनके वाम तथा दाहिनी ओर सेना के नायक बैठे थे और पीछे की ओर सशस्त्र सैनिक खड़े थे। सामने सैन्य संचालन होता था। बहुत से धनुष भी यहां पड़े हुए थे जिनको खींचकर कोई कोई मनचले पदाति अपनी शूरता दिखाते थे। घुड़सवारों के लिए दौड़कर बर्छे से छेदने के निमित्त दीवार में एक छोटा-सा नगाड़ा रखा हुआ था। घोड़ा दौड़ाकर भाले की नोक पर उठाकर ले जाने के लिए एक अंगूठी लटक रही थी। घोड़ा दौड़ाकर चौगान खेलने के लिए एक गेंद भी पड़ी हुई थी। इन कार्यों में हस्त-लाघव, तथा कुशलता प्रदर्शित करने पर ही प्रत्येक की पदोन्नति निर्भर थी।

---

1. उश्र—यह एक कर है, जो 1/10 के बराबर होता है। मुसलमान राज्य में वस्तुओं का 1/10 भाग अथवा उसका मूल्य सरकारी खजाने में जमा होता था। इसे उश्र कहते थे। सम्राट द्वारा किसी पुरुष को नकद रुपया उपहार स्वरूप मिलने पर भी उसका 1/10 भाग काटकर शेष 9/10 ही वास्तव में उसको दिया जाता था।
2. जकात—मुसलमान धर्मानुसार समस्त व्यय करने के उपरांत शेष आय में से 1/10वां भाग दान करना पड़ता है। यह जकात कहलाता है। परंतु समस्त व्यय करने के बाद यदि किसी व्यक्ति के पास 40 रु. या इससे कुछ कम धन शेष रह जाए तो कुछ भी जकात में नहीं देना पड़ता।

मेरे उपर्युक्त विधि से कुतुब-उल-मुल्क का अभिवादन करने पर उन्होंने मुझको शैख रुक्नउद्दीन कुरैशी के परिवार के साथ नगर में रहने की आज्ञा दी। यह परिवार हाकिम की आज्ञा बिना किसी को अपने यहां अतिथि रूप में नहीं रहने देता था।

इस समय इस नगर में अन्य बहुत से ऐसे श्रद्धेय बाह्य पुरुष भी ठहरे हुए थे जो सम्राट की सेवा में दिल्ली जा रहे थे। इनमें तिरमिज के काजी खुदावंदजादह कवामउद्दीन (और उनका परिवार), उनके भ्राता इमामउद्दीन, जियाउद्दीन तथा बुरहानउद्दीन, मुबारकशाह नामक समरकंद के एक धनाढ्य व्यक्ति, अखबगा बुखारा का एक अधिपति, खुदावंदजादह का भांजा मलिक जादा, और बदरउद्दीन फस्साल मुख्य थे। प्रत्येक के साथ इष्ट मित्र तथा दास आदि अन्य पुरुष भी थे।

मुलतान पहुंचने के दो मास पश्चात सम्राट का हाजिब (पर्दा उठाने वाला) और मलिक मुहम्मद हरवी कोतवाल तीन दासों के साथ खुदावंदजादह कवामउद्दीन की अभ्यर्थना को आए। खुदावंदजादह की पत्नी के शुभागमन के निमित्त राजमाता मखदूमे जहां (जगत-सेव्या) ने इनको खिलअत सहित भेजा था। और इन्होंने खुदावंदजादह और उनके पुत्रों को सरापा भेंट किए। मैंने अखवंदेआलम (संसार-सेव्य) अर्थात सम्राट की सेवा करने का विचार प्रकट किया (सम्राट को यहां पर इसी नाम से पुकारते हैं)।

बादशाह का आदेश था कि यदि खुरासन की ओर से आने वाले किसी व्यक्ति का इस देश (भारत) में ठहरने का विचार न हो तो उसको यहां से आगे न बढ़ने दिया जाए। इस देश में ठहरने का विचार प्रकट करने के कारण काजी तथा साक्षी को बुला मुझसे एक अहदनामा लिखवा लिया गया; परंतु मेरे कुछ साथियों ने दस्तखत करना अस्वीकार कर दिया। इन कार्यों से निपट मैंने दिल्ली को प्रस्थान करने की तैयारी प्रारंभ कर दी। मुलतान से दिल्ली तक चालीस दिन का मार्ग है और बीच में बराबर आबादी चली गई है।

11. भोजन-विधि

हाजिब (पर्देदार) और उसके साथियों ने खुदावंदजादह के भोजन का प्रबंध मुलतान से ही कर लिया था। इन लोगों ने बीस रसोइये साथ ले लिए थे, जो एक पड़ाव आगे चलते थे और खुदावंदजादह के वहां पहुंचने के पहले ही भोजन तैयार हो जाता था।

जिन पुरुषों का मैंने ऊपर वर्णन किया है वे सब ठहरते तो पृथक पृथक डेरों में थे परंतु भोजन खुदावंदजादह के साथ एक ही दस्तरख्वान (भोजन के नीचे का वस्त्र) पर करते थे। मैं केवल एक बार इस भोज में सम्मिलित हुआ। भोजन का क्रम इस प्रकार था। सर्व-प्रथम तो बहुत पतली रोटियां आती थीं जिनको चपाती कहते हैं और बकरी को भूनकर उसके चार या पांच टुकड़े प्रत्येक के सम्मुख धरते थे। इसके पश्चात घी में तली हुई रोटियां (पूरियां) आती थीं और इनके मध्य में 'हलुआ साबूनिया' भरा होता था। प्रत्येक टिकिया

के ऊपर 'खिश्ती' नामक एक प्रकार की मीठी रोटी रखते थे, जो आटा, घी तथा शर्करा द्वारा तैयार की जाती है। इसके पश्चात चीनी की रकाबियों में रखकर कलिया (सूप-रसयुक्त मांस) लाते थे। यह मांसविशेष घी, प्याज तथा अद्रक आदि पदार्थ डालकर बनाया जाता है। इसके पश्चात 'समोसा' आता था—यह बादाम, पिस्ता, जायफल, प्याज तथा गरम मसाले मांस में मिलाकर रोटियों में लपेट घी में तलकर तैयार किया जाता है। प्रत्येक पुरुष के सम्मुख 4-5 समोसे रखे जाते थे। इसके पश्चात घी में पके हुए चावल आते थे और उन पर मुर्ग का मांस होता था। इसके अनंतर लुकीमात अलकाजी अर्थात हाश्मी नामक पदार्थ आता था और इसके अनंतर काहरिया लाते थे।

भोजन प्रारंभ होने के पहले हाजिब दस्तरख्वान पर खड़ा हो जाता है और वह तथा एकत्र हुए सभी पुरुष सम्राट की अभ्यर्थना करते हैं। इस देश में खड़े होकर सिर को रुकूअ (नमाज पढ़ते समय हाथ बांधकर सिर को आगे की ओर झुकाने की मुद्रा) की भांति नीचे झुकाकर अभ्यर्थना की जाती है। इसके पश्चात दस्तरख्वान पर बैठते हैं। भोजन के पहले सोने, चांदी तथा कांच के प्यालों में गुलाब का शरबत पिया जाता है जिसमें मिसरी मिली होती है। इसके पश्चात हाजिब के 'बिस्मिल्लाह' कहने पर भोजन प्रारंभ होता है। फिर फिक्काअ[1] के प्याले आते हैं। उसको पान कर लेने के अनंतर पान-सुपारी आती है और फिर हाजिब के बिस्मिल्लाह कहने पर सब उठ खड़े होते हैं और भोजन शुरू होने के पहले की तरह फिर अभ्यर्थना की जाती है। इसके पश्चात सब विदा होते हैं।

---

1. फिक्काअ—यह एक प्रकार की मदिरा होती है। फारसी भाषा का शब्दकोष देखने से पता चलता है कि यह अनार तथा अन्य फलों के अर्क से तैयार की जाती थी।

दूसरा अध्याय

मुलतान से दिल्ली की यात्रा

1. अबोहर

मुलतान से चलकर हम अबोहर[1] नामक नगर में पहुंचे जो (वास्तव में) भारतवर्ष का सर्वप्रथम नगर है। छोटा होने पर भी यह नगर (बहुत) रमणीक है और मकान भी सुंदर बने हुए हैं। नहरों तथा वृक्षों की भी यहां बहुतायत है। अपने देश के वृक्षों में तो हमको केवल 'बेर' ही दीख पड़ा, परंतु उसका फल हमारे देश के फलों से (कहीं) अधिक बड़ा और सुस्वादु था; आकार में वह माजू-फल के बराबर था।

---

1. अबोहर—इब्नबतूता इस नगर की स्थिति मुलतान और पाक पट्टन के मध्य में अजोधन से तीन पड़ाव मुलतान की ओर बताता है, जो आधुनिक फीरोजपुर जिले की फाजलका नामक तहसील में है। यह वास्तव में पाक पट्टन और सिरसे की सड़क पर 'पाक पट्टन' से 60 मील (अर्थात तीन पड़ाव की दूरी) पर दिल्ली की ओर दाक्षिणी पंजाब रेलवे पर स्थित है। इब्नबतूता को समुद्री डाकुओं ने मालावार तट पर लूट लिया था और उसी समय इसका हस्तलिखित यात्रा-विवरण भी जाता रहा था। आधुनिक विवरण तो उसने 25 वर्ष उपरांत अपनी स्मृति के आधार पर लिखवाया है। इसीलिए कहीं कहीं नगरों की स्थिति भ्रमवश आगे-पीछे हो गई है। यहां भी इसी कारण यह नगर 'दिल्ली की ओर तीन पड़ाव' लिखने के स्थान में 'मुलतान की ओर' लिख दिया गया है। इसी प्रकार से इब्नबतूता ने इसी स्थल के दुर्गम पर्वतों में हिंदुओं का निवासस्थान लिख दिया है परंतु अबोहर के पास तो दो दो सौ मील की दूरी तक भी कोई पर्वत नहीं है। संभव है कि रेत के पर्वतों में ही किसी ने हिंदुओं का वास बतूता को बतला दिया हो।

   अबोहर में पुराना गढ़ भी बना हुआ है। इब्नबतूता के समय से कुछ ही काल पहले अबोहर के तिलोंडी नामक स्थानविशेष में यहीं राजपूतों के वंशज राजा रानामल (रणमल) का निवासस्थान था, जिसकी पुत्री सालार रजब अर्थात तुगलक (सम्राट) के चाचा को ब्याही गई थी। और उसके गर्भ से फीरोजशाह तुगलक उत्पन्न हुआ। उस समय अबोहर में सम्राट अलाउद्दीन खिलजी की ओर से सिराज अफीफ का चाचा 'अमलदार' था। इससे भी यही प्रतीत होता है कि अबोहर उन दिनों में अवश्य ही प्रसिद्ध नगर रहा होगा।

2. भारतवर्ष के फल

इस देश में 'आम'[1] नामक एक फल होता है जिसका वृक्ष होता तो नारंगी की भांति है परंतु डील में उससे कहीं अधिक बड़ा होता है और पत्ते खूब सघन होते हैं; इस वृक्ष की छाया खूब होती है परंतु इसके नीचे सोने से लोग आलसी हो जाते हैं। फल अर्थात आम 'आलू बुखारे' से बड़ा होता है। पकने से पहले यह फल देखने में हरा दीखता है। जिस प्रकार हमारे देश (मोराको) में नींबू तथा खट्टे का अचार बनाया जाता है, उसी प्रकार कच्ची दशा में पेड़ से गिरने पर इस फल का भी नमक डालकर लोग अचार बनाते हैं। आम के अतिरिक्त इस देश में अदरक और मिर्च का भी अचार बनाया जाता है। अचार को लोग भोजन के साथ खाते हैं; प्रत्येक ग्रास के पश्चात थोड़ा-सा अचार खाने की प्रथा है। खरीफ में आम पकने पर पीले रंग का हो जाता है और सेव की भांति खाया जाता है। कोई चाकू से छीलकर खाता है तो कोई यों ही चूस लेता है। आम की मिठास में कुछ खट्टापन भी होता है। इस फल की गुठली भी बड़ी होती है। खट्टे की भांति आम की भी गुठली बो देने पर वृक्ष फूट निकलता है।

कटहल (शकी; बरकी)—इसका वृक्ष बड़ा होता है; पत्ते अखरोट के पत्तों से मिलते हैं और फल पेड़ की जड़ में लगता है। धरातल से मिले हुए फल को बरकी कहते हैं। यह खूब मीठा और सुस्वादु होता है। ऊपर लगने वाले फल को शकी कहते हैं। इसका आकार बड़े कद्दू की तरह और छिलका गाय की खाल के सदृश होता है। खरीफ में इसका रंग खूब पीला पड़ जाने पर जब लोग इसको तोड़ते हैं तो प्रत्येक फल में खीरे के आकार के 100 या 200 कोये निकलते हैं। कोयों के मध्य में एक पीले रंग की झिल्ली होती है। प्रत्येक कोये के भीतर बाकले की भांति गुठली होती है, भूनकर या पकाकर खाने से इसका स्वाद भी बाकले का-सा प्रतीत होता है।

बाकला इस देश में नहीं होता। लाल रंग की मिट्टी में दबाकर रखने से ये गुठलियां अगले वर्ष तक भी रह सकती हैं। इसकी गणना भारतवर्ष के उत्तम फलों में की जाती है।

तैंदू आबनूस के पेड़ का फल है। यह रंग और आकार में खुबानी के समान होता है। यह बहुत ही मीठा होता है।

जम्मू (जामुन)—इसका पेड़ बड़ा होता है। फल जैतून की भांति होता है। रंग कुछ कलौंस लिए होता है और इसके भीतर भी जैतून की-सी गुठली होती है।

---

1 'लुकमा न रवद जेर गर अचार न याबी' अमीर खुसरो की इस उक्ति से भी इस कथन की पुष्टि होती है। खुसरो का देहांत हिजरी सन् 725 में अर्थात बतूता के भारत आने के 9 वर्ष पहले हो गया था।

नारंगी (शीरीं नारंज)—इस देश में बहुत होती है। नारंगियां अधिकतया खट्टी नहीं होतीं। कुछ कुछ खटास लिए, एक प्रकार की मीठी नारंगियां मुझे बड़ी प्रिय लगती थीं और मैं उनको बड़े चाव से खाया करता था।

महुआ[1]—इसका पेड़ बहुत बड़ा होता है। पत्ते भी अखरोट के पत्तों की भांति होते हैं, केवल उनके रंग में कुछ ललोंही और पीलापन अधिक होता है। फल छोटे आलू बुखारे के समान होता है और बहुत मीठा होता है। प्रत्येक फल के मुख पर एक छोटा किशमिश की भांति मध्य में दाना होता है, जिसका स्वाद अंगूर का-सा होता है। इसके अधिक खाने से सिर में दर्द हो जाता है। सूख जाने पर यह अंजीर के समान हो जाता है और मैं अंजीर के स्थान पर इसका ही सेवन किया करता था। अंजीर इस देश में नहीं होता। महुए के मुख पर के दूसरे दाने को भी अंगूर कहते हैं। भारत में अंगूर बहुत ही कम होता है। दिल्ली तथा अन्य कतिपय स्थानों के अतिरिक्त शायद ही कहीं होता हो। महुए के पेड़ साल में दो बार फलते हैं। इसकी गुठली का तेल निकालकर दीपों में जलाया जाता है।

कसेहरा (कसेरू) धरती से खोदकर निकाला जाता है। यह कसतल (फल विशेष) की भांति होता है और बहुत मीठा होता है।

हमारे देश के फलों में से अनार भी यहां होता है और वर्ष में दो बार फलता है। मालद्वीप समूह में अनार के पेड़ में मैंने बारहों महीने फल देखे।

3. भारत के अनाज

यहां साल में दो फसलें होती हैं। गर्मी पड़ने पर वर्षा होती है और उस समय खरीफ की फसल बोई जाती है। यह फसल बोने के 60 दिन पीछे काटी जाती है। अन्य अनाजों के अतिरिक्त इसमें निम्नलिखित अनाज भी उत्पन्न होते हैं—कजरु[2], चीना, शामाख अर्थात सांवक जो चीना से छोटा होता है और विरक्तों, साधुओं, संन्यासियों तथा निर्धनों के खाने के काम में आता है। एक हाथ में सूप और दूसरे हाथ में छोटी छड़ी लेकर पौधे को झाड़ने से सांवक के दाने (जो बहुत ही छोटे होते हैं) सूप में गिर पड़ते हैं। धूप में सुखाकर काठ की ओखली में डालकर कूटने से इनका छिलका पृथक हो जाता है और भीतर का श्वेत दाना निकल आता है। इसकी रोटी भी बनाई जाती है और खीर भी पकाते हैं। भैंस के दूध में इसकी बनी हुई खीर रोटी से कहीं अधिक स्वादिष्ट होती है। मुझे यह खीर बहुत प्रिय थी, और मैं इसको बहुधा पकाकर खाया करता था।

---

1. बतूता महुए के फूल और फल में भेद न समझ सका। जिसको उसने अंगूर के समान लिखा है वह वास्तव में फूल है। उसके गिर जाने पर फल निकलता है।
2. कजरु—आईने-अकबरी में इसका नाम कदरु और कुदरम लिखा है। जनसाधारण इसको कोदो कहते हैं। मुफ्त शिक्षा पाकर भी जिसको कुछ न आया हो उसे हिंदी की कहावत में कहते हैं कि 'कोदो देकर पढ़ा है।' अर्थात पढ़ाई पर कुछ भी खर्च नहीं किया।

माश (फारसी भाषा में मूंग को कहते हैं)–यह भी मटर की एक किस्म है। परंतु मूंग कुछ लंबी और हरे रंग की होती है। मूंग और चावल का कशरी (खिचड़ी) नामक भोजन विशेषतया बनाया जाता है। जिस प्रकार हमारे देश (मोराको) में प्रातःकाल निहारमुख (सर्वप्रथम) हरीरा लेने की प्रथा है, उसी प्रकार यहां लोग घी मिलाकर खिचड़ी खाते हैं।

लोभिया–यह भी एक प्रकार का वाकला है।

मोठ–यह अनाज होता तो कजरु के समान है परंतु दाना कुछ अधिक छोटा होता है। चने की भांति यह अनाज भी घोड़ों तथा बैलों को दाने के रूप में दिया जाता है। यहां के लोग जौ को इतना बलदायक नहीं समझते; इसी कारण चने अथवा मोठ को दल लेते हैं और पानी में भिगोकर घोड़ों को खिलाते हैं। घोड़ों को मोटा करने के लिए हरे जौ खिलाते हैं। प्रथम दस दिन तक उसको प्रतिदिन तीन या चार रत्तल (1½ सेर=3 रत्तल) घी पिलाया जाता है। इन दिनों में उससे सवारी नहीं ली जाती है, और इसके पश्चात एक मास तक हरी मूंग खिलाते हैं। उपर्युक्त अनाज खरीफ की फसल के थे। इसके अतिरिक्त तिल और गन्ना भी इसी फसल में बोया जाता है।

खरीफ की फसल बोने के 60 दिन पश्चात धरती में रबी की फसल का अनाज–गेहूं, चना, मसरी, जौ इत्यादि बो दिए जाते हैं। यहां की धरती अच्छी है और सदा फूलती-फलती रहती है। चावल तो एक वर्ष में तीन बार बोया जाता है। इसकी उपज भी अन्य अनाजों से कहीं अधिक होती है।

4. अबीबक्खर

अबोहर से चलकर हम एक जंगल में पहुंचे जिसको पार करने में एक दिन लगता है। इस जंगल के किनारे बड़े बड़े दुर्गम पहाड़ हैं, जिनमें हिंदुओं का वासस्थान बना हुआ है। इनमें से कुछ लोग डाके भी डालते हैं। हिंदू, सम्राट की ही प्रजा हैं और उन्हीं की अनुकंपा के कारण गांवों में मुसलमान हाकिमों की अधीनता में रहते हैं। बादशाह जिसको गांव या नगर विशेष जागीर में दे देता है, वही जागीरदार या 'आमिल' इस मुसलमान हाकिम का अफसर होता है। सम्राट की आज्ञा की अवहेलना कर बहुत से हिंदू इन्हीं दुर्गम पर्वतों को अपना वासस्थान बना, स्वयं सम्राट से लड़ने अथवा डाका डालने को सदा उतारू रहते हैं। और लोग तो अबोहर से प्रातःकाल ही चल दिए परंतु मैं कुछ लोगों के साथ अभी वहीं ठहरा रहा और दोपहर के पश्चात आगे चला। हमारे साथ अरब तथा फारस दोनों देशों के कुल मिलाकर बाईस सवार थे। जंगल में पहुंचने पर अस्सी पैदल तथा दो सवारों (हिंदुओं) ने हमारे ऊपर धावा बोल दिया। हमारे साथी भी खूब शूरवीर और उत्साही थे, इसलिए जी तोड़कर लड़े। अंत में विपक्षियों के बारह पैदल और एक सवार कुल मिलाकर तेरह

खेत रहे। मेरे घोड़े के और मेरे दोनों के ही, एक एक तीर लगा, परंतु इन लोंगों के तीर बहुत ही तुच्छ थे। हमारी ओर का भी एक घोड़ा घायल हुआ। विपक्षियों का घोड़ा हमने अपने साथी को दे दिया और घायल घोड़े को हमारे तुर्क साथी जिबह कर चट कर गए। विपक्षियों के मृतकों के सिर काट ले जाकर हमने अबीबक्खर[1] के गढ़ में प्राचीर पर लटका दिए। अबीबक्खर हम आधी रात तक पहुंच सके। और वहां से चलकर दो दिन में अजोधन पहुंचे।

5. अजोधन[2]

यह छोटा-सा नगर शैख फरीदउद्दीन (बदाऊंनी) का है। शैख बुरहानउद्दीन इस्कंदरी (एलैक्जैंड्रिया-निवासी) ने चलते समय मुझसे कहा था कि शैख फरीदउद्दीन[3] से तेरी मुलाकात होगी। ईश्वर को अनेक धन्यवाद है कि अब मैं इनसे मिला। ये भारत-सम्राट के गुरु हैं, और सम्राट ने यह नगर इनको प्रदान किया है। शैख महाशय बड़े ही संशयी जीव हैं, यहां तक कि न तो किसी से मुसाफा (अपने दोनों हाथों से दूसरे पुरुष के हाथों को प्रेमपूर्वक पकड़कर अभिवादन करना) करते और न किसी के निकट आकर ही बैठते हैं। वस्त्र तक

---

1. अबीबक्खर—पाक पट्टन से लगभग एक पड़ाव की दूरी पर जिले मुलतान में मैलसी नामक तहसील के धालू नामक गांव में अबू बकर नामक प्राचीन, प्रतिष्ठित महात्मा का मठ बना हुआ है। बहुत संभव है कि उपर्युक्त स्थान यहीं रहा हो। यदि हमारा अनुमान ठीक हो तो बड़े आश्चर्य की बात है कि बतूता जैसे अरब यात्री ने इस प्रसिद्ध महापुरुष के मठ का बर्णन क्यों नहीं किया।
2. अजोधन—पाक पट्टन का प्राचीन नाम है। बाबा फरीद का मठ यहां होने के कारण सम्राट अकबर की आज्ञानुसार इसका नाम बदलकर पाक पट्टन कर दिया गया। पहले इसको फरीद पट्टन कहा करते थे। अब यह नगर सतलज नदी से उत्तर की ओर दस मील की दूरी पर मांटगुमरी जिले की एक तहसील का प्रधान स्थान है। बाबा फरीद की समाधि पर अब भी प्रत्येक वर्ष बड़ा भारी मेला लगता है और प्रत्येक पुरुष भिश्ती की खिड़की से निकलने का प्रयत्न करता है। आईने-अकबरी में इस नगर का नाम केवल 'पट्टन' लिखा है। और फरिश्ता में 'पट्टन बाबा फरीद'। यह नगर प्राचीन काल में सतलज नदी पर बसा हुआ था और कनिंगहम साहब के कथनानुसार 'अयोधन' नामक किसी हिंदू संत अथवा राजा ने इसको बसाया था। मध्यकाल में 'सुराक' (अर्थात मद्यपान करने वाली एक जातिविशेष) इस प्रांत में बसी हुई थी और सिकंदर के विजय-काल तक यहीं रहती थी। तैमूर आदि प्राचीन महापुरुषों ने यहीं पर सतलुज पार कर भारत में प्रवेश किया था।
3. शैख फरीदउद्दीन—बतूता ने यहां गलती की है। सम्राट के गुरु का नाम था अलाउद्दीन। इन्हीं महाशय के पुत्रों के नाम मुईजउद्दीन व इल्मउद्दीन थे। सम्राट मुहम्मद तुगलक ने अपने इन गुरु महाशय की समाधि पर एक बड़ा भव्य गुंबद बनवाया।

छू जाने पर धोते हैं। मैं इनके मठ में गया, और इनसे मिलकर शैख बुरहानउद्दीन का सलाम कहा तो ये बड़े आश्चर्य का भाव दिखाकर बोले कि 'किसी और को कहा होगा'। इनके दोनों पुत्रों से भी मैं मिला। दोनों ही बड़े विद्वान थे। इनके नाम मुईजउद्दीन और इल्मउद्दीन थे। मुईजउद्दीन बड़े थे और पिता की मृत्यु के उपरांत सज्जादानशीन हुए। इनके दादा शैख फरीदउद्दीन बदाऊंनी की समाधि के भी मैंने जाकर दर्शन किए। बदाऊं नामक नगर संभल के इलाके में है। वहां से चलते समय इल्मउद्दीन ने अपने पूजनीय पिता से मिलने के लिए मुझसे कहा। उस समय वे श्वेत वस्त्र पहने सबसे ऊंची छत पर विराजमान थे और सिर पर बंधे हुए बड़े साफे का शमला उनके एक ओर लटक रहा था। उन्होंने मुझे आशीर्वाद दिया और मिसरी तथा बताशे प्रसाद रूप में भेजे।

6. सती-वृत्तांत

मैं शैख महाशय के मठ से लौटने पर क्या देखता हूं कि जिस स्थान पर हमने डेरे लगाए थे उस ओर से लोग भागे चले आते हैं। इनमें हमारे आदमी भी थे। पूछने पर उन्होंने उत्तर दिया कि एक हिंदू का देहांत हो गया है, चिता तैयार की गई है और उसके साथ उसकी पत्नी भी जलेगी। उन दोनों के जलाए जाने के उपरांत हमारे साथियों ने लौटकर कहा कि वह स्त्री तो लाश से चिपट कर जल गई।

एक बार मैंने भी एक हिंदू स्त्री को बनाव-सिंगार किए घोड़े पर चढ़कर जाते हुए देखा था। हिंदू और मुसलमान इस स्त्री के पीछे चल रहे थे। आगे आगे नौबत बजती जाती थी, और ब्राह्मण (जिनको यह जाति पूजनीय समझती है) साथ साथ थे। घटना का स्थान सम्राट की राज्य-सीमा के अंतर्गत होने के कारण बिना उनकी आज्ञा प्राप्त किए जलाना संभव न था। आज्ञा मिलने पर यह स्त्री जलाई गई।

कुछ काल पश्चात मैं 'अबरही'[1] नगर में गया, जहां के निवासी अधिक संख्या में हिंदू थे पर हाकिम मुसलमान था। इस नगर के आसपास के कुछ हिंदू ऐसे भी थे जो बादशाह की आज्ञा की सदा अवहेलना किया करते थे। इन्होंने एक बार छापा मारा, अमीर (नगर का हाकिम) हिंद-मुसलमानों को लेकर इनका सामना करने गया तो घोर युद्ध हुआ और हिंदू प्रजा में सात व्यक्ति खेत रहे। इनमें से तीन के स्त्रियां भी थीं। और उन्होंने सती होने का विचार प्रकट किया। हिंदुओं में प्रत्येक विधवा के लिए सती[2] होना आवश्यक नहीं

1. अबरही—संभवतया यह सिंधु प्रांत के रोड़ी नामक जिले में आधुनिक 'उवाउस' नामक तहसील का प्राचीन नाम है।
2. सती—अबुलफजल का मत है कि उस समय स्त्रियां लज्जा, भय तथा परंपरा के कारण, अस्वीकार न कर सकती थीं और लाचार होकर सती हो जाती थीं। लार्ड विलियम बैंटिंक के समय में सन् 1829 से यह कुप्रथा बंद कर दी गई।

है परंतु पति के साथ स्त्री के जल जाने पर वंश प्रतिष्ठित गिना जाता है और उसकी भी पतिव्रताओं में गणना होने लगती है। सती न होने पर विधवा को मोटे मोटे वस्त्र पहन कर महा कष्टमय जीवन तो व्यतीत करना ही पड़ता है, साथ ही वह पतिपरायण भी नहीं समझी जाती।

हां, तो फिर इन तीनों स्त्रियों ने तीन दिन तक खूब गाया-बजाया और नाना प्रकार के भोजन किए, मानो संसार से विदा ले रही थीं। इनके पास चारों ओर की स्त्रियों का जमघट लगा रहता था। चौथे दिन इनके पास घोड़े लाए गए और ये तीनों बनाव-सिंगार कर, सुगंधि लगा उन पर सवार हो गईं। इनके दाहिने हाथ में एक नारियल था, जिसको ये बराबर उछाल रही थीं और बाएं हाथ में एक दर्पण था जिसमें ये अपना मुख देखती थीं। चारों ओर ब्राहाणों तथा संबंधियों की भीड़ लग रही थी। आगे आगे नगाड़े तथा नौबत बजती जाती थी। प्रत्येक हिंदू आकर अपने मृत माता, पिता, बहिन, भाई तथा अन्य संबंधी या मित्रों के लिए इनसे प्रणाम कहने को कह देता था और ये "हां हां" कहती और हंसती चली जाती थीं। मैं भी मित्रों के साथ यह देखने को चल दिया कि ये किस प्रकार से जलती हैं। तीन कोस तक जाने के पश्चात हम एक ऐसे स्थान में पहुंचे जहां जल की बहुतायत थी और वृक्षों की सघनता के कारण अंधकार छाया हुआ था। यहां चार गुंबद (मंदिर) बने हुए थे और प्रत्येक में एक एक देवता की मूर्ति प्रतिष्ठित थी। इन चारों (मंदिरों) के मध्य में एक ऐसा सरोवर (कुंड) था जिस पर वृक्षों की सघन छाया होने के कारण धूप नाम को भी न थी।

घने अंधकार के कारण यह स्थान नरकवत प्रतीत हो रहा था। मंदिरों के निकट पहुंचने पर इन स्त्रियों ने उतरकर स्नान किया और कुंड में एक डुबकी लगाई। वस्त्र आभूषण आदि उतारकर रख दिए, और मोटी साड़ियां पहन लीं। कुंड के पास नीचे स्थल में अग्नि दहकाई गई। सरसों का तेल डालने पर उसमें प्रचंड शिखाएं निकलने लगीं। पंद्रह पुरुषों के हाथों में लकड़ियों के गट्ठे बंधे हुए थे और दस पुरुष अपने हाथों में बड़े बड़े लकड़ी के कुंदे लिए खड़े थे। नगाड़े, नौबत और शहनाई बजाने वाले स्त्रियों की प्रतीक्षा में खड़े थे। स्त्रियों की दृष्टि से बचाने के लिए लोगों ने अग्नि को एक रजाई की ओट में कर लिया था परंतु इनमें से एक स्त्री ने रजाई को बलपूर्वक खींचकर कहा कि क्या मैं जानती नहीं कि यह अग्नि है, मुझे क्या डराते हो? इतना कहकर वह अग्नि को प्रणाम कर तुरंत उसमें कूद पड़ी। बस नगाड़े, ढोल, शहनाई और नौबत बजने लगी। पुरुषों ने अपने हाथों की पतली लकड़ियां डालनी प्रारंभ कर दीं, और फिर बड़े बड़े कुंदे भी डाल दिए जिससे स्त्री की गति बंद हो जाए। उपस्थित जनता भी चिल्लाने लगी। मैं यह हृदय-द्रावक दृश्य देख कर मूर्च्छित हो घोड़े से गिरने को ही था कि मेरे मित्रों ने संभाल लिया और मेरा मुख पानी से धुलवाया। (संज्ञा लाभकर) मैं वहां से लौट आया।

इसी प्रकार हिंदू नदियों में डूबकर प्राण दे देते हैं। बहुत से गंगा में जा डूबते हैं। गंगा जी की तो यात्रा होती है; और अपने मृतकों की राख तक हिंदू इस नदी में डालते हैं। इनका विश्वास है कि यह नदी स्वर्ग से निकली है। नदी में डूबते समय हिंदू उपस्थित पुरुषों से कहता है कि सांसारिक कष्टों या निर्धनता के कारण मैं नदी में डूबने नहीं जा रहा हूं। वरन मैं तो गुसाईं (ईश्वर) की इच्छा पूर्ण करने के लिए अपना प्राण विसर्जन करता हूं। इन लोगों की भाषा में 'गुसाईं' ईश्वर को कहते हैं। नदी में डूबकर मरने के उपरांत शव पानी से निकालकर जला दिया जाता है और राख गंगा नदी में डाल दी जाती है।

7. सरस्वती

अजोधन से चलकर हम सरस्वती (सिरसा[1]) पहुंचे। यह एक बड़ा नगर है। यहां उत्तम कोटि के चावल बहुतायत से होते हैं और दिल्ली भेजे जाते हैं। शम्सउद्दीन वोशंजी नामक दूत ने मुझे इस नगर के कर की आय बताई थी, परंतु मैं भूल गया। हां, इतना अवश्य कह सकता हूं कि वह थी बहुत अधिक।

8. हांसी

यहां से हम हांसी[2] गए। यह नगर भी सुंदर और दृढ़ बना हुआ है। यहां के मकान भी बड़े हैं और नगर का प्राचीर भी ऊंचा बना हुआ है। कहा जाता है कि 'तोरा' नामक हिंदू राजा ने इस नगर की स्थापना की थी। इस राजा की बहुत-सी कहावतें भी लोग जहां तहां कहते हैं। भारतवर्ष के काजियों के प्रधान (काजी-उल-कुज्जात) काजी कमालउद्दीन सदरे-जहां के भाई एवं बादशाह के शिक्षक, कतलू खां और मक्का को चले जाने वाले शम्सउद्दीन खां दोनों इसी शहर के रहने वाले हैं।

---

1. सिरसा—प्राचीन ऐतिहासिकों ने 'सिरसा' का नाम 'सरस्वती' ही लिखा है। प्राचीन नगर के खंडहर वर्तमान बस्ती के दक्षिण-पश्चिम की ओर अब भी मिलते हैं। प्राचीन काल में यहां गक्खर (अर्थात सरस्वती नदी की शाखा) बहती थी। परंतु अब वह सूख गई है। बतूता के समय यहां एक सूबेदार रहता था।
2. हांसी—यह नगर फीरोज तुगलक द्वारा स्थापित, वर्तमान हिसार के जिले में एक तहसील का प्रधान स्थान है। कहा जाता है कि तोमरवंशीय अनंग पाल ने इस नगर की नींव डाली थी। इब्नबतूता ने भ्रमवश 'तोमर' या 'तोर' को ही किसी राजा का नाम समझ लिया है। संभव है, राय पिथौरा को ही उसने लक्षित कर यह 'तोरा' शब्द लिखा हो क्योंकि उन्होंने पुराने किले की दुबारा पूरी मरम्मत कराई थी। हिसार के आबाद होने से पहले यहां भी एक हाकिम रहा करता था। महमूद गजनवी और सुलतान गोरी के समय में यहां का गढ़ बड़ा मजबूत समझा जाता था।

9. मसऊदाबाद और पालम

फिर दो दिन के पश्चात हम मसऊदाबाद[1] पहुंचे। यह नगर दिल्ली से दस कोस इधर है। यहां हम तीन दिन ठहरे। हांसी और मसऊदाबाद दोनों ही स्थान होशंग इब्न मलिक कमाल गुर्ग की जागीर में हैं।

जब हम यहां आए तो सम्राट राजधानी में न थे, कन्नौज की ओर, जो दिल्ली से दस पड़ाव की दूरी पर है, गए हुए थे। राजमाता, मखदूमे-जहां, और मंत्री अहमद बिन अयात रूमी जिन्हें ख्वाजेजहां भी कहते थे, दिल्ली में थे। मंत्री महोदय ने व्यक्तिगत मान-मर्यादानुसार, हममें से प्रत्येक व्यक्ति की अभ्यर्थना के लिए कुछ मनुष्य भेजे। मेरी अभ्यर्थना के लिए परदेशियों के हाजिब शरीफ मजिन्दरानी, शैख बुस्तामी और धर्मशास्त्र के ज्ञाता अलाउद्दीन कन्नरा मुलतानी आए थे। मंत्री ने हमारे आगमन की सूचना सम्राट के पास डाक द्वारा भेजी। उत्तर आने में तीन दिन लग गए। इसी कारण हमको तीन दिन तक मसऊदाबाद में ठहरना पड़ा। तीन दिन के पश्चात काजी धर्मशास्त्र के ज्ञाता शैख तथा उमरागण हमारी अभ्यर्थना को आए। जिन पुरुषों को मिस्र देश में अमीर के नाम से व्यक्त किया जाता है उनको इस देश में मलिक कहते हैं। इनके अतिरिक्त सम्राट के परम श्रद्धेय मित्र शैख जहीरउद्दीन जिन्जानी भी हमारा स्वागत करने के लिए आए थे।

मसऊदाबाद से चलकर हम पालम[2] नाम के एक गांव में ठहरे। यह सैयद शरीफ नासिरउद्दीन मुताहिर ओहरी की जागीर में है। सैयद साहिब भी सम्राट के मुसाहिबों में से हैं और सम्राट की दानशीलता के कारण इनको बहुत लाभ हुआ है।

---

1. मसऊदाबाद—सम्राट अकबर के इस कसबे में खूब बस्ती थी। आईने-अकबरी में लिखा हुआ है कि उस समय यहां ईंटों का बना हुआ एक प्राचीन दुर्ग भी वर्तमान था। यह स्थान नजफगढ़ से एक मील पूरब की ओर है और पालम के स्टेशन से छह मील पश्चिमोत्तर दिशा में इसके खंडहर मिलते हैं।
2. पालम—दिल्ली से रेवाड़ी जाने वाली रेलवे लाइन पर इस समय भी यह गांव वर्तमान दिल्ली नगर से बारह मील की दूरी पर बसा हुआ है।

तीसरा अध्याय

दिल्ली

1. नगर और उसका प्राचीर

दोपहर के समय हम राजधानी दिल्ली[1] पहुंचे। इस महान नगर के भवन बड़े सुंदर तथा दृढ़ बने हुए हैं। नगर का सुदृढ़ प्राचीर भी संसार में अद्वितीय समझा जाता है। पूर्वीय देशों में, इस्लाम या अन्य मतावलंबी, किसी का भी, ऐसा ऐश्वर्यशाली नगर नहीं है। यह नगर खूब विस्तृत है और पूरे तौर से बसा हुआ है।

यह नगर वास्तव में एक नहीं है, वरन एक दूसरे से मिलकर बसे हुए चार नगरों से बना है। इनमें सर्वप्रथम दिल्ली है। यह प्राचीन नगर हिंदुओं के समय का है और हिजरी सन् 584 में मुसलमानों ने इसको जीता था। दूसरा नगर सीरी[2] है। इसको दारुल खिलाफा (राजधानी) भी कहते हैं। जिस समय गयासउद्दीन खलीफा मुस्तन सरुल अब्बासी (विजय-सूचक उपाधिविशेष) के पोते दिल्ली में रहते थे, उस समय यह नगर सम्राट ने उनको दे दिया था। तीसरा नगर तुगलकाबाद[3] है, जिसको सम्राट के पिता गयासउद्दीन तुगलक

---

1. दिल्ली नगर की जनसंख्या उस समय चार स्थानों में विभक्त थी। पुरानी, हिंदुओं की दिल्ली से इब्नबतूता का राय पिथौरा के दुर्ग तथा लाल किले की जनसंख्या से तात्पर्य है, इन्द्रपत या अनंग पाल की पुराने किले की बस्ती से नहीं; जो आधुनिक नगर से तीन मील की दूरी पर मथुरा की सड़क पर बसी हुई है। लालकोट अनंग पाल ने 1052 ई. में बनवाया था और लोहे की लाट पर यह तिथि अंकित भी है। राय पिथौरा ने नगर को विस्तृत कर लालकोट को गढ़ की भांति नगर के मध्य में कर लिया था। लालकोट की दीवारें अब भी कहीं कहीं अवशिष्ट हैं। इसका घेरा सवा दो मील था और दीवारें 30 फुट मोटी और खाई से चोटी तक 60 फुट ऊंची थीं। पृथ्वीराज के किले का घेरा तो साढ़े चार मील था परंतु दीवारें लालकोट से आधी थीं।
2. 'सीरी' का गढ़ और नगर अलाउद्दीन खिलजी ने अपने शासनकाल में बनवाया था। 'कुतुब साहब' को आते समय मार्ग में बाईं ओर इसके भग्नावशेष अब भी दृष्टिगोचर होते हैं। बोलचाल में लोग इसको एक अलादल का किला कहते हैं।
3. तुगलकाबाद—मथुरा की सड़क पर कुतुब साहब से चार मील पूर्व की ओर एक पहाड़ी पर किला और नगर अर्धचंद्राकार बसा हुआ था। इसका कुल घेरा 3 मील 7 फर्लांग है। यहां बंद बांध

गयासुद्दीन तुगलकशाह की समाधि तथा किला

शाह ने बसाया था। (कहा जाता है कि) एक दिन गयासउद्दीन ने सुलतान कुतुबउद्दीन खिलजी की सेवा में उपस्थिति के समय यह प्रार्थना की कि उस स्थान पर एक नया नगर बसाया जाए। इस पर बादशाह ने ताना मारकर कहा कि यदि तू बादशाह हो जाए तो ऐसा करना। दैवगति से ऐसा ही हुआ। तब उसने यह नगर अपने नाम से बसाया। चौथा नगर जहांपनाह[1] है जिसमें वर्तमान सम्राट मुहम्मदशाह तुगलक रहते हैं और यह उन्हीं का बसाया हुआ है। सम्राट का विचार[2] था कि इन चारों नगरों को मिलाकर इनके चारों ओर एक प्राचीर बनवा

कर एक झील बनाई गई थी। गढ़ की दीवारें पहाड़ की चट्टानें काटकर बनाई गई हैं और मैदान से 90 फुट ऊंची हैं। दक्षिण-पश्चिम कोण में गढ़ और राजमहल बने हुए थे। इनके निकट ही लाल पत्थर तथा स्फटिक की बनी हुई गयासउद्दीन तुगलक शाह की समाधि है। यह नीचे से लेकर गुंबद की चोटी तक 80 फुट ऊंची है। गुंबद की परिधि बाहर से 44 फुट है। कहा जाता है कि पिता और पुत्र एक ही समाधि-भवन में शयन कर रहे हैं। यदि यह ठीक है तो सम्राट मुहम्मद बिन तुगलक शाह के शव को—उनके मृत्यु स्थान ठट्ठे (सिंधु) से लोग दिल्ली में अवश्य लें आए होंगे। परंतु जियाउद्दीन बरनी लिखता है कि सुलतान फीरोज ने उन पुरुषों की संतान से जिनको मुहम्मदशाह तुगलक ने बिना किसी अपराध के वध किया था, क्षमापत्र लेकर उन्हें समाधि पर दारुल अमन में रखवा दिया। दारुल अमन उस स्थान को कहते हैं जहां गयासउद्दीन बलबन का समाधि-स्थान है। तुगलक शाह के गढ़ में अब गूजरों की बस्ती है और मकबरे में मुसलमान जमींदार रहते हैं।

ये अपने को तुगलक का वंशधर बताते हैं और नगर में लकड़ियां बेचते हैं। सुनते हैं कि अंतिम मुगल सम्राट बहादुरशाह के राज्यकाल में भी ये लोग दिल्ली के वर्तमान दुर्ग में लकड़ियां बेचने जाना कभी स्वीकार न करते थे, चाहे कुछ ही मूल्य क्यों न मिले।

1. तुगलक का नगर 'जहांपनाह' दिल्ली और सीरी के मध्य में था और वहां उसके सहस्र स्तंभ नामक भवन के भग्नावशेष इस समय भी विद्यमान हैं।
2. दिल्ली और सीरी के दक्षिण और पश्चिम में पहाड़ी थी; और उत्तर और पूर्व में मुहम्मद तुगलक ने नगर-प्राचीर बनाकर दोनों नगरों को मिला दिया था। उस समय यह नगर बड़ा ही समृद्धिशाली था। इब्नबतूता इसी नगर-प्राचीर के भीतर तुगलकाबाद की स्थिति भी बतलाता है परंतु यह गलत है।

   इब्नबतूता तथा मुहम्मद तुगलक के पश्चात फीरोजशाह तुगलक ने फीरोजाबाद नामक नया नगर बसाया था, जो हुमायूं की समाधि से लेकर आधुनिक नगर के उत्तर की ओर पहाड़ी तक चला गया था। काली मस्जिद तथा रजिया की समाधि वाले आधुनिक नगर का भाग भी इसी में सम्मिलित था। दिल्ली दरवाजे के बाहर, जहां अब फीरोजशाह की लाट खड़ी हुई है, इस नगर का दुर्ग बना हुआ था।

   इब्नबतूता का समसामयिक मसालिक-उल-अवसार का लेखक लिखता है कि इस नगर में इस समय एक सहस्र पाठशालाएं, दो सहस्र छोटी-बड़ी मस्जिदें और सत्तर औषधालय (शफ़ाखाने) थे। लोग तालाबों का पानी पीते थे। कुओं पर रहट लगते थे और पानी केवल सात हाथ नीचे था।

दें, और इस विचार के अनुसार कुछ प्राचीर बनवाया भी गया परंतु अधिक व्यय होते देख कर अधूरा ही छोड़ दिया गया।

नगर का यह अद्वितीय प्राचीर ग्यारह हाथ चौड़ा है। चौकीदारों तथा द्वारपालों के रहने के लिए इसमें कोठरियां और मकानात भी बने हुए हैं। अनाज रखने के लिए खत्तियां भी (जिनको अवांरी भी कहते हैं) इसी प्राचीर में बनी हुई हैं। मंजनीक[1] तथा युद्ध का अन्य सामान भी इसमें बने हुए गोदामों में रखा रहता है। कहा जाता है कि यहां पर भरा हुआ अनाज सब प्रकार से सुरक्षित रहता है, उसका रंग तक नहीं बदलता। मेरे सम्मुख यहां से कुछ चावल निकाले जा रहे थे, उनका बाह्य रंग तो कुछ काला-सा पड़ गया था, परंतु स्वाद में निस्संदेह कोई परिवर्तन नहीं हुआ था। मक्का, जुआर भी मेरे सामने निकाली जा रही थी। लोग कहते थे कि सम्राट बलबन के समय में, जिसको अब नब्बे वर्ष बीत गए, यह अनाज भरा गया था। गोदामों में प्रकाश पहुंचाने के लिए नगर की ओर तावदान (रौशनदान) बने हुए हैं। प्राचीर के ऊपर कई सवार तथा पैदल सैनिक नगर के चारों ओर घूम सकते हैं। प्राचीर का निचला भाग पत्थर का बना हुआ है और ऊपर का पक्की ईंटों का। बुर्जों की संख्या भी अधिक है और ये एक दूसरे से बहुत समीप बने हुए हैं।

नगर के अट्ठाईस द्वार हैं। इनमें से हम केवल कुछ एक का ही वर्णन करेंगे। बदाऊं दरवाजा बड़ा है और बदाऊं नामक नगर के नाम से प्रसिद्ध है। मन्दवी दरवाजे के आगे खेत हैं। गुल-दरवाजे के आगे बाग हैं। नजीब दरवाजा, कमाल दरवाजा विशेष व्यक्तियों के नाम पर बने हैं। गजनी दरवाजे के बाहर ईदगाह और कुछ कब्रिस्तान बने हुए हैं। पालम दरवाजा पालम गांव की ओर बना हुआ है। बजालसा दरवाजे के बाहर दिल्ली के समस्त कब्रिस्तान हैं, जो सब सुंदर बने हुए हैं। यदि किसी कब्र पर गुंबद न भी हो तो मिहराब अवश्य ही होगी और इनके बीच बीच में गुलशब्बो, रायबेल, गुलनसरीं तथा अन्य प्रकार की फुलवाड़ी लगी रहती है।

2. जामे मस्जिद, लोहे की लाट और मीनार

नगर की जामे मस्जिद[2] बहुत विस्तृत है। इसकी दीवारें, छत, और फर्श सब कुछ श्वेत

---

1. मंजनीक—यह युद्ध में काम आने वाला एक यंत्र है। तोप के आविष्कार के पहले ईसा की सोलहवीं शताब्दी तक इससे दुर्ग की दीवारों को तोड़ने तथा दुर्ग के भीतर जलती हुई तथा दुर्गंधियुक्त सड़ी हुई वस्तुएं फेंकने का यूरोप, चीन तथा अन्य मुसलमान प्रदेशों में, काम लिया जाता था। जियाउद्दीन बरनी लिखता है कि अलाउद्दीन खिलजी ने इनके द्वारा दिल्ली नगर में सोना-चांदी फिंकवाकर नगर-निवासियों को लालच देकर नगरद्वार खुलवाए थे।
2. जामे मस्जिद—इसका यथार्थ नाम कुब्बत-उल-इस्लाम था। यहां पर पहले पृथ्वीराज का मंदिर था। मुअजउद्दीन मुहम्मद बिन साम ने, जिसको शहाबुद्दीन गोरी भी कहते हैं, अपने गुलाम

पृथ्वीराज का मंदिर

कुव्वत-उल-इस्लाम मस्जिद तथा लोहे की लाट

पत्थरों का बना हुआ है। ये पत्थर सीसा लगाकर जोड़े गए हैं। लकड़ी यहां नाम को भी नहीं है। मस्जिद में पत्थर के तेरह गुंबद हैं, और मिम्बर भी (वह सिंहासन जिस पर खड़े होकर इमाम उपदेश देते हैं) पत्थर का ही है। इस चार चौक की मस्जिद के मध्य में एक लाट[1] खड़ी है। मालूम नहीं, यह किस धातु से बनाई गई है। एक आदमी तो मुझसे यह कहता था कि सातों धातुओं के मिश्रण को खौलाकर यह लाट बनाई गई है। किसी भले मानुस ने इसको एक अंगुल के लगभग छील भी डाला है और वह भाग बहुत ही चिकना हो गया है। इस पर लोहे का भी कोई प्रभाव नहीं होता। यह तीस हाथ ऊंची है। अपनी पगड़ी खोलकर नापा तो इसकी परिधि आठ हाथ की निकली। मस्जिद के पूर्वीय द्वार के बाहर तांबे की दो बड़ी बड़ी मूर्तियां पत्थर में जड़ी हुई धरातल पर पड़ी हैं। मस्जिद में आने जाने वाले इन पर पैर रखकर आते जाते हैं।

मस्जिद के स्थान पर पहले मंदिर बना हुआ था। दिल्ली-विजय के उपरांत मंदिर तुड़वा कर मस्जिद बनवाई गई। मस्जिद के उत्तरी चौक में एक मीनार[2] खड़ी है जो समस्त मुस्लिम

सेनापति कुतुबउद्दीन ऐबक द्वारा इस मस्जिद की नींव 589 हिजरी में दिल्ली-विजय के उपरांत रखवाई। हिजरी 594 में इसमें 5 दर थे। और वहां यही साल अंकित भी है। फिर 627 हिजरी में शम्सउद्दीन अल्तमश ने तीन तीन दर के दो भाग और निर्मित कराए। इब्नबतूता के समय चौथा भाग भी बना हुआ था परंतु ऐसा प्रतीत होता है कि उसमें केवल दो दर ही थे और कुछ न था, क्योंकि बतूता केवल तेरह गुंबद बताता है। यदि चौथा भाग भी पूरा होता तो गुंबद की संख्या चौदह होती। अलाउद्दीन खिलजी ने (आसार उस्सनादीद में देखें) पांचवां और चौथा भाग भी बनवाना प्रारंभ किया था (हि. 711), परंतु वे पूरे नहीं बन सके। बतूता के समय पांचवें का चिह्न मात्र भी न था। फीरोज ने इसकी मरम्मत करा दी थी, जिससे यह नई-सी लगने लगी थी। उस समय इसमें तीन बड़े दर थे और आठ छोटे। बड़ी मेहराब 53 फुट ऊंची और 22 फुट चौड़ी है।

मस्जिद के द्वार पर पड़ी हुई मूर्तियां विक्रमाजीत की थीं जिनको अल्तमश उज्जैन-विजय के उपरांत महाकाल के मंदिर से उठाकर दिल्ली ले आया था।

1. लाट—परीक्षा से अब यह सिद्ध हो गया है कि यह लाट लोहे की है। इसके संबंध में यह किंवदंती है कि राजा अनंग पाल ने इसको, एक ब्राह्मण के आदेशानुसार, शेषनाग के मस्तक में इस स्थान पर ठोका था।
2. कुतुब मीनार—मुसलमान इतिहासकारों का मत है कि यह मीनार कुब्बत-उल-इस्लाम नामक उपर्युक्त मस्जिद के दक्खिन पूर्वीय कोण में शुक्रवार की अजान देने के लिए बनवाई गई थी। इसको भी कुतुबउद्दीन ऐबक ने सम्राट मुअज्जउद्दीन बिन साम की आज्ञा से निर्मित कराया था। 707 हिजरी में फीरोजशाह तुगलक ने और 909 हिजरी में बहलोल लोदी ने इसकी मरम्मत कराई थी। सन् 1803 में भूकंप के कारण इसके ऊपर की छतरी गिर पड़ी थी और सारी मीनार मरम्मत तलब हो गई थी। ईस्ट इंडिया कंपनी ने सन् 1838 के लगभग इसकी मरम्मत करवाई।

जगत में अद्वितीय है। मस्जिद तो श्वेत पाषाण की है। परंतु यह लाल पत्थर की बनी हुई है और उस पर खुदाई हो रही है। मीनार के शिखर पर विशुद्ध स्फटिक के छत्र में चांदी के लड्डू लगे हुए हैं। भीतर से सीढ़ियां भी इतनी चौड़ी हैं कि हाथी तक ऊपर चढ़ जाता है। एक सत्यवादी पुरुष मुझसे कहता था कि मीनार बनते समय मैंने हाथियों को उसके ऊपर पत्थर ले जाते हुए अपनी आंखों देखा था। यह मीनार मुअज्जउद्दीन बिन नासिरउद्दीन बिन अल्तमश ने बनवाई थी। कुतुबउद्दीन खिलजी ने मस्जिद के पश्चिमी चौक में इससे भी बड़ी और ऊंची मीनार बनाने का विचार किया था और ऐसी एक मीनार[1] तृतीयांश के लगभग बनकर तैयार भी हो गई थी कि इतने में उसका वध कर दिया गया और कार्य अधूरा ही रह गया। सुलतान मुहम्मद तुगलक ने इसे पूरा करना चाहा परंतु उसको अनिष्ट समझकर फिर अपना विचार बदल दिया, नहीं तो संसार के अत्यंत अद्भुत पदार्थों में अवश्य उसकी गणना होती। वह भीतर से इतनी चौड़ी है कि तीन हाथी बराबर उस पर चढ़ सकते हैं। इस तृतीयांश की ऊंचाई उत्तरी चौक वाली मीनार की ऊंचाई के बराबर है। एक बार इस पर चढ़कर मैंने नगर की ओर देखा तो नगर की ऊंची-से-ऊंची अट्टालिकाएं भी छोटी दृष्टिगोचर होती थीं और नीचे खड़े हुए मनुष्य तो बालकों की भांति प्रतीत होते थे। चौड़ी होने के कारण यह अधूरी मीनार नीचे खड़े होकर देखने से इतनी ऊंची नहीं प्रतीत होती।

कुतुबउद्दीन खिलजी ने एक ऐसी ही मस्जिद 'सीरी' में बनाने का विचार किया था परंतु एक दीवार और मेहराब को छोड़कर और कुछ न बना सका। यह मस्जिद श्वत, रक्त, हरित, और कृष्ण पाषाणों से बनवाई जा रही थी। यदि पूर्ण हो जाती तो संसार में अद्वितीय होती। मुहम्मदशाह तुगलक इसको भी पूर्ण करना चाहता था। जब उसने राज और कारीगरों को बुलाकर पूछा तो उन्होंने 35 लाख रुपए का व्यय कूता। इतनी प्रचुर धनराशि का व्यय देखकर सम्राट ने अपना यह विचार ही त्याग दिया। परंतु बादशाह का एक मुसाहिब कहता

इस समय यह पांच खनों की है और इसकी ऊंचाई 238 फुट है। प्रथम खन 95 फुट ऊंचा है और पांचवां 21 फुट 4 इंच। इसमें 378 सीढ़ियां हैं। बतूता ने इसको मुअज्जउद्दीन कैकुबाद द्वारा निर्मित बताया है। ऐसा प्रतीत होता है मुअज्जउद्दीन बिन साम और मुअज्जउद्दीन कैकुबाद नामों से उसे भ्रम हो गया है। इसी प्रकार हाथियों के सीढ़ी पर चढ़ने की बात भी कुछ भ्रमोत्पादक है।

1. अधूरी लाट–इस मीनार से 425 फुट की दूरी पर बनी हुई है। अलाउद्दीन खिलजी ने इसका निर्माण कराया था। यह अधूरी लाट केवल 87 फुट ऊंची है। यह किसी कारणवश पूरी न हो सकी। लोग कहते हैं कि यह श्वेत स्फटिक से मढ़ी जाने को थी और स्फटिक भी आ गया था पर इसके काम में न आया। वही कुछ शताब्दी पश्चात हुमायूं के समाधि-मंदिर में लगा दिया गया।

कुतुब मीनार

था कि सम्राट ने इस कार्य को भी अनिष्ट की आशंका से नहीं किया। कारण यह है कि कुतुबउद्दीन ने इस मस्जिद को बनवाना प्रारंभ ही किया था कि मारा गया।

3. नगर के हौज

हौजे-शमसी[1] दिल्ली नगर के बाहर एक कुंड है जो शम्सउद्दीन अल्तमश का बनवाया हुआ बताया जाता है। नगर-निवासी इसका जल पीते हैं। नगर की ईदगाह भी इस स्थान के निकट है। इस कुंड में वर्षा का जल भर जाता है। यह लगभग दो मील लंबा और लगभग एक मील चौड़ा है। इसमें पश्चिम की ओर ईदगाह के सम्मुख चबूतरों के आकार के पत्थर के घाट बने हुए हैं। ऐसे बहुत-से-छोटे बड़े चबूतरे यहां ऊपर नीचे बने हुए हैं। चबूतरों से जल तक सीढ़ियां बनी हुई हैं। प्रत्येक चबूतरे के कोने पर एक एक गुंबद बना हुआ है, जिसमें बैठकर दर्शकगण खूब सैर किया करते हैं। कुंड के मध्य में भी एक ऐसा ही नक्काशीदार पत्थरों का गुंबद बना हुआ है परंतु यह दो-खना है। बहुत अधिक जल होने पर तो लोग गुंबद तक नावों में बैठकर जाते हैं परंतु जल कम होते ही पैरों पैरों वहां उतर कर पहुंच जाते हैं। इस गुंबद में एक मस्जिद भी है जिसमें बहुत-से ईश्वर-प्रेमी साधु-संत पड़े रहते हैं। किनारे सूख जाने पर ककड़ी, कचरे, तरबूज, खरबूजे और गन्ने यहां पर बो दिए जाते हैं। खरबूजा छोटा होने पर भी अत्यंत मीठा होता है।

दिल्ली और दारुल खिलाफा (राजधानी) के मध्य में एक और हौज (कुंड) है जिसको हौजे-खास[2] कहते हैं। यह हौजे-शमसी से भी बड़ा है और इसके तट पर लगभग चालीस गुंबद बने हुए हैं। इसके चारों ओर गाने वाले व्यक्ति रहा करते हैं, जिनको फारसी भाषा में तुरव कहते हैं। इसी कारण यह बस्ती तुरवाबाद कहलाती है। गाने-बजाने वाले व्यक्तियों का यहां एक बड़ा बाजार भी है और उसमें एक जामे मस्जिद भी बनी हुई है। इसके अतिरिक्त यहां और भी मस्जिदें हैं। कहते हैं कि गाने-बजाने-वाली और जो स्त्रियां इस मुहल्ले में रहती हैं। वे ्जान शरीफ में तराबीह (रात्रि के 8 बजे) की नमाज पढ़ती हैं जो जमाअत में होती है। इनके इमाम भी नियत हैं। स्त्रियां बहुत अधिक संख्या में हैं। डोम, ढाड़ी इत्यादि

1. हौजे-शमसी—अल्तमश का बनवाया हुआ यह हौज किसी समय संपूर्णतया लाल पत्थर का बना हुआ था। परंतु इस समय तो दीवारों पर पत्थरों का चिह्न तक भी शेष नहीं है। इस समय भी यह तालाब 276 पुख्ता बीघे धरती घेरे हुए हैं। फीरोज तुगलक इसका जल एक झरने के द्वारा फीरोजाबाद तक ले गया था। और उसी ने इसमें जल आने की राह, जिसे जमींदारों ने बंद कर दिया था, पुनः खुलवाई। यह महरौली में अब भी बना हुआ है।
2. हौजे-खास—यह अलाउद्दीन खिलजी का बनवाया हुआ है। फीरोज तुगलक ने इसकी भी मरम्मत करवाई थी और जल भी स्वच्छ कराया था। इस सम्राट की समाधि भी यहीं बनी हुई है। वदीअ मंजिल भी यहीं है। यह कुंड कुतुब साहब के रास्ते में पड़ता है।

की भी कुछ कमी नहीं है। मैंने अमीर सैफुद्दीन गद्दा इब्ने महन्नी के विवाह में देखा कि अजान होते ही प्रत्येक डोम हाथ-मुख धोकर पवित्र हो मुसल्ला[1] (नमाज का वस्त्र) बिछाकर नमाज पर खड़ा हो जाता था।

4. समाधियां

शैख उस्स्वालह (सदाचारियों में श्रेष्ठ) कुतुबउद्दीन बख्तियार 'काकी' की समाधि अत्यंत ही प्रसिद्ध है। यह ऐश्वर्यदायिनी समझी जाती है, इसी कारण लोग इसको बड़ी प्रतिष्ठा की दृष्टि से देखते हैं। ख्वाजा साहब का नाम 'काकी' इस कारण से प्रसिद्ध हो गया था कि जब ऋणग्रस्त, या निर्धन पुरुष इनके निकट आकर अपने ऋण, या दीनता की दयनीय दशा का वर्णन करते या कोई ऐसा निर्धन पुरुष आ जाता जिसकी लड़की तो यौवनावस्था में आ जाती किंतु उसके विवाह का सामान जिसके पास न होता, तो यह महात्मा उसको सोने या चांदी का एक काक (टिकिया) दे दिया करते थे।

दूसरी समाधि धर्मशास्त्र के ज्ञाता नूरउद्दीन करलानी की है, और तीसरी धर्मशास्त्र के ज्ञाता अलाउद्दीन करलानी की। यह समाधि भी ऋद्धि-सिद्धि-दायिनी है और इस पर सदा (ईश्वरीय) तेज बरसता रहता है। इनके अतिरिक्त यहां पर और भी अन्य साधु, विरक्त पुरुषों की समाधियां बनी हुई हैं।

5. विद्वान और सदाचारी पुरुष

जीवित विद्वानों में शैख महमूद बड़े प्रतिष्ठित समझे जाते हैं। लोग कहते हैं कि ईश्वर उनकी सहायता करता है। इसका कारण यह बतलाया जाता है कि प्रकाश्य रूप से कुछ भी आय न होने पर भी ये महाशय बहुत ही अधिक व्यय करते हैं। प्रत्येक यात्री को रोटी तो देते ही हैं, रुपया, अशर्फी, और कपड़े भी खूब बांटते रहते हैं। इनके बहुत-से अलौकिक कार्य लोगों में प्रसिद्ध हैं। मैंने भी कई बार इनके दर्शन कर लाभ उठाया। दूसरे प्रसिद्ध व्यक्ति हैं शैख अलाउद्दीन नीली[2]। यह शैख निजामउद्दीन बदाऊंनी के खलीफा हैं और प्रत्येक शुक्रवार को धर्मोपदेश करते हैं। बहुत से उपस्थित प्रार्थीजन इनके हाथों पर तौबा (पश्चाताप विशेष) करते हैं और सिर मुंडाकर विरक्त या साधु हो जाते हैं। एक बार जब ये महाशय धर्मोपदेश कर रहे थे, तब मैं भी वहां उपस्थित था। कारी (शुद्ध पाठ करने वाला) ने कलामे अल्लाह

---

1. मुसल्ला यथार्थ में नमाज पढ़ने के स्थान को कहते हैं। धीरे धीरे यह शब्द खजूर के पत्तों की बनी चटाई का द्योतक हो गया, क्योंकि अरब में बहुधा इसी पर बैठकर नमाज पढ़ते थे। अब बोलचाल में उस वस्त्र को कहते हैं जिसे बिछाकार नमाज पढ़ी जाती है।
2. ये महाशय अवध के रहने वाले थे, इनकी कब्र चबूतरे यारान के पास पुरानी दिल्ली में अब तक बनी हुई है।

(ईश्वरीय वाणी, कुरान) की यह आयत पढ़ी—या अय्यो हन्नासुत्तकू रब्बकुम इन्ना जल जलतस्साअते शैयुन अजीम। यौ मा तरौ तजहलो कुल्लो मुरद्यअतिन् अम्मा अरहअत वतदओ कुल्लो जाते हम लिन हमलीहा व तरन्नासः सुकारा व मा हुम बे सुकारा वलाकिन्ना अजाब अल्लाहे शहीद[1]। शैख महाशय ने इसको दुबारा पढ़वाया ही था कि एक साधु ने मस्जिद के कोने से एक चीख मारी। इस पर इन्होंने आयत फिर पढ़वाई और साधु एक बार और चीत्कार कर मृतक हो गिर पड़ा। मैंने भी उसके जनाजे की नमाज पढ़ी थी।

तीसरे महाशय का नाम है शैख सदरउद्दीन कोहरानी। ये सदा दिन में रोजा रखते हैं और रात्रि को ईश्वर-वंदना करते रहते हैं।

इन्होंने संसार को छोड़-सा रखा है। केवल एक कंबल ओढ़े रहते हैं। सम्राट और सरदार तथा अमीर इनके दर्शनों को आते हैं और ये छिपते फिरते हैं। एक बार सम्राट ने इनको कुछ गांव धर्मार्थ भोजनालय के लिए दान करना चाहा था। परंतु इन्होंने अस्वीकार कर दिया। इसी तरह एक बार सम्राट इनके दर्शनों को आए और दस सहस्र दीनार (स्वर्ण मुद्रा) भेंट किए परंतु इन्होंने न लिए। यह शैख तीन दिन के पहले कभी रोजा ही नहीं खोलते। किसी ने प्रार्थना कर इसका कारण पूछा तो उत्तर दिया कि मुझको इससे पहले कुछ भी बेचैनी नहीं होती। इसी से मैं व्रत भंग नहीं करता। घोर बुभुक्षा तथा बेचैनी में तो मृतक जीव का भक्षण कर लेना भी धर्मसम्मत है।

चतुर्थ विद्वान इमाम उस्स्वालह 'यगाने अस्त्र', 'फरीदे दहर' अर्थात 'अद्वितीय एवं सर्वश्रेष्ठ' की उपाधि धारण करने वाले गुफा निवासी कमालउद्दीन अबदुल्ला हैं।

आप शैख निजामउद्दीन बदाऊंनी के मठ के पास एक गुफा में रहते हैं। मैंने तीन बार इस गुफा में जाकर आपके दर्शन किए। मैंने यह अलौकिक लीला देखी कि एक बार मेरा एक दास भागकर एक तुर्क के पास चला गया। चले जाने पर मैंने उसे फिर अपने पास बुलवाना चाहा परंतु महात्मा ने कहा कि यह पुरुष तेरे योग्य नहीं है। इसे अपने पास मत बुला। वहीं जाने दे। वह तुर्क भी मुझसे झगड़ना न चाहता था, अतएव मैंने सौ दीनार लेकर दास को उसी के पास छोड़ दिया। छह महीने पश्चात मैंने सुना कि उस दास ने अपने स्वामी को मार डाला। जब वह बादशाह के सम्मुख लाया गया तो उन्होंने उसको प्रतिशोध के लिए तुर्क के पुत्रों के हीं हवाले कर दिया। उन्होंने उसका वध कर अपने पिता का

---

1. सूरह-हज-आयत (1) अर्थात हे मनुष्यो, डरो अपने पालने वाले से, प्रलयकाल का भूकंप अत्यंत ही भयानक है। उस दिन तुम देखोगे कि समस्त दूध पिलाने वाली (माताएं) उनसे हट जाएंगी जिनको वे दूध पिलाती हैं (अर्थात पुत्रों से) और गर्भपात तक वहां हो जाएंगे, मदिरापान न करने पर भी पुरुष मदमत्त से दृष्टिगोचर होंगे। अल्लाह का दंड भी अत्यंत भयानक है। कुरान में यहां प्रलयकाल का दृश्य दिखाया गया है।

बदला चुकाया। इस अलौकिक लीला को देख शेख महाशय पर मेरी असीम भक्ति हो गई। संसार को छोड़कर मैं उन्हीं का सेवक बन गया। उस समय मुझे पता चला कि ये महात्मा दस दस दिन और बीस बीस दिन तक व्रत रखते थे और रात्रि का अधिक भाग ईश्वर-ध्यान में ही बिता देते थे। जब तक सम्राट ने मुझे फिर बुला न भेजा मैं इन्हीं के पास रहा। इसके पश्चात मैं पुनः संसार में आ लिपटा कि ईश्वर मुझे नष्ट कर दे। यह कथा आगे आएगी।

चौथा अध्याय

दिल्ली का इतिहास

1. दिल्ली-विजय

सुप्रसिद्ध विद्वान, एवं काजी-उल-कुज्जात (प्रधान काजी) कमालउद्दीन मुहम्मद बिन (पुत्र) बुरहानउद्दीन, जिनको 'सदरे-जहां' की उपाधि प्राप्त है, कहते थे कि इस नगर पर मुसलमानों ने हिजरी सन् 584 में विजय[1] प्राप्त की। यही तिथि स्वयं मैंने भी जामे मस्जिद की मेहराब में लिखी देखी थी।

गजनी और खुरासान के सम्राट शहाबुद्दीन मुहम्मद बिन (पुत्र) साम, गोरी के दास सेनापति कुतुबउद्दीन ऐबक ने यह नगर जीता था। इस व्यक्ति ने मुहम्मद बिन (पुत्र) गोरी सुलतान इब्राहीम बिन (पुत्र) सुलतान महमूद गाजी (धर्मवीर) के देश पर, जिसने सर्वप्रथम भारत पर विजय प्राप्त की थी, बलपूर्वक अपना आधिपत्य जमाया। जब सम्राट शहाबउद्दीन ने कुतुबउद्दीन को एक बड़ी सेना देकर भारत की ओर भेजा तब इसने सर्वप्रथम लाहौर को जीता और वहीं पर अपना निवास बना ऐश्वर्यशाली सम्राट बन गया।

एक बार सम्राट गोरी के भृत्यों ने इसकी निंदा कर कहा कि सम्राट की अधीनता छोड़ कर अब यह स्वतंत्र होना चाहता है। यह बात कुतुबउद्दीन के कानों तक भी पहुंची। सुनते ही वह बिना कोई वस्तु लिए अकेला ही रात्रि के समय गजनी में आ सम्राट की सेवा में उपस्थित हो गया और निंदकों को इस बात की बिल्कुल ही खबर न हुई। अगले दिन राजसभा

---

1. दिल्ली-विजय की तिथि बतूता ने मेहराब पर ठीक ठीक नहीं पढ़ी। वहां एक शब्द ऐसा लिखा है जिसे इतिहासज्ञ भिन्न भिन्न प्रकार से पढ़ते हैं। कनिंगहम साहब के मतानुसार यह तिथि 589 हिजरी निकलती है। सर सैयद अहमद तथा टॉमस महाशय इसको 587 हिजरी पढ़ते हैं। टॉमस महाशय तो अपनी पुष्टि में हसन निजामी लिखित ताज-उल-मासिर उद्धृत करते हैं। परंतु इस ग्रंथ का अवलोकन करने से पता चलता है कि ग्रंथकार ने दिल्ली-दुर्ग की विजय की तिथि नहीं दी है। 'तबकाते-नासिरी' इत्यादि प्राचीन ग्रंथों से यही पता चलता है कि 587 हिजरी में तराबड़ी का प्रथम युद्ध हुआ जिसमें सुलतान गोरी की पराजय हुई। हिजरी 588 में इसी स्थान पर सुलतान की विजय हुई। इसके पश्चात अजमेर तथा हांसी की विजय कर, शहाबुद्दीन अपने देश को लौट गया और इसी बीच में कुतुबउद्दीन ने मेरठ और दिल्ली नगर जीते। इससे यह स्पष्ट है कि कनिंगहम साहब लिखित तिथि ही शुद्ध है।

में कुतुबउद्दीन राजसिंहासन के नीचे लुककर बैठ गया। सम्राट ने जब एकत्रित सभासदों से कुतुबउद्दीन का समाचार पूछा, तो उन्होंने पूर्ववत पुनः उसकी निंदा करनी प्रारंभ कर दी और कहा कि हमको तो अब पूर्णतया निश्चय हो गया है कि वह वास्तव में स्वतंत्र सम्राट बन बैठा है। यह सुनकर सम्राट ने सिंहासन पर पैर मारा और ताली बजाकर कहा, "ऐबक!"[1] कुतुबउद्दीन ने उत्तर दिया, "महाराज, उपस्थित" और नीचे से निकल भरी सभा में उपस्थित हो गया। इस पर उसके निंदक बहुत ही लज्जित हुए और मारे भय के धरती को चूमने लगे। सम्राट ने कहा कि इस बार तो मैंने तुम्हारा अपराध क्षमा किया परंतु अब तुम कभी इसके विरुद्ध मुझसे कुछ न कहना। कुतुबउद्दीन को भी भारत लौटने की आज्ञा दे दी गई और उसने यहां आकर दिल्ली तथा अन्य कई नगर जीते। उस समय से आज तक दिल्ली नगर निरंतर इस्लाम की राजधानी बना हुआ है। कुतुबउद्दीन का देहावसान भी इसी नगर में हुआ।

2. सम्राट शम्सउद्दीन अल्तमश

शम्सउद्दीन ललमश[2] दिल्ली का प्रथम स्थायी सम्राट था। पहले तो यह कुतुबउद्दीन का दास था, फिर धीरे धीरे यह सेनाध्यक्ष तथा नायब तक हो गया। कुतुबउद्दीन[3] का देहांत होने पर तो इसने स्थायी रूप से सम्राट होकर लोगों से राजभक्ति की शपथ लेना प्रारंभ कर दिया।

जब (नगर के) समस्त विद्वान और दार्शनिक, काजी वजीउद्दीन काशानी को लेकर सम्राट के सम्मुख गए, तब और लोग तो सम्मुख जाकर बैठे परंतु काजी महाशय यथापूर्व सम्राट के समकक्ष आसन पर जा बैठे। सम्राट ने उनका विचार तुरंत ही ताड़ लिया और फर्श का कोना उठा एक कागज निकालकर काजी महोदय को द दिया, जिससे पता चला कि कुतुबउद्दीन ने उसको स्वतंत्र कर दिया था। काजी तथा धर्मशास्त्रों के ज्ञाताओं ने उस पत्र को पढ़कर सम्राट के प्रति राजभक्ति की शपथ ली।

---

1. ऐबक—तुर्की भाषा में यह अमीरों की एक उपाधि है। फरिश्ता का यह अनुमान कि हाथ की उंगलियां टूटी होने के कारण ही वह ऐबक कहलाया, गलत है।
2. कोई तो इस सम्राट का नाम ऐलतमश कहता है और कोई अल्तमश परंतु ललमश किसी ने नहीं लिखा। यह पुस्तक लिखने वाले के प्रमाद का फल हो सकता है। फरिश्ता लिखता है कि कुतुबउद्दीन इस दास का नाम खरीदने के पश्चात अलतमश (चंद्र को लज्जित करने वाला) रखा; बहुत संभव है, अत्यंत रूपवान होने के कारण ही यह नाम रखा गया हो।

   अल्तमश ने 26 वर्ष तक राज्य किया, बतूता ने 20 वर्ष भ्रम से लिख दिया है।
3. कुतुबउद्दीन का देहांत हो जाने पर उसके पुत्र आरामशाह ने भी कई महीने राज्य किया था परंतु बतूता ने उसका वर्णन नहीं किया है। आरामशाह के सिक्के भी मिले हैं जिनसे उसका सिंहासनासीन होना सिद्ध होता है। उस समय अल्तमश बदायूं का हाकिम था।

इसने बीस वर्ष तक राज्य किया। यह सम्राट स्वयं विद्वान था। इसका चरित्र अच्छा और प्रवृत्ति सदा न्याय की ओर रहती थी। न्याय करने के लिए विशेष उत्सुक होने के कारण इसने आदेश दे दिया था कि जिस पुरुष के साथ अन्याय हो उसे रंजित वस्त्र पहन कर बाहर निकलना चाहिए जिससे सम्राट उस पुरुष को देखते ही पहचान लें, क्योंकि भारतवर्ष में लोग साधारणतया श्वेत वस्त्र ही धारण करते हैं। रात्रि के लिए एक दूसरा ही नियम था। द्वार-स्थित बुर्जों के स्फटिक के बने हुए सिंहों के गले में शृंखलाएं डालकर उनमें घड़ियाल (बड़े घंटे) बंधवा दिए गए थे। अन्याय-पीड़ित व्यक्ति के जंजीर हिलाते ही सम्राट को सूचना हो जाती थी और उसका न्याय तुरंत किया जाता था। इतना करने पर भी इस सम्राट को संतोष न था। वह कहा करता था कि लोगों पर रात्रि को अवश्य अन्याय होता होगा, प्रातःकाल तक तो बहुत विलंब हो जाता है। अतः (दूसरा) आदेश निकाला गया कि न्यायार्थियों का फैसला तुरंत होना चाहिए।

३. सम्राट रुक्नउद्दीन

सम्राट शम्सउद्दीन के तीन पुत्र और एक पुत्री थी। सम्राट का देहांत हो जाने पर उसका पुत्र रुक्नउद्दीन[1] सिंहासनासीन हुआ। उसने सर्वप्रथम अपने विमाता-पुत्र रजिया के सहोदर भाई मुअज्जउद्दीन[2] का वध करवा दिया। जब रजिया इस पर क्रोधित हुई तो सम्राट ने उसका भी वध करवाना चाहा।

सम्राट एक दिन शुक्रवार की नमाज पढ़ने जामे मस्जिद में गया हुआ था कि रजिया अन्याय-पीड़ितों के से वस्त्र पहनकर जामे मस्जिद के निकटस्थ प्राचीन राजभवन अर्थात दौलतखाने की छत पर चढ़कर खड़ी हो गई और लोगों को अपने पिता की न्यायप्रियता और वत्सलता की स्मृति दिलाकर कहने लगी कि रुक्नउद्दीन मेरे भाई का वध कर अब मुझको भी मारना चाहता है। इस पर लोगों ने क्रुद्ध हो रुक्नउद्दीन पर आक्रमण किया

---

1. रुक्नउद्दीन पिता की मृत्यु के उपरांत गद्दी पर बैठा। यह ऐशपसंद था। राज्य के समस्त अधिकार इसकी माता के हाथ में रहते थे। फरिश्ता के कथनानुसार इसकी माता शाहतर खां ने सम्राट अल्तमश की रानियों का तथा सबसे छोटे पुत्र का बहुत बुरी तरह से वध करवा डाला था। इसी कारण छोटे, बड़े, सभी लोगों का चित्त रुक्नउद्दीन की ओर से फिर गया था।

   फरिश्ता लिखता है कि जब सम्राट अमीरों (कुलीनों) का विद्रोह शांत करने पंजाब गया था, तब कुछ अधिकारी मार्ग से ही लौट आए और उन्होंने रजिया को सिंहासन पर बैठा दिया। सम्राट यह सूचना पाते ही लौट पड़ा परंतु किलोखड़ी तक ही आ पाया था कि रजिया की सेना ने उसको पकड़ लिया।

2. मुअज्जउद्दीन तो रजिया के पश्चात राज सिंहासन पर बैठा था। मालूम होता है कि बतूता को यहां भ्रम हुआ है। फरिश्ता के अनुसार कुतुबउद्दीन का वध हुआ था।

और उसको मस्जिद में ही पकड़कर रजिया के सम्मुख ले आए। उसने भी अपने भाई का बदला लेने के लिए उसको मरवा डाला।

4. सम्राज्ञी रजिया

तृतीय भ्राता नासिरउद्दीन के अल्पवयस्क होने के कारण, सेना तथा अमीरों ने रजिया[1] को ही सम्राज्ञी बनाया। इसने चार वर्ष राज्य किया। यह पुरुषों की भांति शस्त्रास्त्र से सुसज्जित हो घोड़े पर चढ़ा करती और मुंह सदा खुला रखती थी। एक हब्शी दास[2] से अनुचित संबंध होने का लांछन लगाए जाने पर जनता ने राजसिंहासन से उतारकर इसका विवाह एक निकटस्थ संबंधी से कर दिया।

इसके पश्चात नासिरउद्दीन सिंहासन पर बैठा और इसने बहुत वर्ष तक राज्य किया।

कुछ दिन बीतने पर रजिया और उसके पति ने राज-विद्रोह किया और दासों तथा सहायकों को लेकर मुकाबला करने पर उद्यत हो गए। पर नासिरउद्दीन[3] और उसके पश्चात सम्राट होने वाले उसके नायब 'बलबन' ने रजिया की सेना को पराजित कर दिया। रजिया युद्ध[4] क्षेत्र से भाग गई। जब यह थक गई और भूख-प्यास से व्याकुल हुई तो एक जमींदार को हल चलाते देख इसने उससे कुछ भोजन मांगा। उसने इसे रोटी का एक टुकड़ा दिया और यह खाकर सो गई। इस समय यह पुरुषों के वेश में थी। इतने में जमींदार की दृष्टि इसके कबा (एक प्रकार का चोगा) पर जा पड़ी। उसने ध्यानपूर्वक देखा तो उसमें टंके हुए रत्न नजर आए। वह तुरंत समझ गया कि यह स्त्री है। बस सोते में ही उसका वध कर उसने वस्त्र-आभूषण उतार लिए, घोड़ा भगा दिया और शव को खेत में दबाकर स्वयं

1. रजिया—इसमें सम्राटों के समस्त आवश्यक गुण मौजूद थे। यह आदरपूर्वक कुरानशरीफ का पाठ करती थी। कई विद्याओं का भी इसे पर्याप्त ज्ञान था। पिता के समय में ही यह मुल्की मुआमलों में हस्तक्षेप करने लगी थी। पिता ने भी उसको ऐसा करने से रोकने के बजाए और बढ़ावा देने के लिए ग्वालियर-विजय के उपरांत उसको अपनी युवराज्ञी बना दिया। अमीरों के विरोध करने पर सम्राट ने केवल यही उत्तर दिया कि 'मेरे पुत्र तो मदिरा-पान तथा अन्य व्यसनों में ही लिप्त रहते हैं। यह रजिया ही कुछ योग्य है। आप इसे स्त्री न समझें। यह वास्तव में स्त्री रूपधारी पुरुष है।' यह पर्दे के बाहर आकर, मर्दों का बाना पहन (अर्थात तन में कबा और सिर पर कुलाह लगाए हुए) भरे दरबार में आकर बैठा करती थी।
2. इसका नाम जमालउद्दीन था।
3. रजिया के पश्चात मुअज्जउद्दीन बहरामशाह सम्राट हुआ, जैसा कि ऊपर लिख आए हैं। नासिरउद्दीन का नाम बतूता ने भ्रम से लिख दिया है।
4. यह अंतिम युद्ध कैथल में हुआ था। बदाऊंनी भी बतूता की इस कथा का कुछ समर्थन करता है।

उसका कोई वस्त्र ले हाट में बेचने गया। हाट वाले उस पर संदेह होने के कारण उसे पकड़ कर कोतवाल के समक्ष ले गए। कोतवाल के मारने-पीटने पर उसने सब वृत्तांत कह सुनाया और शव भी बता दिया। शव वहां से निकालकर लाया गया और स्नान कराकर तथा कफन देकर उसी स्थान पर गाड़ दिया गया। उसकी समाधि पर एक गुंबद भी बना दिया गया। इस समय इस समाधि के दर्शनार्थ बहुत लोग जाते हैं। यह जियारत (ईश्वर-भक्ति) की समाधि कहलाती है और यमुना नदी के किनारे नगर से साढ़े तीन मील की दूरी पर है।

5. सम्राट नासिर उद्दीन

इसके पश्चात नासिरउद्दीन स्थायी रूप से सम्राट हुआ। इसने बीस वर्ष राज्य किया। इसका आचरण अत्युत्तम था। यह कुरानशरीफ लिखकर उसकी आय से निर्वाह करता था। काजी कमालउद्दीन ने इसके हाथ का लिखा हुआ कुरानशरीफ मुझे दिखाया। अक्षर अच्छे थे। लेखनविधि देखने से (सम्राट) सुलेखक मालूम पड़ता था। फिर नायब, गयासउद्दीन सम्राट को मारकर[1] स्वयं सम्राट बन बैठा।

6. सम्राट ग्यासउद्दीन बलबन

अपने स्वामी का वध कर बलबन[2] स्वयं सम्राट बन बैठा। राज्यासीन होने के पहले भी इसने सम्राट के नायब के पद पर रहकर बीस वर्ष तक राज्य के सब कार्य किए थे। अब (वस्तुतया) सम्राट होकर इसने बीस वर्ष और राज्य किया। यह सम्राट न्यायप्रिय, सदाचारी और विद्वान था। इसने एक गृह बनवाया था जिसका नाम दार-उल-अमन[3] था। किसी ऋणी के इस गृह में प्रवेश कर लेने पर सम्राट स्वयं उसका समस्त ऋण चुका देता था, और अपराध

---

1. बलबन के हाथ नासिरउद्दीन के वध की बात किसी इतिहासकार ने नहीं लिखी है। फरिश्ता लिखता है कि रोग के कारण सम्राट का प्राणांत हुआ। बदाऊंनी का मत भी यही है।
2. बलबन—तबकाते-नासिरी के लेखक के अनुसार बलबन और अल्तमश दोनों ही राजपुत्र थे। चंगेज खां के आक्रमण के समय ये बंदी बनाए गए और मावरुलनेहर में 'दास' के रूप में बेचे गए।
3. दार-उल-अमन—फतूहात फीरोजशाही में इस गृह का नाम दार-उल-अमान लिखा है और इसके भीतर सम्राटों की समाधियां बताई गई हैं। फीरोजशाह ने इसकी मरम्मत करवाकर द्वार पर चंदन के किवाड़ लगवाए थे। सर सैयद के आसारुस्सनादीद में इस गृह की स्थिति मैटकाफ साहब की कोठी के पास मौलाना जमाली की मस्जिद के निकटस्थ खंडहरों में बताई गई है। इसका पत्थर कुछ तो लखनऊ चला गया और कुछ शाहजहानाबाद के गृहों में लग गया। इस समय वह केवल टूटा खंडहर और चूने का ढेर है।

या वध करने के उपरांत यदि कोई व्यक्ति इस गृह में आ घुसता था तो वध किए जाने वाले व्यक्ति के और अन्याय-पीड़ितों के उत्तराधिकारी प्रतिशोध का द्रव्य देकर संतुष्ट कर दिए जाते थे। मरणोपरांत सम्राट की समाधि भी इसी गृह में बनाई गई। मैंने भी इस समाधि को देखा है।

इस सम्राट के संबंध में एक अद्भुत कथा कही जाती है। कहते हैं कि बुखारा के बाजार में इसको एक साधु मिला। बलबन का कद छोटा और मुख निस्तेज एवं कुरूप था ही, (बस) साधु ने इसको 'ओ तुरकक' (तुरकड़े) कहकर पुकारा अर्थात इसके लिए बहुत ही घृणोत्पादक शब्दों का प्रयोग किया। परंतु इसने उत्तर में कहा, "हाजिर, ऐ खुदावंद।" यह सुन साधु ने प्रसन्न होकर कहा कि यह अनार मुझे मोल लेकर दे दे। इसने फिर उत्तर देते हुए कहा, "बहुत अच्छा।" और जेब से कुछ पैसे निकाल, अनार मोल लेकर साधु को दे दिया। इन पैसों के अतिरिक्त इसके पास उस समय और कुछ न था। साधु ने अनार लेकर कहा, "हमने तुमको भारतवर्ष प्रदान कर दिया।" बलबन ने भी अपना हाथ चूम कर कहा, "मुझे स्वीकार है।" यह बात उसके हृदय में बैठ गई।

संयोगवश सम्राट शम्सउद्दीन अल्तमश ने एक व्यापारी को बुखारा, तिरमिज और समरकंद में दास मोल लेने के लिए भेजा। इसने वहां जाकर सौ दास मोल लिए जिनमें एक बलबन भी था। जब सम्राट के सम्मुख दास उपस्थित किए गए तब उसने बलबन के अतिरिक्त और सबको पसंद किया। बलबन के लिए कहा कि मैं इस दास को नहीं लूंगा। यह सुन बलबन ने प्रार्थना की, "हे अखवंद आलम (संसार के स्वामी), इन दासों को श्रीमान ने किसके लिए मोल लिया है?" सम्राट ने कहा, "अपने लिए।" इस पर बलबन ने फिर प्रार्थना कर कहा, "निन्यानबे दास तो श्रीमान ने अपने लिए मोल लिए हैं, एक दास अब ईश्वर के लिए ही मोल ले लीजिए।" सम्राट अल्तमश यह सुनकर हंस पड़ा और उसने इसको भी ले लिया। कुरूप होने के कारण इसको पानी लाने का काम दिया गया।

ज्योतिषियों ने सम्राट को सूचना दी कि आपका एक दास इस साम्राज्य को लेकर स्वामी बन बैठेगा। ये लोग बहुत दिनों से यही बात कहते चले आए थे, परंतु सम्राट ने अपनी वत्सलता और न्यायप्रियता के कारण इस कथन पर कभी ध्यान नहीं दिया। अंत में इन लोगों ने सम्राज्ञी से जाकर यह सब कहा। उसके कहने पर सम्राट के हृदय पर जब कुछ प्रभाव पड़ा तो उसने ज्योतिषियों को बुलाकर पूछा कि तुम उस पुरुष को पहचान भी सकते हो? वे बोले कि कुछ चिह्न ऐसे हैं जिनको देखकर हम उसे पहचान लेंगे। सम्राट ने अब समस्त दासों को अपने सम्मुख से होकर जाने की आज्ञा दी। सम्राट बैठ गया और दासों की श्रेणियां उसके सम्मुख होकर गुजरने लगीं। ज्योतिषी उनको देखकर कहते जाते थे कि इनमें वह पुरुष नहीं है। जोहर (एक बजे दिन की नमाज) का समय हो गया। सक्कों (भिश्तियों) की अब भी बारी नहीं आई थी। वे आपस में कहने लगे कि हम तो भूखों मर

गए, (लाओ भोजन बाजार से ही मंगा लें) और पैसे इकट्ठे कर बलबन को बाजार में रोटियां लेने को भेज दिया। इसको निकट के बाजार में रोटियां न मिलीं और यह दूसरे बाजार को चला गया जो तनिक दूरी पर था। इतने में सक्कों की बारी भी आ गई परंतु बलबन लौटकर नहीं आया था, अतएव उन लोगों ने एक बालक को कुछ देकर बलबन की मशक और असबाब उसके कंधे पर रख उसको बलबन के स्थान में उपस्थित कर दिया। बलबन का नाम पुकारे जाने पर यही बालक बोल उठा और सम्मुख होकर चला गया। पड़ताल पूरी हो गई परंतु जिसकी खोज हो रही थी उसको ज्योतिषी न पा सके। जब सक्के सम्राट के सम्मुख जाकर लौट आए तब कहीं बलबन वहां आया, क्योंकि ईश्वरेच्छा तो पूरी होने वाली ही थी।

अपनी योग्यता के कारण बलबन अब सक्कों का अफसर हो गया। इसके पश्चात वह सेना में भरती हुआ और सरदार के पद पर पहुंचा। सम्राट होने के पहले नासिरउद्दीन ने अपनी पुत्री का विवाह भी इसके साथ कर दिया था[1] और सिंहासनासीन होने पर तो इसको अपना 'नायब' ही बना लिया। बीस वर्षों तक इस पद पर रहने के उपरांत सम्राट का वध कर यह स्वयं सम्राट बन गया।

बलबन के दो पुत्र थे। बड़ा पुत्र, खाने-शहीद[2] युवराज था और सिंध प्रांत का हाकिम था। इसका निवासस्थान मुलतान में था। यह तातारियों से युद्ध करते समय मारा गया। इसके कैकुबाद[3] और कैखुसरो नामक दो लड़के थे। पिता के जीवनकाल में यह लखनौती और बंगाल का हाकिम था। खाने-शहीद की मृत्यु के उपरांत बलबन ने इस द्वितीय पुत्र के होते हुए भी अपने पौत्र कैखुसरो को युवराज बनाया। नासिरउद्दीन के भी मुअज्जउद्दीन नामक एक पुत्र था जो सम्राट के पास रहा करता था।

---

1. बलबन, शम्सउद्दीन अल्तमश का जामाता था, नासिरउद्दीन का नहीं।
2. खाने-शहीद—बलबन का बड़ा पुत्र—विद्वानों का बड़ा सत्कार करता था और स्वयं भी बड़ा विद्याव्यसनी था। अमीर खुसरो, हसन, देहलवी तथा अन्य बहुत-से विद्वान इसके यहां नौकर थे। शेखसादी महाशय के पास भी यह युवराज बहुत-सी संपत्ति उपहार में भेजा करता था। एक बार तो इसने उनसे भारत आने की भी प्रार्थना की थी परंतु उन्होंने वृद्धावस्था तथा निर्बलता के कारण आने से लाचारी प्रकट की और अपनी रचना भेज दी। हलाकू खां के पौत्र ने एक सेना भारत में भेजी थी, जिसके साथ रावी नदी के तट पर युद्ध करते करते इसका प्राणांत हुआ। कहा जाता है कि युद्ध में तातारियों की पराजय हुई परंतु एक बाण लग जाने के कारण युवराज गिर पड़ा। अमीर खुसरो भी इस युद्ध में बंदी हो गया था। उसने युवराज की मृत्यु पर बहुत ही हृदयद्रावक 'मरसिया' लिखा है। इसके केवल एक ही पुत्र था।
3. कैकुबाद—मुअज्जउद्दीन का नाम था। यह खाने-शहीद का पुत्र न था। इसके पिता का नाम नासिरउद्दीन था।

7. सम्राट मुअज्जउद्दीन कैकुबाद

गयासउद्दीन बलबन का रात्रि में देहावसान हुआ। पुत्र नासिरउद्दीन (बुगरा खां) के बंगाल में होने के कारण सम्राट ने अपने पौत्र कैखुसरो[1] को युवराज बना दिया था। परंतु सम्राट के नायब ने कैखुसरो के प्रति द्वेष होने के कारण, यह धूर्त्तता की कि सम्राट का देहांत होते ही युवराज के पास जा, दुख एवं संवेदना प्रकट कर एक जाली पत्र दिखाया जिसमें समस्त अमीरों द्वारा कैकुबाद के हाथ पर राजभक्ति की शपथ लेने की सम्मिलित योजना का उल्लेख था। जब युवराज पत्र देख चुका तो इसने कहा कि मुझे आपके जीवन की आशंका हो रही है। कैखुसरो ने पूछा, "क्या करूं?" नायब ने कहा कि मेरी मति के अनुसार तो आपको इसी समय सिंधु प्रांत को चल देना चाहिए। कैखुसरो ने इस पर, नगर-द्वार बंद होने के कारण, कुछ आपत्ति की परंतु नायब ने यह कहा कि कुंजियां मेरे पास हैं, आपके निकल जाने पर द्वार फिर बंद कर लूंगा। कैखुसरो (यह सुनकर) बहुत कृतज्ञ हुआ और रात्रि में ही मुलतान की ओर भाग गया।

कैखुसरो के नगर से बाहर जाने के उपरांत नायब ने मुअज्जउद्दीन को जा जगाया और कहा कि समस्त उमरागण आपके प्रति भक्ति की शपथ लेने को तैयार हैं। उसने कहा युवराज (मेरे चाचा का लड़का) तो है ही। मेरे साथ भक्ति की शपथ लेने का क्या अर्थ है? नायब ने उसको समस्त कथा कह सुनाई और मुअज्जउद्दीन ने उसको अनेक धन्यवाद दिए। रातों-रात अमीरों तथा भृत्यों से सम्राट की राजभक्ति की शपथ करा ली गई। अगले दिवस प्रातःकाल होते ही घोषणा करा दी गई और सर्वसाधारण ने सम्राट के प्रति राजभक्ति स्वीकार कर ली।

नासिरउद्दीन, जब यह सूचना मिली कि पुत्र राज-सिंहासन पर बैठ गया है तो उसने कहा कि सिंहासन पर अधिकार तो मेरा है, मेरे होते हुए पुत्र उस पर नहीं बैठ सकता। बस, सेना सुसज्जित कर उसने हिंदुस्तान पर धावा बोल दिया। इधर नायब भी सम्राट को साथ ले सेना सहित उस ओर अग्रसर हुआ। कड़ा[1] नामक स्थान के सम्मुख गंगा नदी के

1. कैखुसरो किस प्रकार निकाला गया, इसका वर्णन केवल बतूता ने ही किया है, किसी अन्य इतिहासकार ने नहीं। फरिश्ता तो केवल यही लिखता है कि सुलतान मुहम्मद खां तथा कोतवाल मलिक मुअज्जउद्दीन में परस्पर द्वेष होने के कारण मलिक ने कतिपय विश्वास योग्य व्यक्तियों को एकत्र कर यह कहा कि कैखुसरो का स्वभाव अत्यंत ही बुरा है। यदि यह व्यक्ति सम्राट बन गया तो बहुतों को संसार में जीवित न छोड़ेगा। संसार की भलाई इसी में है कि धैर्य एवं क्षमाशील कैकुबाद को ही सम्राट बनाया जाए।

1. कड़ा—इलाहाबाद के जिले में गंगा के किनारे इलाहाबाद से 42 मील की दूरी पर पश्चिमोत्तर कोण में स्थित है। अकबर के इलाहाबाद में दुर्ग बनाने के पहले इस इलाके का हाकिम 'कड़ा' नामक स्थान में ही रहता था। इस नगर के अनेक गृहों के पुराने पत्थर नवाब आसफउद्दौला लखनऊ ले गए। पहले यहां का बना देशी कागज बहुत प्रसिद्ध था। अब यह रोजगार तो मारा गया पर कंबल अब भी अच्छे बनते हैं।

तटों पर दोनों ओर की सेनाओं के शिविर पड़े। युद्ध प्रारंभ ही होने को था कि ईश्वर की ओर से नासिरउद्दीन के हृदय में यह विचार उत्पन्न हुआ कि अंत में तो मुअज्जउद्दीन मेरा ही पुत्र है, मेरे पश्चात भी वही सम्राट होगा, फिर जनता का रुधिर बहाने से क्या लाभ? पुत्र के हृदय में भी प्रेम उमड़ आया। अंत में दोनों अपनी अपनी नावों में बैठकर नदी में मिले। सम्राट ने पिता के चरण स्पर्श किए। नासिरउद्दीन ने उसको उठा लिया और यह कहकर कि मैंने अपना स्वत्व तुमको ही प्रदान कर दिया, उसके हाथ पर भक्ति की शपथ ली। इस सम्मिलन के ऊपर कवियों ने बहुत से प्रशंसासूचक पद्य लिखे हैं और इस सम्मिलन का नाम लिका उस्सादैन (दो शुभ ग्रहों के सम्मिलन का प्रकाश) रखा है।

सम्राट अपने पिता को दिल्ली[1] ले गया। पुत्र को सिंहासन पर बिठा, पिता सम्मुख खड़ा हो गया। फिर नासिरउद्दीन बंगाल को लौट गया। कुछ वर्ष राज्य करने के उपरांत वहीं उसका प्राणांत भी हो गया। उसकी जीवित संतति में केवल गयासउद्दीन[2] नामक पुत्र शूरवीर हुआ जिसको सम्राट गयासउद्दीन ने बंदी कर रखा था; परंतु सम्राट मुहम्मद तुगलक ने इसको पिता की मृत्यु के उपरांत छोड़ दिया।

मुअज्जउद्दीन ने चार वर्ष तक राज्य किया। इस काल में प्रत्येक दिन ईद के समान व्यतीत होता था और रात्रि शबेबरात के तुल्य। यह सम्राट अत्यंत ही दानशील और कृपालु था। जिन पुरुषों ने इसको देखा था उनमें से कुछ मुझसे भी मिले और वे उसके मनुष्यत्व, दयाशीलता तथा दान की भूरि भूरि प्रशंसा करते थे। दिल्ली की जामे मस्जिद[3] की, संसार में अद्वितीय मीनार भी, इसी ने बनवाई थी। विषय-भोग तथा अधिक मात्रा में मदिरापान करने के कारण इसके एक ओर पक्षाघात भी हो गया जो वैद्यों के घोर प्रयत्न करने पर भी न गया। सम्राट को इस प्रकार अपाहिज हुआ देख नायब जलालउद्दीन फीरोज ने विद्रोह कर दिया और नगर के बाहर जा कुब्ब ए जैशानी नामक टीले के निकट अपने डेरे डाल दिए। सम्राट ने कुछ अमीरों को उससे युद्ध करने के लिए भेजा, परंतु जो अमीर जाता वह फीरोज से मेल कर उसी के हाथ पर भक्ति की शपथ ले लेता था। फिर जलाल उद्दीन फीरोज ने नगर में घुसकर राजभवन को चारों ओर से जा घेरा। अब सम्राट भी स्वयं भूखों मरने लगा। परंतु एक व्यक्ति मुझसे कहता था कि एक भला पड़ोसी सम्राट के पास इस समय भी भोजन भेजा करता था।

---

1. कोई दूसरा इतिहासकार इस कथन का समर्थन नहीं करता कि नासिरउद्दीन पुत्र के साथ दिल्ली तक गया था।
2. बतूता ने गयासउद्दीन को भ्रम से नासिरउद्दीन का पुत्र लिखा है। वास्तव में वह उसका पौत्र था। यही बात बतूता ने अध्याय (6-2) में लिखी है।
3. ऊपर लिखा जा चुका है कि नाम एक होने के कारण, बतूता गोरी के स्थान में कैकुबाद का नाम लिख गया है।

सेना ने महल में घुसकर किस प्रकार सम्राट को मारा डाला, इसका वर्णन हम आगे करेंगे। यहां इतना ही कह देना पर्याप्त होगा कि इसके पश्चात जलालउद्दीन सम्राट हुआ।

8. जलालउद्दीन फीरोज

यह सम्राट बड़ा विद्वान एवं सहिष्णु था और इसी सहिष्णुता के कारण इसकी मृत्यु भी हुई। स्थायी रूप से सम्राट होने पर इसने एक भवन अपने नाम से निर्माण कराया। सम्राट मुहम्मद तुगलक ने अब उसे अपने जामाता 'बिनगद्दा बिन मुहन्नी' को दे दिया है।

सम्राट के एक पुत्र था जिसका नाम था रुक्नउद्दीन और एक भतीजा था जिसका नाम था अलाउद्दीन। यह सम्राट का जामाता भी था। सम्राट ने इसको कड़ा-मानकपुर का हाकिम (गवर्नर) नियत कर दिया था। भारतवर्ष में यह प्रांत बहुत ही उपजाऊ समझा जाता है। गेहूं, चावल और गन्ना यहां खूब होते हैं; बहुमूल्य कपड़े भी बनते हैं जो दिल्ली में आकर बिकते हैं। दिल्ली से यह नगर अठारह पड़ाव की दूरी पर है।

अलाउद्दीन की स्त्री उसको सदा कष्ट[1] दिया करती थी। अलाउद्दीन अपने चाचा से स्त्री के इस बर्ताव की शिकायत किया करता था, और अंत में इसी कारण दोनों के हृदयों में अंतर भी पड़ गया। अलाउद्दीन साहसी, शूरवीर और बड़ी अड़ वाला था परंतु उसके पास द्रव्य न था।

एक बार उसने मालवा और महाराष्ट्र की राजधानी देवगिरि पर आक्रमण किया। यहां का हिंदू राजा सब राजाओं में श्रेष्ठ समझा जाता था। मार्ग में जाते समय अलाउद्दीन के घोड़े का पैर एक स्थान पर धरती में धंस गया और 'टन' ऐसा शब्द हुआ। स्थान खुदवाने पर बहुत धन निकला[2] जो समस्त सैनिकों में बांट दिया गया। देवगिरि पहुंचने पर

---

1. फरिश्ता ने इस संबंध में केवल इतना ही लिखा है कि सम्राट जलालउद्दीन ने अपनी अत्यंत रूपवती लड़की का विवाह अलाउद्दीन के साथ कर दिया। परंतु बदाऊंनी के लेखानुसार अलाउद्दीन सम्राज्ञी, अर्थात अपनी सास, और स्त्री से हृदय में सदा क्रुद्ध रहता था। कारण यह था कि ये दोनों सम्राट से सदा इसके व्यवहार की निंदा किया करती थीं और इसी से अलाउद्दीन खीज कर सम्राट से दूर किसी एकांत स्थल में तरकीब से भागने की चिंता में था।
2. दबा हुआ धन मिलने का वृत्तांत और किसी इतिहासकार ने नहीं लिखा। उनके अनुसार अलाउद्दीन सम्राट की आज्ञा से सात-आठ सहस्र सवारों सहित गया तो था चंदेरी-विजय को और पहुंच गया ऐलिचपुर में। वहां जाकर उसने यह प्रसिद्ध कर दिया कि पितृव्य से अप्रसन्न होकर मैं तैलिंगाना के राजा के यहां नौकरी करने जा रहा हूं और अचानक देवगिरि में जा कूदा। राजा युद्ध के लिए बिल्कुल तैयार न था। उसने कुछ देकर संधि कर ली। उसका पुत्र इस समय वहां नहीं था। उसने आकर अलाउद्दीन से युद्ध किया और हार खाई। अलाउद्दीन ने छह सौ मन सोना, सात मन मोती, दो मन हीरा, लाल इत्यादि रत्न और दो सहस्र मन चांदी लेकर उसका पीछा छोड़ा।

राजा ने बिना युद्ध किए ही अधीनता स्वीकार कर ली और प्रचुर धन देकर इसको विदा किया।

'कड़ा' लौट आने पर अलाउद्दीन ने सम्राट के पास वह लूट न भेजी। दरबारियों के भड़काने पर सम्राट ने उसको बुला भेजा, परंतु वह न गया। पुत्र से भी अधिक प्रिय होने के कारण सम्राट ने उसके पास स्वयं जाने का विचार किया। यात्रा का सामान ठीक कर वह सेना सहित 'कड़ा' की ओर चल दिया। नदी के किनारे जिस स्थान पर मुअज्जउद्दीन ने डेरे डाले थे उसी स्थान पर सम्राट ने भी अपना शिविर डाला और नाव में बैठकर भतीजे की ओर बढ़ा।

अलाउद्दीन दूसरी ओर से नाव में बैठकर तो आया, परंतु उसने अपने भृत्यों को संकेत कर दिया था कि मैं सम्राट को ज्यों ही गले लगाऊं त्यों ही तुम उसका वध कर डालना। उन्होंने ऐसा ही किया। सम्राट की कुछ सेना तो अलाउद्दीन से आ मिली और कुछ दिल्ली की ओर भाग गई।

यहां आकर सैनिकों ने सम्राट के पुत्र रुक्नउद्दीन[1] को राजसिंहासन पर बैठाकर सम्राट घोषित कर दिया, परंतु जब नवीन सम्राट इस सेना के बल पर अलाउद्दीन से युद्ध करने आया तो ये भी विपक्षी की सेना में जा मिले। (बेचारा) रुक्नउद्दीन सिंधु की ओर भाग गया।

9. सम्राट अलाउद्दीन मुहम्मदशाह

राजधानी में प्रवेश कर अलाउद्दीन ने बीस वर्ष तक बड़ी योग्यता से शासन किया। इसकी गणना उत्तम सम्राटों में की जाती है, हिंदू तक इसकी प्रशंसा करते हैं। राज्य-कार्यों को यह स्वयं देखता और नित्य बाजार-भाव का हाल पूछ लेता था। मुहतसिब नामक अधिकारी-विशेष से, जिसे इस देश में 'रईस' कहते हैं, प्रतिदिन इस संबंध में रिपोर्ट भी ली जाती थी।

कहते हैं कि एक दिन सम्राट ने मुहतसिब से मांस महंगा बिकने का कारण पूछा। उसके यह उत्तर देने पर कि इन पशुओं पर जकात (कर विशेष) लगाने के कारण ऐसा होता है, सम्राट ने उसी दिन से इस प्रकार के समस्त कर उठा लिए और व्यापारियों को बुलाकर राजकोष से बहुत-सा धन, गाय और बकरियां मोल लेने के लिए इस प्रतिज्ञा पर

---

1. फीरोजशाह खिलजी के तीन पुत्र थे। सबसे बड़े का नाम था खांजहां। इसकी मृत्यु सम्राट के जीवनकाल में ही हो गई थी। इसकी मृत्यु पर अमीर खुसरो ने शोकसूचक कविता भी लिखी है।

दूसरे पुत्र का नाम था अरकुली खां। यह भी बड़ा कुशल था परंतु बादशाह बेगम ने मूर्खतावश इसकी बाट न देख उपर्युक्त तृतीय पुत्र को ही सिंहासन पर बिठा दिया।

दे दिया कि इनके बिक जाने पर वह धन पुनः राजकोष में ही जमा कर दिया जाएगा। व्यापारियों का भी उनके श्रम के लिए कुछ पृथक वेतन नियत कर दिया गया। इसी प्रकार से दौलताबाद से विक्रयार्थ आने वाले कपड़े का भी उसने प्रबंध किया।

अनाज बहुत महंगा[1] हो जाने के कारण एक बार उसने सरकारी गोदाम खुलवा दिए, जिससे भाव तुरंत मंदा पड़ गया। सम्राट ने उचित मूल्य नियत कर आज्ञा निकाल दी कि इसी के अनुसार अनाज का क्रय-विक्रय हो, परंतु व्यापारियों ने इस प्रकार बेचना अस्वीकार कर दिया। इस पर सम्राट ने अपने गोदाम खुलवाकर उनको बेचने की मनाही कर दी और स्वयं छह महीने तक बेचता रहा। व्यापारियों ने अब अपना अनाज बिगड़ते तथा कीटादि की भेंट होते देख सम्राट से प्रार्थना की तो उसने पहले से भी सस्ता भाव नियत कर दिया

---

1. अल्तमश तथा बलबन के समय से लेकर अलाउद्दीन खिलजी के समय तक एशिया तथा पूर्वीय यूरोप में मुगलों के बहुत ही भयानक आक्रमण हुए। यदि उस समय भारत में, उपर्युक्त सम्राटों जैसे कठोर एवं योग्य शासक न होते तो तातारियों के घोड़ों की टापों से ही सारा उत्तरी भारत वीरान हो जाता। उस समय इन जंगलियों के आक्रमण रोकने के लिए मुलतान आदि सीमा-नगरों के अधिकारी बड़ी छानबीन के पश्चात नियत किए जाते थे। तातारियों के आक्रमण निरंतर बढ़ते हुए देखकर अलाउद्दीन ने एक बृहद सेना तैयार करने का निश्चय किया परंतु हिसाब करने पर पता चला कि इतना व्यय साम्राज्य वहन न कर सकेगा। अतएव सम्राट ने परामर्श द्वारा सैनिकों का वेतन तो कम कर दिया पर वस्तुओं का मूल्य ऐसा नियत किया कि उसी वेतन में सुखपूर्वक सबका निर्वाह हो जाए। कार्यपूर्ति के लिए पौने पांच लाख सवार रखने की आज्ञा हुई और एक घोड़े वाले सवार का वेतन दो सौ चौंतीस टंक (रुपया) तथा दो घोड़े वालों का 312 टंक नियत कर दिया गया। वस्तुओं का मूल्य इस प्रकार निर्धारित हुआ—

1 मन गेहूं	(पक्के 14 सेर)	=	साढ़े सात जेतल (आधुनिक दो आने)
1 मन जौ	(")	=	चार जेतल
1 मन चावल	(")	=	पांच जेतल
1 मन दाल (मूंग)	(")	=	पांच जेतल
1 मन चना	(")	=	पांच जेतल
1 मन मोठ	(")	=	तीन जेतल

इसके अतिरिक्त घोड़े से लेकर सूई तक प्रत्येक वस्तु का मूल्य नियत कर दिया गया था। कोई व्यक्ति अधिक मूल्य लेकर कोई चीज नहीं बेच सकता था। अकाल तथा सुकाल दोनों में ही एक-सा मूल्य रहता था। सम्राट की निजी जमींदारी में भी किसानों से नकदी के स्थान में अनाज ही लिया जाता था और अकाल होने पर सम्राट के गोदामों से निकालकर बेचा जाता था। विद्वानों को इस बात की आज्ञा थी कि वे जमींदारों से नियत मूल्य पर बनजारों को अनाज दिलवाएं। बनजारे भी नियत मूल्य पर ही व्यापारियों को बाजार में अनाज दे सकते थे। अलाउद्दीन के मरते ही इस प्रबंध का भी अंत हो गया।

और उनको अब लाचार होकर यही भाव स्वीकार करना पड़ा।

सम्राट किसी दिवस भी सवार होकर बाहर न निकलता था, यहां तक कि शुक्रवार और ईद के दिन भी पैदल ही चला जाता था।

इसका कारण यह बताया जाता है कि इसको अपने एक भतीजे सुलैमान से अत्यंत स्नेह था। सम्राट इस भतीजे के साथ एक दिन आखेट को गया। जिस प्रकार का बर्ताव सम्राट ने अपने पितृव्य के साथ किया था उसी का अनुकरण यह भतीजा भी अब करना चाहता था। भोजन के लिए जब वे एक स्थान पर बैठे तो सुलैमान के सम्राट पर एक बाण चलाते ही वह गिर पड़ा और एक दास ने अपनी ढाल उस पर डाल दी। जब भतीजा सम्राट का कार्य तमाम करने आया तो दासों ने यह कह दिया कि उसका तो बाण लगते ही देहांत हो गया। उनके कथन पर विश्वास कर यह तुरंत राजधानी की ओर जा रनवास में घुसने का प्रयत्न करने लगा। इधर सम्राट भी मूर्छा बीतने पर संज्ञा लाभकर नगर में आगा। उसके आते ही समस्त सेना उसके चारों ओर एकत्र हो गई। यह समाचार पाते ही भतीजा भी भाग निकला परंतु अंत में पकड़ा गया और सम्राट ने उसका वध करा दिया। उस दिन से सम्राट कभी सवार होकर बाहर नहीं निकला।

सम्राट के पांच पुत्र थे जिनके नाम थे—खिजर खां, शादी खां, अबूबकर खां, मुबारक खां (इसका द्वितीय नाम कुतुबउद्दीन था) और शहाबुद्दीन।

सम्राट कुतुबउद्दीन को सदा हतबुद्धि, अभागा और साहसहीन समझा करता था। और भाइयों को तो सम्राट ने पद भी दिए और झंडे तथा नगाड़े रखने की आज्ञा भी दी परंतु इसको कुछ भी न दिया। एक दिन सम्राट ने इससे कहा कि तेरे अन्य भ्राताओं को पद तथा अधिकार देने के कारण तुझे भी लाचारी से कुछ देना पड़ेगा। इस पर कुतुबउद्दीन ने उत्तर दिया कि मुझे ईश्वर देगा, आप क्यों चिंता करते हैं। इस उत्तर को सुन सम्राट भयभीत हो उस पर बहुत क्रुद्ध हुआ।

सम्राट के रोगी होने पर प्रधान राजमहिषी खिजर खां की माता ने, जिसका नाम माहक था, अपने पुत्र को राज्य दिलाने का प्रयत्न करने के लिए अपने भाई संजर[1] को बुलाया और शपथ देकर इस बात की प्रतिज्ञा करवाई कि वह सम्राट की मृत्यु के उपरांत इसके पुत्र को राजसिंहासन पर बैठाने का प्रयत्न करेगा।

सम्राट के नायब मलिक अलफी[2] (हजार दीनार में सम्राट द्वारा मोल लिए जाने के कारण यह इस नाम से पुकारा जाता था) ने इस प्रतिज्ञा की सूचना पाते ही सम्राट पर भी यह बात प्रकट कर दी। इस पर सम्राट ने अपने भृत्यों को आज्ञा दी कि जब संजर वहां

---

1. संजर—इसकी उपाधि अलप खां थी। यह सम्राट के चार मित्रों में से था।
2. मलिक अलफी—मलिक काफूर की उपाधि थी।

आकर सम्राट-प्रदत्त खिलअत पहनने लगे उसी समय उसके हाथ-पैर बांध देना और धरती पर गिराकर उसका वध कर देना। सम्राट के आदेशानुसार ऐसा ही किया गया।

खिजर खां[1] उस दिन दिल्ली से एक पड़ाव की दूरी पर, संदप्त[2] (संपत) नामक स्थान में धर्मवीरों की समाधियों के दर्शनार्थ गया हुआ था। इस स्थान तक पैदल जाकर पिता के आरोग्य लाभ के लिए ईश्वर-प्रार्थना करने की उसने प्रतिज्ञा की थी। पिता द्वारा अपने मामा का वध सुनकर उसने शोकावेश में अपने वस्त्र फाड़ डाले (भारतवर्ष में निकटस्थ संबंधी की मृत्यु होने पर वस्त्र फाड़ने की रीति चली आती है)। इसकी सूचना मिलने पर सम्राट को बहुत बुरा लगा। जब खिजर खां उसके सम्मुख उपस्थित हुआ तो उसने क्रोधित हो उसकी बहुत भर्त्सना की और फिर उसके हाथ-पांव बांध नायब के हवाले करने की आज्ञा दे दी। इसके उपरांत इसे ग्वालियर के दुर्ग में बंदी करने का आदेश नायब को दिया गया।

यह दृढ़ दुर्ग हिंदू राज्यों के मध्य में दिल्ली से दस पड़ाव की दूरी पर बना हुआ है। ग्वालियर में खिजर खां, कोतवाल तथा दुर्गरक्षकों को सुपुर्द कर दिया गया और उनको चेतावनी भी दे दी गई कि उसके साथ राजपुत्र जैसा व्यवहार न कर उसकी ओर से घोर शत्रुवत सचेत रहना चाहिए।

सम्राट का रोग अब दिन दिन बढ़ने लगा। उसने युवराज बनाने के लिए खिजर खां को बुलाना भी चाहा परंतु नायब ने 'हां' करके भी उसको बुलाने में देर कर दी और सम्राट के पूछने पर कह दिया कि अभी आता है। इतने में सम्राट के प्राणपखेरू उड़ गए।

10. सम्राट शहाबउद्दीन

अलाउद्दीन की मृत्यु हो जाने पर, मलिके-नायब (अर्थात काफूर) ने सबसे छोटे पुत्र शहाबउद्दीन को राजसिंहासन पर बैठाकर लोगों से राजभक्ति की शपथ ले ली, पर समस्त राज्यकार्य अपने हाथ में रख लिया। उसने शादी खां तथा अबूबकर खां को, आंखों में सलाई भरवा कर ग्वालियर के दुर्ग में बंदी कर दिया, और यही बर्ताव खिजर खां के साथ भी करने की आज्ञा वहां भेज दी।

---

1. खिजर खां—बदाऊंनी और बतूता इस कथा का वर्णन भिन्न भिन्न रूप से करते हैं। प्रथम के अनुसार यह हस्तिनापुर का हाकिम था। सम्राट की रुग्णावस्था का वृत्तांत सुनकर यह दिल्ली की ओर आया तो काफूर ने सम्राट को षड्यंत्र की बात सुझा दी और यह बंदी बनाकर अमरोहा भेज दिया गया। इस इतिहासकार के कथनानुसार सम्राट ने दूसरी बार क्रोधित होकर खिजर खां को ग्वालियर भेजा था।
2. संदप्त—संभवतया यह आधुनिक सोनपत है। प्राचीन काल में जमुना नदी इसी नगर के दुर्ग के नीचे बहती थी। यह बहुत प्राचीन नगर है। कहते हैं कि युधिष्ठिर ने जो पांच गांव दुर्योधन से मांगे थे उनमें एक यह भी था।

चतुर्थ पुत्र कुतुबउद्दीन भी बंदीगृह में डाल दिया गया परंतु उसको अंधा नहीं किया गया। (इस प्रकार का अनर्थ होते देख) बादशाह बेगम ने, जो सम्राट मुअज्जउद्दीन की पुत्री थी, सम्राट अलाउद्दीन के बशीर तथा मुवश्शर नामक दो दासों को यह संदेशा भेजा कि मलिके-नायब ने मेरे पुत्रों के साथ जैसा बर्ताव किया है वह तो तुम जानते ही हो, अब वह कुतुबउद्दीन का भी वध करना चाहता है। इस पर उन लोगों ने यह उत्तर भेजा कि 'जो कुछ हम करेंगे वह सब तुम पर प्रकट हो जाएगा।'

ये दोनों पुरुष रात्रि को नायब के ही पास रहा करते थे। अस्त्र-शस्त्रादि से सुसज्जित हो इनको वहां जाने की आज्ञा मिली हुई थी। उस रात्रि को भी ये दोनों यथापूर्व वहां पहुंचे। नायब उस समय सबसे ऊपर की छत पर बने हुए कजागंद द्वारा मढ़े हुए लकड़ी के बालाखाने में, जिसको इस देश में 'खिरमका'[1] कहते हैं, विश्राम कर रहा था। दैवयोग से इन दो पुरुषों में से एक की तलवार नायब ने अपने हाथ में ले ली और फिर उसे उलट-पलट कर वैसे ही लौटा दिया। इतना करते ही एक ने तुरंत प्रहार किया और दूसरे ने भी भरपूर हाथ मारा। फिर दोनों ने उसका कटा सिर कुतुबउद्दीन के पास ले जाकर बंदीगृह में डाल दिया और उसको कारागार से मुक्त कर दिया।

11. सम्राट कुतुबउद्दीन

कुतुबउद्दीन कुछ दिन तक तो अपने भाई शहाबउद्दीन के नायब की तरह कार्य करता रहा, परंतु इसके पश्चात उसको सिंहासन से उतार वह स्वयं सम्राट बन बैठा। उसने शहाबउद्दीन की उंगलियां काटकर उसे अपने अन्य भ्राताओं के पास ग्वालियर दुर्ग में भेज दिया और आप दौलताबाद की ओर चल दिया।

दौलताबाद दिल्ली से चालीस पड़ाव की दूरी पर है, परंतु मार्ग में दोनों ओर बेद, मजनूं तथा अन्य जाति के इतने वृक्ष लगे हुए हैं कि पथिक को मार्ग उपवन सरीखा प्रतीत होता है। हरकारों के लिए प्रत्येक कोस में उपर्युक्त विधि की तीन तीन डाक चौकियां बनी हुई हैं, जहां पर राहगीर को बाजार की प्रत्येक आवश्यक वस्तु मिल सकती है। तैलिंगाना तथा माअवर प्रदेशों तक यह मार्ग इसी प्रकार चला गया है। दिल्ली से वहां तक पहुंचने में छह मास लगते हैं। प्रत्येक पड़ाव पर सम्राट के लिए प्रासाद तथा साधारण पथिकों के लिए पाथनिवास (सराय) बने हुए हैं। इनके कारण यात्रियों को यात्रा में आवश्यक पदार्थों के रखने की कोई आश्यकता नहीं होती।[2]

---

1. खिरमका—मालूम नहीं, यह शब्द किस भाषा का है।
2. ऐसी दो सड़कें शेरशाह ने भी तैयार कराई थीं। बदाऊंनी का कथन है कि पूर्व में बंगाल से लेकर पश्चिम में रोहतास तक (जो चार मास की राह है) और आगरा से लेकर मांडू तक (जो 300 कोस की दूरी है) प्रत्येक कोस पर मस्जिद, कुआं, और सराय, पक्की ईंटों की बनी हुई

सम्राट कुतुबउद्दीन के इस प्रकार दौलताबाद की ओर चले जाने पर कुछ अमीरों ने विद्रोह कर सम्राट के भतीजे[1] खिजर खां के द्वादशवर्षीय पुत्र को राजसिंहासन पर बैठाने का प्रयत्न किया। पर कुतुबउद्दीन ने भतीजे को पकड़ लिया और उसका सिर पत्थरों से टकरा भेजा निकालकर मार डाला। उसने मलिक शाह[2] नामक अमीर को ग्वालियर के दुर्ग में जा लड़के के पिता तथा पितृव्यों का भी वध कर डालने की आज्ञा दी।

है और इन स्थानों में मोदी, इमाम तथा हिंदू-मुसलमानों को पानी पिलाने वाले तैनात रहते थे। इनके अतिरिक्त साधु-संत तथा राहगीरों के लिए धर्मार्थ भोजनालय भी यहां बने रहते थे। सड़क के दोनों ओर आम, खिरनी आदि के बड़े बड़े वृक्ष होने के कारण राहगीरों को राह चलने में धूप तक न सताती थी। 52 वर्ष पश्चात अकबर के समय में उपर्युक्त ऐतिहासिक ने ये सब बातें अपनी आंखों से देखी थीं। फरिश्ता ने इस वर्णन में एक बात और लिखी है कि पूर्व से पश्चिम तक सर्वत्र प्रदेश के समाचारों की ठीक ठीक सूचना देने के लिए प्रत्येक सराय में 'डाक चौकी' के दो दो घोड़े सदा विद्यमान रहते थे। सम्राट अपने राजप्रासाद में ज्यों ही भोजन पर बैठता था त्यों ही इसकी सूचना नगाड़ों के शब्द द्वारा दी जाती थी और शब्द होते ही सरायों में रखे हुए नगाड़े सर्वत्र बजाए जाते थे। इस प्रकार बंगाल से लेकर रोहतास तक सर्वत्र इसकी सूचना मिलते ही प्रत्येक सराय में मुसलमानों को पका हुआ भोजन और हिंदुओं को आटा-घी तथा अन्य पदार्थ बांट दिए जाते थे।

1. जो पुरुष देवगिरि (दौलताबाद) की राह में षड्यंत्र रचकर सम्राट का वध करना और स्वयं सम्राट बनना चाहता था उसका नाम असदउद्दीन बिन बुगरिश था। यह सम्राट अलाउद्दीन के पितृव्य का पुत्र था।
2. खिजर खां के वध के संबंध में बदाऊंनी यह लिखता है कि देवगिरि से लौटते समय रणथंभोर के निकट 'नवा शहर' नामक स्थान से राजकीय अस्त्रागार का अध्यक्ष शादी खां खिजर का वध होने के उपरांत उनकी स्त्री और पुत्र आदि को राज भवन में लाने के लिए ग्वालियर भेजा गया था। इसके प्रथम 718 हिजरी में यही पुरुष उपर्युक्त राजपुत्रों का वध कर देवल देवी को सम्राट के रनिवास में लाने हेतु भेजा गया था। प्रसिद्ध कवि खुसरो ने अपने 'देवल देवी और खिजर खां' नामक काव्य में यह कथा इस भांति लिखी है कि मुबारक शाह ने देवल देवी को प्राप्त करने के लिए खिजर खां को यहां तक लिख मारा था कि यदि तुम अपनी भार्या मुझको दे दोगे तो मैं तुमको बंदीगृह से निकालकर किसी प्रांत का गवर्नर बना दूंगा परंतु खिजर खां ने अंगीकार न किया और 'अमीर' खुसरो के शब्दों में यह कहा—

   चो बामन हम सरस्तई यारे जानी। सरे मन दूर कुन जां पस बदानी।।

   (अर्थात यदि प्राण-प्यारी मेरे मन के अनुकूल आचरण करती है तो तू मेरी जान मत खा, और जो करना हो कर)। सम्राट को यह बात बहुत बुरी लगी और—

   व तुंदी सर सलाहीरा तलब कर्द। के बायद सदकिरो इमरोज शब कर्द।।
   रोअन्दर गालियोर ईदम न बसदेर। सरे शेरां मलक अफगन व शमशेर।।

ग्वालियर के काजी, जैनउद्दीन मुबारक मुझसे कहते थे कि मलिक शाह के वहां पहुंचने के समय मैं (स्वयं) खिजर खां के समीप बैठा हुआ था। इस अमीर के आने का समाचार सुनते ही उसका रंग उड़ गया। मलिक शाह के वहां आने पर जब खिजर खां ने दुर्ग में आने का कारण पूछा तो उसने उत्तर दिया, "अखवंदे आलम ! (संसार के प्रभु) मैं किसी आवश्यक कार्य के लिए ही उपस्थित हुआ हूं।" इस पर खिजर खां ने पूछा, "मेरा जीवन तो निरापद है?" उसने उत्तर दिया, "हां।"

इसके अनंतर उसने कोतवाल को बुलाया और मुझको तथा तीन सौ दुर्गरक्षकों को साक्षी कर सबके सम्मुख सम्राट की आज्ञा पढ़ी। उसने शहाबउद्दीन के पास जाकर उसका वध कर डाला परंतु उसने कुछ भय या घबराहट प्रदर्शित नहीं की। फिर शादी खां और अकबर खां की गर्दनें काटी गईं परंतु जब खिजर खां की बारी आई तो वह रोने और चिल्लाने लगा। उसकी माता भी उसके साथ वहां रहती थी परंतु उस समय वह एक घर में बंद कर दी गई थी। खिजर खां के वध के उपरांत उनके शव बिना कफन पहनाए तथा बिना अच्छी तरह दाबे हुए यों ही गड़हे में फेंक दिए गए। कई वर्ष के उपरांत ये शव वहां से निकालकर कुल के समाधि-गृह में दबाए गए। खिजर खां की माता और पुत्र कई वर्ष बाद तक जीवित रहे। माता को मैंने हिजरी 728 में पवित्र मक्का में देखा था।

ग्वालियर का दुर्ग[1] पर्वत-शिखर पर बना हुआ है और देखने पर ऐसा प्रतीत होता है

(तात्पर्य यह है कि क्रोध में आकर उसने अस्त्राध्यक्ष को बुलाया और कहा कि सौ कोस की यात्रा एक ही रात में समाप्त कर ग्वालियर जाकर वध कर डाल)। फरिश्ता के कथनानुसार राजपुत्रों का जिनकी आंखों में पहले से ही सलाई खींची जा चुकी थी, वध कर दिया गया और देवल देवी (खिजर खां की पत्नी) राजकीय निवास में लाई गई।

1. श्री हंटर महोदय के कथनानुसार ग्वालियर दुर्ग 342 फुट ऊंची चट्टान पर बना हुआ है। यह डेढ़ मील लंबा और तीन सौ गज चौड़ा है। हाथी की मूर्ति होने के कारण द्वार का नाम 'हाथी पौल' पड़ गया है। राजभवन, मानसिंह ने (1486-1516 ई. में) निर्माण कराए थे। जहांगीर, शाहजहां तथा विक्रमादित्य के भवन भी उपर्युक्त प्रासाद के निकट ही बने हुए हैं। ये सब अत्यंत ही सुंदर हैं। नगर गढ़ के नीचे बसा हुआ है। प्राचीन वस्तुओं में वहां ग्वालियर-निवासी शैख मुहम्मद गौस का मठ दर्शनीय है।

अनुसंधान से पता चलता है कि ग्वालियर दुर्ग शूरसेन नामक राजा ने निर्माण कराया था। गजनवी तो सन् 1023 में इसकी विजय न कर सका, परंतु गोरी ने इसको 1196 ई. में ले लिया। 1211 ई. में मुसलमान सम्राटों का इस पर अधिकार न रहा, पर अलतमश ने 1231 ई. में इसको फिर अपने अधीन कर लिया। सम्राट अकबर के समय में उच्च कुलीभूत बंदियों के लिए इसका उपयोग किया जाता था। परंतु इब्नबतूता के कथन से इसका उपर्युक्त उपयोग

कि मानो शिला को काटकर ही किसी ने इसका निर्माण किया है। इस दुर्ग के समीप कोई अन्य पर्वत इतना ऊंचा नहीं है। दुर्ग के भीतर एक जलाशय और लगभग बीस कूप बने हुए हैं। प्रत्येक कूप की ऊंची दीवारों पर मंजनीक लगे हुए हैं। दुर्ग पर चढ़ने का मार्ग इतना प्रशस्त बना हुआ है कि हाथी तक सुगमता से आ जा सकते हैं। दुर्ग के द्वार पर पत्थर काटकर इतना सुंदर महावत सहित हाथी निर्माण किया गया है कि दूर से वास्तविक हाथी-सा प्रतीत होता है।

नगर दुर्ग के नीचे बसा हुआ है। यह भी बहुत सुंदर है। यहां के समस्त गृह और मस्जिदें श्वेत पत्थर की बनी हुई हैं। द्वार के अतिरिक्त इनमें किसी स्थान पर भी लकड़ी नहीं लगाई गई है। यहां की अधिकांश प्रजा हिंदू है; सम्राट की ओर से यहां छह सौ घुड़सवार रहते हैं। हिंदू राज्यों के मध्य में होने के कारण ये बहुधा युद्ध में ही लगे रहते हैं।

इस प्रकार से अपने भ्राताओं का वध करने के उपरांत जब कुतुबउद्दीन का कोई (प्रकाश्य रूप से) वैरी न रहा तो परमेश्वर ने एक बहुत मुंहचढ़े अमीर के रूप में उसका प्राणहर्त्ता संसार में भेजा। इसी के हाथों सम्राट की मृत्यु हुई। हत्याकारी भी थोड़े ही समय तक सुखपूर्वक बैठने पाया था कि ईश्वर ने सम्राट तुगलक के हाथों उसका भी वध करा दिया—इसका पूर्ण वृत्तांत हम अभी अन्यत्र वर्णन करते हैं।

कुतुबउद्दीन के अमीरों में से खुसरो खां नामक एक अमीर अत्यंत ही सुंदर, वीर और साहसी था। भारतवर्ष के अत्यंत उपजाऊ—चंदेरी और माअवर सरीखे, दिल्ली से छह माह की राह वाले, सुंदर प्रांतों की इसी ने विजय की थी। सम्राट कुतुबउद्दीन इस खुसरो खां से अत्यंत प्रेम रखता था।

सम्राट के शिक्षक काजी खां[1] उस समय 'सदरे-जहां' थे। उनकी गणना भी अजीमुश्शान (महान ऐश्वर्यशाली) अमीरों में की जाती थी। कलीददारी का (ताली रखने का) उच्च पद भी इनको प्राप्त था अर्थात सम्राट के प्रासाद की ताली इन्हीं के पास रहती थी और ये

बहुत प्राचीन सिद्ध होता है। अंग्रेजों ने 1857 में इस पर अधिकार कर लिया परंतु लार्ड डफरिन ने फिर इसे झांसी नगर के बदले में सिंधिया दरबार को ही दे दिया।

दुर्ग के हाथियों को देखकर ही अकबर ने आगरा-दुर्ग के पश्चिमी द्वार पर भी महावत सहित दो हाथी बनवाए थे। शाहजहां ने उनको दिल्ली के लाल दुर्ग में ले जाकर खड़ा कर दिया। परंतु औरंगजेब ने इनको मूर्ति-पूजा का चिह्न समझकर वहां से हटा दिया। पुरातत्ववेत्ताओं की खोज से, कुछ ही वर्ष पहले, इन हाथियों के टुकड़े वहीं किले में दबे हुए मिले हैं। इन्हें जोड़ने से हाथियों की मूर्तियां ठीक बन जाती हैं।

1. काजी खां सदरे-जहां का वास्तविक नाम मौलाना जियाउद्दीन बिन—मौलाना शहाबुद्दीन खतात था। इन्हीं ने सम्राट को सुलेखन विधि सिखाई थी।

रात्रि में सदा राजभवन के द्वार पर ही रहा करते थे। इनके अधीन एक सहस्त्र सैनिक थे। प्रत्येक रात्रि को अढ़ाई-अढ़ाई सौ पुरुष एक समय में पहरा देते थे और बाह्य द्वार से लेकर अंतःद्वार तक मार्ग के दोनों ओर पंक्ति बांधे और अस्त्र-शस्त्रादि से सुसज्जित हो इस प्रकार खड़े रहते थे कि प्रासाद के भीतर जाते समय प्रत्येक व्यक्ति को इनकी पंक्तियों के मध्य से ही होकर जाना पड़ता था। ये सैनिक 'नौबतवाले' कहलाते थे। इनकी गणना तथा देखरेख के लिए अन्य उच्च अधिकारी तथा लेखकगण थे जो घूम फिरकर समय समय पर उपस्थिति भी लिया करते थे जिससे कोई कहीं चला न जाए। रात्रि के प्रहरियों के चले जाने के उपरांत दिन के प्रहरी उनके स्थान पर आकर उसी प्रकार खड़े हो जाते थे।

काजी खां को मलिक खुसरो[1] से अत्यंत घृणा थी। वह वास्तव में हिंदू था और हिंदुओं का बहुत पक्ष किया करता था, इसी कारण वह काजी महाशय का क्रोधभाजन हुआ। इन्होंने सम्राट से खुसरो की ओर से सचेत रहने को बहुत से अवसरों पर निवेदन किया परंतु सम्राट ने इन पर कभी ध्यान न दिया और सदा टाला ही किया। ईश्वर ने तो भाग्य में सम्राट की मृत्यु उसी के हाथों लिखी थी। यह बात कैसे अन्यथा हो सकती थी, यही कारण था कि सम्राट के कानों पर जूं तक न रेंगती थी।

एक दिन खुसरो खां ने सम्राट से निवेदन किया कि कुछ हिंदू मुसलमान हुआ चाहते हैं।[2] उस समय की प्रथा के अनुसार यदि कोई हिंदू मुसलमान होना चाहता था तो सम्राट की अभ्यर्थना के लिए उसकी उपस्थिति आवश्यक थी और सम्राट की ओर से उसको खिलअत और स्वर्णकंकण पारितोषिक रूप से प्रदान किए जाते थे। सम्राट ने भी प्रथानुसार खुसरो खां से जब उन पुरुषों को भीतर बुलाने के लिए कहा तो उसने उत्तर दिया कि अपने सजातीयों

---

1. खुसरो खां वास्तव में गुजरात का रहने वाला था। फरिश्ता और बरनी उसको 'परवार' जाति का, जिसे वे नीची जाति मानते हैं, बतलाते हैं। हमारी सम्मति में यदि यह शब्द 'परमार' का अपभ्रंश हो तो यह नीची जाति कदापि नहीं कही जा सकती, क्योंकि इस जाति के लोग राजपूत होते हैं। यह पुरुष मुसलमान हो गया था और इसका नाम 'हसन' था। खुसरो खां तो उपाधि थी।
2. इब्नबतूता के अतिरिक्त किसी अन्य इतिहासकार ने इसका वर्णन नहीं किया है। उनके कथनानुसार सम्राट का प्रियपात्र होने के कारण अन्य अमीर खुसरो खां के द्वेषी हो गए थे। अतएव उसने सम्राट की आज्ञा प्राप्त कर अपने सजातीय चालीस सहस्र गुजरातियों को सेना में स्थान दिला दिया था। इतना हो जाने पर फिर एक दिन उसने सम्राट से प्रार्थना की कि सदा सम्राट-सेवा में उपस्थित रहने के कारण मैं स्वजातियों से भी नहीं मिल सकता। इस पर उन स्वजातियों को दुर्ग-प्रवेश की आज्ञा मिल गई। इस प्रकार अवसर पा उसने सम्राट का वध कर डाला। संभव है कि भारतीय प्राचीन इतिहासकारों ने किसी कारणवश मुसलमान बनाने की प्राचीन प्रथा का वर्णन करना ही उचित न समझा हो।

से लज्जित और भयभीत होने के कारण वे रात को आना चाहते हैं। इस पर सम्राट ने रात को ही उनके आने की अनुमति दे दी।

अब मलिक खुसरो ने अच्छे अच्छे वीर हिंदुओं को छांटा और अपने भ्राता खानेखाना को भी उनमें सम्मिलित कर लिया। गरमी के दिन थे। सम्राट भी सबसे ऊंची छत पर थे। दासों के अतिरिक्त अन्य कोई व्यक्ति भी इस समय उनके पास न था। ये पुरुष चार द्वारों को पारकर पांचवें पर पहुंचे तो इनको शस्त्र से सुसज्जित देख काजी खां को संदेह हुआ और उसने इनको रोककर अखवंद आलम (संसार के प्रभु-सम्राट) की आज्ञा प्राप्त करने को कहा। इस पर उन लोगों ने काजी महाशय को घेरकर मार डाला। बड़ा कोलाहल होते देख जब सम्राट ने इसका कारण पूछा तो मलिक खुसरो ने कहा कि उन हिंदुओं को भीतर आने से काजी रोकते हैं, इसी कारण कुछ वाद-विवाद उत्पन्न हो गया है। सम्राट अब भयभीत होकर राजप्रासाद की ओर बढ़ा परंतु द्वार बंद थे। द्वार खटखटाए ही थे कि खुसरो खां ने आकर आक्रमण कर दिया। सम्राट भी खूब बलिष्ठ था, विपक्षी को नीचे दबाते तनिक भी देर न लगी। इतने में अन्य हिंदू भी वहां आ गए। खुसरो ने नीचे से पुकारकर कहा कि सम्राट ने मुझे दबा रखा है। यह सुनते ही उन्होंने सम्राट का वध कर डाला और सिर काटकर चौक में फेंक दिया।

12. खुसरो खां

खुसरो खां ने अमीरों और उच्च पदाधिकारियों को उसी समय बुला भेजा। उनको इस घटना की कुछ भी सूचना न थी, भीतर प्रवेश करने पर उन्होंने मलिक खुसरो को सिंहासनासीन देखा और उसके हाथ पर भक्ति की शपथ ली। इनमें से कोई व्यक्ति प्रातःकाल तक बाहर न जा सका।

सूर्योदय होते ही समस्त राजधानी में विज्ञप्ति करा दी गई और बाहर के सभी अमीरों के पास बहुमूल्य खिलअत (सिरोपा) तथा आज्ञापत्र भेजे गए। सभी अमीरों ने ये खिलअतें स्वीकार कर लीं; केवल दीपालपुर[1] के हाकिम (गवर्नर) तुगलक शाह ने इनको उठाकर

---

1. दीपालपुर—आधुनिक मौंटगुमरी जिले में व्यास नदी के प्राचीन भंडार में पाक पट्टन से 28 मील पूर्व की ओर स्थित है। उकाड़ा रेलवे स्टेशन से यह 17 मील दक्षिण की ओर है। श्री जनरल कनिंगहम महोदय के अनुसंधानानुसार राजा देवपाल ने इस नगर को बसाया था। यह राजा कौन था और किस समय हुआ, इसका कुछ पता नहीं चलता। फीरोजशाह तुगलक यहां सतलज नदी की एक नहर काटकर लाया था। गुलाम तथा खिलजी नृपतियों के समय में यह नगर उत्तरी पंजाब की राजधानी था। प्राचीन नगर के खंडहरों को देखने से पता लगता है कि प्रधान नगर तीन मील के घेरे में बसा हुआ था। आजकल यह तहसील का प्रधान स्थान है और जनसंख्या भी पांच-छह सहस्र से अधिक न होगी परंतु प्राचीन काल में यह मुलतान के समकक्ष था। तैमूर

फेंक दिया और आज्ञापत्र पर आसीन होकर उसकी अवज्ञा की। यह सुनकर खुसरो ने अपने भ्राता खानेखाना को उस ओर भेजा परंतु तुगलकशाह ने उसको परास्त कर भगा दिया।

खुसरो मलिक ने सम्राट होकर हिंदुओं को बड़े बड़े पदों पर नियुक्त करना प्रारंभ कर दिया और गोवध के विरुद्ध समस्त देश में आदेश निकाल दिया। हिंदू जाति गोवध को धर्मविरुद्ध समझती है। गोवध करने पर हत्यारे को उसी गौ के चर्म में सिलवाकर जला देते हैं। यह जाति गौ को बड़े पूज्य भाव से देखती है। धर्म तथा औषधि रूप से इस पशु का मूत्र पान किया जाता है और गोबर से गृह, दीवारें आदि लीपी जाती हैं। खुसरो खां की इच्छा थी कि मुसलमान भी ऐसा ही करें। इसी कारण (मुसलमान) जनता उससे घृणा कर तुगलक शाह के पक्ष में हो गई।

मुलतान-निवासी शैख रुक्नउद्दीन कुरैशी मुझसे कहते थे कि तुगलक 'कुरुना'[1] जाति का तुर्क था। यह जाति तुर्किस्तान और सिंधु प्रांत के मध्यस्थ पर्वतों में निवास करती है। तुगलक[2] अत्यंत निर्धन था और इसने सिंधु प्रांत में आकर किसी व्यापारी के यहां सर्वप्रथम भेड़ों के गल्ले की रक्षा करने की वृत्ति स्वीकार की थी। यह बात सम्राट अलाउद्दीन के समय की है। उन दिनों सम्राट का भ्राता उलू खां (उलग खां) सिंधु प्रांत का हाकिम (गवर्नर) था। व्यापारी के यहां से तुगलक नौकरी छोड़ इस गवर्नर का भृत्य हो गया और पदाति सेना में जाकर सिपाहियों में नाम लिखा लिया। जब इसकी कुलीनता की सूचना उलग खां को मिली तो उसने इसकी पदवृद्धि कर इसको घुड़सवार बना दिया। इसके पश्चात यह अफसर बन गया। फिर मीर-आखोर[3] (अस्तबल का दारोगा) हो गया और अंत में अजीमउश्शान (महान ऐश्वर्यशाली) अमीरों में इसकी गणना होने लगी।

के समय तक इसकी यही दशा थी। इस समय यहां चौरासी मस्जिदें और चौरासी कुएं बने हुए थे।

1. कुरुना—मार्को पोलो के कथनानुसार तातारी पिता और भारतीय माता से उत्पन्न मुगल जाति विशेष का नाम है। परंतु बहुत-से इतिहासकारों का मत है कि चीन देश के उत्तर में करून जेदन अथवा खेत नामक पर्वत पर वास करने के कारण इस जाति का यह नाम पड़ा। डा. ईश्वरी प्रसाद के मत से कुरुना जाति तारीखे-रशीदी के लेखक मिर्ज़ा हैदर के कथनानुसार मध्य एशिया में रहती थी।
2. खुलासे-उत्तवारीख के लेखक का कथन है कि सम्राट तुगलक शाह के पिता का नाम तुगलक था। वह सम्राट गयासउद्दीन बलबन का दास था और उसकी माता एक जाटनी थी।
3. मीर-आखोर, आखोर बैग इत्यादि उपाधियां सम्राट की अश्वशाला के दारोगा को दी जाती थीं। यह पद उस समय बहुत उच्च समझा जाता था। स्वयं अलाउद्दीन खिलजी का भ्राता अपने पितृव्य के शासनकाल में 'मीर-आखोर' था। भावी सम्राट गयासउद्दीन तुगलक भी इसी सम्राट (अर्थात अलाउद्दीन) के शासनकाल में इस पद पर था।

मुलतान नगर में तुगलक द्वारा निर्मित मस्जिद में मैंने यह फतवा (अर्थात खुदा हुआ शिलालेख) स्वयं अपनी आंखों से पढ़ा है कि अड़तालीस बार तातारियों को रण में परास्त करने के कारण इसको मलिक गाजी की उपाधि दी गई थी।

सम्राट कुतुबउद्दीन ने इसको दीपालपुर के हाकिम के पद पर प्रतिष्ठित कर इसके पुत्र जूनह खां को मीर-आखोर के पद पर नियुक्त किया। सम्राट खुसरो ने भी इसको इसी पद पर रखा।

सम्राट खुसरो के विरुद्ध विद्रोह करने का विचार करते समय तुगलक के अधीन केवल तीन सौ विश्वसनीय सैनिक थे। अतएव इसने तत्कालीन मुलतान के गवर्नर किशलू खां को (जो केवल एक पड़ाव की दूरी पर मुलतान नगर में था) लिखा कि इस समय मेरी सहायता कर अपने (वली नअमत) स्वामी (सम्राट) के रुधिर का बदला चुकाओ। परंतु किशलू खां ने यह प्रस्ताव इस कारण अस्वीकार कर दिया कि उसका पुत्र खुसरो खां के पास था।

अब तुगलक शाह ने अपने पुत्र जूनह खां को लिखा कि किशलू खां के पुत्र को साथ लेकर, जिस प्रकार संभव हो, दिल्ली से निकल आओ। मलिक जूनह निकल भागने के तरीके पर विचार ही कर रहा था कि दैवयोग से एक अच्छा अवसर उसके हाथ आ गया। खुसरो मलिक ने एक दिन उससे यह कहा कि घोड़े बहुत मोटे हो गए हैं, वदन डालते जाते हैं, तुम इनसे परिश्रम लिया करो। आज्ञा होते ही जूनह प्रतिदिन घोड़े फेरने बाहर जाने लगा, किसी दिन एक घंटे में ही लौट आता, किसी दिन दो घंटों में और किसी दिन तीन-चार घंटों में। एक दिन वह जोहर (एक बजे दिन की नमाज) का समय हो जाने पर भी न लौटा। भोजन करने का समय आ गया। अब सम्राट ने सवारों को खबर लाने की आज्ञा दी। उन्होंने लौटकर कहा कि उसका कुछ भी पता नहीं चलता। ऐसा प्रतीत होता है कि किशलू खां के पुत्र को लेकर अपने पिता के पास भाग गया है।[1]

पुत्र के पहुंचते ही तुगलक ने विद्रोह प्रारंभ कर दिया और किशलू खां की सहायता से सेना एकत्र करना शुरू कर दिया। सम्राट ने अपने भ्राता खानेखाना को युद्ध करने को भेजा परंतु वह हार खाकर भाग आया, उसके साथी मारे गए और राजकोष तथा अन्य सामान तुगलक के हाथ आ गया।

अब तुगलक दिल्ली की ओर अग्रसर हुआ और खुसरो ने भी उससे युद्ध करने की इच्छा से नगर के बाहर निकल आतियाबाद में अपना शिविर डाला। सम्राट ने इस अवसर

---

1. किसी इतिहासकार ने यह घटना विस्तार से नहीं लिखी है। केवल बदाऊंनी का यह कथन है कि जूना खां ने अपने पिता को स्थान स्थान पर डाक चौकी के घोड़े बिठाने को लिखा था और ऐसा हो जाने पर, किशलू खां के पुत्र को लेकर रातों-रात 'सिरसा' जा पहुंचा। कुछ इतिहासकार 'सिरसा' के स्थान में भटिंग लिखते हैं। फरिश्ता रात्रि के स्थान में दोपहर को जाना लिखता है। इससे बतूता के कथन की पुष्टि होती है।

पर हृदय खोलकर राजकोष लुटाया, रुपयों की थैलियों-पर-थैलियां प्रदान कीं। खुसरो खां की हिंदू सेना भी ऐसी जी तोड़कर लड़ी कि तुगलक की सेना के पांव न जमे और वह अपने डेरे इत्यादि लुटते हुए छोड़कर ही भाग खड़ी हुई।

तुगलक ने अपने वीर सिपाहियों को फिर एकत्र कर कहा कि भागने के लिए अब स्थान नहीं है। खुसरो की सेना तो लूट में लगी हुई थी और उसके पास इस समय थोड़े से मनुष्य ही रह गए थे। तुगलक अपने साथियों को ले उन पर फिर जा टूटा।

भारतवर्ष में सम्राट का स्थान छत्र से पहचाना जाता है। मिस्र देश में सम्राट केवल ईद के दिवस ही छत्र धारण करता है परंतु भारतवर्ष में और चीन में देश, विदेश, यात्रा आदि सभी स्थानों में सम्राट के सिर पर छत्र रहता है।

तुगलक के इस प्रकार से सम्राट पर टूट पड़ने पर अतीव घोर युद्ध हुआ। जब सम्राट की समस्त सेना भाग गई, कोई साथी न रहा, तो उसने घोड़े से उतर अपने वस्त्र तथा अस्त्रादिक फेंक दिए और भारतवर्ष के साधुओं की भांति सिर के केश पीछे की ओर लटका लिए और एक उपवन में जा छिपा।

इधर तुगलक के चारों ओर लोगों की भीड़ इकट्ठी हो गई। नगर में आने पर कोतवाल ने नगर की कुंजियां उसको अर्पित कर दीं। अब राजप्रासाद में घुसकर उसने अपना डेरा भी एक ओर को लगा दिया और किशलू खां से कहा कि तू सम्राट हो जा। किशलू खां ने इस पर कहा कि तू ही सम्राट बन। जब वाद-विवाद में ही किशलू खां ने कहा कि यदि तू सम्राट होना नहीं चाहता तो हम तेरे पुत्र को ही राजसिंहासन पर बिठाए देते हैं, तो यह बात तुगलक ने अस्वीकार की और स्वयं सिंहासन पर बैठ भक्ति की शपथ लेना प्रारंभ कर दिया। अमीर और जनसाधारण सबने उसकी भक्ति स्वीकार की।

खुसरो खां तीन दिन तक उपवन में ही छिपा रहा।[1] तृतीय दिवस जब वह भूख से व्याकुल हो बाहर निकला तो एक बागबान ने उसे देख लिया। उसने बागबान से भोजन मांगा परंतु उसके पास भोजन की कोई वस्तु न थी। इस पर खुसरो ने अपनी अंगूठी उतारी और कहा कि इसको गिरवी रखकर बाजार से भोजन ले आ। जब बागबान बाजार में गया और अंगूठी दिखाई तो लोगों ने संदेह कर उससे पूछा कि यह अंगूठी तेरे पास कहां से आई। वे उसको कोतवाल के पास ले गए। कोतवाल उसको तुगलक के पास ले गया। तुगलक ने उसके साथ अपने पुत्र को खुसरो खां को पकड़ने के लिए भेज दिया। खुसरो खां इस प्रकार पकड़ लिया गया। जब जूनह खां उसको टट्टू पर बैठाकर सम्राट के सम्मुख

---

1. बदाऊंनी के कथनानुसार खुसरो मलिक (सम्राट) 'शादी' के समाधि-स्थान में जा छिपा था और इसका भ्राता खानेखाना उपवन में। युद्ध भदीना नामक गांव में हुआ था। इस नाम का एक गांव रोहतक और महम की सड़क पर स्थित है। यदि दिल्ली के निकट कोई अन्य गांव इस नाम का न हो तो तुगलक-खुसरो का युद्ध अवश्य इसी स्थान पर हुआ होगा।

ले गया तो उसने सम्राट से कहा कि "मैं भूखा हूं"। इस पर सम्राट ने शर्बत और भोजन मंगाया।

जब तुगलक उसको भोजन, शर्बत, तथा पान इत्यादि सब कुछ दे चुका तो उसने सम्राट से कहा कि मेरी इस प्रकार से अब और भर्त्सना न कर, प्रत्युत मेरे साथ ऐसा बर्ताव कर जैसा सम्राटों के साथ किया जाता है। इस पर तुगलक ने कहा कि आपकी आज्ञा सिर माथे पर। इतना कह उसने आज्ञा दी कि जिस स्थान पर इसने कुतुबउद्दीन का वध किया था उसी स्थान पर ले जाकर इसका सिर उड़ा दो और सिर तथा देह को भी उसी प्रकार छत से नीचे फेंको जिस प्रकार इसने कुतुबउद्दीन का सिर तथा देह फेंकी थी। इसके पश्चात इसके शव को स्नान करा कफन दे उसी समाधि स्थान में गाड़ने की आज्ञा प्रदान कर दी।

13. सम्राट गयासउद्दीन तुगलक

तुगलक ने चार वर्ष तक राज्य किया। यह सम्राट बहुत ही न्यायप्रिय और विद्वान था। स्थायी रूप से सिंहासनासीन हो जाने पर इसने अपने पुत्र को बहुत बड़ी सेना तथा मलिक तैमूर, मलिक तर्गान, मलिक काफूर जैसे बड़े अमीरों के साथ तैलंग[1] विजय के निमित्त भेजा। दिल्ली से इस देश तक पहुंचने में तीन मास लगते हैं।

तैलंग देश पहुंचकर पुत्र ने विद्रोह करने का विचार किया और कवि तथा दार्शनिक उवैद[2] नामक अपने सभासद से सम्राट की मृत्यु की अफवाह फैलाने को कह दिया। उसका अभिप्राय यह था कि इस समाचार को सुनते ही समस्त सैन्य तथा अधिकारीगण मुझसे भक्ति की शपथ कर लेंगे। परंतु किसी ने इसे सत्य न माना और प्रत्येक अमीर विरोधी हो उससे पृथक हो गया, यहां तक कि जूनह खां का कोई भी साथी न रहा। लोग तो उसका वध तक करने को तैयार थे परंतु मलिक तैमूर ने उनको ऐसा न करने दिया। जूनह खां ने अपने दस मित्रों सहित, जिनको वह 'याराने-मुवाफिक' कहा करता था, दिल्ली की राह ली। परंतु सम्राट ने उसको धन तथा सैन्य देकर फिर तैलंग भेज दिया।

---

1. सन् 1321 में जूनह खां वारंगल-विजय के लिए गया था। दुर्ग विजय होने को ही था कि सम्राट की मृत्यु की अफवाह फैल गई और सेना तितर-बितर हो गई। 1323 ई. में पुनः अलफ खां ने इस दुर्ग पर धावा किया और नगर जीत राजा प्रताप रुद्र को पकड़कर दिल्ली भेज दिया। उसका पुत्र शंकर कुछ भाग का शासक बना रहा और उसने विजयनगर के नृपतियों की सहायता से 1344 में मुसलमानों को फिर निकाल बाहर किया। परंतु बहमनी सम्राट ने 1424 में इस राज्य का अंत कर दिया।
2. यह ईरान का निवासी था। कोई इतिहासकार लिखता है कि इसकी खाल खिंचवाई गई और कोई कहता है कि यह हाथी के पैर तले रौंदा गया।

कुछ दिवस पश्चात जब सम्राट को पुत्र का यह विचार मालूम हुआ तो उसने उवैद का वध करवा दिया। मलिक काफूर महरदार के लिए एक नोकदार सीधी लकड़ी पृथ्वी में गड़वाकर, उसका सिर नीचे की ओर कर लकड़ी को गर्दन में चुभा, नोकदार सिरे को पसली में से निकाल दिया। इस पर शेष अमीर भयभीत हो सम्राट नासिरउद्दीन के पुत्र शम्सउद्दीन का आश्रय लेने के लिए बंगाल की ओर भाग निकले।

सम्राट शम्सउद्दीन का देहांत हो जाने पर युवराज शहाबउद्दीन बंगाल का शासक हुआ। परंतु उसके छोटे भ्राता गयासउद्दीन (भोंरा) ने अपने भाई को पृथक कर कतलू खां नामक अन्य भ्राता का वध कर डाला। शहाबउद्दीन और नासिरउद्दीन भागकर तुगलक की शरण में आ गए। अपने पुत्र को दिल्ली में प्रतिनिधि स्वरूप छोड़कर तुगलक इनकी सहायता के लिए बंगाल गया और गयासउद्दीन बहादुर को बंदी कर फिर दिल्ली लौट आया।

दिल्ली में वली (महात्मा) निजामउद्दीन बदाऊंनी[1] रहा करते थे। जूनह खां सदा इन महाशय की सेवा में उपस्थित हो आशीर्वाद की अभिलाषा में रहा करता था। एक दिन उसने साधु महाशय के भृत्यों से कहा कि जब ये महाशय ईश्वराराधन तथा समाधि में निमग्न हों तो मुझे सूचित करना। एक दिन अवसर प्राप्त होते ही उन्होंने युवराज को सूचना दी और वह तुरंत आ उपस्थित हुआ। शैख ने उसको देखते ही कहा कि हमने तुमको साम्राज्य प्रदान किया।

शैख महाशय का देहांत भी इसी काल में हो गया और जूनह खां ने उनके शव को कंधा दिया। इसकी सूचना मिलने पर सम्राट पुत्र पर बहुत क्रुद्ध हुआ। पुत्र की उदारता, वशीकरण तथा मोहन-शक्ति और अधिक संख्या में दास-क्रय के कारण सम्राट तो वैसे ही उससे अप्रसन्न रहता था, परंतु अब इस समाचार ने जलती हुई अग्नि पर घृत का काम

1. यही प्रसिद्ध निजामउद्दीन औलिया थे। इनके पिता गजनी से आकर बदायूं नामक नगर में बस गए थे। ये महाशय अपनी माता सहित 25 वर्ष की अवस्था में दिल्ली आकर बसे थे। ये बड़े ईश्वर-भक्त थे। सम्राट कुतुबउद्दीन ने इनको ईर्ष्यावश मास की अंतिम तिथि को दरबार में उपस्थित रहने की आज्ञा दी थी परंतु इसके पूर्व ही उसका देहांत हो गया। इसी प्रकार गयासउद्दीन तुगलक ने बंगाल से कहलाया था 'या शैख आंजा बाशद या मन' (आप यहां पधारें या मैं वहां आऊं)। इस पर इन्होंने यह उत्तर दिया 'हनोज दिल्ली दूर अस्त'। सम्राट के दिल्ली पहुंचने के पहले ही इनका भी देहांत हो गया और सम्राट का भी। सम्राट अलाउद्दीन का पुत्र खिजर खां इनका शिष्य था और उसने इनके जीवनकाल में ही इनके लिए समाधि बनवाई थी। परंतु इन्होंने उसमें अपने शव को गाड़ने की मनाही कर दी। वर्तमान समाधि-स्थान सम्राट अकबर के शासनकाल में फरैदू खां ने निर्माण कराया था, और शाहजहां के समय में शाहजहानाबाद के हाकिम खलीलउल्लाह खां ने इसके चारों ओर लाल पत्थर की परिक्रमा बनवाई।

किया। वह क्रोध से भभक उठा। धीरे धीरे उसको यह भी सूचना मिली कि ज्योतिषियों ने भविष्यवाणी की है कि वह यात्रा से जीवित न लौटेगा।

राजधानी के निकट पहुंचने पर उसने अपने पुत्र को अफगानपुर में अपने लिए एक नया प्रासाद निर्माण करने की आज्ञा दी। जूनह खां ने तीन दिन में ही प्रासाद खड़ा करा दिया। धरातल से कुछ ऊपर रखे हुए काष्ट-स्तंभों पर इस भवन का आधार था और स्थान स्थान पर इसमें यथासंभव काष्ठ ही लगाया गया था। सम्राट के वास्तु-विद्या-विशारद अहमद इब्न अयार ने, जिसे पीछे 'ख्वाजाजहां' की उपाधि मिली थी, ऐसी योजनापूर्वक इस गृह के आधार का निर्माण किया था कि स्थान विशेष पर हाथी का पग पड़ते ही सारा गृह गिर पड़े।

सम्राट इस गृह में आकर ठहरा। लोगों ने उसको भोज दिया। भोजनोपरांत जूनह खां ने सम्राट से वहां पर हाथी लाने की प्रार्थना की और एक सजा हुआ हाथी वहां भेजा गया।

मुलतान-निवासी शैख रुक्नउद्दीन मुझसे कहते थे कि मैं उस समय सम्राट के पास था, उसका प्यारा पुत्र महमूद भी वहीं बैठा हुआ था। जूनह खां ने मुझसे कहा कि हे अखवंद आलम (संसार के प्रभु), अस्र (अर्थात संध्या के 4 बजे की नमाज) का समय हो गया है, आइए नमाज पढ़ लें। मैं यह सुनकर प्रासाद से बाहर निकल आया। हाथी भी उसी समय वहां आ गया। गृह में हाथी के प्रवेश करते ही समस्त प्रासाद सम्राट और राजपुत्र के ऊपर गिर पड़ा। शैख कहते हैं कि शोर सुन ज्यों ही मैं बिना नमाज पढ़े लौटा, तो क्या देखता हूं कि सारा प्रासाद टूटा पड़ा है। जूनह खां ने सम्राट को निकालने के लिए तवर (एक विशेष प्रकार का कुल्हाड़ा) और कस्सियां (उसी प्रकार का एक औजार) लाने की आज्ञा तो दी परंतु इन वस्तुओं को विलंब से लाने का संकेत भी कर दिया। फल इसका यह हुआ कि खुदाई आरंभ होते समय सूर्यास्त हो गया था। खोदने पर सम्राट अपने पुत्र पर झुका हुआ पाया गया मानो वह उसको मृत्यु से बचाना चाहता था। कुछ लोगों का कथन है कि सम्राट उस समय भी जीवित था परंतु उसका काम तमाम कर दिया गया। रात्रि में ही सम्राट का शव तुगलकाबाद के समाधि-स्थान में, जिसको उसने अपने लिए तैयार कराया था, पहुंचाकर गड़वा दिया गया।[1]

तुगलकाबाद बसाने का कारण पहले ही दिया जा चुका है। यहां सम्राट का कोष तथा राजभवन बना हुआ था। एक प्रासाद ऐसा निर्माण किया गया था जिसकी ईंटों पर सोना चढ़ा हुआ था। सूर्योदय होने पर कोई व्यक्ति उस ओर आंख उठाकर न देख सकता था। यहां सम्राट ने बहुत-सा सामान एकत्र किया था। कहते हैं कि एक ऐसा कुंड भी था जिसमें सुवर्ण गलवाकर भर दिया गया था—शीतल होने पर यह सुवर्ण जम गया था। सम्राट-पुत्र ने यह समस्त स्वर्ण व्यय कर दिया।

---

1. कुछ इतिहासकार यह कहते हैं कि बिजली गिरने के कारण मकान गिरा।

उस कोशक (प्रासाद) के बनाने में ख्वाजाजहां ने बड़ी चतुराई दिखाई थी जिससे सम्राट की इस प्रकार से अचानक मृत्यु हो गई, अतएव सम्राट के हृदय में ख्वाजाजहां के समान किसी का भी स्थान न था।

पांचवां अध्याय

सम्राट मुहम्मद तुगलकशाह का समय

1. सम्राट का स्वभाव

सम्राट तुगलक की मृत्यु के उपरांत उसका पुत्र बिना किसी कठिनाई के राजसिंहासन पर बैठ गया। किसी ने उसका विरोध न किया। ऊपर लिखा जा चुका है कि उसका वास्तविक नाम जूनह खां था। परंतु सम्राट होने के पश्चात उसने अपना नाम बदलकर अबुलमुजाहिद मुहम्मदशाह रखा।

पूर्ववर्ती सम्राटों का अधिकतर वृत्तांत तो मैंने गजनी-निवासी शैख कमालउद्दीन काजी-उल-कुज्जात (प्रधान काजी) से सुनकर लिखा है परंतु इस सम्राट के संबंध की सारी बातें मैंने आंखों देखी हैं।

यह सम्राट रुधिर की नदियां बहाने[1] तथा पात्रापात्र का विचार किए बिना ही दान देने के लिए अति प्रसिद्ध है। शायद ही कोई दिन ऐसा बीतता होगा कि जब वह सम्राट किसी भिखमंगे को धनाढ्य न बनाता हो और किसी मनुष्य का वध न करता हो। इसकी दानशीलता की, साहस एवं उदारता की और रुधिर की नदियां बहाने की कथाएं सर्वसाधारण की जिह्वा पर हैं। यह सब कुछ होने पर भी मैंने इसके समान न्यायप्रिय और आदर-सत्कार करने वाला कोई अन्य पुरुष नहीं देखा। सम्राट स्वयं शरैयत अर्थात इस्लाम के धार्मिक

---

1. फरिश्ता के अनुसार कोई सप्ताह भी कठिनता से ऐसा होता होगा कि जिसमें यह सम्राट ईश्वर भक्तों, माननीयों, धर्मात्मा सैयदों, वेदांतियों, साधुओं अथवा लेखकों को न बुलवाता हो और उनका वध कर रुधिर की नदियां न बहाता हो। क्रोध के वश होकर यह सम्राट, राजकीय व्यवस्था के बहाने, परमात्मा की सृष्टि का इस प्रकार व्यर्थ रुधिर बहाकर, धर्मविरुद्धाचरण द्वारा संसार में मनुष्यों का अस्तित्व तक मिटा देना चाहता था। इस इतिहासकार के अनुसार यह सम्राट अत्यंत मधुरभाषी और प्रकांड पंडित था, इतिहास से खूब जानकारी होने के अतिरिक्त यह ऐसा मेधावी था कि कठिन-से-कठिन बात भी इसकी समझ में बड़ी सुगमता से आ जाती थी और सरल-से-सरल बात भी ज्ञात हो जाने पर यह उसको कभी न भूलता था। ज्योतिष, वैद्यक, न्याय, वेदांत इत्यादि सभी विषयों में यह पारंगत था; कहां तक गिनावें, साहित्य और कविता तक भी इससे न बची थी। अपूर्व विज्ञता के कारण संसार के अद्‌भुत पदार्थों में इसकी गणना होती थी।

नियमों का पालन करता है और नमाज पर लोगों का ध्यान, विशेष जोर देकर, आकर्षित करता है और नमाज न पढ़ने वालों को दंड देता है। अत्यंत उदार हृदय और शुभ संकल्प वाले सम्राटों में इसकी गणना होनी चाहिए। इसके राजत्वकाल की ऐसी घटनाओं का मैं वर्णन करूंगा जो लोगों को अत्यंत आश्चर्यजनक प्रतीत होंगी। परंतु मैं ईश्वर, उसके रसूल (दूत-मुहम्मद) तथा फरिश्तों की शपथ खाकर कहता हूं कि सम्राट की उदारता, दानशीलता ओर श्रेष्ठ स्वभाव का मैं ठीक ठीक ही वर्णन करूंगा। यहां पर मैं यह भी प्रकाश्य रूप से कह देना उचित समझता हूं कि बहुत से व्यक्ति मेरे कथन में अत्युक्ति समझ इस पर विश्वास नहीं करते परंतु इस पुस्तक में जो कुछ मैंने लिखा है वह या तो मेरा स्वयं देखा हुआ है या मैंने उसके संबंध में यथातथ्य होने का पूर्ण निश्चय कर लिया है।

2. राजभवन का द्वार

दिल्ली के राजप्रासाद को 'दारे-सरा' कहते हैं। इसमें प्रवेश करने के लिए कई द्वारों को पार करना पड़ता है। प्रथम द्वार पर सैनिकों का पहरा रहता है और नफीरी (शहनाई), नगाड़े और सरना (एक प्रकार का वाद्य) वाले भी यहीं बैठे रहते हैं और किसी अमीर या महान व्यक्ति को (भीतर) घुसते देखते ही नगाड़े तथा शहनाइयों द्वारा उसका नामोच्चारण कर (उसके) आगमन की सूचना देते हैं। द्वितीय और तृतीय द्वार पर इसकी आवृत्ति की जाती है।

प्रथम द्वार के बाहर वधिकों के लिए चबूतरे बने हुए हैं, और सम्राट का आदेश होते ही हजार-सतून[1] (सहस्रस्तंभ) नामक राजप्रासाद के सम्मुख लोगों का वध किया जाता है। इसके बाद मृतक का मुंड तीन दिवस तक प्रथम द्वार पर लटका रहता है।

प्रथम और द्वितीय द्वार के मध्य में एक बड़ी दहलीज बनी हुई है और उसके दोनों ओर चबूतरों पर नगाड़े वाले बैठे रहते हैं। द्वितीय द्वार पर भी पहरा रहता है। द्वितीय और तृतीय द्वार के मध्य में एक बड़ा चबूतरा बना हुआ है जिस पर नकीलबउल नकबा (छड़ीबरदार—घोषणा करने वाला) बैठा रहता है। इसके हाथ में स्वर्णदंड होता है और सिर पर सुनहरी जड़ाऊ कुलाह (टोपी विशेष जिस पर साफा बांधा जाता है) जिस पर मयूर-पंख लगे हुए होते हैं। इसके अतिरिक्त अन्य शेष नकीबों (घोषकों) की कमर पर सोने की पेटी,

---

1. सम्राट नासिरउद्दीन महमूद ने भी राय पिथौरा के दुर्ग में सहस्रस्तंभ नामक एक राजप्रासाद का निर्माण प्रारंभ किया था जो गयासउद्दीन बलबन द्वारा पूर्ण हुआ। परंतु इब्नबतूता एक अन्य 'हजार-सतून' का वर्णन करता है। इसको सम्राट मुहम्मद तुगलक ने 'जहांपनाह' में निर्माण कराया था। वदरेचाच नामक कवि इसकी प्रशंसा में लिखता है—'अगर न खुलदे बरीं नस्तई हजार सतून। चल के जाए दरश अर्सगाहे रोजे जजास्त'—यदि यह 'हजार-स्तंभ' नामक भवन स्वर्ग नहीं है तो फिर इसके सामने कयामत का-सा मैदान क्यों बनाया है।

सिर पर सुनहरी शाशिया (सिर का उपधान) और हाथों में चांदी या सोने की मूठ वाले कोड़े रहते हैं। द्वितीय द्वार के भीतर बड़ा दीवानखाना (दालान) बना हुआ है जिसमें साधारण जनता आकर बैठा करती है।

तृतीय द्वार पर मुत्सद्दी बैठते हैं। ये किसी ऐसे व्यक्ति को भीतर प्रवेश नहीं करने देते जिसका नाम इनके रजिस्टर में न लिखा हो। यही कार्य इन पुरुषों के सुपुर्द है। प्रत्येक अमीर के अनुयायियों की संख्या नियत है और इनके रजिस्टरों में लिखी रहती है। मुत्सद्दी अपने रोजनामचों में लिखते रहते हैं कि अमुक व्यक्ति के साथ इतने अनुयायी आए। ईशा की नमाज (रात्रि की नमाज जो 8 बजे के पश्चात पढ़ी जाती है) के पश्चात सम्राट इन रोजनामचों का निरीक्षण करता है। जो जो घटनाएं द्वार पर घटित होती हैं उन सबका उल्लेख भी इन रोजनामचों में होता है।

सम्राट के सम्मुख इन रोजनामचों को उपस्थित करने का भार किसी एक राजपुत्र के सुपुर्द कर दिया जाता है।

3. भेंट-विधि और राजदरबार

यहां की ऐसी परिपाटी है कि यदि कोई अमीर किसी कारणवश अथवा बिना किसी कारण के ही तीन या अधिक दिनों तक अनुपस्थित रहे तो फिर सम्राट की विशेष आज्ञा बिना उसका पुनः प्रवेश नहीं हो सकता। रोग अथवा किसी हेतु विशेष के कारण अनुपस्थित होने पर, उपस्थित होते ही मानमर्यादानुसार भेंट करना आवश्यक है।

इसी प्रकार प्रथम बार अभ्यर्थना करने के समय कुछ-न-कुछ भेंट अवश्य ही करनी पड़ती है। मौलवी (विद्वान) कुरानशरीफ या कोई अन्य पुस्तक, साधु माला, नमाज पढ़ने का वस्त्र तथा दतौन, और अमीर हाथी, घोड़े, अस्त्र-शस्त्रादि भेंट करते हैं।

तृतीय द्वार के भीतर एक बहुत विस्तृत मैदान में दीवानखाना बना हुआ है जिसका नाम है 'हजार-सतून'। इस नाम का कारण यह है कि इस दीवानखाने की काठ की छत काठ के सहस्र स्तंभों पर स्थित है। छत तथा स्तंभों पर खूब खुदाई का काम है और रोगन हो रहा है। भांति भांति के चित्र तथा खुदाई भी हो रही है। सभी लोग आकर इसी भवन में बैठते हैं और सम्राट भी साधारण दरबार के समय यहीं आकर बैठा करता है।

4. सम्राट का दरबार

यह दरबार बहुधा अस्र की नमाज (दिन के 4 बजे) के पश्चात और कभी कभी चाश्त के समय (प्रातः नौ-दस बजे के पश्चात) होता है।

सम्राट का आसन एक उच्च स्थान पर होता है। इस पर चांदनी बिछा सम्राट की पीठ की ओर बड़ा तकिया तथा दाएं-बाएं दो छोटे छोटे तकिये रखे जाते हैं।

नमाज के समय जिस प्रकार से बैठना पड़ता है उसी तरह यहां भी बैठते हैं। समस्त भारतीय भी प्रायः इसी प्रकार से बैठा करते हैं।

सम्राट के बैठ जाने के उपरांत वजीर (मंत्री) सम्मुख आकर खड़ा हो जाता है और कातिब (लेखक) वजीर के पीछे रहते हैं; कातिबों के पश्चात हाजिबों का सरदार और हाजिब खड़े होते हैं। सम्राट के चचा का पुत्र फीरोजशाह इस समय हाजिबों का सरदार है।

हाजिब के पीछे नायब हाजिब, उसके बाद विशेष हाजिब और उसके पश्चात विशेष हाजिब का नायब, वकील उद्दार और उसका नायब, शरफ-उल-हज्जाब और सैयद-उल-हज्जाब और उनके पीछे सौ नकीब खड़े रहते हैं।

सम्राट के सिंहासनारूढ़ होने पर हाजिब और नकीब 'बिस्मिल्लाह' (ईश्वर के नाम के साथ प्रारंभ करना) उच्चारण करते हैं।

सम्राट के पीछे की ओर मलिक कबूला खड़ा खड़ा चंबर हाथ में लेकर मक्खियां उड़ाता रहता है और दाहिनी तथा बाईं ओर सौ-सौ वीर सैनिक ढाल, तलवार तथा धनुष-बाण इत्यादि लिए खड़े रहते हैं और शेष दीवानखाने में दाहिने और बाएं दोनों ओर। फिर काजी-उल-कुज्जात और उसके पश्चात खतीब-उल-खुतबा और फिर शेष काजी, उनके पीछे बड़े बड़े धर्मशास्त्रज्ञ सैयद और शैख, फिर सम्राट के भ्राता और जामाता और उनके पश्चात बड़े बड़े अमीर, फिर विदेशी, उनके पश्चात राजदूत, और फिर सेना के अफसर खड़े होते हैं।

इनके पीछे श्वेत तथा काले रेशम की लगाम लगाए, आभूषण पहने साठ घोड़े जीन सहित आधे आधे इस प्रकार से दाहिनी और बाईं ओर खड़े हो जाते हैं कि सम्राट की दृष्टि सब पर पड़ सके। इन घोड़ों पर सम्राट के अतिरिक्त और कोई सवार नहीं होता।

फिर सुनहरी तथा रेशमी झूलें पीठों पर डाले पचास हाथी आते हैं। इनके दांतों पर लोहे चढ़े रहते हैं और इनसे अपराधियों के वध करने का काम लिया जाता है। हाथियों की गर्दन पर 'महावत' बैठते हैं और हाथी को साधने के लिए इनके हाथों में लोहे का अंकुश होता है जिसको 'तवरजीन' कहते हैं। हाथियों की पीठ पर एक बड़ा संदूक (हौदा) रखा रहता है जिसमें हाथी के डील के अनुसार बीस बीस या न्यूनाधिक सैनिक बैठ सकते हैं। सिखाए हुए होने के कारण हाथी हाजिब के बिस्मिल्लाह उच्चारण करते ही अपना मस्तक नत कर लेते हैं। जनता के पीछे आधे हाथी एक ओर और आधे दूसरी ओर खड़े किए जाते हैं।

प्रत्येक व्यक्ति सबके आगे आकर सम्राट की वंदना करता है और तत्पश्चात अपने नियत स्थान पर जाकर खड़ा हो जाता है।

जब कोई हिंदू सम्राट की वंदना करने आता है तो हाजिब और नकीब बिस्मिल्लाह के स्थान में 'हिदाकू-अल्लाह' (ईश्वर तुमको सत्पथ पर लाएं) उच्चारण करते हैं।

पुरुषों के पीछे हाथों में ढाल तथा तलवार लिए सम्राट के दास खड़े रहते हैं और कोई व्यक्ति इनमें होकर भीतर प्रवेश नहीं कर सकता। प्रत्येक आगंतुक को हाजिबों और नकीबों के खड़े होने के स्थान से होकर आना पड़ता है।

यदि कोई परदेशी या अन्य सम्राट की वंदना करने के लिए आए तो सर्वप्रथम उसको द्वार पर सूचना देनी पड़ती है। अमीरे-हाजिब उसका नायब, सैयद-उल-हज्जाब और शरफ उल-हज्जाब, क्रम से, सम्राट की सेवा में उपस्थित हो तीन बार वंदना कर निवेदन करते हैं कि अमुक व्यक्ति वंदना के लिए उपस्थित है। आज्ञा मिल जाने पर लोगों के हाथों पर रखी हुई उसकी भेंट इस प्रकार अर्पित की जाती है कि सम्राट की दृष्टि उस पर अच्छी तरह पड़ सके। इसके बाद भेंट देने वाले को उपस्थित होने की आज्ञा दी जाती है। आगंतुक को सम्राट के निकट पहुंचने के पहले तीन बार वंदना करनी पड़ती है और फिर वह हाजिबों के खड़े होने के स्थान पर पहुंचकर पुनः वंदना करता है। महान पुरुष मीर हाजिब की पंक्ति में खड़े किए जाते हैं और अन्य पुरुष पीछे की ओर।

सम्राट आगंतुक के साथ बड़ी कृपा और मृदुलता से वार्तालाप करता है और उसका स्वागत करने के लिए 'मरहबा' कहता है। सम्मान योग्य होने पर सम्राट उससे प्रीतिपूर्वक करमर्दन करता है, गले भी मिलता है और भेंट के कुछ पदार्थ मंगवाकर भी देखता है। भेंट के पदार्थों में शस्त्र अथवा वस्त्र होने पर उनको उलट-पलटकर देखता है और उसका मन रखने के लिए भेंट की प्रशंसा तक कर देता है।

इसके पश्चात आगंतुक को खिलअत दी जाती है और मान-मर्यादा के अनुसार उसकी वृत्ति भी नियत कर दी जाती है। इसको सरशोई (वास्तव में सिर धोना—वृत्ति विशेष) कहते हैं।

सम्राट के सेवकों की भेंट तथा अधीन राज्यों का कर स्वर्ण के थाल आदि पात्रों के रूप में दिया जाता है। कोई कोई पात्र आदि न होने पर केवल स्वर्ण की ईंटें ही ले आते हैं और फर्राश नामधारी दास प्रत्येक ईंट तथा पात्र को सम्राट के सम्मुख ला उपस्थित करते हैं। भेंट में हाथी होने पर वह भी उपस्थित किया जाता है। उसके पश्चात घोड़े और उनका सामान, फिर भार सहित खच्चर और ऊंट उपस्थित किए जाते हैं।

सम्राट के दौलताबाद से लौटने पर भी मंत्री ख्वाजाजहां ने जब बयाने से बाहर आकर भेंट दी तो मैं भी उस समय उपस्थित था। यह भेंट उपर्युक्त क्रम से दी गई थी। इस भेंट में एक थाली मुक्ताओं और पन्नों से भरी हुई थी। इस अवसर पर ईरान के सम्राट अबू सईद के पितृव्य का पुत्र हाजी गावन भी उपस्थित था। सम्राट ने इस भेंट का अधिक भाग उसको ही दे डाला। आगे चलकर मैं इसका वर्णन करूंगा।

5. ईद की नमाज की सवारी (जलूस)

ईद से प्रथम रात्रि का सम्राट अमीरों[1], मुसाहिबों (दरबारी विशेष), यात्रियों, मुत्सद्दियों, हाजिबों, नकीबों, अफसरों, दासों और अखबार-नवीसों के लिए मर्यादानुसार एक एक खिलअत भेजता है।

प्रातःकाल होते ही हाथियों को रेशमी, सुनहरी तथा जड़ाऊ झूलों से विभूषित करते हैं। सौ हाथी सम्राट की सवारी के लिए होते हैं। इनमें प्रत्येक पर रत्नजटित रेशम का बना छत्र लगा होता है जिसका डंडा विशुद्ध सुवर्ण का होता है। सम्राट के बैठने के लिए प्रत्येक हाथी पर रत्नजटित रेशमी गद्दी बिछी होती है। सम्राट एक हाथी पर आकर आरूढ़ हो जाता है और उसके आगे आगे रत्नजटित जीनपोश पर एक झंडा फरहरे की भांति चलता है।

हाथी के आगे दास और 'ममलूक' नामधारी भृत्य पांव पांव चलते हैं। इनमें से प्रत्येक के सिर पर चाची (अर्द्ध चंद्राकार) टोपी होती हैं और कमर में सुनहरी पेटी; किसी किसी की पेटी में रत्नादि भी जड़े होते हैं। इन पदातियों के अतिरिक्त सम्राट के आगे तीन सौ नकीब भी चलते हैं। इनमें से प्रत्येक के सिर पर पोस्तीन (पशुचर्म विशेष) की कुलाह (टोपी) कमर में सुनहरी पेटी और हाथ में सुवर्ण की मूठ वाला ताजियाना (कोड़ा) होता है।

सदरे-जहां काजी-उल-कुज्जात कमालुद्दीन गजनवी, सदरे-जहां काजी-उल-कुज्जात नासिरउद्दीन ख्वारजमी, समस्त काजी और विद्वान परदेशी, इराक, खुरासान, शाम (सीरिया) और पश्चिम देश-निवासी, हाथियों पर सवार होते हैं। (यहां एक बात लिखना आवश्यक है कि इस देश के निवासी सब विदेशियों को खुरासानी ही कहते हैं)।

इनके अतिरिक्त मोअज्जिन (नमाज के प्रथम उच्च स्वर से मुसलमानों को नमाज के समय की सूचना देने वाले) भी हाथियों पर सवार होकर चलते हैं और तकबीर (ईश्वर का नाम अर्थात अल्लाह हो अकबर—लाइलाहा इल्लल्ला—अल्लाहो अकबर व लिल्लाइल हम) कहते जाते हैं।

उपर्युक्त क्रम से सम्राट जब राजप्रासाद से निकलता है तो बाहर समस्त सेना उसकी प्रतीक्षा में खड़ी रहती है। प्रत्येक अमीर भी अपनी सेना लिए पृथक खड़ा रहता है और प्रत्येक के साथ नौबत और नगाड़े वाले भी रहते हैं।

सबसे पहले सम्राट की सवारी चलती है। उसके आगे आगे उपर्युक्त व्यक्तियों के

---

1. मसालिक-उल-अवसार के लेखक के कथनानुसार अमीरों की विविध श्रेणियां होती हैं। सर्वश्रेष्ठ 'खान' कहलाते हैं। उनसे नीचे 'मलिक', तृतीय कक्षा के 'अमीर', चतुर्थ के 'सिपहसालार' और पंचम तथा अंतिम कक्षा के 'जुंद'। खान की जागीर दो लाख टंक की (1 टंक=8 दिरहम), मलिक की 50 से 60 सहस्र तक की, अमीर की तीस सहस्र से चालीस सहस्र तक की तथा सिपहसालार की बीस सहस्र टंक की होती है। इनके अधीन नियत संख्या में से 11 भी रहती है, परंतु उसका वेतन आदि राज्यकोष से ही दिया जाता है।

अतिरिक्त काजी और मोअज्जिन भी तकबीर पढ़ते चलते हैं। सम्राट के पीछे बाजे वाले चलते हैं और उनके पीछे सम्राट के सेवक। इसके बाद सम्राट के भतीजे बहराम खां, और उसके पीछे सम्राट के चचा के पुत्र मलिक फीरोज की सवारी होती है। फिर वजीर की और तब मलिक मजीरजिर्रजा और फिर सम्राट के अत्यंत मुंहचढ़े अमीर कबूला की सवारी होती है। यह अमीर अत्यंत धनाढ्य है। इसका दीवान अलाउद्दीन मिश्री, जो मलिक इब्न सरशी के नाम से अत्यंत प्रसिद्ध है, मुझसे कहता था कि सैन्य तथा भृत्यों सहित इस अमीर का वार्षिक व्यय छत्तीस लाख के लगभग है।

इसके पश्चात मलिक नकवह और फिर मलिक बुगरा, उसके पश्चात मलिक मुखलिस और फिर कुतुब-उल-मुल्क की सवारी होती है। प्रत्येक अमीर के साथ उसकी सेना तथा बाजे वाले भी चलते हैं। उपर्युक्त अमीर सदा सम्राट की सेवा में उपस्थित रहते हैं और ईद के दिन नौबत तथा नगाड़े सहित सम्राट के पीछे उपर्युक्त क्रम से चलते हैं।

इनके पीछे वे अमीर चलते हैं जिसको अपने साथ नगाड़े तथा नौबत रखने की आज्ञा नहीं है। उपर्युक्त अमीरों की अपेक्षा इनकी श्रेणी भी कुछ नीची ही होती हैं। परंतु इस ईद के जलूस में प्रत्येक अमीर को कवच धारण कर घोड़े पर सवार होकर चलना पड़ता है।

ईदगाह के द्वार पर पहुंचकर सम्राट तो खड़ा हो जाता है और काजी, मोअज्जिन, बड़े बड़े अमीरों और प्रतिष्ठित विदेशियों को प्रथम प्रवेश करने की आज्ञा देता है। इन सबके प्रविष्ट हो जाने पर सम्राट उतरता है और फिर इमाम (नमाज पढ़ाने वाला) नमाज प्रारंभ करता है और खुतबा पढ़ता है।

बकरीद (रमजान के दो मास दस दिन पश्चात होती है, इसमें पशु की बलि दी जाती है) के अवसर पर सम्राट अपने वस्त्रों को रुधिर के छींटों से बचाने के लिए रेशमी लुंगी ओढ़कर भाले से ऊंट की नस विशेष काटता है और इस भांति कुर्बानी करने के पश्चात पुनः हाथी पर आरूढ़ हो राजप्रासाद को लौट आता है।

6. ईद का दरबार

ईद के दिन समस्त दीवानखाने में फर्श बिछाकर उसे विविध प्रकार से सुसज्जित करते हैं। दीवानखाने के चौक (मैदान) में वारक (बारगाह)[1] खड़ी की जाती है। यह एक विशेष प्रकार का बड़ा डेरा होता है जिसको मोटे मोटे खंभों पर खड़ा करते हैं। इसके चारों ओर अन्य डेरे रहते हैं और विविध रंगों के, छोटे बड़े रेशम के पुष्प सहित बूटे लगाए जाते हैं। इन

1. बारगाह—आईने-अकबरी में इसका मानचित्र दिया हुआ है। अबुलफजल के कथनानुसार बड़ी बारगाह के नीचे दस सहस्र मनुष्य बैठ सकते हैं। 1000 फर्राश इसको 7 दिन में खड़ा कर सकते हैं। सादी बारगाह की लागत कम-से-कम 10000 रु. है (अकबर का समय)।

वृक्षों की तीन पंक्तियां दीवानखाने में भी सुसज्जित की जाती हैं। वृक्षों के मध्य में एक सुवर्ण की चौकी रखी जाती है। चौकी पर एक गद्दी रखकर उस पर एक रूमाल डाल दिया जाता है।

दीवानखाने के मध्य में एक सुवर्ण की रत्नजटित बड़ी चौकी रखी जाती है। यह बत्तीस बालिश्त (आठ गज) लंबी और सोलह बालिश्त (चार गज) चौड़ी है। इस चौकी के बहुत से पृथक पृथक खंड हैं, जिन्हें कई आदमी मिलकर उठाते हैं। दीवानखाने में लाने पर उन खंडों को जोड़कर चौकी बना ली जाती है और उस पर एक कुर्सी बिछाई जाती है। सम्राट के सिर पर छत्र लगाया जाता है।

सम्राट के तख्त (चौकी) पर बैठते ही नकीब (घोषणा करने वाले) और हाजिब उच्च स्वर से 'बिस्मिल्लाह' उच्चारण करते हैं। इसके उपरांत एक एक व्यक्ति सम्राट की वंदना के लिए आगे बढ़ता है। सर्वप्रथम काजी, खतीब (खुतबा पढ़ने वाला), विद्वान शैख तथा सैयद, और सम्राट के भ्राता तथा अन्य निजी निकटस्थ संबंधी आगे बढ़ते हैं। इनके पश्चात विदेशी, फिर वजीर (मंत्री) और सैन्य के उच्च पदाधिकरी, वृद्ध दास और सैन्य के सरदारों की बारी आती है। प्रत्येक व्यक्ति अत्यंत शांतिपूर्वक वंदना कर यथास्थान आकर बैठ जाता है।

ईद के अवसर पर जागीरदार तथा अन्य ग्रामाधिपति रूमालों में अशर्फियां बांध सुवर्ण के थालों में, जो इसी मतलब से वहां रख दिए जाते हैं, आकर डालते हैं। रूमालों पर भेंट देने वालों का नाम लिखा जाता है। इस रीति से बहुत-सा धन एकत्र हो जाता है। सम्राट इसमें से इच्छानुसार दान भी देता है। वंदना हो जाने के अनंतर भोजन आता है।

ईद के दिन शुद्ध सुवर्ण की बनी हुई बुर्जाकार एक बड़ी अंगीठी[1] भी निकाली जाती है। उपर्युक्त चौकी की तरह इस अंगीठी के भी बहुत से पृथक पृथक खंड हैं। बाहर लाकर ये सब खंड जोड़ लिए जाते हैं। इस अंगीठी के तीन भाग हैं। फर्राश (भृत्य विशेष) जब इस अंगीठी में ऊद (एक प्रकार की सुंगधित लकड़ी), इलायची और अंबर (सुगंध देने वाला पदार्थ विशेष) जलाते हैं तो समस्त दीवानखाना सुगंधि से महक उठता है। दासगण स्वर्ण

---

1. बदरचाच नामक कवि ने इसी अंगीठी की प्रशंसा में निम्नलिखित पद्य लिखे हैं–

   जां चार गोशे मिजमरे जर्री मियाने सहन।
   कज बूए ओ मशामे मलायक मुअत्तर अस्त।।1।।
   दूदश सवादे दीदए हूराने जन्नतस्त।
   इतरश बुखारे गालिया हौजे कौसरस्त।।2।।

   अर्थात–इस अंगीठी से फरिश्तों के मस्तिष्क भी सुगंधित हो जाते हैं और धुएं से स्वर्ग की अप्सराओं के नेत्रों के लिए कज्जल प्राप्त होता है। और इत्र की भाफ से कौसर नामक स्वर्गीय सरोवर का जल भी सुगंधित हो जाता है।

मु. तुगलक के रंगमहल का एक दृश्य (हि. 940 में खींचा गया)

तथा रजत के गुलाबपाशों द्वारा उपस्थित जनता पर गुलाब तथा अन्य पुष्पों के अर्क छिड़कते रहते हैं।

बड़ी चौकी तथा अंगीठी केवल ईद के ही अवसर पर बाहर निकाली जाती है। ईद बीत जाने पर सम्राट दूसरी सुवर्ण-निर्मित चौकी पर बैठकर दरबार करता है जो बारगाह में होता है। बारगाह में तीन द्वार होते हैं। सम्राट इनके भीतर बैठता है। प्रथम द्वार पर इमादुल मुल्क सरतेज खड़ा होता है, द्वितीय द्वार पर मलिक नकबह और तृतीय पर यूसुफ बुगरा। दाहिनी तथा बाईं ओर अन्य अमीर और समस्त दरबारी यथास्थान खड़े होते हैं।

बारगाह के कोतवाल मलिक तगी के हाथ में स्वर्णदंड और इसके नायब के हाथ में रजत-दंट होता है। ये ही दोनों समस्त दरबारियों को यथास्थान बैठाते और पंक्तियां सीधी करते हैं। वजीर और कातिब उनके पीछे तथा हाजिब और नकीब यथास्थान खड़े होते हैं।

इसके अनंतर नर्त्तकी तथा अन्य गाने-बजाने वाले आते हैं। सर्वप्रथम उस वर्ष जीते हुए राजाओं की युद्धगृहीता कन्याएं आकर राग आदि अलापती तथा नृत्य-प्रदर्शन करती हैं। सम्राट इनको अपने कुटुंबी, भ्राता, जामाता तथा राजपुत्रों में बांट देता है। यह सभा अस्र (संध्या के चार बजे के) पश्चात होती है।

दूसरे दिन अस्र के पश्चात फिर इसी क्रम से सभा होती है। ईद के तीसरे दिन सम्राट के संबंधी तथा कुटुंबियों के विवाह होते हैं और उनको पुरस्कार में जागीरें दी जाती हैं। चौथे दिन दास स्वाधीन किए जाते हैं और पांचवें दिन दासियां। छठे दिन दास-दासियों के विवाह किए जाते हैं और सातवें तथा अंतिम दिन दोनों को दान दिया जाता है।

7. यात्रा की समाप्ति पर सम्राट की सवारी

सम्राट के यात्रा से लौटने पर हाथी सुसज्जित किए जाते हैं और सोलह हाथियों पर सोने के जड़ाऊ छत्र लगाए जाते हैं। आगे आगे रत्नजटित जीनपोश उठाकर ले जाते है।

इसके अतिरिक्त विविध श्रेणी के बड़े बड़े रेशमी वस्त्राच्छादित काष्ठ के बुर्ज भी बनाए जाते हैं। इनकी प्रत्येक श्रेणी में वस्त्राभूषण पहने एक सुंदर दासी बैठती है। बुर्ज के मध्य भाग में एक चमड़े का कुंड होता है जिसमें गुलाब का शरबत भरा रहता है। उपर्युक्त दासियां नागरिक अथवा परदेशी, प्रत्येक व्यक्ति को जल पिलाती हैं। जलपान के उपरांत उसको पान-गिलौरियां दी जाती हैं।

नगर से राजप्रासाद तक दोनों ओर की दीवारें रेशमी वस्त्रों से मढ़ दी जाती हैं और मार्ग पर भी रेशमी वस्त्र बिछा दिया जाता है। सम्राट का घोड़ा इसी मार्ग से होकर जाता है। सम्राट के आगे सहस्रों दास और पीछे पीछे सैनिक चलते हैं। ऐसे अवसरों पर कभी

कभी हाथियों पर छोटी छोटी मंजनीक चढ़ाकर उनके द्वारा दीनार और दिरहम भी लोगों पर फेंकते हुए मैंने देखा है। यह बखेर नगर-द्वार से लेकर राजप्रासाद तक होती है।[1]

8. विशेष भोजन

राजप्रासाद में दो प्रकार का भोजन होता है–विशेष और साधारण। सम्राट का भोजन 'विशेष भोजन' कहलाता है। इसमें विशेष अमीर, सम्राट के चचा का पुत्र फीरोज इमादुलमुल्क सरतेज, मीर मजलिस (विशेष पदधारी) अथवा सम्राट का विशेष कृपापात्र कोई विदेशी–केवल इतने ही आदमी सम्मिलित होते हैं।

कभी कभी उपस्थित व्यक्तियों में से किसी पर विशेष कृपा होने के कारण जब सम्राट स्वयं अपने हाथों से एक रोटी रकाबी पर रख उसको दे देता है तो वह व्यक्ति रकाबी को बाईं हथेली पर लेता है और दाहिने हाथ से वंदना करता है।

कभी कभी 'विशेष भोजन' अनुपस्थित व्यक्ति के लिए भी भेजा जाता है। वह भी उसको उपस्थित व्यक्ति की ही भांति वंदना कर ग्रहण करता है और समस्त उपस्थित लोगों के साथ मिलकर खाता है। मैं इस विशेष भोजन में कई बार सम्मिलित हुआ हूं।

9. साधारण भोजन

यह भोजनालय से[2] आता है। नकीब आगे आगे बिस्मिल्लाह उच्चारण करते जाते हैं। नकीबों के आगे नकीब-उल-नकबा होता है। इसके हाथ में सोने की छड़ी होती है और नायब के हाथ में चांदी की। चतुर्थ द्वार के भीतर प्रवेश करते ही इन लोगों का स्वर सुन सम्राट के अतिरिक्त जितने व्यक्ति दीवानखाने में होते हैं सब खड़े हो जाते हैं।

भोजन पृथ्वी पर धरने के उपरांत नकीब (प्रहरी) तो पंक्तिबद्ध हो खड़े हो जाते हैं और उनका सरदार आगे बढ़कर सम्राट की प्रशंसा कर पृथ्वी का चुंबन करता है। उसके

---

1. फरिश्ता के अनुसार पिता की मृत्यु के 40 दिन पश्चात मुहम्मद तुगलक के सर्वप्रथम दिल्ली नगर में प्रवेश करने पर प्रसन्नता के कारण नगाड़े बजाए गए और राह में 'गोले' लटकाए गए थे। समस्त हाट-बाट, गली-चौराहे, भांति भांति से सुसज्जित किए गए थे और सम्राट के राजप्रासाद में हाथी से उतरने के समय तक, श्वेत तथा रक्त दीनारों की न्यौछावर और बखेर रास्तों और मकानों की छतों की ओर की गई थी।
2. मसालिक-उल-अवसार का लेखक कहता है कि सम्राट की सभा दिन में दो बार अर्थात प्रातः और सायं होती है। प्रत्येक बार सभा-विसर्जन के पश्चात सर्वसाधारण के लिए दस्तरख्वान बिछते हैं और यहां बीस सहस्र मनुष्यों का भोज होता है। सम्राट के साथ विशेष दस्तरख्वान पर भी लगभग दो सौ मनुष्य बैठते हैं। कहा जाता है कि सम्राट के रसोईघर में प्रत्येक दिन अढ़ाई सहस्र बैल और दो सहस्र भेड़-बकरियों का वध होता है।

ऐसा करने पर समस्त नकीब, और उपस्थित जनता भी पृथ्वी का चुंबन करती है।

यहां की ऐसी परिपाटी है कि ऐसे अवसरों पर नकीब का शब्द सुनते ही प्रत्येक व्यक्ति जहां-का-तहां खड़ा हो जाता है, और जब तक नकीब सम्राट की प्रशंसा समाप्त नहीं कर लेता तब तक न तो कोई बोलता है और न किसी प्रकार की चेष्टा ही करता है।

नकीब के उपरांत उसका नायब सम्राट की प्रशंसा करता है। इसके समाप्त होने पर समस्त उपस्थित जन फिर उसी प्रकार पृथ्वी का चुंबन कर बैठ जाते हैं।

प्रशंसा के उपरांत मुत्सद्दी समस्त उपस्थित व्यक्तियों के नाम लिख लेता है, चाहे उनकी उपस्थिति का हाल सम्राट को विदित हो या न हो। फिर कोई राजपुत्र यह सूची लेकर सम्राट के पास जाता है और सूची देखकर सम्राट किसी विशेष व्यक्ति को संबोधित कर भोजन कराने की आज्ञा देता है। भोजन में रोटी (चपातियां), भुना मांस, चावल, मुर्ग और संबोसा आदि पदार्थ होते हैं जिनका मैं पहले ही उल्लेख कर चुका हूं। दस्तरख्वान के मध्य में काजी, खतीब तथा दार्शनिक सैयद और शैख होते हैं; इनके पश्चात सम्राट के कुटुंबी और अन्य अमीर क्रमशः यथाविधि बैठते हैं। फिर व्यक्ति को अपना नियत स्थान विदित होने के कारण किसी को कुछ भी दिक्कत और परेशानी नहीं उठानी पड़ती।

सबके बैठ जाने के उपरांत शर्वदार (भृत्य विशेष) हाथों में सुवर्ण, रजत, ताम्र तथा कांच के, शर्बत पीने के, प्याले लेकर आते हैं; भोजन के पहले शर्बत का पान होता है। इसके उपरांत हाजिब के 'बिस्मिल्लाह' कहने पर भोजन प्रारंभ होता है। प्रत्येक व्यक्ति के सम्मुख एक रकाबी और सब प्रकार के भोजन रखे जाते हैं। एक रकाबी में दो आदमी एक साथ भोजन नहीं कर सकते—प्रत्येक व्यक्ति पृथक पृथक भोजन करता है। भोजन के पश्चात फुक्काअ (एक तरह की मदिरा) कलई के प्यालों में लाया जाता है, और लोग हाजिब के 'बिस्मिल्लाह' उच्चारण करने के उपरांत इसका पान करते हैं। फिर पान तथा सुपारी आती है। प्रत्येक व्यक्ति को एक एक मुट्ठी सुपारी और रेशम के डोरे से बंधे हुए पान के पंद्रह बीड़े दिए जाते हैं। पान बंटने के अनंतर हाजिब पुनः 'बिस्मिल्लाह' उच्चारण करते हैं और सब लोग खड़े हो जाते हैं। वह अमीर जो भोजन कराने के कार्य पर नियत होता है पृथ्वी का चुंबन करता है, फिर सब उपस्थित जन भी उसी प्रकार पृथ्वी का चुंबन कर चल पड़ते हैं। दो बार भोजन होता है—एक तो जुहर (दिन के 1 बजे की नमाज) से पहले और दूसरा अस्र (4 बजे की नमाज) के पश्चात।

10. सम्राट की दानशीलता[1]

इस संबंध में मैं केवल उन्हीं घटनाओं का वर्णन करूंगा जो मैंने स्वयं देखी हैं।

---

1. फरिश्ता के अनुसार—साधु-संतों को कोष-के-कोष दे देने पर भी यह सम्राट इस बात को अत्यंत तुच्छ समझता था। हातिम आदि अत्यंत प्रसिद्ध दानवीरों ने अपनी समस्त आयु में भी शायद

परमात्मा सर्वज्ञ है; और जो कुछ मैंने यहां लिखा है उसकी सत्यता यमन (अरब का प्रांतविशेष), खुरासान और फारस के लोगों पर भलीभांति प्रकट है। विदेशों में सम्राट की कृपा की घर घर प्रसिद्धि हो रही है। कारण यह है कि सम्राट भारतवासियों की अपेक्षा विदेशियों का अधिक मान तथा प्रतिष्ठा करता है और जागीर तथा पारितोषिक दे उन्हें उच्च पदों पर भी नियुक्त करता है।

सम्राट की आज्ञा है कि परदेशियों को कोई निर्धन (परदेशी) कहकर न पुकारे, प्रत्युत 'मित्र' नाम से संबोधित करे। सम्राट का कहना है कि परदेशी को 'परदेशी' कहकर पुकारने से उसका चित्त खिन्न होता है।

11. गाजरून के व्यापारी शहाबउद्दीन को दान

गाजरून (शीराज के निकट का एक नगर) में एक वणिक रहता था जिसका नाम था परवेज। शहाबउद्दीन इस परवेज का मित्र था। सम्राट ने मलिक परवेज को कम्बायत नामक नगर जागीर में दे उसको वजीर (मंत्री) बनाने का वचन दे दिया था।

परवेज ने अपने मित्र शहाबउद्दीन को बुलाकर सम्राट के लिए भेंट तैयार करने को कहा तो उसने सुनहरे बूटों तथा वृक्षादि के चित्रों वाला सराचह (डेरा), जिसके सायबान पर भी जरवफ्त में वृक्ष चित्रित थे, एक डेरा और एक कनात सहित आरामगाह बनवाई। यह सब सामान बेल-बूटेदार कमख्वाब का बना हुआ था। इनके अतिरिक्त शहाबउद्दीन ने बहुत बउ से खंजर (कटार) भी उपहार में संगृहीत किए और सब सामान लेकर अपने मित्र के पास आया। मित्र भी अपने देश का कर तथा उपहार का सामान लिए तैयार बैठा था। शहाबउद्दीन के आते ही दोनों ने यात्रा आरंभ कर दी।

सम्राट के मंत्री ख्वाजाजहां को यह भलीभांति विदित था कि सम्राट परवेज को क्या वचन दे चुका है। अतएव उसको इनकी यात्रा का वृत्तांत ज्ञात होने पर बहुत बुरा लगा। पहले कम्बायत और गुजरात उसकी जागीर में थे और इन प्रांतवासियों से उसका हार्दिक प्रेम भी था। यहां के निवासी प्रायः हिंदू हैं और उनमें से कुछ सम्राट के प्रति बड़ी उद्दंडता का बर्ताव करते हैं।

ख्वाजाजहां ने इन पुरुषों में से किसी को मलिक-उल-तज्जार (वणिक-सम्राट) का राह में वध करने का गुप्त संकेत कर दिया। फल यह हुआ कि जब मलिक-उल-तज्जार कर तथा भेंट लिए राजधानी की ओर अग्रसर हो रहा था तब एक दिन चाश्त (अर्थात दिन के 9 बजे की नमाज) के समय, किसी पड़ाव पर, जब समस्त सैनिक अपनी अपनी

इतना दान न दिया होगा जितना यह सम्राट एक दिन में अत्यंत तुच्छ दान में दे देता था। इसके राजत्वकाल में ईरान, अरब, खुरासान, तुर्किस्तान और रूम इत्यादि से बड़े बड़े कलाकुशल एवं विद्वान धन पाने के लोभ से भारत आते थे और आशा से भी अधिक दान पाते थे।

आवश्यकताएं पूरी करने में व्यग्र थे और कुछ शयन कर रहे थे, हिंदुओं का एक समूह इन पर आ टूटा। वणिक-सम्राट का वध कर उसने उसकी सारी संपत्ति लूट ली। शहाबउद्दीन तो किसी प्रकार बच गया पर माल-असबाब उसका भी सब लुट गया।

अखबारनवीसों (पत्र-प्रेरकों) ने जब सम्राट को इसकी लिखित सूचना दी तो उसने 'नहरवाले' के कर में से तीस हजार दीनार शहाबउद्दीन को दिए जाने की आज्ञा दी और उसको स्वदेश लौट जाने का आदेश भी मिल गया।

सम्राट के आदेश की सूचना मिलने पर शहाबउद्दीन ने कहा कि मैं तो सम्राट के दर्शनों का इच्छुक हूं। द्वार-देहली का चुंबन करके ही स्वदेश जाऊंगा। इस उत्तर की सूचना पाने पर सम्राट ने बहुत प्रसन्न हो उसको राजधानी की ओर अग्रसर होने की आज्ञा प्रदान कर दी।

जिस दिन मुझको सम्राट की सेवा में उपस्थित होना था उस दिन उसने भी राजधानी में प्रवेश किया। वह और मैं दोनों एक ही दिन सम्राट की सेवा में उपस्थित किए गए। सम्राट ने शहाबउद्दीन को बहुत कुछ दिया और हमको भी खिलअत प्रदान कर ठहरने की आज्ञा दी। दूसरे दिन सम्राट ने मुझे (इब्नबतूता को) छह सहस्र रुपए प्रदान किए जाने की आज्ञा दी और पूछा कि शहाबउद्दीन कहां है। इस पर वहाउद्दीन फलकी ने उत्तर दिया, "अखवंद आलम, न मीदानम" (हे संसार के प्रभु; मैं नहीं जानता), परंतु फिर कहा, "जहमत दारद" (वह कष्ट में है)। सम्राट ने फिर कहा, "बरो हमीजमां अज खजाने यक लक टंका बगीरो पेश ओ बेबरी ता दिले ओ ख़ुश शबद" (अभी कोष से एक लाख टंक उसके पास ले जाओ जिससे उसका चित्त प्रसन्न हो)। वहाउद्दीन ने तुरंत सम्राट की आज्ञा का पालन किया। सम्राट ने यह आज्ञा दे दी कि जब तक यह चाहे भारतवर्ष का बना हुआ माल मोल लेता रहे और उस समय तक और लोगों का क्रय बंद रहे। इसके अतिरिक्त मार्ग-व्यय सहित, पदार्थों से भरे हुए तीन पोत भी इसको प्रदान करने की सम्राट ने आज्ञा दे दी।

हरमुज में पहुंचकर शहाबउद्दीन ने एक बड़ा दिव्य भवन निर्माण करवाया। मैंने फिर एक बार इसी शहाबउद्दीन को शीराज नामक नगर के निकट देखा था। उस समय भी यह सम्राट अबू इसहाक से दान की याचना कर रहा था। उस समय तक इसकी यह सब संपत्ति समाप्त हो चुकी थी।

भारत की संपदा का यही हाल है। प्रथम तो सम्राट इसको उस देश की सीमा से बाहर ही नहीं ले जाने देता और यदि किसी प्रकार से यह बाहर चली भी जाए तो संपत्ति पाने वाले पर कोई-न-कोई ईश्वरीय विपदा आ पड़ती है। इसी प्रकार शहाबउद्दीन की भी सारी संपदा, उसके भतीजों का सम्राट हरमुज के साथ झगड़ा होने के कारण, नष्ट-भ्रष्ट हो गई।

12. शैख रुक्नउद्दीन को दान

मिस्रदेशीय खलीफा अबू-उल-अब्बास की सेवा में उपहार भेजकर सम्राट ने भारत तथा सिंधु देशों पर शासनाधिकार की विज्ञप्ति प्रदान किए जाने की प्रार्थना की। प्रार्थना केवल विश्वास के कारण ही की गई थी। खलीफा अबू-उल-अब्बास ने अपना आदेश-पत्र शैख-उल-शय्यूख (शैखों में सर्वश्रेष्ठ) रुक्नउद्दीन के हाथों भेजा।

शैख रुक्नउद्दीन के राजधानी पहुंचने पर, सम्राट ने उसके शुभागमन पर आदर-सत्कार भी ऐसा किया कि कुछ कोर-कसर न रही, यहां तक कि जब वह कभी निकट आता तो उसकी अभ्यर्थना के लिए उठ खड़ा होता था। संपत्ति भी उसको इतनी प्रदान की कि जिसका वारपार नहीं। घोड़े के समस्त साज-सामान यहां तक कि खूंटे भी स्वर्ण के थे। सम्राट का आदेश था कि पोत से उतरते ही वह अपने घोड़े के नाल स्वर्ण के लगवा ले।

शैख यह इरादा कर खम्बात की ओर चला कि वहां से पोत पर चढ़कर अपने घर चला जाऊंगा परंतु काजी जलालउद्दीन ने राह में विद्रोह कर इब्न-उल-कोलमी और शैख दोनों को लूट लिया। शैख जान बचाकर फिर राजसभा को लौट आया। सम्राट ने उसकी ओर देखकर हंसी में कहा, "आमदी के जर बिवरी व बा सनमे दिलरुबा खुरी, जर न बुर्दी न सर निही" (तू इस कारण से आया था कि संपत्ति ले जाकर अपने मित्र के साथ उपभोग करूं परंतु धन तो लुटा आया और तेरा सिर शेष रहा)। इतना कहकर, फिर उसको आश्वासन दे कहा, "संतोष करो, मैं तुम्हारे शत्रुओं पर चढ़ाई कर तुम्हारी लुटी हुई संपत्ति लौटा दूंगा और उसको द्विगुण-त्रिगुण कर तुमको दूंगा।" भारतवर्ष से लौटने पर मैंने सुना कि सम्राट ने अपनी प्रतिज्ञा पूरी कर शैख को बहुत कुछ धन-द्रव्य दिया।

13. तिरमिज-निवासी धर्मोपदेशक को दान

सम्राट की वंदना करने के लिए तिरमिज-निवासी वाइज (धर्मोपदेशक) नासिरउद्दीन अपने देश से चलकर राजधानी में आया। कुछ काल तक सम्राट की सेवा करने के उपरांत स्वदेश जाने की इच्छा होने पर सम्राट ने इसको तुरंत चले जाने की आज्ञा प्रदान की। सम्राट ने इसके उपदेश अब तक न सुने थे। यह विचार उठते ही कि जाने से पहले एक बार इसकी धार्मिक चर्चा अवश्य सुननी चाहिए, सम्राट ने 'मकासिर'[1] के श्वेत चंदन का मिंबर (सीढ़ीदार, काष्ठ का प्लेटफार्म) निर्माण करने की आज्ञा दी। इसमें स्वर्ण की कीलें और स्वर्ण की ही पत्तियां लगी हुई थीं, और ऊपर एक बड़ा लाल लगाया गया था।

नासिरउद्दीन को सुनहरी, रत्नजटित, कृष्णवर्ण की अबासी खिलअत (लबादा इत्यादि) और साफा दिया गया। उस समय सम्राट स्वयं सराचह (डेरा विशेष) में आ सिंहासनासीन हो गया और उसकी दाहिनी तथा बाईं ओर भृत्य, काजी और मौलवी यथास्थान बैठ गए।

1. 'मकासिर' नामक द्वीप से अभिप्राय है। यह जावा आदि पूर्वीय द्वीप समूहों में है।

वाइज (धर्मोपदेशक) ने ओजस्विनी भाषा में सारगर्भित खुतबा पढ़ा और तत्पश्चात धर्मोपदेश देना प्रारंभ किया। उपदेश तो कुछ ऐसा सारगर्भित न था परंतु उसकी भाषा अत्यंत ओजस्विनी एवं भावप्रेरक थी।

उपदेशक के मिंबर से नीचे उतरते ही सम्राट ने प्रथम तो उसको गले लगा लिया, फिर हाथी पर बैठाकर उपस्थित व्यक्तियों को आगे आगे पैदल चलने की आज्ञा दी। मैं भी उस समय वहां उपस्थित था और मुझको भी इस आज्ञा का पालन करना पड़ा।

फिर उसको सम्राट के डेरे के सम्मुख खड़े हुए एक दूसरे सराचह (अर्थात डेरा) में ले गए। यह भी नाना प्रकार के रंगीन रेशमी वस्त्रों द्वारा उपदेश के लिए ही बनवाया गया था। डेरे की कनात तथा रस्सियां तक रेशम की थीं। डेरे में एक ओर सम्राट के दिए हुए स्वर्णपात्र रखे हुए थे। पात्रों में एक तनूर (एक प्रकार का चूल्हा), जो इतना बड़ा था कि एक आदमी इसके भीतर बड़ी सुगमता से बैठ सकता था, दो बड़े देग, रकाबियां (इनकी संख्या मुझे स्मरण नहीं रही), कई गिलास, एक लोटा, एक तमीसंद (न मालूम यह पदार्थ क्या है), एक भोजन लाने की चार पायों वाली बड़ी चौकी और एक पुस्तक रखने का संदूक था। ये सब चीजें स्वर्ण की ही बनी हुई थीं।

इमादउद्दीन समतानी ने जब डेरे के दो खूंटे उखाड़कर देखे तो उनमें एक पीतल का और दूसरा तांबे का, पर कलई किया हुआ, निकला। देखने में वे दोनों सोने-चांदी के मालूम पडते थे। पर वे वास्तव में ठोस न थे।

इस उपदेश के आगमन पर सम्राट ने इसको एक लाख दीनार और दो सौ दास दिए थे। कुछ दासों को तो इसने अपने पास रखा और कुछ को बेच डाला।

14. अन्य दानों का वर्णन

धर्माचार्य तथा हदीसों के ज्ञाता अब्दुल अजीज ने दमिश्क नामक नगर में नकीउद्दीन इब्नतैमियां और बुरहानउद्दीन इन्नुलबरकाह जमालउद्दीन मिज्जी और शमसुद्दीन इत्यादि से शिक्षा प्राप्त कर सम्राट की सेवा स्वीकार की। सम्राट इनका बड़ा सम्मान करता था। एक दिन संयोगवश इन्होंने हजरत अब्बास तथा उनके वंशजों की प्रशंसा में कुछ हदीसों का वर्णन किया और अब्बास वंशीय खलीफाओं का भी कुछ वृत्तांत कहा। अब्बास वंशीय खलीफा से प्रेम होने के कारण सम्राट को वे हदीसें बहुत ही रुचिकर प्रतीत हुईं। उसने अर्दवेल-निवासी अब्दुल अजीज के पद का चुंबन कर सुवर्ण की थाली में दो सहस्र दीनार लाने की आज्ञा दी और भरी-भराई थाली धर्माचार्य को भेंट कर दी।

धर्माचार्य शमसुद्दीन अंदगानी एक विद्वान कवि थे। इन्होंने फारसी भाषा में सम्राट के प्रशंसात्मक सत्ताईस शेर लिखे और उसने प्रत्येक बैत (कविता का कारण) के बदले में एक एक सहस्र दीनार इनको दान में दिए।

हमने आज तक, प्रत्येक बैत पर एक सहस्त्र दिरहम से अधिक पारितोषिक कभी न सुना था, परंतु वह भी सम्राट के दान का दशांश मात्र था।

शौंकार(फारस का नगर) निवासी अज्दउद्दीन की विद्वता की स्वदेश में खूब ख्याति थी। उसके प्रकांड पांडित्य की चारों ओर दुंदुभि बज रही थी। जब यह चर्चा सम्राट के कानों तक पहुंची तो उसने शैख के पास दस सहस्त्र मुद्राएं घर बैठे भेज दीं। वह न तो कभी सम्राट की सेवा में उपस्थित हुआ और न कभी उसने कोई दूत ही भेजा।

शीराज के प्रसिद्ध महात्मा काजी मज्दउद्दीन की प्रशंसा सुनकर सम्राट ने उसके पास भी दस सहस्त्र मुद्राएं दमिश्क के निवासी शैखजादों द्वारा भेजी थीं।

धर्मोपदेशक बुरहानउद्दीन बड़ा दानी था। जो कुछ उसके पास होता भूखों को दे देता था और कभी कभी तो ऋण तक लेकर दान करता था। सम्राट ने यह सुनकर उसके पास चालीस सहस्त्र दीनार भेज भारत आने की प्रार्थना की। शैख ने दीनार लेकर अपना ऋण चुका दिया, परंतु भारत आना यह कहकर अस्वीकार कर दिया कि भारत-सम्राट विद्वानों को अपने सम्मुख खड़ा रखता है; मै ऐसे व्यक्ति की सेवा में नहीं आ सकता और खता नामक देश की ओर चला गया।

ईरान के सम्राट अबू सैयद के चाचा के लड़के हाजी गावन को इसके सहोदर भ्राता ने, जो इराक में किसी स्थान का हाकिम (गवर्नर) था, सम्राट के पास राजदूत बनाकर भेजा। सम्राट इसकी बहुत प्रतिष्ठा करता था। एक दिन की बात है कि मंत्री ख्वाजाजहां ने सम्राट की सेवा में कुछ भेंट अर्पित की। भेंट तीन थालियों में थी। एक में लाल भरे हुए थे, दूसरे में पन्ने और तीसरे में मोती। हाजी गावन भी उस समय वहां उपस्थित था। बस सम्राट ने भेंट का बहुत-सा भाग इसी को दे डाला। विदा के समय भी सम्राट ने इसको प्रचुर संपत्ति प्रदान की। हाजी जब इराक पहुंचा तो इसके भ्राता का देहांत हो चुका था और उसके स्थान पर 'सुलेमान' नामक एक व्यक्ति वहां का हाकिम बन बैठा था। हाजी ने अपने भाई का दाय तथा देश दोनों को अधिकृत करना चाहा। सेना ने इसके हाथ पर भक्ति की शपथ ले ली और यह फारस की ओर चल पड़ा और शौंकार नामक नगर में जा पहुंचा। इस नगर का शैख जब कुछ विलंब से इसकी सेवा में उपस्थित हुआ तो इसने देर से उपस्थित होने का कारण पूछा। उसने कुछ कारण बतलाए भी परंतु इसने उन्हें अस्वीकार कर सैनिकों को आज्ञा दी 'कलज-चिभार' अर्थात तलवार खींचो। और उन्होंने तलवार खींच उन सबकी गर्दनें मार दीं। संख्या अधिक होने के कारण आसपास के अमीरों को इसका यह कृत्य बहुत ही बुरा लगा और उन्होंने प्रसिद्ध अमीर तथा धर्माचार्य शमसुद्दीन समनानी से पत्र द्वारा ससैन्य आकर सहायता देने की प्रार्थना की। सर्वसाधारण भी शौंकार के शैखों के वध का बदला लेने को उद्यत हो गए और रात्रि के समय हाजी गावन की सेना पर सहसा आक्रमण कर उसे भगा दिया। हाजी भी उस समय अपने नगरस्थ प्रासाद में था। लोगों

ने इसको भी जा घेरा। यह स्नानागार में जा छिपा परंतु लोगों ने न छोड़ा। इसका सिर काटकर सुलेमान के पास भेज दिया, शेष अंग समस्त देश में बांट दिए।

15. खलीफा के पुत्र का आगमन

बगदाद-निवासी अमीर गयासउद्दीन मुहम्मद अब्बासी (पुत्र अब्दुल कादिर, पुत्र युसूफ, पुत्र अब्दुल अजीज, पुत्र खलीफा, अलमुस्तनूसर विल्लाह अब्बासी) जब सम्राट अलाउद्दीन तरम शीरी मावर उन्नहर (अर्थात इराक के भूभाग) के सम्राट के पास गए तो उन्होंने इनको प्रथम कश्म-बिन-अब्बास[1] के मठ का मुतवल्ली नियत कर दिया। यहां ये कई वर्ष तक रहे।

जब इनको यह सूचना मिली कि भरत-सम्राट अब्बासीय वंशजों से स्नेह करता है तो इन्होंने मुहम्मद हमदानी नामक धर्माचार्य तथा मुहम्मद बिन अबीशर की हरवादी को अपनी ओर से बसीठ बनाकर सम्राट की सेवा में भेजा। जब ये दोनों दूत सम्राट की सेवा में उपस्थित हुए तो उस समय नासिरउद्दीन तिरमिजी भी (जिसका मैंने ऊपर वर्णन किया है) वहां उपस्थित था। यह मिर्जा अमीर गयासउद्दीन से भलीभांति परिचित था। दूतों ने बगदाद में अन्य शैखों से भी उनकी सत्य वंशावली का पूर्ण परिचय प्राप्त कर यथार्थ निर्णय कर लिया था। जब नासिरउद्दीन ने भी इसका अनुमोदन किया तो सम्राट ने दूतों को पंच सहस्र दीनार भेंट दिए और अमीर गयासउद्दीन के मार्ग-व्यय के लिए तीस सहस्र दीनार दे स्वलिखित पत्र भेजकर उनसे भारत में पधारने की प्रार्थना की।

पत्र पहुंचते ही गयाराउदीन चल पड़े। जब सिंधु प्रांत में पहुंचे तो अखबारनवीसों ने इसकी सूचना सम्राट को दी और परिपाटी के अनुसार कुछ व्यक्तियों को उनकी अभ्यर्थना के लिए भेजा। जब वह 'सिरसा' नामक स्थान में आ गए तो कमालउद्दीन सदरे-जहां को कुछ धर्माचार्यों के साथ उनकी सवारी के साथ साथ आने की आज्ञा दे दी गई और कुछ अमीर भी उनके स्वागत के लिए भेजे गए। जब वह 'मसऊदाबाद' में आए तो सम्राट स्वयं उनके स्वागत को राजधानी से निकलकर वहां पहुंचा। सम्मुख आते ही गयासउद्दीन पैदल हो गए और सम्राट भी वाहन से उतर पड़ा। गयासउद्दीन ने जब परिपाटी के अनुसार पृथ्वी का चुंबन किया तो सम्राट ने भी इसका अनुसरण किया। गयासउद्दीन अपने साथ सम्राट की भेंट के लिए कुछ वस्त्रों के थान भी लाए थे। सम्राट ने एक थान् अपने कंधे पर डाल, जिस प्रकार जनसाधारण सम्राट के सम्मुख पृथ्वी का चुंबन करते हैं, उसी प्रकार वंदना की। इसके अनंतर जब घोड़े आए तो सम्राट एक घोड़े को अमीर के सम्मुख कर उनको शपथ दे उस पर सवार होने को कहने लगा और स्वयं रकाब पकड़कर खड़ा हो गया। तदुपरांत

1. कश्म-बिन-अब्बास—पैगंबर साहब मुहम्मद के चचा का पुत्र था।

सम्राट और उसके अन्य साथी अपने घोड़ों पर सवार हुए; और दोनों पर राजछत्र की छाया होने लगी।

इसके उपरांत सम्राट ने अमीर को अपने हाथों से पान दिया। यही सबसे बड़ी सम्मान-सूचक बात थी। कारण यह है कि भारतवर्ष में सम्राट अपने हाथ से किसी को पान नहीं देता। पान देने के उपरांत सम्राट ने कहा कि यदि मैं खलीफा अबुल अब्बास का भक्त न होता तो अवश्य आपका भक्त हो जाता। इस पर गयासउद्दीन ने यह उत्तर दिया कि मैं स्वयं अबुल अब्बास का भक्त हूं।

अमीर गयासउद्दीन ने फिर सम्राट के सम्मानार्थ रसूल अल्लाह (पैगंबर मुहम्मद) सल्ले अल्लाह आलई व सल्लन (परमेश्वर उन पर कृपा करे और उनकी रक्षा करे) की यह हदीस पढ़ी कि जो बंजर पृथ्वी को जीवित करता है अर्थात उसको बसाता है, वही उसका स्वामी है। इसका तात्पर्य यह था कि मानो सम्राट ने हमको ऊसर की भांति पुनः जीवित किया है। सम्राट ने भी इसका यथोचित उत्तर दिया।

इसके पश्चात सम्राट ने उनको तो अपने सराचह (अर्थात डेरे) में ठहराया और अपने लिए अन्य डेरा गड़वा लिया। दोनों उस रात्रि को राजधानी के बाहर रहे।

प्रातःकाल राजधानी में पधारने पर सम्राट ने खिलजी सम्राट अलाउद्दीन और कुतुबउद्दीन द्वारा निर्मित सीरी का 'राजप्रासाद'[1] इनके निवासार्थ नियत कर दिया और स्वयं अमीरों सहित वहां पधारकर, समस्त पदार्थ एकत्र किए जिनमें सोने-चांदी के अन्य पात्रों के अतिरिक्त सुवर्ण का एक बड़ा हम्माम भी था। तदुपरांत चार लाख दीनार तो उसी समय निछावर किए गए और दास-दासियां सेवा के लिए भेजी गईं। दैनिक व्यय के लिए भी तीन सौ दीनार नियत कर दिए। इसके अतिरिक्त सम्राट के यहां से विशेष भोजन भी इनके लिए प्रत्येक समय भेजा जाता था।

गृह, उपवन, गोदाम, तथा पृथ्वी सहित 'समस्त सीरी' नामक नगर और सौ अन्य गांव भी इनको जागीर में दिए गए। इसके अतिरिक्त दिल्ली के पूर्व की ओर के स्थानों की हुकूमत (गवर्नरी) भी इनको दी गई। रौप्य जीन युक्त तीस खच्चर सम्राट की ओर से सदा इनकी सेवा में उपस्थित रहते थे, और उनका समस्त दाना, घास इत्यादि सरकारी गोदाम से आता था।

राजभवन में जिस स्थान तक सम्राट घोड़े पर चढ़कर स्वयं आता था उसी स्थान तक इनको भी वैसे ही आने की आज्ञा थी। कोई अन्य व्यक्ति इस प्रकार राजप्रासाद में न आ सकता था। सर्वसाधारण को भी यह आदेश था कि जिस प्रकार वह सम्राट की वंदना पृथ्वी का चुंबन कर किया करते हैं, उसी प्रकार से इनकी भी किया करें।

---

1. यह भवन 'सब्ज महल' (हरितप्रासाद) कहलाता था।

इनके आने पर स्वयं सम्राट सिंहासन से नीचे उतर आता था, और यदि चौकी पर बैठा होता तो खड़ा हो जाता था। दोनों ही एक-दूसरे की अभ्यर्थना करते थे। सम्राट इनको मसनद पर अपने बराबर आसन देता था और इनके उठने पर स्वयं भी उठ खड़ा होता था। चलते समय सम्राट इनको सलाम (प्रणाम) करता था और यह सम्राट को।

सभा-स्थान से बाहर इनके लिए एक पृथक मसनद बिछा दी जाती थी और इस स्थान पर चाहे जितने समय तक बैठे रहते थे। प्रत्येक दिन दो बार ऐसा होता था।

अमीर गयासउद्दीन दिल्ली में ही थे कि बंगाल का वजीर वहां आया। बड़े बड़े अमीर-उमरा यहां तक कि स्वयं सम्राट भी उसकी अभ्यर्थना को बाहर निकला, और नगर भी उसी प्रकार सजाया गया जिस प्रकार सम्राट के आगमन के समय सजाया जाता है।

काजी, धर्मशास्त्र के ज्ञाता तथा अन्य विद्वान शैखों सहित अमीर गयासउद्दीन इब्ने (पुत्र) खलीफा भी उससे मिलने को बाहर आए। लौटते समय सम्राट ने वजीर से मखदूम जादह (खलीफा-पुत्र) के गृह पर जाने के लिए कहा। वजीर इसके यहां गया और दो सहस्र अशर्फियां और कपड़े के थान भेंट में दिए। मैं और अमीर कबूला दोनों वजीर के साथ वहां गए थे और उस समय वहां उपस्थित थे।

एक बार गजनी का शासक बहराम वहां आया। खलीफा और इस शासक में आपस का कुछ द्वेष चला आता था। सम्राट ने इस शासक को 'सीरी-नगरस्थ' एक गृह में ठहराने की आज्ञा दी। याद रहे कि सीरी का समस्त नगर सम्राट ने इससे पूर्व इब्ने खलीफा को प्रदान कर दिया था। गजनी के शासक के लिए इसी नगर में एक नया मकान सम्राट के आदेश से तैयार कराया गया।

यह समाचार सुनते ही इब्ने खलीफा क्रुद्ध हो राजप्रासाद में जा अपनी मसनद (गद्दी) पर यथापूर्वक बैठ गए और वजीर को बुला कहने लगे कि 'आखबंद आलम (संसार के प्रभु) से कह देना कि जो कुछ उन्होंने मुझे प्रदान किया है वह सब मेरे गृह में आज तक वैसा ही रखा हुआ है। मैंने उससे कुछ भी कम नहीं किया है। संभव है, उसको पहले से कुछ अधिक ही कर दिया हो। अब मैं यहां ठहरना नहीं चाहता।' यह कहकर इब्ने खलीफा राजप्रासाद से उठकर चल दिए। जब वजीर ने उनके मित्रों से इसका कारण पूछा तो उन्होंने कहा कि सम्राट ने जो गजनी के शासक के लिए सीरी में गृह-निर्माण करने की आज्ञा दी है, इसी कारण अमीर महाशय कुछ कुपित से हो गए हैं।

वजीर के सूचना देते ही सम्राट तुरंत सवार हो, दस आदमियों सहित इब्ने खलीफा के गृह पर गए, और द्वार पर घोड़े से उतर प्रवेश करने की आज्ञा चाही। और इब्ने खलीफा से आग्रह किया, और उनके स्वीकार कर लेने पर भी सम्राट ने संतोष न कर यह कहा कि यदि आप वास्तव में प्रसन्न हो गए हैं तो मेरी गर्दन पर अपना पद रख दीजिए। खलीफा ने इस पर यह उत्तर दिया कि चाहे आप मेरा वध क्यों न कर डालें परंतु मैं यह कार्य कदापि

न करूंगा। सम्राट ने अपने सिर की सौगंध दिला, गर्दन को पृथ्वी से लगा दिया और मलिक कबूला ने इब्ने खलीफा का पैर स्वयं अपने हाथों से उठाकर सम्राट की गर्दन पर रख दिया। सम्राट यह कहकर कि मुझे अब संतोष हो गया, खड़ा हो गया। किसी सम्राट के संबंध में मैंने आज तक ऐसी अद्‌भुत कथा नहीं सुनी।

ईद के दिन मैं भी मखदूम जादह (आदरणीय व्यक्ति के पुत्र) की वंदना के निमित्त गया। मलिक कबीर (इस अवसर पर) उनके लिए सम्राट की ओर से तीन खिलअतें लाया था। इनके चोगों में रेशमी तुकमों के स्थान में बेर के समान मोतियों के बटन लगे हुए थे। कबीर खिलअतें लिए द्वार पर खड़ा रहा, और इब्ने खलीफा के बाहर आने पर उनको खिलअत पहनाई।

सम्राट से अपरिमित धन-संपत्ति पाने पर भी ये महाशय बड़े ही कंजूस थे। इनकी कंजूसी सम्राट की उदारता से भी बढ़ी हुई थी।

खलीफा से मेरी घनिष्ठ मित्रता थी, इसी कारण यात्रा को जाते समय अपने पुत्र अहमद को भी इन्हीं के पास छोड़ आया था। मालूम नहीं उसकी क्या दशा हुई।

एक दिन मैंने इनसे अकेले भोजन करने का कारण पूछा और कहा कि आप अपने दस्तरख्वान (भोजन के नीचे के वस्त्र) पर इष्ट मित्रों को क्यों नहीं बुलाया करते। इस पर इन्होंने यह उत्तर दिया कि मैं इतने अधिक पुरुषों को अपना भोजन विध्वंस करते अपनी इन आंखों से देखने में असमर्थ हूं, और इसी कारण सबसे पृथक होकर भोजन करना मुझे अत्यंत प्रिय है। भोजन का केवल कुछ भाग मित्र मुहम्मद अवीशरफी को भेज दिया जाता था और शेष इन्हीं के उदर में जाता था।

इनके यहां जाने पर मैंने दहलीज में सदा अंधेरा ही देखा, एक दीप का भी वहां प्रकाश न होता था। कई बार मैंने इनको अपने उपवन में तिनके बटोरते हुए देखकर पूछा कि महोदय, यह आप क्या कर रहे हैं? इस पर इन्होंने यह उत्तर दिया कि कभी कभी लकड़ियों की भी आवश्यकता पड़ जाती है। इन तिनकों के भी इन्होंने गोदाम भर लिए थे।

अपने दास और इष्ट मित्रों से ये उपवन में कुछ-न-कुछ कार्य अवश्य करा लिया करते थे क्योंकि इनका कथन था कि इन लोगों को अपना भोजन मुफ्त खाते हुए देखना मुझको असह्य है।

एक बार कुछ ऋण की आवश्यकता होने पर मैंने इनसे अपनी इच्छा प्रकट की तो कहने लगे कि तुमको ऋण देने की इच्छा तो मन में अत्यंत प्रबल है परंतु साहस नहीं होता।

एक बार मुझसे अपना पुरातन वृत्त यों वर्णन कर कहने लगे कि मैं चार पुरुषों के साथ बगदाद से पैदल बाहर गया हुआ था। हमारे पास उस समय भोजन न था। एक झरने के पास से होकर जाते समय दैवयोग से हमको एक दिरहम पड़ा मिला। हम सब मिलकर सोचने लगे कि इसका किस प्रकार उपयोग करें। अंत में सर्वसम्मति से यह निश्चय हुआ

कि इसकी रोटी मोल ली जाए। हममें से जब एक आदमी रोटी मोल लेने गया तो हलवाई ने कहा कि भाई, मैं तो रोटी और भूसा दोनों साथ साथ ही बेचता हूं। पृथक पृथक कोई वस्तु कदापि किसी को नहीं देता। लाचार होकर एक किरात की रोटी और आवश्यकता न होने पर भी एक किरात का भूसा लेना पड़ा। भूसा फेंक दिया गया और रोटी का एक एक टुकड़ा ही खाकर हमने क्षुधा निवृत्ति की। एक समय वह था और एक समय आज है। ईश्वर की कृपा से मेरे पास इस समय खूब-धन-संपत्ति है। जब मैंने कहा कि ईश्वर को धन्यवाद दीजिए और निर्धन तथा साधु-महात्माओं को कुछ दान भी देते रहिए, तो उत्तर दिया, "मै यह कार्य करने में असमर्थ हूं। मैंने इनको दान देते अथवा किसी को सहायता करते कभी नहीं देखा।" ईश्वर ऐसे कंजूस से सबकी रक्षा करे।

भारत छोड़ने के उपरांत मैं एक दिन बगदाद की 'मुस्तनसरिया' नामक पाठशाला के द्वार पर (जिसका इनके दादा खलीफा अलमुस्तनूसर विल्लाह ने निर्माण कराया था) बैठा हुआ था कि मैंने एक दुर्दशाग्रस्त युवा पुरुष को पाठशाला से बाहर निकलकर एक अन्य पुरुष के पीछे पीछे शीघ्रता से जाते देखा। इसी समय एक विद्यार्थी ने उस ओर इंगित कर मुझसे कहा कि यह युवा पुरुष भारत-निवासी अमीर गयासउद्दीन का पुत्र है। यह सुनते ही मैंने पुकारकर कहा कि मैं भारत से आ रहा हूं और तेरे पिता का कुशलक्षेम भी कह सकता हूं। परंतु वह युवा यह कहकर कि मुझे उनका कुशलक्षेम अभी पूर्णतया ज्ञात हो चुका है, फिर उसी पुरुष के पीछे पीछे दौड़ गया। जब मैंने विद्यार्थी से उस अपरिचित के विषय में पूछा तो उसने उत्तर दिया कि वह बंदीगृह का नाजिर है और यह युवा किसी मस्जिद में इमाम है। इसको एक दिरहम प्रतिदिन मिलता है। इस समय यह इस पुरुष से अपना वेतन मांग रहा है। यह वृत्त सुनकर मुझे अत्यंत ही आश्चर्य हुआ और मैंने विचार किया कि यदि इब्ने खलीफा अपनी खिलअत का केवल एक तुकमा ही इसके पास भेज देता तो यह जीवनभर के लिए धनाढ्य हो जाता।

16. अमीर सैफउद्दीन

जिस समय अरब तथा शाम (सीरिया) का अमीर सैफउद्दीन गद्दा इब्नेहिब्बतुल्ला इब्न मुहन्ना सम्राट की सेवा में आया तो सम्राट ने अत्यंत आदर-सत्कार कर उसको सम्राट जलालउद्दीन के 'कौशक लाल'[1] नामक प्रासाद में ठहराया। यह भवन दिल्ली नगर के भीतर बना हुआ है और बहुत बड़ा है। चौक भी इसका अत्यंत विस्तृत है और दहलीज भी अत्यंत गहरी

1. कौशक लाल—आसारउस्सनादीद के लेखक का कथन है कि सम्राट अलाउद्दीन खिलजी ने 'कौशक लाल' नामक भवन का निर्माण कराया था। परंतु यह पता नहीं चलता कि यह 'प्रासाद' कहां था। निजामउद्दीन औलिया की समाधि के निकट एक खडहर को लोग अब तक 'लाल महल' के नाम से पुकारते हैं। संभव है कि यही उपर्युक्त 'कौशक-लाल' हो।

है। दहलीज पर एक बुर्ज बना हुआ है जहां से बाहर के दृश्य तथा भीतर का चौक दोनों ही दिखाई देते हैं। सम्राट जलालउद्दीन इसी बुर्ज में बैठकर चौक में लोगों को चौगान खेलते हुए देखा करता था।

अमीर सैफउद्दीन का निवासस्थान होने के कारण मुझको भी इस भवन के देखने का सौभाग्य प्राप्त हुआ। भवन वैसे तो सब सजा हुआ था परंतु समय के प्रभाव से वहां की प्रायः सभी वस्तुएं जीर्ण दशा में थीं। भारत में ऐसी परिपाटी चली आती है कि सम्राट की मृत्यु के उपरांत उसके भवन का भी त्याग कर दिया जाता है। नवीन सम्राट अपने निवास के लिए पृथक राजप्रासाद निर्माण कराता है, प्राचीन महल की एक वस्तु तक अपने स्थान से नहीं हटाई जाती। मैं इस भवन में खूब घूमा और छत पर भी गया। इस उपदेशप्रद स्थान को देखकर मेरे नेत्रों से आंसू निकल पड़े। इस समय मेरे साथ धर्मशास्त्राचार्य जलालउद्दीन मगरबी गरनाती (स्पेन के ग्रेनेडा नामक नगर के निवासी) भी थे। ये महाशय अपने पिता के साथ बाल्यावस्था में ही इस देश में आ गए थे।

इस स्थान का प्रभाव इनके हृदय पर भी पड़ा और इन्होंने यह शेर कहा—

बसलातीनुहुम सल्लतीने अनहुंम।
फरर असुल इजामा सारत इजामा।।

(भावार्थ—उनके सम्राटों का वृत्तांत मिट्टी से पूछ कि बड़े बड़े सिरों की हड्डियां हो गईं)।

अमीर सैफउद्दीन के विवाह पर भोजन भी इसी प्रासाद में हुआ। अरब-निवासियों से अत्यंत प्रेम होने तथा उनको आदर की दृष्टि से देखने के कारण सम्राट ने इन अमीर महोदय का भी आगमन के समय खूब आदर-सत्कार किया और कई बार इनको अमूल्य उपहार भी दिए।

एक बार मनीपुर के गवर्नर (हाकिम) मलिके-आजम बायजीदी की भेंट सम्राट के सामने उपस्थित की गई। इसमें उत्तम जाति के ग्यारह घोड़े थे। सम्राट ने ये सब घोड़े सैफउद्दीन को दे दिए। इसके पश्चात चांदी की जीन तथा सुवर्ण की लगामों से सुसज्जित दस घोड़े फिर एक बार अमीर महोदय को दिए। इसके उपरांत 'फीरोजा अखवंदा' नामक अपनी बहन का विवाह भी इन्हीं के साथ कर दिया।

जब भगिनी का विवाह अमीर सैफउद्दीन के साथ होना निश्चित हो गया तो सम्राट की आज्ञा से विवाह-कार्य के व्यय तथा वलीमा (द्विरागमन के पश्चात वर द्वारा मित्रों के भोज को कहते हैं) की तैयारी के कार्य पर मलिक फतहउल्ला शौनवीस की नियुक्ति कर दी गई और मुझको इन दिनों स्वयं अमीर महोदय के साथ रहने का आदेश मिला।

मलिक फतहउल्ला ने दोनों चौकों में बड़े बड़े सायबान (शामियाना) लगवा दिए, और एक चौक में बड़ा डेरा लगाकर उसको भांति भांति के फर्श से सुसज्जित कर दिया।

तबरेज-निवासी शम्सउद्दीन ने सम्राट के दास तथा दासियों में से कुछ एक गायक तथा नर्तकियों को ला वहां बैठा दिया। रसोइये और रोटी वाले, हलवाई और तंबोली भी वहां (यथासमय) उपस्थित हो गए। पशु तथा पक्षियों का भी खूब वध हुआ और पंद्रह दिन तक बड़े बड़े अमीर और विदेशी तक दोनों समय भोजन में सम्मिलित होते रहे।

विवाह से दो रात पहले बेगमों ने राजप्रासाद से आ स्वयं इस घर को भांति भांति के फर्शों तथा अन्य वस्तुओं से अलंकृत तथा सुसज्जित कर अमीर सैफउद्दीन को बुला भेजा। अमीर महोदय के लिए तो यहां परदेश था, इनका कोई भी निकटस्थ या दूरस्थ संबंधी या कुटुंबी इस समय यहां न था। इन स्त्रियों ने इनको बुला, और मसनद पर बिठा, चारों ओर से घेर लिया। विदेश होने के कारण सम्राट की आज्ञानुसार मुबारिक खां की माता, जो सम्राट की विमाता थी, इस अवसर पर अमीर महोदय की माता और बेगमों (रानियों) में से एक स्त्री इनकी भगिनी, एक फूफी और एक मासी इसलिए बन गई कि ये समझें कि हमारा सारा कुटुंब ही यहां उपस्थित है।

हां, तो इन स्त्रियों ने इनको चारों ओर से घेरकर इनके हाथ और पैर में मेहंदी लगाना प्रारंभ किया और शेष स्त्रियां वहां इनके सिर पर खड़ी हो नाचने और गाने लगीं।

यह सब होने के उपरांत बेगमें तो वर-वधू के शयनागार में चली गईं और अमीर अपने मित्रों में आ बाहर के घर में बैठ गए। सम्राट ने इस अवसर पर कुछ आदमियों को वर के पास, तथा कुछ को वधू के पास रहने का आदेश कर दिया था।

जब वर इष्ट मित्र सहित वधू को अपने गृह पर ले जाने के लिए वधू के द्वार पर पहुंचता है तो इस देश की प्रथा के अनुसार वधू के मित्र, वधू-गृह के द्वार के सम्मुख आकर खड़े हो जाते हैं और वर को इष्ट मित्रों सहित गृह प्रवेश से रोकते हैं। यदि वर-समाज विजयी हो गया तब तो उसके प्रवेश में कोई भी बाधा नहीं होती परंतु पराजित हो जाने पर कन्या-पक्ष को सहस्रों मुद्राएं भेंट करनी पड़ती हैं।

मगरिब की नमाज के पश्चात (अर्थात सूर्यास्त के पश्चात) वर के लिए जरे वफ्त (सच्चे सुनहरे काम की मखमल) की बनी हुई नीले रेशम की खिलअत भेजी गई। इसमें रत्नादिक इतनी अधिक संख्या में लगाए गए थे कि वस्त्र तक बड़ी कठिनाई से दिखाई देता था। वस्त्रों के ही अनुरूप खिलअत के साथ एक कुलाह (टोपी) भी आई थी। मैंने ऐसे बहुमूल्य वस्त्र कभी नहीं देखे थे। सम्राट ने अपने अन्य जामाता—इमादउद्दीन समनानी मलिक-उल-उलेमा के पुत्र, शैख-उल-इस्लाम के पुत्र, और सदरे-जहां बुखारी के पुत्र—को जो वस्त्र प्रदान किए थे वे भी इसकी समता न कर सकते थे।

इन वस्त्रों को धारण कर सैफउद्दीन इष्ट मित्रों तथा दासों सहित घोड़ों पर सवार हुए। प्रत्येक के हाथ में एक एक छड़ी थी। तदुपरांत चमेली, नसरीन तथा रायबेल के पुष्पों की

बनी हुई मुकुट की-सी एक वस्तु[1] आई जिसकी लड़ें मुख और छाती तक लटक रही थीं। यह अमीर के सिर पर के लिए थी परंतु अरब-निवासी होने के कारण प्रथम तो अमीर ने इसको धारण करना अस्वीकार ही कर दिया; फिर मेरे बहुत कहने और शपथ दिलाने पर वे मान गए और वह वस्तु उनके सिर पर रखी गई।

इस भांति सुसज्जित हो जब अमीर अपने समाज के साथ वधू के गृह पर पहुंचे तो द्वार के सम्मुख लोगों का एक दल खड़ा हुआ दृष्टिगोचर हुआ। यह देख अमीर ने अपने साथियों सहित उस पर अरब देश की रीति से आक्रमण किया। फल यह हुआ कि सब पछाड़ें खा-खाकर भाग गए। सम्राट भी इसकी सूचना मिलने पर अत्यंत प्रसन्न हुआ। चौक में प्रवेश करने पर अमीर को देवा नामक बहुमूल्य वस्त्र से मढ़ा हुआ रत्नजटित मिंबर दिखाई दिया जिस पर वधू आसीन थी और उसके चारों ओर गाने वाली स्त्रियां बैठी हुई थीं। अमीर को देखते ही ये स्त्रियां खड़ी हो गईं। अमीर घोड़े पर बैठे हुए ही मिंबर तक चले गए, और वहां जा घोड़े से उतर मिंबर की पहली सीढ़ी के निकट पृथ्वी का चुंबन किया। वधू ने इस समय खड़े होकर अमीर को तांबूल अर्पित किया। इसके बाद अमीर के एक सीढ़ी नीचे बैठ जाने पर उनके साथियों पर दिरहम और दीनार निछावर किए गए। इस समय स्त्रियां तकवीर (ईश-स्तुति—यह हम पहले ही लिख चुके हैं) भी कहती जाती थीं और गान भी कर रही थीं। बाहर नौबत और नगाड़े झड़ रहे थे। अब अमीर ने वधू का हाथ पकड़कर उसे मिंबर से नीचे उतारा और वह उनके पीछे पीछे हो ली। अमीर घोड़े पर सवार हो गए और वधू डोले में बैठ गई। दोनों पर दिरहम और दीनार निछावर किए गए। डोले को दासों ने कंधों पर रखा, बेगमें घोड़ों पर सवार हो गईं और शेष स्त्रियां इनके सम्मुख पैदल चलने लगीं। सवारी (जलूस) की राह में जिन जिन अमीरों के घर पड़े उन सब ने द्वार पर आकर उन पर दिरहम और दीनार निछावर किए। अगले दिन वधू ने वर के मित्रों के यहां वस्त्र तथा दिरहम-दीनार आदि भेजे और सम्राट ने भी उनमें से प्रत्येक को साज तथा सामान सहित एक एक घोड़ा और दो सौ से लेकर एक हजार दीनार तक की थैली उपहार में भेजी।

फतहउल्लाह ने भी बेगमों को भांति भांति के रेशमी वस्त्र और थैलियां दीं (भारत की प्रथा के अनुसार अरब-निवासियों को वर के अतिरिक्त और कोई कुछ नहीं देता)। इसी दिन लोगों को भोज देकर विवाह की समाप्ति की गई। सम्राट की आज्ञानुसार 'अमीर गद्दा' को अब मालवा, गुजरात, खम्बात और 'नहरवाला'[2] की जागीरें प्रदान की गईं और मलिक फतहउल्ला उनके नायब नियत कर दिए गए। इस प्रकार अमीर महोदय की

---

1. यह 'सेहरा' था जो केवल भारत में ही विवाह के समय सिर पर बांधा जाता है।
2. 'अनहिलवाड़े' को मुसलमान इतिहासकारों ने बहुधा 'नहरवाले' के नाम से लिखा है। यह गुजरात में है।

मान-प्रतिष्ठा में कोई कसर न रखी गई; परंतु वे तो जंगल के निवासी थे। इस मान-प्रतिष्ठा का मूल्य न समझ सके। फल यह हुआ कि बीस ही दिन के पश्चात जंगली स्वभाव और मूर्खता के कारण वे अत्यंत तिरस्कृत हुए।

विवाह के बीस दिन बाद उन्होंने राजभवन में जा यों ही भीतर (रनवास में) प्रवेश करना चाहा। अमीर (प्रधान) हाजिब (पर्दा उठाने वाला) ने इनको निषेध किया परंतु इन्होंने उस पर कुछ ध्यान न दे बलपूर्वक घुसने का प्रयत्न किया। यह देख दरबान ने केश पकड़ इनको पीछे की ओर ढकेल दिया। इस पर अमीर ने अपने हाथ की लाठी से आक्रमण किया और दरबान के रुधिर-धारा बहा दी। यह पुरुष उच्चवंशोद्भव था। इसका पिता गजनी का काजी सम्राट महमूद बिन (पुत्र) सबुक्तगीन का वंशज था। स्वयं सम्राट इसके पिता को 'पिता' कहकर पुकारता था और पुत्र अर्थात आहत दरबान को 'भाई' कहा करता था।

रुधिर से सने हुए वस्त्रों सहित जब यह अमीर सीधे सम्राट की सेवा में उपस्थित हो निवेदन करने लगा कि अमीर गद्दा ने मुझे इस प्रकार आहत किया है तो सम्राट ने तनिक देर तक सोचकर, उसको काजी के निकट जा अभियोग चलाने की आज्ञा दी और कहा, "जो पुरुष सम्राट के भवन में इस प्रकार बलपूर्वक घुसने का गुरुतर अपराध कर सकता है उसको क्षमा नहीं दी जा सकती। इस अपराध का दंड मृत्यु है, पर परदेशी होने के कारण उस पर कृपा की गई है।" तदुपरांत मलिक ततर को बुला दोनों को काजी के पास ले जाने की आज्ञा दी। काजी कमालउद्दीन उस समय दीवानखाने में थे। मलिक ततर हाजी होने के कारण अरबी भाषा में भी खूब अभ्यस्त थे। इन्होंने अमीर से कहा कि आपने नहीं किया है तो कहिए कि नहीं किया है। इस प्रकार प्रश्न करके काजी महोदय ने अमीर को कुछ संकेत भी किया परंतु कुछ तो मूर्खतावश और कुछ अहंकार तथा गर्व होने के कारण उन्होंने प्रहार करना स्वीकार कर लिया। इसी अवसर में आहत के पिता भी आ उपस्थित हुए और उन्होंने मित्रता कराने का प्रयत्न भी किया परंतु सैफउद्दीन को यह भी स्वीकार न था। अंत में काजी ने इनको रातभर बंदी रखने की आज्ञा दी। वधू ने भी सम्राट के कोप से भयभीत होकर न तो इनके पास बिछौना ही भेजा और न भोजन की ही सुधि ली। मित्रों ने भी भयभीत होकर अपनी संपत्ति अन्य पुरुषों के पास थाती रूप से रख दी। मेरा विचार अमीर महोदय से बंदीगृह में जाकर मिलने का था पर एक अमीर ने मेरा विचार तोड़कर मुझे ध्यान दिलाया और कहा कि तुमने शैख शहाबउद्दीन बिन शैख अहमद जाम से भी एक बार इसी भांति मिलने का विचार किया था और सम्राट ने इस पर तुम्हारा वध किए जाने की आज्ञा दी थी (वर्णन अन्यत्र देखिए)। मैं यह सुनते ही लौट पड़ा।

अगले दिन जुहर (दिन के एक बजे की नमाज) के समय अमीर गद्दा तो छोड़ दिए गए पर सम्राट की दृष्टि अब इनकी ओर से फिर गई थी। प्रदान की हुई जागीरें पुनः आदेश

द्वारा वापस कर ली गईं; और सम्राट ने इनको देश-निर्वासित करने की ठान ली।

मुगीसउद्दीन इब्न मलिक उलमलूक नाम का सम्राट का एक अन्य भागिनेय भी था। अपने पति के दुर्व्यवहार की शिकायतें करते करते सम्राट की भगिनी का देहांत तक हो गया था। इस अवसर पर दासियों ने सम्राट को उक्त भागिनेय के दुर्व्यवहारों की भी याद दिलाई (यहां पर यह लिख देना भी अनुचित न होगा कि इसके शुद्ध वंशज होने में कुछ संदेह था)। सम्राट ने अब अपने हाथों से आज्ञा लिखी कि हरामी और चूहाखोर (चूहा खाने वाले) दोनों का ही देश-निर्वासन किया जाए। यह 'हरामी' शब्द मुगीसउद्दीन के लिए व्यहृत किया गया था और अरब-निवासियों के 'यरबूअ' अर्थात जंगली चूहे के समान एक जीव खाने के कारण 'चूहाखोर' शब्द अमीर सैफउद्दीन के लिए।

आज्ञा होते ही चोबदार इनको देश-निर्वासित करने के लिए आ गए। इन्होंने बहुतेरा चाहा कि गृहिणी से ही भीतर जाकर बिदा ले आएं, परंतु अनेक चोबदारों के निरंतर आने के कारण लाचार हो अमीर महोदय आंसू बहाते चल दिए। मैं उस समय राजप्रासाद में गया और रातभर वहीं रहा। एक अमीर के प्रश्न करने पर मैंने उत्तर दिया कि अमीर सैफउद्दीन के संबंध में सम्राट से मैं कुछ निवेदन करना चाहता हूं। इस पर उसने कहा कि यह असंभव है। यह उत्तर सुन मैंने कहा कि यदि इस कार्यपूर्ति में मुझे सौ दिन भी लगे तो भी मैं यहां से न हटूंगा। अंत में सम्राट को भी यह सूचना मिल गई और उसने अमीर सैफउद्दीन को लौटाने की आज्ञा दे लाहौर-निवासी अमीर कबूला की सेवा में रहने का आदेश दे दिया।

चार वर्ष तक अमीर महोदय, यात्रा में चलते और ठहरते समय सर्वत्र ही, निरंतर उनके पास रहकर समस्त सभ्य एवं शिष्ट आचरणों में खूब अभ्यस्त हो गए। फिर सम्राट ने भी उनको पूर्व पद पर पुनः नियुक्त कर जागीर लौटा दी और उनको सेना का अधिपति तक बना दिया।

17. वजीर की पुत्रियों का विवाह

तिरमिज के काजी खुदावंदजादह कबामुद्दीन के (जिनके साथ मैं मुलतान से दिल्ली तक आया था) राजधानी आने पर सम्राट ने उनका बड़ा आदर-सत्कार किया और उनके दोनों पुत्रों का विवाह भी वजीर ख्वाजाजहां की पुत्रियों से करा दिया।

राजधानी में वजीर की अनुपस्थिति के कारण सम्राट ने ही बालिकाओं के पिता का नायब बन उनके महल में जा कन्याओं का विवाह कर दिया। काजी-उल-कुज्जात (प्रधान काजी) जब तक निकाह पढ़ता रहा सम्राट बराबर खड़ा रहा और अमीर आदि अन्य उपस्थित जन वैसे ही बैठे रहे। यही नहीं, बल्कि उन्होंने काजी तथा खुदावंदजादह के पुत्रों को वस्त्र और थैलियां स्वयं अपने हाथों से उठा उठा कर दीं। अमीर यह देखकर खड़े हो गए और सम्राट से यह कार्य न करने की प्रार्थना की। परंतु सम्राट ने उनको पुनः बैठने का ही आदेश दिया और एक अन्य अमीर को अपने स्थान पर खड़ा कर वहां से चला गया।

18. सम्राट का न्याय और सत्कार

एक बार एक हिंदू अमीर ने सम्राट पर अपने भाई का बिना कारण वध करने का दोषारोपण किया। यह समाचार पाते ही सम्राट बिना अस्त्र-शस्त्र लगाए पैदल ही काजी के इजलास में जा यथोचित वंदना आदि कर खड़ा हो गया। काजी को पहले ही इस संबंध में आदेश कर दिया गया था कि मेरे आने पर मेरी कुछ भी अभ्यर्थना न करे और न किसी प्रकार की कोई चेष्टा ही करे।

सम्राट के वहां जाकर खड़े होने पर काजी ने उसे आरोपी को संतुष्ट करने की आज्ञा दी और कहा कि ऐसा न होने पर मुझको दंड की आज्ञा देनी होगी। सम्राट ने आरोपी को संतुष्ट कर लिया।

इसी प्रकार एक बार एक मुसलमान ने सम्राट पर संपत्ति हड़प लेने का आरोप किया। मुआमला काजी तक पहुंचा। उसने जब सम्राट को संपत्ति लौटाने की आज्ञा दी तो सम्राट ने आदेश को शिरोधार्य समझ उस व्यक्ति की सारी संपत्ति लौटा दी।

एक बार एक अमीर के पुत्र ने सम्राट पर बिना हेतु प्रहार करने का आरोप किया। इस पर काजी ने सम्राट को उस लड़के को संतुष्ट करने अथवा दंड भोगने या प्रतिशोधक हर्जाना देने की आज्ञा दी। यह मेरे सामने की बात है कि सम्राट ने भरी सभा में लड़के को बुलाकर, हाथ में छड़ी दे, अपने सिर की शपथ दिला उसको प्रतिकार की आज्ञा दी और कहा कि जिस प्रकार मैंने तुमको मारा था तू भी मुझको इस समय उसी प्रकार से मार। लड़के ने छड़ी हाथ में लेकर सम्राट पर इक्कीस बार प्रहार किया जिसमें एक बार तो सम्राट के सिर से कुलाह भी गिर पड़ी।

19. नमाज

नमाज पर यह सम्राट बहुत जोर देता था। जमाअत के साथ नमाज न पढ़ने वाले को सम्राट के आदेशानुसार मृत्युदंड दिया जाता था। इसी अपराध के कारण एक दिन सम्राट ने नौ मनुष्यों के वध की आज्ञा दे डाली। इनमें एक गायक भी था।

जमाअत के समय बाजार इत्यादि में इधर-उधर घूमने-फिरने वाले पुरुषों को पकड़ कर लाने के लिए ही बहुत से आदमी नियुक्त कर दिए गए थे। इन लोगों ने दीवान-खाने के द्वारस्थ, घोड़े की रखवाली करने वाले साईसों तक को पकड़ना प्रारंभ कर दिया था।

सम्राट का आदेश था कि प्रत्येक पुरुष नमाज की विधि और इस्लाम धर्मीय नियमों को भलीभांति सीखना अपना धर्म समझे। पुरुषों से इस संबंध में प्रश्न भी किए जाते थे और समुचित उत्तर न मिलने पर उनको दंड दिया जाता था। बहुत-से पुरुष नमाज के मसायल (समस्या) कागज पर लिखवाकर बाजार में याद करते दिखाई देते थे।

'20. शरअकी आज्ञाओं का पालन

शरअकी आज्ञाओं के पालन में भी सम्राट की बड़ी कड़ी ताकीद थी। सम्राट के भाई मुबारक खां को आदेश था कि वह काजी के साथ बैठकर न्याय कराने में सहायता करे। सम्राट की आज्ञानुसार काजी की मसनद भी सम्राट की मसनद की भांति एक ऊंचे बुर्ज में लगाई जाती थी। मुबारक खां काजी क़ी दाहिनी ओर बैठता था। किसी महान व्यक्ति पर दोषारोपण होने पर मुबारक खां अपने सैनिकों द्वारा उस अमीर को बुलवाकर काजी से न्याय कराता था।

21. न्याय दरबार

हिजरी सन् 741 में सम्राट ने जकात और उश्र के अतिरिक्त सब कर[1] और दंड आदेश द्वारा उठा लिए।

न्याय करने के लिए स्वयं सम्राट सोम तथा बृहस्पतिवार को दीवानखाने के सामने वाले मैदान में बैठा करता था। इस समय उसके सम्मुख अमीर हाजिब, खास (विशेष) हाजिब, सैयद-उल-हिज्जाब और अशरफ-उल-हिज्जाब केवल यही चार व्यक्ति होते थे। प्रत्येक जनसाधरण को इन दिनों में अपनी कष्ट-कथा वर्णन करने की आज्ञा थी। इन कष्टों को लिखने के लिए चार अमीर (जिनमें चतुर्थ इसके चचा का पुत्र मुल्क फीरोज था) चार द्वारों पर, नियत रहते थे। प्रथम द्वारस्थ अमीर यदि आरोपी की शिकायत लिख ले तो ठीक, वरना वह द्वितीय द्वार पर जाता था और उसके अस्वीकार करने पर तृतीय और चतुर्थ द्वार पर और उनके भी अस्वीकार कर देने पर आरोपी सदरे-जहां काजी-उल-कुज्जात के पास जाता था और उसके भी अस्वीकार कर देने पर उसको सम्राट की सेवा में उपस्थित होने की आज्ञा मिलती थी।

इस बात का विश्वास हो जाने पर कि इन व्यक्तियों ने आरोपी की शिकायत वास्तव में नहीं लिखी, सम्राट उनकी प्रताड़णा करता था।

लेखबद्ध शिकायतें सम्राट की सेवा में भेज दी जाती थीं और वह इशा (रात्रि के 8 बजे की नमाज) के पश्चात इनको स्वयं पढ़ता था।

---

1. फीरोजशाह सम्राट ने भी उन करों की सूची दी है जिनका धर्मग्रंथों में वर्णन नहीं है। फतूहाते-फीरोजशाही नामक पुस्तक में सम्राट इस प्रकार लिखता है कि बहुत से कर ऐसे भी थे जो अन्याय के कारण न्यायसंगत मान लिए गए थे और इनके कारण प्रजा को अत्यंत पीड़ा पहुंचती थी, उदाहरणार्थ—चराई, पुष्प-विक्रय, रंगरेजी का कार्य, मत्स्य-विक्रय, धुने का कार्य, रस्सी बनाने का कार्य, भड़भूजा, मद्य-विक्रय, कोतवाली का कर। इन असंगत करों को मैंने उठा लिया।

जकात व उश्र—इनकी व्याख्या पहले हो चुकी है।

22. दुर्भिक्ष में जनता की सहायता व पालन

भारतवर्ष और सिंधु प्रांत में दुर्भिक्ष पड़ने के कारण जब एक मन गेहूं छह[1] दीनार में बिकने लगे तो सम्राट ने दिल्ली के छोटे-बड़े, स्वाधीन-दास, सबको डेढ़ रतल (पश्चिमी) प्रतिदिन के हिसाब से छह मास तक का अनाज सरकारी गोदाम से देने की आज्ञा दी।

---

1. फरिश्ता तथा बदाऊंनी के अनुसार हिजरी सन् 742 में सैयद अहमदशाह गवर्नर (माअवर–कर्नाटक) का विद्रोह शांत करने के लिए, सम्राट के दक्षिण ओर कुछ एक पड़ाव पर पहुंचते ही यह दुर्भिक्ष प्रारंभ हो गया था। सम्राट के दक्षिण से लौटते समय तक जनता इस कराल अकाल के चंगुल में जकड़ी हुई थी।

   सम्राट के राजस्व काल में इसके अतिरिक्त एक बार और हि. स. 748 में, जब वह 'तगी' का विद्रोह शांत करने गुजरात की ओर गया था, घोर अकाल पड़ा था।

   बतूता के अनुसार 6 दीनार के 1 मन गेहूं उस समय बिकते थे। दीनार का पैमाना तो हम पहले ही दे आए हैं (नोट–अध्याय 1, पृष्ठ 7 देखिए) यहां केवल मन की व्याख्या की जाती है जिससे पाठक सुगमतापूर्वक अंदाजा लगा लें कि 14वीं शताब्दी में दुर्भिक्ष के समय भारतीय जनता की क्या दशा थी। परंतु विविध व्यवसायियों की पूरी आय ठीक-ठाक न जान सकने के कारण यह विषय निभ्रांत रूप से नहीं सिद्ध किया जा सकता। जो कुछ सामग्री उपलब्ध है उसी पर संतोष करना पड़ता है, अस्तु।

   ऐसा प्रतीत होता है कि इब्नबतूता ने दिल्ली के रतल (अर्थात 1 मन) को मिस्र देश के 2 रतल के तुल्य माना है, और इसी गणनानुसार बतूता के फ्रैंच अनुवादकों ने एक मन की तौल $29\frac{3}{4}$ पौंड अर्थात 14 पक्के सेर मानी है। मसालिक-उल-अवसार का लेखक दिल्ली के सेर का वजन 70 मिशकाल बताता है। यदि हम एक मिशकाल 411 माशे का मानें तो एक सेर 29 तोले 2 माशे का, और एक मन 13 सेर 8 छटांक का होगा। इसके विरुद्ध बाबर सम्राट के कथनानुसार यदि 1 मिशकाल 5 माशे का माना जाय तो एक 1 मन का वजन 14 सेर 9 छटांक 2 तोले होगा। भारतवर्ष में 19वीं शताब्दी के अंत तक कच्चे मन का वजन $12\frac{1}{2}$ सेर से लेकर 18 पक्के सेर तक होता था। अब भी प्रायः जिले जिले का सेर पृथक है और ब्रिटिश गवर्नमेंट के बहुत प्रयत्न करने पर भी माप की एकता सर्वप्रचलित नहीं हुई है। यदि मुहम्मद तुगलक के समय के 1 मन का वजन आजकल के पक्के 15 सेर 8 छटांक समझा जाय (और यही अधिक ठीक भी प्रतीत होता है) तो 1 दीनार का उस समय लगभग 2 सेर सात छटांक अनाज आता होगा। दूसरी विधि से गणना करने पर भी पौने आठ रुपए का 14 सेर 8 छटांक अनाज आता है अर्थात 1 रुपए का कुछ कम दो सेर। फरिश्ता के अनुसार भी 1 सेर (तत्कालीन) का मूल्य 56 जेतल अर्थात चार आना अर्थात 10 रु. का 1 मन और इस प्रकार गणना करने पर भी 1 रुपए का लगभग $1\frac{1}{2}$ सेर (पक्का) अनाज का भाव आता है।

   अब यहां पाठकों की जानकारी के लिए भिन्न भिन्न सम्राटों के समय का अनाज का भाव दे दिया जाता है–

काजी और धर्माचार्य प्रत्येक मुहल्ले की सूची बना लोगों को उपस्थित करते थे और उन को छह छह मास का अन्न सरकारी गोदामों से मिल जाता था।

	सम्राट अलाउद्दीन खिलजी का समय	सम्राट मुहम्मद शाह तुगलक का समय	सम्राट मुहम्मद फीरोजशाह का समय	मुगल सम्राट अकबर का समय
गेहूं	1 मन $7\frac{1}{2}$ जेतल	1 मन 12 जेतल	1 मन 8 जेतल	1 मन 12 दाम
जौ	" 4 "	" 8 "	" 4 जेतल	" 8 दाम
धान (चावल)	" 5 "	" 15 "		" 20 दाम
उर्द	" 5 "			" 16 दाम
चना	" 5 "	" 4 "	1 मन 4 जेतल	कृष्ण 1 मन 8 दाम
मौठ	" 3 "			
	1 सेर $1\frac{1}{2}$ जेतल (फरिश्ता के आधार पर)			1 मन 12 दाम
	" 1/2 "		$1\frac{1}{4}$ सेर 2½ जेतल	1 मन 56 दाम
घी	" 1/2 "			1 मन 105 दाम
तिल का तेल	" 1/3 "			1 मन 70 दाम
नमक	" 1/5 "			" 16 दाम
भेड़		1 भेड़ 1 टंक (रुपया)		1 भेड़ $1\frac{1}{2}$ से 3 रु. तक
बैल		1 बैल 2 टंक (रुपया)		
दलिया			1 मन 4 जेतल	
खांड़		1 मन 1 टंक (श्वेत)	1 सेर $3\frac{1}{2}$ जेतल	1 मन 128 दाम
मिश्री		1 मन $1\frac{1}{4}$ टंक (श्वेत)		
मूंग				1 मन 18 दाम

नोट–1 जेतल आधुनिक 1 पैसे के बराबर होता था। अकबर के समय 1 रुपए में 40 दाम आते थे, और मन 26 सेर $3\frac{1}{2}$ छटांक (आधुनिक) का था अर्थात 1 सेर 52 तोले 2 माशे 2 रत्ती के बराबर होता था।

23. वधाज्ञाएं

यहां तक तो मैंने सम्राट की सत्कारशीलता, न्यायप्रियता, प्रजावत्सलता और दयाशीलता आदि अपूर्व एवं श्रेष्ठ गुणों का वर्णन किया है। परंतु ये सब बातें होते हुए भी सम्राट को रुधिर बहाना अत्यंत प्रिय था। इस नृशंस कार्य में भी उसको इतना साहस था कि ऐसा कोई दिवस कठिनता से ही बीतता था जब द्वार के सम्मुख किसी पुरुष का वध न होता हो। मनुष्यों के शव बहुधा द्वार पर पड़े रहते थे। एक दिन की बात है कि राजभवन जाते हुए मार्ग में मेरा घोड़ा किसी श्वेत पदार्थ को देखकर चमका। कारण पूछने पर साथी ने मुझे बताया कि यह किसी पुरुष का वक्षस्थल था। इसके तीन टुकड़े कर दिए गए थे। सम्राट छोटे-बड़े अपराधों पर एक-सा ही दंड देता था; न विद्वानों की रियायत करता था और न कुलीन अथवा सच्चरित्रों के साथ कुछ कमी। सम्राट की आज्ञानुसार दीवान खाने में प्रत्येक दिन हथकड़ी-बेड़ी धारण किए सैकड़ों कैदी उपस्थित किए जाते थे। किसी का वध होता था, किसी को कठिन दंड भोगना पड़ता था और कोई पीटपाट कर ही छोड़ दिया जाता था। केवल शुक्रवार के दिन इनकी छुट्टी रहती थी; यह दिवस कैदियों के नहाने, हजामत बनाने और विश्राम करने का था। इससे परमेश्वर सबकी रक्षा करे !

24. भ्रातृ-वध

मसूद खां सम्राट का भ्राता था। इसकी माता सम्राट अलाउद्दीन की पुत्री थी। इसके समान सुंदर पुरुष मैंने अन्यत्र नहीं देखा। इस पर विद्रोह का अपराध लगाया गया। प्रश्न किए जाने पर इसने दंड के भय से अपराध स्वीकार कर लिया क्योंकि यह भलीभांति जानता था कि ऐसे अपराधों को अस्वीकार करने पर अपराधी को भांति भांति से पीड़ा दी जाती है। ऐसी दशा में एक बार ही मृत्यु का आलिंगन कर लेना इससे कहीं अधिक सुगम समझा।

अपराध स्वीकार करते ही सम्राट ने चौक बाजार में ले जाकर उसका वध करने की आज्ञा दे दी। वध हो जाने के पश्चात तीन दिवस तक इसका शव उसी स्थान पर पड़ा रहा। इसकी माता को भी, पुंश्चली होना स्वीकार करने के कारण, काजी कमालउद्दीन ने इसी स्थान पर संगसार[1] किया था।

एक बार इसी सम्राट ने पहाड़ी हिंदुओं का सामना करने के लिए मलिक 'यूसुफ बुगरा' की अध्यक्षता में एक सेना भेजी। यूसफ नगर से बाहर निकला ही था कि साढ़े तीन सौ सैनिक छिपकर पीछे रह गए और अपने अपने घर चले आए। जब सरदार ने इसकी शिकायत

---

1. संगसार—पत्थर की चोट से मार डालने को कहते हैं। अभी हाल में, कुछ ही वर्ष हुए कि अफगानिस्तान के कादियानी सप्रदाय के मुसलमान मुल्ला इसी प्रकार पत्थर की चोट से मार डाले गए थे।

सम्राट को लिखकर भेजी तो उसने गली गली से इन भगोड़ों को ढूंढ़कर पकड़वा मंगाया। फल यह हुआ कि पकड़े जाने पर इन साढ़े तीन सौ पुरुषों का एक ही स्थान पर वध कर दिया गया।

25. शैख शहाबउद्दीन का वध

खुरासान-निवासी शैख शहाबउद्दीन बिन (पुत्र) शैख अहमदजाम[1] विद्वान और श्रेष्ठ शैख समझे जाते थे। ये चौदह चौदह दिवस तक निरंतर उपवास किया करते थे। सुलतान कुतुबउद्दीन और तुगलक दोनों ही इनके दर्शनार्थ जाते और इनके आशीर्वाद के लिए लालायित रहा करते थे। परंतु सम्राट मुहम्मद शाह ने सिंहासनारूढ़ होते ही, यह तर्क करके कि प्रथम चार खलीफा विद्वान तथा सच्चरित्र पुरुषों के अतिरिक्त किसी अन्य को सेवा में न रखते थे, इन शैख तथा विद्वान से भी निजी सेवा लेनी चाही।[2] परंतु शैख शहाबउद्दीन ने ऐसा करना अस्वीकार कर दिया। भरे राजदरबार में सम्राट ने जब इनसे स्वयं कहा तब भी इन्होंने स्वीकार नहीं किया। इस पर उसने अत्यंत क्रुद्ध हो शैख जियाउद्दीन समनानी को शैख शहाबउद्दीन की दाढ़ी के बाल नोचने की आज्ञा दी। जब जियाउद्दीन ने ऐसा काम न करना चाहा तो सम्राट ने इन दोनों की दाढ़ी नोचने की आज्ञा दे दी। सम्राट की आज्ञा का तुरंत पालन किया गया। इसके उपरांत उसने जियाउद्दीन को तैलिंगाना की ओर निर्वासित कर दिया परंतु कुछ काल पश्चात उसको वारिंगल का काजी नियत कर दिया, और वहीं उसका देहांत हो गया।

शैख शहाबउद्दीन को सात वर्ष तक दौलताबाद में रखा, और इसके पश्चात उनको फिर बुला, आदर-सत्कार कर, विद्वानों से शेष-कर वसूल करने वाले महकमे का दीवान

1. अहमदजाम—शैख महाशय के पिता अपने समय के बड़े उद्‌भट विद्वान थे। लाखों पुरुषों ने इनकी शिष्यता स्वीकार की थी। सम्राट अकबर की माता 'हमीदाबानू बेगम' इन्हीं शैख की वंशजा थी। इनके पुत्र शहाबउद्दीन भी बड़े महात्मा थे। निजामउद्दीन औलिया से अन्यमनस्क एवं अप्रसन्न रहने वाले कुतुबउद्दीन खिलजी और गयासउद्दीन तुगलक सरीखे दिल्ली-सम्राट भी इन शैख महाशय को बड़ी पूज्य दृष्टि से देखते थे।
2. फरिश्ता का कथन है कि जनता को अत्यंत पीड़ित करने और अत्यधिक वधाज्ञाएं देने के कारण यह सम्राट रुधिर की नदियां बहाने वाला प्रसिद्ध हो गया था। इसका स्वभाव ऐसा बुरा था कि इसने साधु-संतों तक से भी अपनी सेवा करा डाली। किसी को फल-तांबूल खिलाना पड़ता था तो किसी को (सम्राट की) पगड़ी बांधनी पड़ती थी। चिरागे दिल्ली शैख नसीरउद्दीन से भी सम्राट ने वस्त्र पहनाने की सेवा करने को कहा। शैख के अस्वीकार करने पर सम्राट ने क्रोध में आ उनको बंदीगृह में डाल दिया। अंत में दुख पाकर अपने गुरु की बात याद कर शैख ने यह सेवा करनी स्वीकार कर ली और बंदीगृह से छूटे।

नियत कर दिया और पुनः उनकी मान-मर्यादा की वृद्धि भी की। इस समय अमीरों को शैख महाशय की वंदना करने तथा उन्हीं की आज्ञा का पालन करने का आदेश सम्राट की ओर से हो गया था। यहां तक कि स्वयं सम्राट के गृह में भी किसी व्यक्ति का पद उनसे ऊंचा न था।

जिस समय सम्राट ने गंगा नदी के तट पर 'सर्गद्वारह' (स्वर्गद्वार) नामक नया महल अपने निवासार्थ निर्माण कराया और अन्य पुरुषों को भी वहीं गृह बनाने की आज्ञा दी तो शैख शहाबउद्दीन के दिल्ली में ही रहने की अनुमति चाहने पर सम्राट ने उनको वहीं रहने की आज्ञा दे दी और नगर से छह मील की दूरी पर एक खूब विस्तृत ऊसर भू-भाग उनको प्रदान कर दिया।

शहाबउद्दीन ने यहां पर एक बड़ी गुफा खोद उसी के भीतर गृह, गोदाम, तनूर (रोटी बनाने का चूल्हा विशेष), स्नानागार और अनेक प्रकार की आवश्यकताओं की पूर्ति के लिए विविध प्रकार के गृह निर्माण किए और यमुना नदी से नहर काटकर धरती को भी बसा दिया। दुर्भिक्ष के कारण अनाज की आय से भी शैख को उस समय बड़ा लाभ हुआ। ढाई वर्ष तक—जब तक सम्राट दिल्ली से बाहर रहा—शैख शहाबउद्दीन इसी गुफा में निवास करते रहे। दिनभर तो इनके भृत्यादि जोतने-बोने इत्यादि का कार्य करते थे, रात होने पर, आसपास की पहाड़ियों के चोरों के भय से ढोरों सहित गुफा के भीतर आ द्वार बंद कर लेते थे।

सम्राट के राजधानी लौटने पर शैख सात मील आगे बढ़कर उनकी अभ्यर्थना करने गए। सम्राट ने भी अत्यंत आदर-सत्कार कर उनको गले लगाया। इसके पश्चात शैख फिर अपनी गुफा को लौट गए।

कुछ दिन बीतने पर सम्राट ने फिर शैख महाशय को बुलवाया परंतु वे न आए। इस पर सम्राट ने मुखलिस-उल-मुल्क नंदरवारी नामक एक महान अमीर को उनके पास भेजा। उन्होंने बहुत ही नम्रतापूर्वक वार्तालाप कर सम्राट के भयंकर कोप से भी शैख को विचलित करना चाहा परंतु शैख ने यह कह दिया कि मैं अब इस अन्यायी सम्राट की सेवा कदापि न करूंगा।[1] मुखलिस-उल-मुल्क ने लौटकर सम्राट को शैख का संदेश जा सुनाया।

1. बदाऊंनी लिखता है कि एक बार सम्राट जूता पहन स्वयं काजी-उल-कुज्जात जमालुद्दीन के इजलास में जा खड़ा हुआ और कहने लगा कि शैख का पुत्र जाम मुझको अन्यायी और क्रूर कहता है, उसको बुलाकर यथार्थ निर्णय कीजिए। शैख-पुत्र ने आकर कहा कि जिन पुरुषों का न्याय अथवा अन्याय से आप वध करते हैं उनका पुण्य या पाप तो श्रीमान जानें परंतु उनके कुटुंबियों अर्थात स्त्री-पुत्रादि का किस धर्मानुसार दंड होता है? इस पर सम्राट चुप हो रहा और पुनः यह कहने लगा कि शैख-पुत्र लोहे के पिंजरे में बंद कर दिया जाए। समस्त दौलताबाद की यात्रा में यह शैख-पुत्र इसी प्रकार पिंजरे में बंद रहा और फिर दिल्ली लौटने पर सम्राट ने इसके तन के दो टुकड़े कर डाले।

यह सुनकर सम्राट ने शैख को पकड़ लाने की आज्ञा दी। जब शैख राजदरबार में पकड़कर लाए गए तो सम्राट ने उनसे पूछा, "तू मुझे अन्यायी कहता है?" शैख ने कहा, "हां, तू अन्यायी है और तूने अमुक अमुक कार्य अन्याय से किए हैं।" शैख ने दिल्ली उजाड़ने और वहां के निवासियों के दौलताबाद जाने का भी वर्णन किया। सम्राट ने अपनी तलवार निकाल सदरे-जहां के हाथ में देकर कहा कि अन्यायी सिद्ध होने पर मेरी गर्दन तलवार से उड़ा देना। शैख ने यह सुनकर कहा कि जो पुरुष तेरे ऊपर अन्यायी होने की साक्षी देगा उसका भी वध किया जाएगा। तू स्वयं अच्छी तरह जानता है कि तू अन्यायी है। सम्राट ने यह उत्तर सुन शैख को 'मलिक नकवह दवादार'[1] के हवाले कर दिया और उसने उनके पैरों में चार बेड़ियां और हाथों में हथकड़ियां डाल दीं। चौदह दिन तक शैख ने कुछ भोजन तथा पान नहीं किया। प्रत्येक दिन उनको दीवानखाने में धर्माचार्यों तथा शैखों के सम्मुख लाकर अपना कथन लौटाने को कहा जाता था, परंतु शैख सदा अस्वीकार कर शहीदों (अर्थात धर्म पर प्राण देने वालों) में सम्मिलित होना चाहते थे।

चौदहवें दिन सम्राट ने मुखलिस-उल-मुल्क द्वारा शैख के पास भोजन भिजवाया परंतु उन्होंने यह कहकर कि मेरा भोजन अब संसार से उठ गया, भोजन करना अस्वीकार कर दिया और सम्राट के पास लौटा दिया। यह सूचना मिलने पर सम्राट ने शैख को पांच असतार[2] (ढाई रतल पश्चिमी) गोबर खिलाने की आज्ञा दी। यह काम काफिरों (हिंदुओं) से कराया जाता है। इन्होंने सम्राट की आज्ञा का पालन कराने के लिए शैख को ऊर्ध्व मुख लिटा संड़ासियों से मुख खोल, पानी में घुला हुआ गोबर उनको बलपूर्वक पिलाया। दूसरे दिन शैख को काजी सदरे-जहां के पास ले गए। समस्त मौलवियों, शैखों और परदेशियों ने वहां उनसे अपने शब्द लौटाने को कहा परंतु इन्होंने ऐसा करना स्वीकार न किया; अतएव उनका सिर काट दिया गया। परमेश्वर उन पर अपनी कृपा रखे !

---

1. दवादार—राजभवन संबंधी कुछ पदों का विवरण, जिनका इस पुस्तक में वर्णन है, हम यहां पाठकों की सुविधा के लिए दिए देते हैं।
   दवादार अर्थात दवात-दार—सम्राट की दवात का संरक्षक होता था।
   शरबदार—सम्राट के पान के लिए जल, शरबत इत्यादि का प्रबंधकर्ता होता था।
   खरीतेदार—कलमदान, कागज रखता था।
   चाशनगर—दस्तरख्वान पर लाने से प्रथम प्रत्येक भोजन को चखने तथा अपनी देखरेख में वहां लाने वाला।
2. असतार—एक माप था जो 4 अशकाल के बराबर होता था। अशकाल साढ़े चार माशे का होता है; इस गणनानुसार एक असतार 20 माशे 2 रत्ती के बराबर हुआ और 5 असतार 8 तोले 5 माशे के बराबर; परंतु इब्नबतूता यहां 1 असतार को 2½ पश्चिमी रतल के बराबर बताता है, और पश्चिमी रतल साधारण रतल से एक रवह अधिक होता है।

26. धर्मशास्त्रज्ञाता अफीफउद्दीन काशानी का वध

दुर्भिक्ष के दिनों में सम्राट की आज्ञा से राजधानी के बाहर कूप खुदवा कर उनके द्वारा खेती कराई गई। खेती के लिए बीज तथा अन्य आवश्यक पदार्थ सरकार की ओर से मिलते थे और लोगों की अनिच्छा होते हुए भी उनसे बलपूर्वक खेती कराकर सारी पैदावार सरकारी गोदामों में भरी जाती थी।

अफीफउद्दीन ने सूचना मिलने पर ऐसी खेती से कोई लाभ न बताया। इनके इस कथन की सूचना भी किसी ने सम्राट को दे दी। इस पर उसने इनको यह कहकर बंदी कर लिया कि शासन संबंधी बातों में तू क्यों अपनी सम्मति देता और अड़चनें डालता है।

कुछ दिन बीत जाने पर सम्राट ने इनको छोड़ दिया और ये अपने घर की ओर चल दिए। राह में इनके दो धर्मशास्त्रज्ञ मित्र मिले। उन्होंने इनके छुटकारे पर ईश्वर को अनेक धन्यवाद दिए। इस पर इन्होंने उत्तर में कहा कि वास्तव में ईश्वर को अनेक धन्यवाद हैं कि उसने मुझे अन्यायियों से इस प्रकार छुटकारा दिया। इतना वार्तालाप हो जाने के पश्चात अफीफउद्दीन अपने गृह आ गए और वे दोनों अपने अपने घर चले गए। सम्राट ने इन बातों की सूचना पाते ही तीनों को अपने सम्मुख उपस्थित किए जाने की आज्ञा दी। तीनों व्यक्तियों के सम्मुख उपस्थित होने पर अफीफउद्दीन के शरीर के दो भाग किए जाने और उन दोनों की गर्दन मारने का आदेश हुआ। इस पर उन दोनों ने सम्राट से प्रश्न किया कि अफीफउद्दीन ने तो आपको अन्यायी कहा था परंतु हमने क्या किया है जो वध किए जाने का आदेश किया जाता है। सम्राट ने इस पर यह उत्तर दिया कि इसके कथन का विरोध न कर तुमने एक प्रकार से इसका समर्थन ही किया है। फलतः तीनों व्यक्तियों का वध कर दिया गया। परमेश्वर उन पर कृपा करे!

27. दो सिंधु-निवासी मौलवियों का वध

सिंधु-प्रांतवासी दो मौलवी सम्राट के सेवक थे। एक बार सम्राट ने एक अमीर को किसी प्रांत का हाकिम (गवर्नर) बनाकर भेजा और इन दोनों मौलवियों को यह कहकर उसके साथ भेजा कि उस प्रांत की जनता को मैं तुम दोनों के ऊपर ही छोड़ रहा हूं। यह अमीर तुम्हारे कथनानुसार ही शासन करेगा। इस पर इन दोनों ने यह उत्तर दिया कि हम दोनों उसके समस्त कार्य के साक्षी रहेंगे और उसको सदा सत्य मार्ग बताते रहेंगे। मौलवियों का यह उत्तर सुन सम्राट ने कहा कि तुम्हारा हृदय ठीक नहीं मालूम पड़ता। दूसरों की धन-संपत्ति स्वयं हड़प कर उसका समस्त दोष तुम उस मूर्ख तुर्क के सिर पर मढ़ना चाहते हो। मौलवियों ने कहा, "अखवंद आलम (संसार के प्रभु), ईश्वर को साक्षी कर कहते हैं कि हमारे मन में यह बात नहीं है।" परंतु सम्राट अपनी ही बात पर डटा रहा, और इन दोनों मौलवियों को शैखजादह नहाबंदी (नहबंद के रहने वाले) के पास ले जाने का आदेश किया।

यह व्यक्ति लोगों को यंत्रणा देने के लिए नियत किया गया था। जब दोनों मौलवी इसके सामने लाए गए तो इसने इनसे बहुत समझाकर कहा कि सम्राट तुम्हारा वध किया चाहता है। जाओ सम्राट का कथन स्वीकार कर अपनी देह को इन यंत्रणाओं से बचाओ। परंतु ये दोनों यही कहते रहे कि हमारे मन में तो वही था जो हमने सम्राट से निवेदन किया है। मौलवियों का यह उत्तर सुन शैखजादह ने अपने नौकरों को इन्हें यंत्रणाओं का कुछ कुछ सुख दिखलाने की आज्ञा दी। आज्ञा होते ही ऊर्ध्वमुख लिटा इनके वक्षस्थलों पर तप्त लोहे की शिला रखकर उठा ली गई जिससे इनकी त्वचा तक चिपटी हुई ऊपर चली आई, और इनके घावों पर मूत्र मिश्रित राख डाल दी गई। अब मौलवियों ने स्वीकार कर लिया कि जो सम्राट कह रहा था वही बात हमारे मन में थी। हम अपराधी हैं और वध किए जाने के योग्य हैं।

मौलवियों की स्वीकारोक्ति उन्हीं से पत्र पर लिखवा कर काजी के पास तसदीक करने के लिए भेज दी गई।[1] काजी ने भी अपनी मुहर लगा अपने हाथ से उस पर यह लिख दिया कि बिना किसी के बलप्रयोग अथवा दबाव के इन दोनों ने यह पत्र लिखा है (यदि ये लोग काजी के सम्मुख यह कह देते कि यह स्वीकार पत्र बलप्रयोग कर हमसे लिखाया गया है तो इनको और भी विविध प्रकार की यंत्रणाएं दी जातीं, जिनसे मृत्यु कहीं अधिक श्रेष्ठ थी)।

काजी की तसदीक हो जाने पर इन दोनों का वध कर दिया गया। परमेश्वर इन पर कृपा करे!

28. शैख हूद का वध

शैखजादह हूद, रुक्नउद्दीन मुलतानी का पोता था। सम्राट शैख रुक्नउद्दीन कुरैशी तथा उनके भ्राता इमादउद्दीन का बहुत ही मान-सत्कार करता था।

इमादउद्दीन का रूप सम्राट से बहुत कुछ मिलता था और इसी कारण किशलू खां के

1. जनता का इस प्रकार वध करने पर भी सम्राट वध से पहले सदैव मौलवियों का आदेश प्राप्त कर लेता था। बदाऊंनी के कथनानुसार 4 मुफ्ती सम्राट-भवन में इस कार्य के लिए सदैव रहा करते थे। सम्राट की उन पर भी सदा यही ताकीद थी कि सर्वदा सत्य ही निर्णय करें, अन्यथा मनुष्यों के दंड का पाप उन्हीं पर रहेगा। बहुत वादानुवाद के पश्चात यदि अभियुक्त दोषी ठहरता तो आधी रात बीत जाने पर भी तुरंत उसका वध कर दिया जाता था, परंतु इसके विरुद्ध यदि सम्राट के सिर कोई बात आती तो निर्णय अनिश्चित समय के लिए स्थगित कर दिया जाता था। इस बीच में सम्राट उत्तर सोचता था और तिथि नियत होने पर पुनः स्वयं वादानुवाद करता था। मुफ्तियों के उत्तर न दे सकने पर अभियुक्त का तुरंत वध कर दिया जाता था और उनके उत्तर दे देने पर वह निर्दोष कहकर छोड़ दिया जाता था।

युद्ध के समय शत्रुओं ने सम्राट के धोखे में इमादउद्दीन को पकड़ कर मार डाला। इमादउद्दीन के वध के उपरांत सम्राट ने उसके भाई शैख रुक्नउद्दीन को, सौ गांव जागीर में दे, उनकी आय मठ के क्षेत्र में, व्यय करने की आज्ञा दी। रुक्नउद्दीन की मृत्यु के उपरांत उनका पोता शैख हूद उनकी वसीयत के अनुसार मठाधीश (मुतवल्ली) नियत हुआ।

परंतु शैख रुक्नउद्दीन के एक भतीजे ने इस वसीयत का घोर विरोध कर अपने को इस पद का न्याय्य अधिकारी बताया। विरोध के कारण, दोनों सम्राट के पास दौलताबाद गए। यह नगर मुलतान से अस्सी पड़ाव की दूरी पर है। शैख की वसीयत के अनुसार सम्राट ने हूद को ही सज्जादा-नशीन नियत किया। शैख हूद वैसे भी परिपक्वावस्था का था, उसके सम्मुख उसका भतीजा नितांत युवा था।

सम्राट की आज्ञानुसार शैख हूद की खूब अभ्यर्थना की गई। प्रत्येक पड़ाव पर सम्राट की ओर से उसको भोज दिया जाता था और राह के नगरों के हाकिम (गवर्नर) और शैख आदि सम्राट के आदेशानुसार उसके सत्कारार्थ अगवानी को आते थे। राजधानी पहुंचने पर नगर के समस्त मौलवी, शैख तथा काजी उसकी अभ्यर्थना के लिए नगर से बाहर गए। मैं भी इस अवसर पर इन पुरुषों के साथ था। शैख पालकी पर सवार था और उसके घोड़े खाली चल रहे थे। मैंने शैख को सलाम तो किया परंतु उसका इस प्रकार पालकी में चढ़ कर चलना मुझको अच्छा न लगा। मैंने कुछ लोगों से कहा भी कि इस पुरुष को काजी, शैख आदि अन्य पुरुषों के साथ घोड़े पर चढ़कर चलना चाहिए। यह बात किसी ने जाकर उससे भी कह दी और वह यह कहकर कि दर्द के कारण मैं अब तक पालकी पर सवार था, घोड़े पर सवार हो गया। राजधानी पहुंचने पर उसको सम्राट की ओर से एक भोज दिया गया जिसमें काजी, मौलवी तथा परदेशी आदि बहुत से लोग सम्मिलित हुए। भोज की समाप्ति पर प्रत्येक पुरुष को उसके पदानुसार कुछ उपहार भी दिया गया, उदाहरणार्थ काजी-उल-कुज्जात को पाच सौ और मुझको ढाई सौ दीनार मिले (इस देश की प्रथा के अनुसार सम्राट द्वारा दिए गए प्रत्येक भोज के उपरांत इस प्रकार उपहार दिया जाता है)।

इस प्रकार सम्मानित हो शैख मुलतान लौट गया। सम्राट ने इस अवसर पर शैख नूरउद्दीन शीराजी को भी उसके साथ वहां जाकर उसके दादा के पद पर प्रतिष्ठित करने को भेजा। सम्मान का अंत यहीं नहीं हुआ, मुलतान पहुंचने पर भी उसको सम्राट की ओर से एक भोज दिया गया। शैख कितने ही वर्षों तक सज्जादा-नशीन रहा। एक बार सिंधु प्रांत के गवर्नर इमाद-उल-मुल्क ने सम्राट को कहीं यह लिख दिया कि सज्जादा-नशीन और उसके कुटुंबी संपत्ति बटोर बटोरकर अनुचित रीति से व्यय कर रहे हैं और मठ में किसी को रोटी तक नहीं देते। यह समाचार पाते ही सम्राट ने इसकी कुल संपत्ति जब्त करने की आज्ञा दे दी।

इमाद-उल-मुल्क ने सम्राट का आदेश होते ही सबको बुलाकर किसी का तो वध किया,

और किसी को मारा-पीटा और इस प्रकार कुछ दिनों तक उससे बीस सहस्त्र दीनार प्रतिदिन के हिसाब से वसूल किए, यहां तक कि उसके पास कुछ भी न रहा।

इसके घर से भी अपरिमित द्रव्य-संपत्ति निकली। एक जोड़ा जूते ही सात सहस्त्र दीनार के बताए जाते थे। इन पर हीरक, लाल आदि रत्न जड़े हुए थे। कोई इन जूतों को इसकी पुत्री के बताता था और कोई इसकी दासी के।

अधिक कष्ट दिए जाने पर शैख ने तुर्किस्तान भाग जाने का विचार किया, परंतु एक आदमी ने इसको पकड़ लिया। इमाद-उल-मुल्क ने यह सूचना भी सम्राट को भेज दी। उसने शैख तथा इस आदमी को बांधकर भेजने का आदेश किया। राजधानी पहुंचने पर द्वितीय व्यक्ति तो छोड़ दिया गया परंतु शैख से यह प्रश्न करने पर कि तू कहां भागना चाहता था, उसने उत्तर दिया, "मैं तो कहीं भागना नहीं चाहता था।" सम्राट ने कहा कि तेरा अभिप्राय तुर्किस्तान की ओर भागने का था। वहां जाकर तू कहता कि मैं वहाउद्दीन जकरिया मुलतानी का पुत्र हूं। सम्राट ने मेरे साथ ऐसे ऐसे बर्ताव किए हैं; और तुर्कों को वहां से अपनी सहायता में लाता। इसके उपरांत सम्राट के इसकी गर्दन मारने की आज्ञा देने पर इसका सिर काट लिया गया। परमेश्वर इस पर कृपा करे!

29. ताज-उल-आरफीन के पुत्रों का वध

संसार-त्यागी, ईश्वर-भक्त शैख शम्सउद्दीन इब्न ताज-उल-आरफीन कोयल नामक नगर में रहते थे।

'कोयल' पधारने पर सम्राट ने उनको बुला भेजा परंतु वे न आए। इस पर सम्राट स्वयं उनके पास गया। जब घर के निकट पहुंचा तो शैख कहीं चल दिए। फल यह हुआ कि बादशाह की भेंट उनसे न हुई।

तत्पश्चात एक बार संयोगवश एक अमीर के राजविद्रोह करने पर लोगों ने उसकी भक्ति की शपथ ली। इस प्रसंग में किसी ने सम्राट से जाकर कह दिया कि एक बार उक्त शैख महोदय की सभा में, किसी के द्वारा उक्त अमीर की प्रशंसा सुनकर शैख महाशय ने भी उसका समर्थन कर यह कहा था कि वह तो सम्राट-पद के योग्य है। यह सुनते ही सम्राट ने एक अमीर को शैख महाशय को पकड़ कर लाने की आज्ञा दे दी।

बस फिर क्या था? अमीर ने न केवल शैख और इनके पुत्रों को बल्कि उस सभा में उपस्थित होने के कारण कोयल के काजी और मुहतसिब (लोगों की देखभाल करने वाला अफसर) को भी जा पकड़ा। सम्राट ने इन तीनों को बंदीगृह में डालने तथा काजी और मुहतसिब की आंखों में सलाई फेरने की आज्ञा दी।

शैख साहब तो बंदीगृह में जा बसे पर काजी और मुहतसिब को प्रत्येक दिन भिक्षा मांगने के लिए वहां से बाहर लाते थे। अब सम्राट को यह सूचना मिली कि शैख के पुत्र

हिंदुओं से मेल रखते हैं और विद्रोही हिंदुओं के पास आते जाते हैं। बंदीगृह में शैख का देहांत हो जाने पर जब उनके पुत्र वहां से बाहर लाए गए तो सम्राट ने उनसे पुनः ऐसा न करने को कहा परंतु उन्होंने यही उत्तर दिया कि हमने कुछ नहीं किया है। यह उत्तर सुन सम्राट को बहुत क्रोध आया और उनके वध की आज्ञा दे दी। इसके उपरांत काजी को बुलाकर जब इनके साथियों का नाम पूछा गया तो उसने बहुत से हिंदुओं के नाम लिखवा दिए। जब यह नामावली सम्राट को दिखाई गई तो उसने कहा कि यह मेरी प्रजा को उजाड़ना चाहता है, इसकी भी गर्दन मारनी चाहिए। इस पर काजी का भी वध कर दिया गया।

30. शैख हैदरी का वध

शैख अली हैदरी भारत देश के बंदरगाह खम्भात में रहा करते थे। इनका महात्म्य दूर दूर तक प्रसिद्ध था। व्यापारीगण समुद्र में ही इनके नाम की भेंट मान लिया करते थे और इसके पश्चात जब वे इनकी वंदना को उपस्थित होते तो ध्यान के बल से ये सब बातें उन पर प्रकट कर देते थे। कभी कभी बहुत अधिक भेंट की मानता मानकर जब कोई व्यापारी मन में पछताता हुआ इनके सम्मुख उपस्थित होता तो शैख महोदय बहुधा उसको बता देते थे कि तूने पहले इतना देने का विचार किया था और अब इतना देता है। बहुत बार ऐसे प्रसंग आ पड़ने के कारण शैख हैदरी की बड़ी प्रसिद्धि हो गई थी।

काजी जलालउद्दीन अफगानी के खम्भात देश में विद्रोह करने पर, जब सम्राट को यह सूचना मिली कि शैख महोदय ने काजी के लिए प्रार्थना की है, अपने सिर की कुलाह (टोपी) उसको प्रदान की है और उसके हाथ पर भक्ति की शपथ ली है तो वह स्वयं विद्रोह को शांत करने आया और काजी को परास्त किया।

इसके उपरांत सम्राट ने शरफ-उल-मुल्क अमीर बख्त को खम्भात का हाकिम (गवर्नर) नियत कर उसको समस्त विद्रोहियों के ढूंढ़ने की आज्ञा दी। हाकिम के साथ कुछ धर्मशास्त्र के ज्ञाता भी छोड़े गए जिनके व्यवस्थापत्रों के अनुसार ही हाकिम को कार्य करना पड़ता था।

शैख हैदरी भी हाकिम के सम्मुख लाए गए और यह बात सिद्ध हो जाने पर कि उन्होंने अपनी पगड़ी काजी को दी थी और उसके लिए ईश्वर से प्रार्थना भी की थी, धर्मशास्त्रज्ञाताओं ने उनके वध का व्यवस्थापत्र दे दिया। परंतु जब वधिक ने इन पर खंड का प्रहार किया तो खंड के कुंठित हो जाने के कारण लोगों को बड़ा आश्चर्य हुआ। जनसाधारण का विश्वास था कि अब शैख महोदय को क्षमा प्रदान कर दी जाएगी परंतु वहीं शरफ-उल-मुल्क ने द्वितीय वधिक को बुलाकर उनका सिर पृथक करा दिया।

31. तूगान और उसके भ्राताओं का वध

तूगान और उसके भ्राता फरगाना के रईस थे। अपने देश से चलकर ये सम्राट के पास आ गए थे। उसने इनका बहुत आदर-सत्कार किया। रहते रहते बहुत काल व्यतीत हो जाने पर इन लोगों ने अपने देश लौटने का विचार किया और यहां से भाग जाने को ही थे कि किसी ने सम्राट को इसकी सूचना दे दी। सम्राट ने यह सुनते ही तत्देशीय प्रथानुसार इनके दो टुकड़े कर समस्त संपत्ति सूचना देने वाले को दे देने की आज्ञा दे दी।

32. इब्ने मलिक-उल-तुज्जार का वध

मलिक-उल-तुज्जार का एक युवा पुत्र था। इसकी मसें भी अभी न भीगी थीं। ऐन-उल-मुल्क के विद्रोह करने पर (जिसका वर्णन अन्यत्र किया जाएगा) मलिक-उल-तुज्जार का पुत्र भी, उसके वंश में होने के कारण, विद्रोही दल में सम्मिलित हो गया। विद्रोह-दमन के उपरांत जब ऐन-उल-मुल्क अपने मित्रों सहित बंधा हुआ सम्राट के सम्मुख उपस्थित किया गया तो उसके साथ मलिक-उल-तुज्जार का पुत्र और उसका बहनोई कुतुब-उल-मुल्क का पुत्र भी था। सम्राट ने इनके हाथ लकड़ी पर बांध दोनों को लटकाने की आज्ञा दे अमीर-पुत्रों द्वारा इन्हें बाणों से बिद्ध किए जाने का आदेश दिया, और इस प्रकार इनके प्राणों का हरण किया गया।

इनकी मृत्यु के उपरांत ख्वाजा अमीर अली महाशय तवरेजी ने काजी कमालउद्दीन से कहा कि यह युवा वध योग्य न था। सम्राट को भी इस कथन की सूचना मिली। फिर क्या था? उसने तुरंत ही ख्वाजा महाशय को बुलाकर उनसे कहा कि तुमने उसके वध से पहले यह बात क्यों न कही? उनको दो सौ दुर्रे (कोड़े) लगाने की आज्ञा दे बंदीगृह में भेज दिया। उनकी समस्त संपत्ति भी वधिकों के अमीर (प्रधान वधिक) को दे दी गई।

अगले दिन मैंने इसको अमीर अली तवरेजी के वस्त्र पहने, उन्हीं की कुलाह लगाए और उन्हीं के घोड़े पर जाते देखा। इसको दूर से देखने पर मुझे अमीर अली का ही भ्रम हो गया था।

कई मास तक बंदीगृह में रहने के पश्चात तवरेजी महाशय को सम्राट ने मुक्त कर पुनः पूर्व पद पर प्रतिष्ठित कर दिया। परंतु फिर एक बार क्रोधित हो जाने के कारण इनको खुरासान की ओर निकाल दिया। जब हिरात में जा इन्होंने सम्राट की सेवा में प्रार्थनापत्र भेज कृपा-भिक्षा चाही तो उसने पत्र के पृष्ठ पर यह लिख दिया कि 'अगर वाज आमदी वाज आई' (अगर पश्चाताप कर लिया है तो लौट आ)। फलतः अमीर अली पुनः लौट आए।

इसी प्रकार दिल्ली के खतीब-उल-खतबा को सम्राट ने एक बार रत्नादि के कोष की रक्षा करने का आदेश दिया था। संयोगवश चोरों ने आकर रात्रि में कुछ रत्नादि निकाल

लिए। इस पर सम्राट ने खतीब को पीटने की आज्ञा दी। पिटते पिटते ही उसका प्राणांत हो गया।

33. सम्राट का दिल्ली नगर को उजाड़ करना

समस्त दिल्ली-निवासियों को निर्वासित[1] करने के कारण सम्राट की घोर निंदा की जाती है। उसका हेतु यह था कि यहां की जनता पत्र लिख, लिफाफे में बंद कर रात्रि के समय दीवानखाने में डाल जाती थी।

ये पत्र सम्राट के नाम होते थे और इनके लिफाफों पर भी सम्राट के सिर की सौगंध देकर यह लिख दिया जाता था कि उसके अतिरिक्त कोई पुरुष इनको न खोले। इस कारण सम्राट ही स्वयं इनको खोलकर पढ़ता था। परंतु इन पत्रों में सम्राट को केवल गालियां लिखी होती थीं। इस पर उसने दिल्ली उजाड़ने का विचार कर नगर-निवासियों के गृह मोल ले उनका पूरा पूरा मूल्य दे दिया और समस्त जनता को दौलताबाद जाने की आज्ञा दी। जब लोगों ने वहां जाना अस्वीकार किया तो उसने मुनादी करा दी कि तीन दिन के पश्चात नगर में कोई व्यक्ति न रहे।

बहुत-से लोग तो चले गए पर कुछ अपने घरों में ही छिपकर बैठ रहे। अब सम्राट ने अपने दासों को नगर में जाकर यह देखने की आज्ञा दी कि कहीं कोई व्यक्ति शेष तो नहीं रह गया है। दासों को केवल दो व्यक्ति एक कूचे में मिले; एक अंधा था और दूसरा लूला। जब ये दोनों पुरुष सम्राट के सम्मुख उपस्थित किए गए तो लूले को तो मंजनीक से उड़ा देने की आज्ञा हुई और अंधे को दिल्ली से दौलताबाद तक (जो 40 दिन की राह

---

1. बदाऊंनी के अनुसर हिजरी सन् 727 में सम्राट ने देवगिरी नामक केंद्रस्थ नगर में अपनी राजधानी स्थापित की और इसका नाम परिवर्तन कर दौलताबाद रखा। राजधानी होने पर सम्राट, इसकी माता, कुटुंबी, अमीर-उमरा, धनी-निर्धन, राजकोष, सैन्य इत्यादि सभी दिल्ली से चलकर वहां पहुंच गए। स्थान-परिवर्तन के कारण प्रत्येक को दुगुने पारितोषिक और वेतन दिए गए। परंतु लंबी यात्रा होने के कारण बहुत लोगों को अत्यंत कष्ट हुआ, यहां तक कि बहुत से दुर्बल व्यक्तियों का राह में ही प्राणांत हो गया। परंतु 729 हि. में सम्राट ने यह आज्ञा दे दी थी कि दिल्ली तथा उसके आसपास के रहने वालों के गृह मोल ले लिए जाएं और वे सब दौलताबाद चले जाएं। गृह-मूल्य के अतिरिक्त जाने वालों को राज्य की ओर से इनाम भी मिलते थे। दान-दंड की इस रीति द्वारा दौलताबाद ऐसा बसा कि दिल्ली में कुत्ते और बिल्ली तक जीते न बचे। इसके पश्चात 743 हिजरी में सम्राट ने यह आज्ञा निकाल दी कि दौलताबाद में रहना लोगों की अपनी अपनी इच्छा पर निर्भर है, जिसकी इच्छा हो वहां रहे, जिसकी इच्छा न हो वह दिल्ली लौट जाए। इस प्रकार से भी जब दिल्ली की बस्ती पूरी नहीं हुई तो पास-पड़ोस की जनता को दिल्ली में बसने का आदेश दिया गया।

है) घसीटकर ले जाने का आदेश हुआ। सम्राट की आज्ञा का अक्षरशः पालन किया गया और उसका केवल एक पैर दौलताबाद पहुंचा। नगर-निवासी यह दशा देख अपनी अपनी संपत्ति छोड़ निकल भागे और नगर सुनसान हो गया।

एक विश्वसनीय व्यक्ति मुझसे कहता था कि सम्राट ने जब एक रात महल की छत पर से नगर की ओर देखा तो न कहीं अग्नि थी, न धुआं था, और न प्रदीप। ऐसा भयंकर दृश्य देख सम्राट ने कहा कि अब मेरा हृदय शीतल हुआ।

तत्पश्चात उसने दिल्ली-निवासियों को पुनः लौटने का आदेश दिया। फल यह हुआ कि अन्य नगरों के ऊजाड़ होने पर भी दिल्ली अच्छी तरह न बसा। हमारे नगर-प्रवेश के समय तक नगर में वास्तव में बस्ती न थी। कहीं कहीं कोई गृह बसा हुआ था। अब हम इस सम्राट के शासन की प्रधान घटनाओं का वर्णन करेंगे।

छठा अध्याय

प्रसिद्ध घटनाएं

1. गयासउद्दीन बहादुर भौंरा

पिता की मृत्यु के पश्चात सम्राट के सिंहासनारूढ़ होने पर लोगों ने उसकी राजभक्ति की शपथ ली। इस अवसर पर गयासउद्दीन भौंरा भी सम्राट के सामने उपस्थित किया गया। इसको सम्राट के पिता गयासउद्दीन तुगलक ने बंदीगृह में डाल दिया था। परंतु सम्राट ने कृपा कर, इसको बंदीगृह से निकाल, हाथी, घोड़े, धन और संपत्ति दे, अपने भतीजे इब्राहीम खां के साथ विदा करने की आज्ञा दे दी; और इससे यह वचन ले लिया कि दोनों व्यक्ति मिलकर राज्यशासन करेंगे, सिक्कों पर दोनों का ही नाम भविष्य में लिखा जाएगा और खतबा भी दोनों के ही नाम का पढ़ा जाएगा। इसके अतिरिक्त गयासउद्दीन को अपने पुत्र मुहम्मद को (जो उस समय परवात के नाम से अधिक प्रसिद्ध था) सम्राट के पास प्रतिभू के रूप में भेजने का आदेश भी कर दिया गया था।

स्वदेश लौटने पर गयासउद्दीन ने सब शर्तों का पालन किया, केवल अपने पुत्र को सम्राट के पास न भेजा और यह लिख दिया कि वह मेरे वश में नहीं है, उद्दंड हो गया है।

सम्राट ने यह देखकर, इब्राहीम खां के पास सेना भेज दिलजली तातारी को उस पर अमीर (हाकिम) नियत कर दिया। इन लोगों ने गयासउद्दीन का सामना कर उसका वध कर डाला। उसकी खाल खिंचवाकर उसमें भूसा भरवाया गया और तत्पश्चात वह समस्त देश में घुमाई गई।

2. वहाउद्दीन गश्तास्प का विद्रोह

सम्राट तुगलक (अर्थात सम्राट के पिता) के एक भानजा था जिसका नाम था वहाउद्दीन गश्तास्प। यह किसी प्रांत का गवर्नर था। संम्राट (अर्थात मामा) की मृत्यु के उपरांत इसने पुत्र (अर्थात आधुनिक सम्राट) की राजभक्ति की शपथ लेना अस्वीकार किया। वैसे यह बड़ा साहसी था।

---

1. गयासउद्दीन (पुत्र नासिरउद्दीन महमूद-पुत्र गयासउद्दीन बलबन) सम्राट बलबन का पौत्र था।

जब सम्राट ने इसकी ओर मलिक मजीर और ख्वाजाजहां की अध्यक्षता में सेना भेजी तो यह घोर युद्ध के पश्चात कम्पिला[1] (काम्पिल) देश के राय के यहां भाग गया। (हिंदी भाषा में 'राय' शब्द उसी प्रकार से राजा के लिए व्यवहृत होता है जिस प्रकार अंग्रेजी भाषा में 'रॉय')। 'कम्पिला' अत्यंत दुर्गम पर्वतों के मध्य में बसे हुए एक देश का नाम है। यहां का राजा भी हिंदुओं में बड़ा समझा जाता है।

वहाउद्दीन के वहां पहुंचते ही सम्राट की सेना भी पीछे पीछे वहीं जा डटी और नगर को जा घेरा। राय की सब सामग्री समाप्त हो जाने पर उसने वहाउद्दीन को बुलाकर कहा कि यहां की कथा तो तुम सब जानते ही हो मैं तो अब अपने कुटुंब सहित जल ही मरूंगा; तुम चाहो तो अमुक राजा के पास जा सकते हो। यह कहकर उसने 'गश्तास्प' को वहीं भेज दिया।

उसके जाने के पश्चात राय ने प्रचंड अग्नि तैयार कराई और अपने समस्त पदार्थ उसमें होमकर, रानियों को बुला यह कहा कि मैं अब अग्नि में जलना चाहता हूं, तुममें से जिसे मेरी भक्ति हो वह मेरा अनुसरण करे। फल यह हुआ कि एक एक स्त्री स्नान कर चंदन लगा, पृथ्वी का चुंबन कर, राजा के देखते देखते अग्नि में कूदकर जल गई। यही नहीं प्रत्युत नगर के अमीर, वजीर तथा बहुत से जनसाधारण भी इसी अग्नि में जल मरे। इसके पश्चात राजा भी स्नान कर चंदन लेपकर, कवच के अतिरिक्त अन्य अस्त्र-शस्त्र से सुसज्जित हो अपने पुरुषों सहित सम्राट की सेना पर जा कूदा और सबने लड़कर जान दे दी। इसके उपरांत सम्राट की सेना ने नगर में प्रवेश कर निवासियों को पकड़वाना प्रारंभ किया। इनमें राजा के ग्यारह पुत्र भी थे। सम्राट के सम्मुख उपस्थित किए जाने पर सबने इस्लाम स्वीकार कर लिया। उच्चवंशीय होने तथा पिता की वीरता के कारण सम्राट ने उनको 'इमारत' का मनसब दिया।

तीन पुत्रों को मैंने भी देखा था। एक का नाम नासिर था, दूसरे का बख्तियार और तीसरे का मुहरवार। इसके पास सम्राट की मुहर रहती थी जो भोजन तथा पान की प्रत्येक वस्तु पर लगाई जाती थी। इसका उपनाम अबू मुस्लिम था और इससे मेरी घनिष्ठ मित्रता हो गई थी।

---

1. कम्पिला—वीजापुर के पास, मद्रास के विलारी नामक जिले में था। कुछ इतिहासकार इस स्थान को कन्नौज के पास की 'कम्पिला' नगरी बताते हैं। परंतु उनकी सम्मति ठीक प्रतीत नहीं होती। इस दूसरे कम्पिला नगर में महाराज द्रुपद की राजधानी थी। अब यह केवल एक गांव मात्र है और यू.पी. में छोटी लाइन पर कायमगंज से पहला स्टेशन है। यहां एक प्राचीन कुंड बना हुआ है जो 'द्रौपदी कुंड' कहलाता है।

हां तो फिर 'कम्पिला' के राजा की मृत्यु के उपरांत सम्राट की सेना उस राजा[1] के यहां पहुंची, जहां वहाउद्दीन ने जाकर आश्रय लिया था; परंतु उस राजा ने वहाउद्दीन से यह कहकर कि मैं कम्पिला के राजा की भांति साहस नहीं कर सकता, उसको सम्राट की सेना के हवाले कर दिया। इसके उपरांत हथकड़ी तथा बेड़ी डालकर यह सम्राट की सेवा में भेज दिया गया।

उपस्थित होने पर सम्राट ने इसको रनवास में ले जाने की आज्ञा दी और कुटुंब की स्त्रियों ने बुरा-भला कह उसके मुख पर थूका। सम्राट की आज्ञा से जीते जी इसकी खाल खिंचवा दी गई और मांस चावलों के साथ पकवा कर कुछ तो उसी के घर भेज दिया गया और शेष एक थाली में रखकर एक हथिनी के सम्मुख खाने को धर दिया गया, पर उसने न खाया।

खाल, भुस भरवाने के बाद, बहादुर भौरे की खाल के साथ समस्त देश में घुमाई गई।

३. किशलू खां का विद्रोह

जब ये दोनों खालें सिंधु प्रांत में पहुंचीं तो वहां के हाकिम (गवर्नर) सम्राट तुगलक के मित्र किशलू खां ने, जिनकी वर्तमान सम्राट बहुत मान-प्रतिष्ठा करता था और चचा कहकर पुकारता था, इनको पृथ्वी में गाड़ने की आज्ञा दी।

---

1. यह राजा हयशाल वंशीय बल्लालदेव तानौर का अधिपति था जो मैसूर के निकट है।

बदाऊंनी लिखता है कि जब सम्राट दौलताबाद में था उस समय वहाउद्दीन ने दिल्ली में विद्रोह किया। परंतु फरिश्ता इब्नबतूता का समर्थन करता है। वह लिखता है कि वहाउद्दीन सम्राट का भाई (फूफी का बेटा) सागर का हाकिम था। उसके विद्रोह करने पर दिल्ली से सेना भेजी गई। दो युद्धों में सम्राट की सेना की हार होने पर, सम्राट स्वयं दौलताबाद की ओर बढ़ा परंतु सम्राट के आने से पहले ही सम्राट के सेनानायक ख्वाजाजहां ने इसको कम्पिला के राजा सहित पराजित कर बल्लालदेव के देश की ओर भगा दिया। इत्यादि इत्यादि।

फीरोजशाह के शासनकाल का प्रसिद्ध इतिहासकार 'बरनी' भी फरिश्ता का ही समर्थन करता है।

कम्पिला के राजा के यहां साधारण पुरुषों, वजीरों तथा अमीरों के अग्नि में स्त्रियों की भांति जलने की बात कुछ समझ में नहीं आती। बहुत संभव है कि इन पुरुषों की स्त्रियां भी रानियों की भांति जल मरी हों और इब्नबतूता ने या लेखकों ने प्रमादवश स्त्रियों के स्थान में 'पुरुष' लिख दिया हो। ऐसे वीर क्षत्रिय की संतानों के इस प्रकार पकड़े जाने तथा धर्म-परिवर्तन करने पर भी कुछ आश्चर्य प्रतीत होता है। यदि ये शिशु भी थे तो भी ये वहाउद्दीन की भांति, अन्यत्र भेजे जा सकते थे। जो हो, इस वर्णन से मुसलमान शासकों की नीति पर एक विचित्र प्रकाश पड़ता है।

सम्राट ने जब यह सुना तो उसको बहुत बुरा लगा, और उसने किशलू खां के वध का निश्चय कर उनको बुला भेजा। परंतु सम्राट का विचार ताड़ जाने के कारण वे न आए और विद्रोह कर दिया।

विद्रोह करने पर किशलू खां ने खुल्लमखुल्ला तुर्क, अफगान तथा खुरासान-निवासियों से सहायता प्राप्त कर सम्राट की सेना से भी बड़ी सेना एकत्र कर ली। इस पर सम्राट ने भी सामना करने की तैयारी की और स्वयं रणस्थल में जा डटा। मुलतान से दो पड़ाव की दूरी पर अबोहर के जंगल में दोनों सेनाओं का सामना हुआ।

सम्राट ने उस दिन बुद्धिमत्ता से छत्र के नीचे शैख रुक्नउद्दीन के भाई शैख इमादउद्दीन को, जिनका रूप सम्राट से मिलता था, खड़ा कर दिया। संग्राम छिड़ते ही सम्राट स्वयं चार सहस्र सैनिक लेकर एक ओर चल दिया और इधर किशलू खां की सेना ने छत्र के निकट जा शैख इमादउद्दीन का वध कर डाला। अब क्या था, समस्त सेना में यही प्रसिद्ध हो गया कि सम्राट की मृत्यु हो गई। किशलू खां की सेना युद्ध करना छोड़ लूट मार में लग गई और वे अकेले रह गए। यह अवसर देख सम्राट अपने साथियों सहित किशलू खां पर आ टूटा और उनका सिर काट लिया।

यह समाचार पाते ही किशलू खां की सेना भाग खड़ी हुई और सम्राट मुलतान में आ गया। इस नगर के काजी करीमउद्दीन की भी अब खाल खिंचवाई गई और किशलू खां का कटा हुआ सिर नगर-द्वार पर लटका दिया गया। इस नगर में मेरे आने के समय तक भी यह सिर इसी भांति द्वार पर लटक रहा था।

सम्राट ने इमादउद्दीन के भ्राता शैख रुक्नउद्दीन तथा उनके पुत्र शैख सदरउद्दीन को सौ गांव उनके निर्वाह और शैख वहाउद्दीन जकरिया मुलतानी के मठ का धर्मार्थ भोजनालय चलाने के लिए दे दिए। यह बात स्वयं शैख रुक्नउद्दीन मुझसे कहते थे।

इसके पश्चात सम्राट ने अपने मंत्री ख्वाजाजहां को कमालपुर[1] की ओर जाने का आदेश दिया। यह नगर समुद्र-तट पर है। यहां के निवासी भी सम्राट से विद्रोह कर बैठे थे।

एक धर्मशास्त्र का ज्ञाता मुझसे कहता था कि उस समय वह इसी नगर में था। जब सम्राट का वजीर वहां गया तो काजी तथा खतीब वजीर के सम्मुख लाए गए और उनकी खाल खींचने का आदेश हुआ।

जब इन दोनों ने वजीर से किसी अन्य प्रकार से वध किए जाने की प्रार्थना की तो वजीर ने इनसे अपने वध किए जाने का कारण पूछा। इन्होंने उत्तर दिया कि सम्राट की आज्ञा भंग करने के कारण हमारी यह दशा हो रही है। इस उत्तर को सुन वजीर ने कहा

---

1. कमालपुर—काठियावाड़ में भावनगर गौंडल रेलवे के लिमरी स्टेशन से 17 मील पूर्व की ओर स्थित है। बहुत संभव है कि यही वह नगर हो जिसका वर्णन इब्नबतूता ने किया है।

कि फिर मैं सम्राट की आज्ञा का किस प्रकार उल्लंघन कर सकता हूं। सम्राट का आदेश है कि तुम्हारा इसी प्रकार वध किया जाए।

इतना कह वजीर ने खाल खींचने वालों को इनके मुख के नीचे जमीन में दो गड़हे खोदने की आज्ञा दी।जससे सांस लेने में भी कुछ सुविधा हो। कारण यह है कि खाल खींचते समय अपराधियों को मुख के बल लिटा देते हैं। इसके पश्चात सिंधु प्रांत में शांति हो गई और सम्राट भी राजधानी को लौट गया।

4. हिमालय पर्वत में सम्राट की सेना

कोह कराजील (अर्थात हिमालय) एक महान पर्वत है। इसकी लंबाई इतनी अधिक है कि एक छोर से दूसरे छोर तक पहुंचने में तीन मास लग जाते हैं। दिल्ली से यह पर्वत दस पड़ाव की दूरी पर है।

यहां का राजा भी बहुत बड़ा समझा जाता है। सम्राट ने इस राजा से युद्ध करने के लिए एक लाख सेना मलिक नकबह की अधीनता में भेजी।

सेनानायक ने 'जदिया'[1] नामक नगर को अधिकृत कर देश को भस्मीभूत कर दिया और बहुत-से काफिरों (हिंदुओं) को भी बंदी बना डाला। यह देख हिंदू पहाड़ों पर चढ़ गए। पहाड़ में केवल एक घाटी थी जिसके नीचे तो नदी बहती थी और ऊपर की ओर पहाड़ थे। घाटी में एक बार एक मनुष्य से अधिक नहीं जा सकता था परंतु सम्राट की सेना ने इतनी संकरी राह होने पर भी ऊपर जा 'वरनगल' नामक पार्वत्य नगर पर अधिकार जमा लिया। जब सम्राट के पास इस विषय के शुभ समाचार भेजे गए तो उसने काजी और खतीब भेजकर सेना को यहीं ठहरने की आज्ञा दी। अब बरसात सिर पर आ गई। बीमारी फैल जाने के कारण सेना क्षीण होने लगी, घोड़े मरने लगे और धनुष सील के कारण व्यर्थ हो गए। अमीरों ने फिर सम्राट को लिखकर लौटने की आज्ञा मांगी और निवेदन किया कि वर्षा ऋतु तक तो हम पर्वत की उपत्यका में ही ठहरे रहेंगे परंतु वर्षा समाप्त होते ही हम पुनः ऊपर चले जाएंगे। सम्राट ने इस बार लौटने की आज्ञा दे दी।

सम्राट का आदेश पाते ही अमीर नकबह ने पहाड़ से नीचे उतारने के लिए लोगों को समस्त कोष और रत्नादिक तक बांट दिए। समाचार पाते ही हिंदुओं ने पर्वत की गुफाओं तथा अन्य संकीर्ण स्थानों में जाकर मार्ग रोक दिए और महान वृक्षों को काट काट कर पर्वतों से लुढ़काना प्रारंभ कर दिया। फल यह हुआ कि बहुत-से आदमी इन वृक्षों की ही झपेट में आ गहरे खड्डों में जा पड़े और जान से हाथ धो बैठे। इसी प्रकार बहुत-से सैनिकों को (इन पर्वत-निवासियों ने) बंदी कर लिया। निष्कर्ष यह कि समस्त धन-संपत्ति, अस्त्र-शस्त्र और घोड़े तक लुट गए। सेना में केवल तीन व्यक्ति जीते बचे। एक तो स्वयं अमीर नकबह

1. जड़या या जड़वा नामक एक परगना आईने-अकबरी के अनुसार कुमायूं प्रांत में है।

था और दूसरा बदरउद्दीन दौलतशाह; तीसरे का नाम मुझे स्मरण नहीं रहा। सम्राट की सेना को इस चढ़ाई के कारण बड़ा धक्का पहुंचा और वह अत्यंत निर्बल भी हो गया।

पहाड़ियों की कुछ जमीन देश में भी थी और वे सम्राट की अनुमति प्राप्त किए बिना इसे नहीं जोत सकते थे, अतएव उन्होंने कुछ राजस्व देकर सम्राट से संधि कर ली।

5. शरीफ जलालउद्दीन का विद्रोह

सम्राट ने सैयद जलालउद्दीन अहसनशाह को मअवर[1] देश का (जो दिल्ली से छह महीने की राह है) हाकिम (गवर्नर) नियत कर भेज दिया। परंतु यह गवर्नर सम्राट से विरोध कर स्वयं सम्राट बन बैठा[2] और अपने नाम का सिक्का प्रचलित कर इसने दीनारों पर एक ओर तो "अलवासिक बताई-दुर्रहमान एहसन शाहुस्सुलतान" यह वाक्य अंकित करा दिया और दूसरी ओर "सलालतो त्वाहा व यासीन अबुलफुकरा वल मसाकीन जलालुद्दुनिया वद्दीन।"

विद्रोह की सूचना पाते ही सम्राट स्वयं संग्राम के निमित्त चल पड़ा और कोशक जर (अर्थात स्वर्ण भवन) नामक एक गांव में सामान तथा अन्य आवश्यकताओं की पूर्ति के लिए आठ दिवस तक ठहरा रहा। इन्हीं दिनों में ख्वाजाजहां वजीर का भांजा हथकड़ी तथा बेड़ी से जकड़े हुए चार-पांच अन्य अमीरों के साथ सम्राट की सेवा में उपस्थित किया गया।

बात यह थी कि सम्राट ने वजीर को पहले से ही आगे भेज रखा था। जब यह धार नामक नगर में पहुंचा (जो दिल्ली से बीस पड़ाव की दूरी पर है) तो इसके साहसी तथा मनचले भांजे ने कुछ अमीरों की सहायता से षड्यंत्र रच अपने मामा वजीर महोदय का वध कर प्रदेश में भागना चाहा। इन लोगों का विचार शुक्रवार की नमाज के समय वजीर को पकड़ने का था।

परंतु इन षड्यंत्रकारियों में से मलिक नसरत हाजिब नामक एक व्यक्ति ने वजीर को समय से पूर्व ही सूचना दे कहा कि ये लोग इस समय भी अपने वस्त्रों के नीचे लोहे का जिरह-बख्तर पहने हुए हैं। इसी से इनके विचारों का पता लग सकता है। इस कथन पर विश्वास कर जब वजीर ने इनको बुलाकर देखा तो वास्तव में इनके वस्त्रों के नीचे लोहे

---

1. मअवर—अरबी भाषा में घाट को कहते हैं। अरब-निवासी पश्चिमी घाट को मैलेवार (मालावार) और पूर्वीय को 'मअवर' कहते थे। भारत के कुछ इतिहासकारों ने मालावार को ही भ्रम से 'मअवर' लिख दिया है। परंतु वास्तव में यह कर्नाटक देश का मुसलमानी नाम था। मार्कोपोलो के कथनानुसार यहां पर उस समय ऐसी प्रथा थी कि ऋणदाता के एक लकीर खींच देने पर ऋणी उसके बाहर न जा सकता था। राजा तक इस लकीर की पूरी पाबंदी ऋणी से करा देते थे।
2. इस विद्रोह का विशद वर्णन अन्य इतिहासकारों ने नहीं किया है। यह व्यक्ति सम्राट के खरीतेदार सैयद इब्राहीम का पिता था।

के कवच पाए गए। यह देख वजीर ने इनको सम्राट के निकट भेज दिया।

जिस समय ये सम्राट की सेवा में उपस्थित किए गए, उस समय मैं भी खड़ा था। इनमें से एक लंबी दाढ़ी वाला पुरुष तो भय से कांप रहा था और निरंतर सूरह मसीन (अर्थात कुरान के अध्याय विशेष) का पाठ करता जाता था। सम्राट ने वजीर के भांजे को तो उसी के पास वध करने की आज्ञा देकर भेज दिया और शेष अमीरों को हाथी के सम्मुख डलवा दिया।

जिन हाथियों से नर-हत्या का काम लिया जाता है उनके दांतों पर हलकी फाली के सदृश दोनों ओर धारदार लोहे के दंदानों वाले हलके खोल चढ़े रहते हैं। हाथी के ऊपर महावत बैठा रहता है। जब कोई पुरुष हाथी के सामने डाला जाता है तो हाथी उसको सूंड से उठा आकाश की ओर फेंक देता है और अधर में ही दांतों पर ले अपने सम्मुख धरती पर डाल अपना अगला पैर उसके वक्षःस्थल पर रख देता है। अन्यथा महावत के आदेशानुसार या तो दांतों से ही दो टुकड़े कर देता है या यों ही धरती पर पड़ा रहने देता है। जिस पुरुष की खाल खिंचवाई जाती है उसके टुकड़े नहीं किए जाते। इन पुरुषों की भी खाल ही खिंचवाई गई थी। सम्राट के राजप्रासाद से जब मैं मगरिब (अर्थात सूर्यास्त) की नमाज के पश्चात निकला तो क्या देखता हूं कि कुत्ते इनका मांस भक्षण कर रहे हैं और इनकी खालों में भूसा भरा जा रहा है। ईश्वर रक्षा करे!

मअवर जाते समय सम्राट मुझको राजधानी में ही ठहरने का आदेश कर गया था। दौलताबाद पहुंचने पर अमीर हल्लाजो के विद्रोह का समाचार सुनाई दिया। वजीर ख्वाजाजहां सेना एकत्र करने के लिए राजधानी में ही ठहर गया।

6. अमीर हल्लाजो का विद्रोह

सम्राट के अपने देश से बहुत दूर दौलताबाद पहुंचने पर अमीर हल्लाजो लाहौर में विद्रोह खड़ा कर स्वयं सम्राट बन बैठा। कुलचंद्र[1] नामक अमीर ने इस विद्रोही की सहायता की और इसी कारण हल्लाजो ने इसको अपना मंत्री बना लिया।

विद्रोह का समाचार जब दिल्ली पहुंचा तो मंत्री ख्वाजाजहां वहीं था। सुनते ही वह समस्त दिल्ली की सेना तथा खुरासानियों को ले लाहौर की ओर चल दिया। मेरे साथी भी इस अवसर पर उसके साथ गए। सम्राट ने भी कीरान सफदार और मलिक तैमूर शखदार अर्थात साकी इन दो बड़े अमीरों को वजीर की सहायता के लिए भेजा।

हल्लाजो भी सेना सहित सामना करने आया। एक बड़ी नदी के किनारे दोनों सेनाओं की मुठभेड़ हुई। हल्लाजो तो पराजित होकर भाग गया परंतु उसकी सेना का अधिकांश नदी में डूबकर नष्ट हो गया।

---

1. कुलचंद्र–यह गक्खर जाति का सरदार था। यह जाति पीछे मुसलमान हो गई।

वजीर ने नगर में प्रवेश कर बहुत-से लोगों की खालें खिंचवाईं और बहुतों के सिर कटवा लिए। वध का कार्य मुहम्मद बिन नजीब नामक नायब वजीर के सुपुर्द था। इसको 'अशदर मलिक' भी कहते थे और 'सगे-सुलतान' (सम्राट का कुत्ता) भी इसकी उपाधि थी।

अत्यंत क्रूर तथा निर्दय होने के कारण सम्राट इसको 'बाजारी शेर' कहकर पुकारता था। यह व्यक्ति अपराधियों को बहुधा अपने दांतों से काटा करता था।

वजीर ने विद्रोहियों की लगभग तीन सौ स्त्रियां बंदी कर ग्वालियर के दुर्ग में भेज दीं और वहां ये बंदीगृह में डाल दी गईं। कुछ को मैंने स्वयं उस दुर्ग में देखा था। एक धर्मशास्त्री की स्त्री भी बंदी बनाकर इन स्त्रियों के साथ ग्वालियर भेज दी गई थी, इस कारण ये महाशय भी बहुधा अपनी स्त्री के पास आते-जाते रहते थे। यहां तक कि बंदीगृह में इस स्त्री के एक बच्चा भी उत्पन्न हो गया।

7. सम्राट की सेना में महामारी

मअवर देश की ओर यात्रा करते करते सम्राट तैलिंगाना देश की राजधानी बिदरकोट[1] में ही पहुंचा था कि राजसेना में महामारी फैल गई। मअवर देश इस स्थान से अभी तीन महीने की राह था।

महामारी के कारण बहुत-से सैनिकों, दासों तथा अमीरों की मृत्यु हो गई। अमीरों में उल्लेखनीय मृत्यु एक तो मलिक दौलतशाह की हुई जिसको सम्राट 'चचा' कहकर पुकारता था और दूसरी मृत्यु हुई अमीर अबदुल्ला अरबी की। यह ऐसा बलिष्ठ था कि एक बार सम्राट के यह आदेश देने पर कि राजकोष से जितना चाहो शक्तिभर धन ले जाओ, यह तेरह थैलियां अपनी बाहुओं पर बांधकर एक ही बार में निकाल ले गया। महामारी फैलने पर सम्राट तो दौलताबाद को लौट आया और समस्त देश में अव्यवस्था और व्रिदोह-सा फैल गया। यदि सम्राट के भाग्य में अन्यथा न लिखा होता तो देश इस समय हाथ से निकल ही गया था।

8. मलिक होशंग का विद्रोह

दौलताबाद को लौटते समय सम्राट के राह में रोगग्रस्त हो जाने के कारण लोगों में उसके (सम्राट के) प्राणांत की प्रसिद्धि हो गई।

मलिक कमालउद्दीन गुर्ग का पुत्र मलिक होशंग इस समय दौलताबाद का हाकिम (गवर्नर) था। इसने सम्राट से यह प्रतिज्ञा की थी कि मैं न तो सम्राट के जीते जी और न उसके मरणोपरांत ही किसी के प्रति राजभक्ति की शपथ लूंगा। सम्राट की मृत्यु का

1. बिदरकोट—बतूता का तात्पर्य यहां आधुनिक 'बिदर' से है। निजाम राज्य की आधुनिक राजधानी हैदराबाद से यह नगर पश्चिमोत्तर कोण में 75 मील की दूरी पर बसा हुआ है।

समाचार सुन यह दौलताबाद और कंकण थाना[1] के मध्यस्थ भूभाग के 'बरवरह' नामक राजा के पास भाग गया।

हाकिम के भागने की सूचना पाते ही, इस भय से कि उत्पात कहीं और अधिक न बढ़ जाए, सम्राट ने दौलताबाद आने में बहुत शीघ्रता की और तदुपरांत होशंग का पीछा कर आश्रयदाता नृपति का नगर घेर उसको होशंग के अर्पित करने का वचन भेज दिया।

सम्राट का यह वचन सुनकर राजा ने कहला भेजा कि मैं कम्पिला देश के राजा की भांति आचरण करने को विवश होने पर भी अपने आश्रित को कभी आपको अर्पित न करूंगा। परंतु होशंग ने भयभीत होकर सम्राट से लिखा-पढ़ी प्रारंभ कर दी और आपस में यह समझौता हुआ कि अपने गुरु कतलू (कतलग) खां को पीछे छोड़ सम्राट दौलताबाद को लौट जाए और होशंग इन गुरु महोदय के पास स्वयं आ जाएगा।

ठहराव के अनुसार सम्राट सेना ले पीछे लौट गया, और होशंग कतलू खां के पास आया। कतलू खां ने इसको वचन दे दिया था कि सम्राट न तो तुम्हारा वध करेगा और न तुम पदच्युत ही किए जाओगे। होशंग जब अपने पुत्र-कलत्र, धन संपत्ति तथा इष्ट मित्रों सहित सम्राट की सेवा में उपस्थित हुआ तो उसने बहुत प्रसन्न हो उसको खिलअत दे संतुष्ट किया।

कतलू खां बात के बड़े धनी थे। लोगों को इन पर बड़ा विश्वास था और सम्राट भी इनका बहुत आदर करता था। इस करण से कि सम्राट को मेरे उपस्थित होने पर खड़ा होने का वृथा कष्ट न करना पड़े, ये महाशय बिना बुलाए कभी राजसभा में न जाते थे। ये सदा दीन-दुखी लोगों को दान देते रहते थे।

9. सैयद इब्राहीम का विद्रोह

हांसी और सिरसा के हाकिम (गवर्नर) का नाम सैयद इब्राहीम था। यह 'खरीतेदार' (अर्थात सम्राट की कलम और कागज रखने वाले) के नाम से अधिक प्रसिद्ध था। मअवर देश के हाकिम (जो इसका पिता था) का विद्रोह दमन करने के लिए सम्राट के उधर जाने पर उसकी मृत्यु की प्रसिद्धि होते ही सैयद इब्राहीम के चित्त में भी राज्य की लालसा उत्पन्न हो गई। यह पुरुष अत्यंत सुंदर, शूर एवं मुक्तहस्त था। इसकी भगिनी हूर नसब से मेरा विवाह

---

1. थाना—यह नगर अत्यंत प्राचीन है। प्रसिद्ध विजेता महमूद गजनवी के साथ आने वाला अबूरिहां नामक विख्यात लेखक इस नगर को कंकण की राजधानी बतलाता है। अबुल फिदा नामक लेखक का कथन है कि प्राचीन काल में (लेखक के समय) इस नगर में 'तनासी' नामक एक तरह का सुंदर वस्त्र बना करता था। सन् 1318 में यह नगर प्रथम बार दिल्ली के बादशाह के अधीन हुआ। फिर सोलहवीं शताब्दी में इस पर पुर्तगीजों का आधिपत्य हुआ और उनसे मराठों ने 1739 ई. में छीन लिया। मरहटों के पतन के पश्चात अब यह बंबई सरकार में है।

हुआ था। यह भी अत्यंत शीलवती थी और रात्रि को तहज्जुद (एक बजे रात्रि की नमाज) और वजीफा पढ़ती रहती थी। इसके गर्भ से मेरे एक पुत्री उत्पन्न हुई। मैं नहीं जानता कि इस समय उनकी क्या दशा है। मेरी स्त्री पढ़ना तो खूब जानती थी परंतु लिख न सकती थी।

हां, तो इब्राहीम के विद्रोह का विचार करने के समय एक अमीर दिल्ली से सिंधु की ओर कोष लिए इसी प्रांत से होकर जा रहा था। इब्राहीम ने इस पुरुष को चोरों का भय बता, शांति स्थापित होने तक अपने यहां ही ठहरा रखा परंतु वास्तव में यह, सम्राट की मृत्यु का समाचार सत्य सिद्ध होने पर, इस कोष को हथियाने का विचार कर रहा था। फिर सम्राट के जीवित रहने की बात ही जब ठीक निकली तो इसने इस अमीर को आगे बढ़ने दिया। इस अमीर का नाम था जिया-उल-मुल्क बिन शपस-उल-मुल्क।

ढाई वर्ष के पश्चात जब सम्राट राजधानी में पहुंचा तो सैयद इब्राहीम भी उसकी वंदना को उपस्थित हुआ और इसी समय इसके एक दास ने इसकी चुगली खा सम्राट पर इसके समस्त विचार प्रकट कर दिए। यह सुन सम्राट का विचार तो इसका वध करने का हुआ परंतु अत्यंत प्रेम करने के कारण उसने अपने इस विचार को स्थगित कर दिया।

एक बार संयोगवश एक जिबह किया हुआ हिरण-शावक सम्राट के सम्मुख उपस्थित किया गया। सम्राट ने इसको जिबह होते देखा था, इस कारण उसने यह कहकर कि यह सम्यक रूप से जिबह नहीं हुआ है इसको फेंकने की आज्ञा दे दी। परंतु सैयद इब्राहीम ने यह कहा कि यह सम्यक रूप से जिबह हुआ है, मैं इसका भोजन कर लूंगा।

यह सुन सम्राट ने क्रोधित हो इसको पहले तो बंदीगृह में डालने की आज्ञा दी, तदुपरांत इस पर उपर्युक्त जिया-उल-मुल्क के कोष को अपहरण करने के प्रयत्न का दोष लगाया गया। इब्राहीम भी यह भली-भांति समझ गया कि मेरे पिता के विद्रोह के कारण सम्राट मेरा अवश्य ही प्राणापहरण करेगा। अपराध अस्वीकार करने पर वृथा यंत्रणाएं भोगनी पड़ेंगी और घोर यंत्रणाओं से मृत्यु कहीं अधिक श्रेष्ठ है; इन सब बातों को सोच-समझ सैयद ने अपना दोष स्वीकार कर लिया और सम्राट ने इसकी देह के दो टूक करने की आज्ञा दे दी।

इस देश की प्रथा के अनुसार सम्राट की आज्ञा से वध किए हुए पुरुष का शव तीन दिवस तक उसी स्थान पर पड़ा रहता है। तीन दिन के पश्चात काफिर (हिंदू) वधिक[1] शव को नगर की खाई के बाहर ले जाकर डाल देते हैं।

वध किए हुए पुरुषों के उत्तराधिकारी कहीं उनके शवों को उठाकर न ले जाएं, इस भय से इन वधिकों के गृह भी नगर की खाई के निकट ही बने होते हैं। मृतक के उत्तराधिकारी इन लोगों को घूस देकर शव उठाकर अंतिम संस्कार करते हैं। सैयद इब्राहीम भी इसी विधि से धरती में गाड़ा गया।

1. वधिक—संभवतया भंगी यह कृत्य करता था।

10. सम्राट के प्रतिनिधि का तैलिंगाने में विद्रोह

तैलिंगाने से लौटने पर जब सम्राट की मृत्यु की झूठी अफवाह फैली, उस समय उस देश का हाकिम नसरत खां तुर्क था। यह सम्राट का पुराना सेवक था। सम्राट की मृत्यु की सूचना पाने पर इसने प्रथम तो संवेदना प्रकट की और तदुपरांत जनता से तैलिंगाने की राजधानी बिदरकोट (बिदर) में अपने प्रति राजभक्ति की शपथ ली।

यह समाचार सुन सम्राट ने अपने आचार्य कतलू खां की अधीनता में एक बड़ी सेना इस ओर भेजी। घोर युद्ध के पश्चात, जिसमें बहुत-से पुरुषों ने प्राण खोए, सम्राट के सेनानायक ने बिदरकोट को चारों ओर से घेर लिया। नगर के अत्यंत दृढ़ होने के कारण कतलू खां ने अब सुरंग लगाना प्रारंभ किया, परंतु नसरत खां ने अपने प्राणों की भिक्षा चाही।

कतलू खां ने उसकी प्रार्थना स्वीकार कर ली। इस पर वह नगर के बाहर आ गया और सम्राट की सेवा में भेज दिया गया। इस प्रकार से समस्त नगरवासियों और नसरत खां की कुल सेना के प्राण बच गए।

11. दुर्भिक्ष के समय सम्राट का गंगा तट पर गमन

देश में दुर्भिक्ष पड़ने पर सम्राट सेना सहित गंगातट[1] पर चला गया। हिंदू इस नदी को बहुत पवित्र समझते हैं और प्रत्येक वर्ष इसकी यात्रा करने जाते हैं। जिस स्थान पर सम्राट जाकर ठहरा था वह दिल्ली से दस पड़ाव की दूरी पर था। सम्राट की आज्ञा के कारण लोगों ने इस स्थान पर प्रथम तो फूस के छप्पर बना लिए पर इनमें बहुधा अग्नि लग जाने के कारण लोगों को बड़ा कष्ट होता था। जब बाद में बचाव का अन्य कोई साधन नहीं रह गया, तब धरती में तहखाने बना दिए गए। अग्निकांड होने पर लोग अपनी धन-संपत्ति तथा अन्य पदार्थ इन तहखानों में डाल इनके मुख मिट्टी से मूंद देते थे।

इन्हीं दिनों मैं भी सम्राट के कैंप में पहुंचा था। गंगा नदी के पश्चिमी तट पर तो अत्यंत भयंकर दुर्भिक्ष पड़ रहा था, परंतु पूर्व की ओर अनाज का भाव सस्ता था। सम्राट की ओर

---

1. स्वर्ग-द्वार—यह स्थान फर्रुखाबाद के जिले में शमसाबाद के निकट था। केवल सेना का पड़ाव होने के कारण यहां का कोई चिह्न भी इस समय अवशेष नहीं है। सम्राट यहां ढाई-तीन वर्ष तक रहा। और सम्राट ने यहां के अपने निवासस्थान का नाम स्वर्गद्वार रखा था। बदाऊंनी लिखता है कि प्रथम तो सम्राट ने दुर्भिक्ष में दीन-दुखियों को खूब अनाज बांटा, परंतु जब इस पर भी कुछ अंतर न पड़ा और दुर्भिक्ष बढ़ता ही गया तो विवश होकर सम्राट तो गंगा किनारे उपर्युक्त स्थान पर चला गया और लोगों को भी पूर्वीय भागों में या जहां इच्छा हो वहां जाने की आज्ञा दे दी।

से अवज (अवध), जफराबाद[1] तथा लखनऊ का हाकिम (गवर्नर) इस समय अमीर ऐन-उल-मुल्क था। यह अमीर प्रत्येक दिन सम्राट की सेना में पचास सहस्र मन गेहूं और चावल, और पशुओं के लिए चने भेजा करता था। तदुपरांत सम्राट ने अपने हाथी, घोड़े और खच्चर भी नदी-पार पूर्व की ओर चरने के लिए भेजने की आज्ञा दे ऐन-उल-मुल्क को उनका संरक्षक बना दिया।

ऐन-उल-मुल्क के चार भाई और थे। इनमें से एक का नाम था शहरउल्ला, दूसरे का नसरउल्ला और तीसरे का फजलउल्ला; चौथे का नाम मुझको अब स्मरण नहीं रहा।

इन चारों भाइयों ने ऐन-उल-मुल्क के साथ मिलकर सम्राट के हाथी, घोड़े तथा अन्य पशुओं के अपहरण करने तथा ऐन-उल-मुल्क के साथ राजभक्ति की शपथ लेकर उसको सम्राट बनाने का षड्यंत्र रचा। ऐन-उल-मुल्क तो रात्रि में ही भाग गया और सम्राट को बिना सूचना मिले ही इन पुरुषों के मनोरथ सफल होते होते रह गए।

भारतवर्ष का सम्राट अपना एक दास प्रत्येक छोटे-बड़े अमीर के पास इसलिए रख देता है कि उसकी समस्त विस्तृत कथा सम्राट को उसके द्वारा ज्ञात होती रहे। इसी प्रकार अमीरों की स्त्रियों के पास भी सम्राट की कोई-न-कोई दासी अवश्य बनी रहती है और ये दासियां अमीरों के घर का सब वृत्तांत भंगनों द्वारा सम्राट के दूतों के पास भेज देती हैं, और दूत इसको सम्राट तक पहुंचा देते हैं। कहा जाता है कि एक अमीर ने अपनी स्त्री के साथ, रात्रि को शयन करते समय, भोग करना चाहा। भार्या ने सम्राट के सिर की शपथ दिला ऐसा करने से उसको रोकना चाहा परंतु अमीर ने न माना। प्रातःकाल होते ही सम्राट ने उस अमीर को बुला इसी कारण प्राणदंड दे दिया।

सम्राट का एक दास, जिसका नाम मलिक शाह था, ऐन-उल-मुल्क के पास भी इसी प्रकार से रहा करता था। इसने सम्राट को उसके भागने की सूचना दे दी। समाचार सुनते ही सम्राट के होश-हवास जाते रहे और मृत्यु सम्मुख दीखने लगी। कारण यह था कि सम्राट के समस्त हाथी-घोड़े आदि पशु और संपूर्ण खाद्य पदार्थ ऐन-उल-मुल्क के ही पास थे और सेना में अबतरी फैल रही थी। प्रथम तो सम्राट ने राजधानी जा वहां से सुसंगठित सैन्य की सहायता से ऐन-उल-मुल्क से युद्ध करने का विचार किया परंतु अमीरों को एकत्र कर मंत्रणा करने पर खुरासानी तथा अन्य परदेशियों ने—सम्राट द्वारा विदेशियों का अधिक सम्मान होने के कारण, हिंदुस्तानी अमीर ऐन-उल-मुल्क और इन परदेशियों के मध्य आपस की अनबन कराने के लिए—तुगलक की सम्मति स्वीकार न की और कहा कि हे अखवंद आलम (संसार के प्रभु), आपके राजधानी गमन की सूचना पाते ही ऐन-उल-मुल्क सेना एकत्र करने

1. जफराबाद—अबुलफजल के समय सरकार जौनपुर में एक महल था। ऐसा प्रतीत होता है कि सम्राट अलाउद्दीन खिलजी के राजत्व-काल में जफर खां ने इस स्थान को बसाया था। उस समय सूबे का हाकिम यहीं रहा करता था।

लगेगा और बहुत से धूर्त्त चारों ओर से आकर उसके पास एकत्र हो जाएंगे। इससे अधिक उत्तम बात यही है कि उस पर तुरंत आक्रमण कर दिया जाए। सर्वप्रथम यह प्रस्ताव नासिरउद्दीन आहरी ने सम्राट के सम्मुख उपस्थित किया और शेष अमीरों ने इसका समर्थन किया। सम्राट ने भी इनकी सम्मति स्वीकार कर रात्रि में ही पत्र लिख आसपास के अमीरों तथा सैन्य-दलों को तुरंत ही बुला लिया। इसके अतिरिक्त सम्राट ने एक और युक्ति से काम लिया। वह यह थी कि यदि सौ पुरुष सम्राट की ओर से आते तो वह उनकी अभ्यर्थना को एक सहस्र सैनिक भेजते और इस प्रकार ग्यारह सौ सैनिक सम्राट के डेरों में प्रवेश होते देख शत्रुओं को अधिक संख्या का भ्रम हो जाता था।

अब सम्राट ने नदी के किनारे किनारे चलना प्रारंभ किया, और दृढ़ स्थान होने के कारण, कन्नौज पहुंच वहां का दुर्ग अधिकृत करना चाहा, परंतु यह नगर तीन पड़ाव दूर था। प्रथम पड़ाव पार करने के पश्चात सम्राट ने सैन्य को युद्ध के लिए सुसज्जित किया। सैनिक पंक्तिबद्ध खड़े किए गए। घोड़े उनके बराबर आ गए। प्रत्येक सैनिक ने समस्त अस्त्र-शस्त्रादि अपनी अपनी देह पर लगा लिए। सम्राट के पास केवल एक छोटा-सा डेरा था और इसी में उसके भोजन एवं स्नानादि का प्रबंध था। बड़ा कैंप यहां से दूर था। तीन दिवस तक सम्राट ने न तो शयन ही किया और न कभी छाया में ही बैठा।

एक दिन मैं अपने डेरे में बैठा हुआ था कि मेरे नौकर सुम्बुल ने मुझसे तुरंत बाहर आने को कहा। मेरे बाहर आने पर उसने कहा कि सम्राट ने अभी आज्ञा निकाली है कि जिस पुरुष के पास उसकी स्त्री या दासी बैठी हो उसका तुरंत वध कर दिया जाए। मेरे साथ भी दासियां थीं और इसी से नौकर ने बाहर आने को कहा था। कुछ अमीरों के प्रार्थना करने पर सम्राट ने पुनः कैंप में किसी स्त्री के न रहने का आदेश कर दिया। इसके पश्चात कैंप में कोई स्त्री न रही; यहां तक कि सम्राट ने भी अपनी दासियां हटा दीं। यह रात्रि भी तैयारी में ही बीत गई। सब स्त्रियां कम्बेल[1] नामक दुर्ग में तीन कोस की दूरी पर भेज दी गईं।

दूसरे दिन सम्राट ने अपनी समस्त सेना कई भागों में विभक्त कर दी। प्रत्येक भाग

---

1. कम्बेल (काम्पिल्य)—फर्रुखाबाद की कायमगंज नामक तहसील में यह स्थान इस समय उजड़ कर एक गांव के रूप में अवशिष्ट है। आईने-अकबरी में यह स्थान सरकार कन्नौज का एक महल बताया गया है। गयासउद्दीन बलबन के समय यहां डाकुओं का अड्डा होने के कारण सम्राट ने यहां दुर्ग निर्माण करा दिया था।

कहा जाता है कि महाभारत के प्रसिद्ध राजा द्रुपद इसी स्थान पर राज्य करते थे। एक टीले को यहां के निवासी आजकल भी राजा द्रुपद का दुर्ग बताते हैं। उस समय इस नगर का नाम 'काम्पिल्य' था और यह दक्षिण पांचाल नामक प्रांत की, जिसका सीमा-विस्तार आधुनिक बदायूं और फर्रुखाबाद के मध्य तक था, राजधानी था।

के साथ सुरक्षित हौदेयुक्त हाथी कर दिए और समस्त सेना को कवच धारण करने की आज्ञा दे दी गई। द्वितीय रात्रि भी इसी प्रकार तैयारी में ही व्यतीत हो गई।

तीसरे दिन ऐन-उल-मुल्क के नदी पार करने का समाचार मिला। यह सुनकर सम्राट ने इस संदेह से कि वह अब नदी पार के समस्त अमीरों की सहायता प्राप्त कर लौटा है—अपने समस्त मुसाहबों को भी एक एक घोड़ा दिए जाने की आज्ञा दे दी। मेरे पास भी कुछ घोड़े आए। मेरे साथ मीर मीरां किरमानी नामक एक बड़ा साहसी घुड़सवार था। उसको मैंने सब्जा घोड़ा दिया परंतु उसके सवार होते ही घोड़ा ऐसा भागा कि वह रोक न सका; घोड़े ने उसको नीचे गिरा दिया और उसका प्राणांत हो गया। सम्राट ने इस दिन चलने में बड़ी ही शीघ्रता की और अस्र (संध्या के चार बजे की नमाज) के पश्चात हम कन्नौज पहुंच गए। सम्राट को यह भय था कि कहीं ऐन-उल-मुल्क हमसे पहले ही कन्नौज पर अधिकार न जमा ले, अतएव रात्रि भर सम्राट सेना का संगठन करता रहा। आज हम सेना के अग्र भाग में थे। सम्राट के चचा का पुत्र मलिक मुल्क फीरोज तथा उसके साथी, अमीर गद्दा इब्न मुहन्ना, और सैयद नासिरउद्दीन तथा अन्य खुरासानी अमीर भी हमारे ही साथ थे। सौभाग्य से सम्राट ने आज हमको अपने भृत्यों में सम्मिलित कर अपने ही पास रहने को कह दिया था, इसी से कुशल हुई। क्योंकि पिछली रात्रि के समय ऐन-उल-मुल्क ने हमारी सेना के अग्र भाग पर, जो मंत्री ख्वाजाजहां के अधीन था, छापा मारा। इस आक्रमण के कारण लोगों में बड़ा कोलाहल मच गया। सम्राट ने लोगों को अपने स्थान से न हटने तथा तलवारों द्वारा ही युद्ध करने की आज्ञा दी। सारी शाही सेना अब शत्रुओं की ओर अग्रसर होने लगी।

इस रात्रि को सम्राट ने अपना गुप्त सांकेतिक चिह्न 'दिल्ली' तथा 'गजनी' नियत किया था। हमारी सेना का सैनिक किसी दूसरे सैनिक को मिलने पर 'दिल्ली' कहता था और इसके उत्तर में द्वितीय सैनिक के 'गजनी' न कहने पर शत्रु समझकर उसका वध कर दिया जाता था।

ऐन-उल-मुल्क तो सम्राट पर ही छापा मारने का विचार कर रहा था, परंतु पथप्रदर्शक के धोखा देने के कारण वजीर पर आक्रमण हो गया। ऐन-उल-मुल्क ने यह देख पथप्रदर्शक का वध कर दिया।

वजीर की सेना में अजमी अर्थात अरब के देश के बाहर के तुर्क और खुरासानियों की ही संख्या अधिक थी। भारतीयों से शत्रुता होने के कारण इन लोगों ने जी तोड़कर ऐसा युद्ध किया कि ऐन-उल-मुल्क की पचास सहस्र सेना प्रातःकाल होते होते भाग खड़ी हुई।

इब्राहीम तातारी (लोग इसको भंगी कहकर पुकारते थे) संडीले से ऐन-उल-मुल्क के साथ हो लिया था। यह उसका नायब था। इसके अतिरिक्त कुतुब-उल-मुल्क का पुत्र दाऊद,

और सम्राट के घोड़े-हाथियों का अफसर, जो मलिक-उल- तुज्जार का पुत्र था, ये दोनों सरदार भी इस विद्रोही से जा मिले थे। दाऊद को तो ऐन-उल-मुल्क ने अपना हाजिब बना दिया था।

जब ऐन-उल-मुल्क ने वजीर की सेना पर आक्रमण किया तो यही दाऊद सम्राट को उच्च स्वर से गंदी गंदी गालियां देने लगा। सम्राट ने भी इनको सुन दाऊद का स्वर पहचान लिया।

अपनी सेना के पराजित होने पर, बड़े बड़े सरदारों को भागते देख ऐन-उल-मुल्क ने जब अपने नायब इब्राहीम से पलायन करने का परामर्श किया तो उसने तातारी भाषा में अपने साथियों से कहा कि भागने का विचार करते ही मैं इसके लंबे केश पकड़ लूंगा और मेरे केश ग्रहण करते ही तुम लोग इसके घोड़े को चाबुक मारकर गिरा देना। फिर हम सब इसको सम्राट की सेवा में बांधकर ले जाएंगे। बहुत संभव है कि इस सेवा से प्रसन्न हो सम्राट हमारा अपराध क्षमा कर दे।

ऐन-उल-मुल्क ने जब भागने का विचार किया तो इब्राहीम ने यह कहकर कि 'सम्राट अलाउद्दीन (एन-उल-मुल्क ने यह उपाधि सम्राट होने पर धारण कर ली थी), कहां जाते हो?' उसके केश-पाश दृढ़ता से पकड़ लिए। अन्य तातारियों ने इसी समय उसके घोड़े को चाबुक मार भगा दिया। ऐन-उल-मुल्क धरती पर गिर पड़ा और इब्राहीम ने उसको अपने वश में कर लिया। वजीर के साथियों ने जब ऐन-उल-मुल्क को उनसे छुड़ाकर स्वयं पकड़ना चाहा तो इब्राहीम ने यह कहा कि लड़कर मर जाऊंगा परंतु यह कैदी किसी को न दूंगा। मैं स्वयं इसको वजीर के सम्मुख उपस्थित करूंगा। इसके पश्चात ऐन-उल-मुल्क वजीर के सामने लाया गया। इस समय प्रातःकाल हो गया था, सम्राट सम्मुख लाए हुए हाथी तथा ऊंटों का निरीक्षण कर रहा था। मैं भी वहीं सेवा में था। इतने में किसी (इराक-निवासी) ने आकर यह समाचार सुनाया कि ऐन-उल-मुल्क पकड़ा गया और वजीर के सम्मुख उपस्थित है। इस कथन पर विश्वास न कर मैं कुछ ही दूर गया था कि मलिक तैमूर शरवदार ने आकर मुझसे कहा, 'मुबारक हो। ऐन-उल-मुल्क बंदी कर वजीर के सामने उपस्थित कर दिया गया।' यह समाचार सुन सम्राट हम सबको साथ ले ऐन-उल-मुल्क के कैंप की ओर चल दिया। हमारी सेना ने उसके डेरे इत्यादि लूट लिए और उसके बहुत-से सैनिक नदी में घुसने के कारण डूबकर मर गए। कुतुब-उल-मुल्क और मलिक-उल-तुज्जार दोनों के पुत्र पकड़ लिए गए। सम्राट ने इस दिन नदी किनारे ही विश्राम किया। वजीर, ऐन-उल-मुल्क को नंगे-बदन, बैल पर चढ़ा, सम्राट के सम्मुख लाया। केवल एक लंगोटी उसके शरीर पर थी और वही गर्दन में डाल दी गई थी। डेरे के द्वार पर ऐन-उल-मुल्क को छोड़ वजीर स्वयं सम्राट के सम्मुख भीतर गया और सम्राट ने उसको शर्बत दिया। अमीरों के पुत्र सम्मुख आ ऐन-उल-मुल्क को गालियां देते और उसके मुख पर थूकते थे। जब

सम्राट ने मलिक कबीर को उसके पास भेजकर यह कुकृत्य करने का कारण पूछा तो वह चुप हो रहा। फिर सम्राट ने ऐन-उल-मुल्क को निर्धनों के-से वस्त्र पहना, पैरों में चार चार बेड़ियां डालकर, हाथ गर्दन पर बांध वजीर के सुपुर्द कर दिया और इसको सुरक्षित रखने की आज्ञा दे दी।

ऐन-उल-मुल्क के भाई नदी पार कर भाग गए। और अवध में जा अपने पुत्र-कलत्रादि तथा धन-संपत्ति को यथाशक्ति बटोर तथा बेचकर निकल गए। इन्होंने अपने भाई ऐन-उल-मुल्क की स्त्री से भी धन-संपत्ति लेकर भागने को कहा परंतु उसने यह कहा कि 'अपने पति के सहित जल जाने वाली हिंदू स्त्रियों से भी क्या मैं गई-बीती हूं', और उनके साथ जाना अस्वीकार कर दिया। यह स्त्री तो यह कहती थी कि पति की मृत्यु होने पर मैं भी देह छोड़ दूंगी और उनके जीवित रहने पर मैं भी जीवित रहूंगी। यह समाचार सुन सम्राट भी बहुत प्रसन्न हुआ और उसको भी उस स्त्री पर दया आ गई।

सुहेल नामक एक पुरुष ने ऐन-उल-मुल्क के भाई नसरुल्ला का सिर काटकर, उसकी भगिनी अैर ऐन-उल-मुल्क की स्त्री के सहित सम्राट के सम्मुख उपस्थित किया। सम्राट ने स्त्री को भी वजीर के ही पास भेज दिया, और उसने इसके लिए एक पृथक डेरा ऐन-उल-मुल्क के डेरे के पास लगवा दिया। ऐन-उल-मुल्क इसके पास बैठकर फिर बंदीगृह में चला जाता था।

विजय के दिन सम्राट ने अस्त्र के समय बाजारी पुरुषों, दासों तथा दीनों को (जो इनके साथ पकड़े गए थे) छोड़ने की आज्ञा दे दी। मलिक इब्राहीम भंगी भी सम्राट के सम्मुख उपस्थित किया गया। सेनापति मलिक बुगरा ने अखवंद आलम से इसका सिर काटने की प्रार्थना की परंतु ऐन-उल-मुल्क को बंदी करने के कारण वजीर ने इसको क्षमा कर दिया था। सम्राट ने भी इसी हेतु इसको अब क्षमा कर अपनी जागीर पर लौटने की आज्ञा दे दी।

मगरिब की नमाज के पश्चात जब पुनः सम्राट लकड़ी के बुर्ज में विराजमान हुआ तो ऐन-उल-मुल्क के साथियों में से बासठ बड़े बड़े पुरुष उसके सम्मुख उपस्थित किए गए। इनको हाथियों के सम्मुख डालने की आज्ञा हुई। कुछ एक को तो हाथियों ने अपने लोहे मढ़े हुए दांतों से टुकड़े टुकड़े कर डाला और शेष को उछाल उछाल कर मार डाला। इस समय नौबत, नगाड़े और शहनाइयों के बजने का तुमुल शब्द हो रहा था। ऐन-उल-मुल्क भी खड़ा खड़ा यह व्यापार देख रहा था। मृत पुरुषों के देह-खंड इसकी ओर फेंके जाते थे। साथियों के वध के उपरांत इसको पुनः बंदीगृह में ले गए।

पुरुषों की संख्या तो बहुत अधिक थी, परंतु नावें थोड़ी ही थीं, इस कारण सम्राट को नदी के किनारे देर तक ठहरना पड़ा। सम्राट का निजी असबाब तथा राजकोष तो हाथियों की पीठ पर लादकर पार उतारा गया। कुछ हाथी अमीरों को सामान लादकर पार भेजने

के लिए दे दिए गए। मुझको भी एक हाथी मिला; उसी पर सामान लादकर मैंने भी नदी के पार भेजा।

12. बहराइच की यात्रा

इसके पश्चात सम्राट का विचार बहराइच[1] की ओर जाने का हुआ। यह सुंदर नगर सरजू नदी के तट पर बसा हुआ है। सरजू भी एक बड़ी नदी है। इसके तट बहुधा गिरते रहते हैं। शैख सालार मसऊद[2] की समाधि के दर्शनार्थ सम्राट को नदी के पार जाना पड़ा। शैख सालार ने यहां के आसपास का बहुत अधिक भू-भाग विजय किया था; और उनके संबंध में लोग बहुत-सी अलौकिक बातें बताते हैं।

नदी पार करते समय लोगों की बहुत भीड़ एकत्र हो गई और सौ पुरुषों सहित एक बड़ी नाव भी डूब गई। केवल एक पुरुष जीवित बचा। यह जाति का अरब था और इसको 'सालिम' कहते थे। यह अमीर गद्दा का साथी था। छोटी डोंगी में होने के कारण ईश्वर ने हम सबकी रक्षा की।

सालिम का विचार हमारे साथ नाव में बैठने का था परंतु हमारी नाव के तनिक आगे बढ़ आने के कारण वह उसी डूबने वाली नाव में जा बैठा। मैं तो इसको भी एक बड़ी अद्भुत बात समझता हूं। जब वह नदी से बाहर आया तो हमारे साथियों ने यह समझ कर कि वह हमारे साथ था, उसको अकेला देखकर यह अनुमान किया कि हम सब डूब गए और रोना-पीटना प्रारंभ कर दिया। फिर जब हम कुछ काल पश्चात जीते-जागते दृष्टिगोचर हुए तो उन्होंने ईश्वर को अनेक धन्यवाद दिए।

इसके पश्चात हमने शैख सालार की समाधि के दर्शन किए। समाधि एक बुर्ज में बनी हुई है, परंतु भीड़ अधिक होने के कारण मैं भीतर न गया। इस स्थान के निकट ही एक बांसों का वन है। वहां हमने एक गैंडे का वध किया। यह पशु था तो हाथी से छोटा परंतु इसका सिर हाथी के सिर से कहीं अधिक बड़ा था।

ऐन-उल-मुल्क पर विजय प्राप्त कर ढाई वर्ष के उपरांत सम्राट राजधानी में पहुंचा।

---

1. बहराइच—शैख सालार मसऊद की समाधि के अतिरिक्त यहां सालार रजब (फीरोजशाह के पिता) की भी कब्र बनी हुई है। यह नगर वास्तव में घग्घर नदी के तट पर बसा हुआ है। परंतु मुसलमान इतिहासकार इसको सरजू के ही नाम से पुकारते हैं।
2. शैख सालार मसऊद अर्थात गाजी मियां—कोई इनको महमूद गजनवी का भांजा बताता है और कोई उसका वंशज। ये महमूद के वंशजों के समय भारत में आए थे और हिंदुओं द्वारा इनका वध किया गया। इनकी समाधि इसी नगर में बनी हुई है और उस पर प्रत्येक ज्येष्ठ मास के प्रथम रविवार को बड़ा भारी मेला लगता है। सहस्रों हिंदू-मुसलमान नर-नारी इन्हीं शैख महाशय की कब्र की पूजा करते हैं और कार्य-पूर्ति पर मिठाई इत्यादि चढ़ाते हैं।

ऐन-उल-मुल्क और तैलिंगाने में व्रिदोह फैलाने वाले नसरत खां दोनों को ही सम्राट ने क्षमा प्रदान कर अपने उपवनों का नाजिर नियत कर दिया। दोनों को खिलअतें तथा सवारियां प्रदान की गई और इनको नित्य प्रति आटा और मांस सरकारी गोदाम से मिलने लगा।

13. सम्राट का राजधानी में आना और अलीशाह बहरा का विद्रोह

अब कतलू खां के साथी अलीशाह (अर्थात बहरा) के व्रिदोह का समाचार सुनने में आया। यह पुरुष अत्यंत रूपवान, साहसी तथा अच्छी प्रकृति का था। इसने बिदरकोट पर अधिकार कर उसको अपने देश की राजधानी बना लिया।

यह समाचार सुन सम्राट ने अपने गुरु को उससे युद्ध करने की आज्ञा दी। कतलू खां ने भी आदेश पाते ही बड़ी सेना ले बिदरकोट को जा घेरा और बुर्जों पर सुरंग लगा दी। अंत में अलीशाह ने बहुत तंग आकर संधि करनी चाही। गुरु ने भी तदनुसार संधि कर इसको सम्राट के पास भेज दिया। सम्राट ने अपराध तो क्षमा कर दिया, पर इसको निर्वासित कर गजनी की ओर भेज दिया। परंतु इसके सिर पर तो मौत खेल रही थी, अतएव कुछ काल तक वहां रहने के पश्चात इसके चित्त में पुनः स्वदेश लौटने की चाह उत्पन्न हुई। लौटने पर सिंधु प्रांत में पकड़ लिया गया और सम्राट के सम्मुख उपस्थित किए जाने पर देश में आकर पुनः उत्पात फैलाने की आशंका से उसके वध की आज्ञा दे दी गई।

14. अमीर बख्त का भागना और पकड़ा जाना

हमारे साथ जो पुरुष सम्राट की सेवा करने विदेशों से आए थे उनमें एक पुरुष अमीर बख्त अशरफ-उल-मुल्क नाम का था। सम्राट ने क्रोधित हो इस पुरुष को चालीस-हजारी से पदच्युत कर एक-हजारी बना, वजीर के पास भेज दिया। तैलिंगाने में इसी समय अमीर अब्दुल्ला हिराती की महामारी से मृत्यु हो गई परंतु उसकी संपत्ति उसके साथियों के पास दिल्ली में होने के कारण उन लोगों ने अमीर बख्त के साथ भागने का षड्यंत्र रचा, और जब वजीर, सम्राट के दिल्ली शुभागमन के अवसर पर उनकी अभ्यर्थना के निमित्त बाहर गया हुआ था तो ये लोग भी अमीर के साथ निकल भागे, और अच्छे घोड़ों के कारण चालीस दिन की राह सात ही दिन में पार कर सिंधु प्रांत में पहुंच गए। वहां पहुंच सिंधु नद को तैर कर पार करना चाहते थे, परंतु अमीर बख्त तथा उसके पुत्र ने भलीभांति तैरना न जानने के कारण, नरकुल के टोकरों में—जो इसी हेतु बनाए जाते हैं—बैठकर नदी के पार जाने की ठानी। इस कार्य के लिए इन्होंने पहले से ही रेशम की रस्सियां भी तैयार कर रखी थीं।

परंतु नदी तट पर पहुंचने पर तैरने का साहस जाता रहा, अतएव इन लोगों ने दो पुरुषों को ऊचह के हाकिम जलालउद्दीन के पास भेजकर यह कहलाया कि कुछ व्यापारी नदी पार करना चाहते हैं और आपको यह जीन उपहारस्वरूप भेंट करते हैं। आप उन्हें नदी पार करने की आज्ञा कृपाकर दे दीजिए।

परंतु जीन की ओर देखते ही अमीर तुरंत समझ गया कि ऐसी जीन भला व्यापारियों के पास कहां से आ सकती है, और इस कारण उसने दोनों पुरुषों के पकड़ने की आज्ञा दी। इनमें से एक पुरुष जो भागकर अशरफ-उल-मुल्क के पास लौटा तो क्या देखता है कि वे सब निरंतर जागने के कारण थककर सो गए हैं। उसने उनको तुरंत ही जगाकर जो कुछ हुआ था कह सुनाया। सुनते ही वे घोड़ों पर सवार हो पलभर में वहां से चल दिए।

उधर जलालउद्दीन ने द्वितीय पुरुष को खूब पीटने की आज्ञा दे दी। फल यह हुआ कि उसने अशरफ-उल-मुल्क का सारा भेद खोल दिया। जलालउद्दीन ने ये बातें ज्ञात होते ही अपने नायक को अशरफ-उल-मुल्क और उसके साथियों की ओर सेना सहित भेजा, परंतु वे लोग तो वहां से पहले ही चल दिए थे। अतएव नायब ने उनको ढूंढ़ना प्रारंभ किया और बहुत शीघ्र ही उनको जा पकड़ा। सेना ने अब बाण-वर्षा प्रारंभ की। एक बाण अशरफ-उल-मुल्क के पुत्र की बांह में लगा और नायब ने उसको पहचान कर पकड़ लिया। सब पुरुष अब बंदी कर जलालउद्दीन के सम्मुख लाए गए। इनके हाथ बांध पांवों में बेड़ियां डलवा, वजीर से पूछा कि इनका क्या किया जाए। ये उसकी आज्ञा आते ही राजधानी भेज दिए गए। राजधानी पहुंचने पर ये बंदीगृह में डाल दिए गए। जाहिर तो बंदीगृह में ही मर गया। उसकी मृत्यु के उपरांत सम्राट ने अशरफ-उल-मुल्क को प्रत्येक दिन सौ दुर्रे (कोड़े) मारने की आज्ञा दी। इतनी मार खाने पर भी जब इसके प्राण न निकले, तो सम्राट ने सब अपराध क्षमा कर इसको अमीर निजामउद्दीन के साथ चंदेरी भेज दिया। वहां इसकी ऐसी दुर्दशा हो गई कि सवारी के लिए एक घोड़ा भी पास न रहा। लाचार होकर यह बैल पर चढ़ा फिरता था। वर्षों तक यही दशा रही। फिर एक बार अमीर निजामउद्दीन ने इसको कुछ पुरुषों के साथ सम्राट की सेवा में भेज दिया और उसने इसको अपना चाशनगर नियत किया। इस पदाधिकारी का काम था भोजन लेकर सम्राट के सम्मुख जाना और मांस के टुकड़े टुकड़े कर सम्राट के दस्तरख्वान पर रखना।

तत्पश्चात सम्राट ने पुनः कृपाकर इसका पद यहां तक बढ़ा दिया कि इसके रोगी हो जाने पर सम्राट स्वयं सहानुभूति प्रकट करने के लिए इसके पास गया और इसके बोझ के बराबर तौल कर सुवर्ण इसको दिया। अपनी भगिनी का विवाह भी इसके साथ कर इसको उसी चंदेरी में, जहां यह एक बार निजामउद्दीन के भृत्य के रूप में बैल पर चढ़ा फिरता था, हाकिम बनाकर भेजा। परमात्मा प्राणियों के हृदय में महान परिवर्तन करने वाले हैं और कुछ-का-कुछ कर देते हैं।

15. शाह अफगान का व्रिदोह

शाह अफगान ने मुलतान देश में विद्रोह कर वहां के अमीर बहजाद का वध कर स्वयं सम्राट बनना चाहा। यह समाचार सुन सम्राट ने इसके वध का विचार भी किया परंतु यह भाग कर दुर्गम पर्वतों में अपने सजातीय अन्य पठानों से जा मिला। यह देख सम्राट ने अत्यंत क्रोधित हो समस्त स्वदेशस्थ पठानों के पकड़ने की आज्ञा दे दी और इसी कारण से काजी जलालउद्दीन ने विद्रोह किया।

16. गुजरात का विद्रोह

काजी जलाल और कुछ अन्य पठान खम्बायत (खम्बात) और बलोजरा[1] के निकट रहते थे। जब सम्राट ने अपने साम्राज्य के समस्त पठानों को पकड़ने की आज्ञा दी तो गुजरात के काजी जलाल तथा उनके साथियों को भी युक्ति द्वारा पकड़ने की आज्ञा मलिक मुकबिल के नाम भेजी गई।[2] इसका कारण यह था कि 'गुजरात' तथा 'नहरवाले' में यह पुरुष वजीर की ओर से नायब के पद पर नियत किया गया था।

परंतु बलोजरा का इलाका मुल्क-उल-हुकमां की जागीर में था। इस व्यक्ति का विवाह सम्राट के पिता की विधवा रानी की पुत्री से हुआ था जिसका पालन-पोषण सम्राट द्वारा ही हुआ था। इसी विधवा की अन्य सम्राट (अर्थात पूर्व पति) द्वारा उत्पन्न पुत्री का विवाह सम्राट ने अमीर गद्दा के साथ कर दिया था।

उसकी जागीर मलिक मुकबिल के इलाके में होने के कारण मलिक-उल-हुकमां इन दिनों यहीं पर था। गुजरात पहुंचने पर मलिक मुकबिल ने मलिक-उल-हुकमां को काजी जलाल और उसके साथियों को पकड़ने की आज्ञा दी। मलिक-उल-हुकमां आज्ञानुसार उनको पकड़ने तो गया परंतु एक ही देश का होने के कारण इसने उनको पहले ही सूचना दे दी कि बंदी करने के लिए नायब ने तुमको बुलाया है, सब सशस्त्र चलना। यह सुन काजी जलाल तीन सौ सशस्त्र कवचधारी सवारों को लेकर आया और सबने एक ही साथ भीतर घुसना चाहा। रंग इस प्रकार बदला हुआ देखकर मुकबिल समझ गया कि इनको बंदी करना कठिन है। अतएव उसने डरकर इनको लौटाकर कहा कि भय का कोई कारण नहीं है।

---

1. बलोजरा—हमारा अनुमान है कि इस शब्द से बतूता का अभिप्राय आधुनिक बड़ौदा से है। परंतु कोई कोई इतिहासकार इसको 'भड़ौच' बताते हैं।
2. इसका शुद्ध नाम मकबूल था। कहा जाता है कि यह व्यक्ति, तैलिंगाने के राजा का कोई उच्च पदाधिकारी था। उस समय इसका नाम 'कटु' था। राजा के साथ दिल्ली आने पर यह मुसलमान बना लिया गया और स्वयं सम्राट ने इसका उपर्युक्त नाम 'मकबूल' रख इसको उच्च पद दे दिया, यहां तक कि प्रधानमंत्री की मृत्यु के उपरांत यही पुरुष ख्वाजाजहां की उपाधि से विभूषित हो सम्राट का मंत्री हुआ।

परंतु इन लोगों ने 'खम्बात' नगर में जाकर राजविद्रोही हो इब्न-उल-कोलमी नामक धनाढ्य व्यापारी, साधारण प्रजा और राजकोष, सबको खूब लूटा।

इस इब्न-उल-कोलमी ने एक पाठशाला इसकंदरिया (एलैक्जैंड्रिया) नामक नगर में भी स्थापित की थी जिसका वर्णन हम अन्यत्र करेंगे।

जब मलिक मुकबिल इनका सामना करने आया तो इन्होंने उसको पराजित कर भगा दिया। इसके पश्चात मलिक अजीज खभार और मलिक जहांमम्बल को भी सात सहस्र सेना सहित हराया। इनकी ऐसी कीर्ति सुन धूर्त्त तथा अपराधी पुरुषों ने इनके पास आ आकर इकट्ठा होना प्रारंभ कर दिया। काजी जलाल अब सम्राट बन बैठा और उसके साथियों ने उसकी राजभक्ति की शपथ ली। सम्राट ने इनका सामना करने के लिए कई सैन्यदल भेजे परंतु सबकी पराजय हुई।

यह देख दौलताबाद के पठान-दल ने भी विद्रोह आरंभ कर दिया। यहां मलिक मल रहता था। सम्राट ने अब अपने गुरु किशलू खां के भ्राता निजामउद्दीन को बेड़ी तथा शृंखलाओं सहित इनके पकड़ने को भेजा और शिशिर ऋतु की खिलअत[1] भी साथ कर दी।

भारतवर्ष की ऐसी परिपाटी है कि सम्राट प्रत्येक नगर के हाकिम तथा सेना के अफसरों के लिए एक खिलअत शिशिर में और दूसरी ग्रीष्मऋतु में भेजता है। खिलअत आने पर प्रत्येक हाकिम को ससैन्य उसकी अभ्यर्थना के लिए नगर से बाहर आना पड़ता है और खिलअत लाने वाले के निकट आने पर लोग अपनी अपनी सवारियों से उतर पड़ते हैं। और प्रत्येक पुरुष अपनी अपनी खिलअत ले कंधे पर रख सम्राट की ओर मुख कर वंदना करता है।

सम्राट ने निजामउद्दीन को पत्र द्वारा यह सूचना दे रखी थी कि परिपाटी के अनुसार ज्यों ही पठान नगर से बाहर आ खिलअत लेने सवारियों से उतरें तुम उनको बंदी बना लेना। खिलअत लाने वाले पुरुषों में से एक सवार द्वारा पठानों को भी सूचना मिल जाने के कारण निजामउद्दीन का पासा उलटा पड़ा। अर्थात जब नगर के पठानों सहित वह खिलअत की अभ्यर्थना के लिए नगर से बाहर आया तो घोड़े से उतरते ही निजामउद्दीन पर पठानों ने प्रहार किया और बंदी बना उसके बहुत-से साथियों का वध कर डाला।

---

1. खिलअत—'मसालिक-उल-अवसार' नामक ग्रंथ के लेखक के अनुसार खिलअतें सम्राट के ही कारखाने में तैयार की जाती थीं। रेशमी वस्त्र तो कारखानों में ही बनता था। परंतु ऊनी वस्त्र चीन, ईरान और इसकंदरिया से भी आता था। कारखाने में चार सौ पुरुष रेशम तैयार करते थे और पांच सौ जरदोजी का काम। यह सम्राट प्रत्येक वर्ष दो लाख खिलअतें बांटता था जिनमें एक लाख रेशम की वसंत ऋतु में दी जाती थीं और एक लाख ऊनी शिशिर में। उच्च पदाधिकारियों के अतिरिक्त मठाधीशों तथा मस्जिदों के शैखों को भी खिलअतें दी जाती थीं।

पठानों ने अब राजकोष लूट नगर पर अपना अधिकार जमा मलिक मल के पुत्र नासिरउद्दीन को अपना हाकिम बना लिया। बहुत से उद्दंड तथा झगड़ालू पुरुषों के इनमें आ मिलने के कारण भीड़भाड़ और भी अधिक हो गई।

खम्बायत तथा अन्य स्थानों से पठानों की इस प्रकार विजय की सूचना आने पर सम्राट ने स्वयं खम्बायत की ओर प्रस्थान करने का विचार किया, और अपने जामाता मलिक अअजम वायजीदी को चार सहस्र सेना लेकर आगे आगे भेजा।

काजी जलाल की सेना में 'जलूल' नामक एक पुरुष बड़ा साहसी तथा शूरवीर था। यह व्यक्ति सैन्य पर आक्रमण कर बहुत-से पुरुषों का वध कर यह घोषित करता था कि यदि कोई शूरवीर हो तो मेरा सामना करने आए; और किसी का भी साहस इससे लड़ने का न होता था।

एक बार संयोगवश यह पुरुष घोड़ा दौड़ाते समय घोड़े सहित एक गड़हे में जा गिरा। वहां किसी ने उसका वध कर डाला। कहते हैं कि उसकी देह पर दो घाव थे। उसका सिर सम्राट के पास भेज दिया गया, शव बलोजरा के प्राचीर पर लटका दिया गया और हाथ-पांव अन्य प्रांतों में भेज दिए गए।

अब स्वयं सम्राट के ससैन्य आ जाने के कारण काजी जलालउद्दीन का पांव न टिका और वह स्त्री-पुत्रादि को छोड़ साथियों सहित भाग खड़ा हुआ। शाही सेना, लूट-खसोट मचाती हुई नगर में प्रविष्ट हुई। कुछ दिन तक यहां रहने के उपरांत, अपने उपर्युक्त जामाता अशरफ-उल-मुल्क अमीर बख्त को यहां छोड़ सम्राट फिर चल पड़ा परंतु चलते चलते भी काजी जलालउद्दीन के प्रति भक्ति की शपथ लेने वाले पुरुषों को ढूंढ़ निकालने और उनको धर्माचार्यों के आदेशानुसार सजा देने का आदेश कर गया। उपर्युक्त शैख अली हैदरी का वध भी इसी समय हुआ।

काजी जलालउद्दीन भागकर दौलताबाद में जा नासिरउद्दीन बिन मलिक मल का अनुयायी हो गया।

सम्राट के यहां आने पर इन लोगों ने अफगान, तुर्क, हिंदू और दासों की चालीस सहस्र सेना एकत्र की और सैनिकों ने भी शपथ खाकर न भागने तथा सम्राट का डटकर सामना करने की प्रतिज्ञा कर ली। परंतु सम्राट के छत्र न धारण करने के कारण शाही सेना के सम्मुख आने पर इन विद्रोही सैनिकों को यह भ्रम हो गया कि सम्राट युद्ध में उपस्थित नहीं है। फिर युद्ध के विकट रूप धारण कर लेने पर सम्राट ने ज्यों ही सिर पर छत्र लगाया त्यों ही विद्रोही दल के पांव उखड़ गए। नासिरउद्दीन तथा काजी जलाल दोनों (विजय लक्ष्मी को इस प्रकार जाते देख) अपने चार सौ साथियों सहित देवगिरि के दुर्ग में, जिसकी गणना संसार के अत्यंत दृढ़ दुर्गों में की जाती है, चले गए और सम्राट दौलताबाद में आ गया। (दुर्ग को देवगिरि तथा नगर को दौलताबाद कहते हैं)।

अब सम्राट ने उनसे दुर्ग के बाहर आने को कहा परंतु दुर्ग के बाहर आने से पहले उन्होंने प्राणभिक्षा चाही। सम्राट ने प्राणभिक्षा देना तो अस्वीकार किया परंतु कृपा प्रदर्शित करने के लिए उनके पास कुछ भोजन अवश्य भेजा और स्वयं नगर में ठहर गया। यहां तक का वृत्त मेरे सामने का है।

17. मुकबिल और इब्न-उल-कोलमी का युद्ध

यह युद्ध काजी जलाल के विद्रोह से पहले हुआ था। बात यह थी कि ताजउद्दीन इब्न-उल-कोलमी नामक एक बड़ा व्यापारी सम्राट के लिए तुर्किस्तान से दास, ऊंट, अस्त्र तथा वस्त्रादि की बहुमूल्य भेंट लाया। जनता के कथनानुसार यह भेंट एक लाख दीनार से अधिक की न थी परंतु सम्राट ने प्रसन्न हो इसको बारह लाख दीनार प्रदान कर खम्बायत का हाकिम बनाकर भेज दिया। यह देश नायब वजीर मलिक मुकबिल के अधीन था।

व्यापारी ने वहां पहुंचते ही मअवर (कर्नाटक) तथा सीलोन में पोत भेजना प्रारंभ कर दिया और उन देशों से अत्यंत अद्‌भुत पदार्थ आने के कारण यह थोड़े ही काल में धनाढ्य बन बैठा। सरकारी कर समय पर राजधानी में न पहुंचने पर जब मलिक मुकबिल ने इससे तकाजा किया तो इसने सम्राट को कृपा के गर्व पर यह उत्तर दिया कि मैं वजीर या नायब वजीर के अधीन नहीं हूं। मैं स्वयं अथवा नौकरों के द्वारा कर सीधे राजधानी भेज दूंगा।

नायब के पत्र द्वारा सूचना मिलने पर वजीर ने उसी की पीठ पर नायब को यह लिख भेजा कि यदि तू (अर्थात नायब) प्रबंध करने में असमर्थ है तो लौट आ। यह संकेत मिलते ही नायब सैन्य तथा दास आदि से सुसज्जित हो व्यापारी का सामना करने आ गया। युद्ध में व्यापारी पराजित हुआ और उसकी सेना के बहुत-से अमीर मारे गए। अंत में सम्राट की सेवा में कर और उपहार भेज देने पर व्यापारी को प्राणभिक्षा दे दी गई।

परंतु उपहार तथा कर भेजते समय मलिक मुकबिल ने सम्राट को पत्र द्वारा व्यापारी की शिकायत लिख भेजी और व्यापारी ने नायब की। दोनों की शिकायतें आने पर सम्राट ने मलिक-उल-हुकमां को झगड़ा निपटाने को भेजा ही था कि काजी जलाल का विद्रोह प्रारंभ हो गया और व्रिदोहियों द्वारा व्यापारी की धन-संपत्ति लुट जाने पर वह अपने इलाके में होकर सम्राट के पास भाग गया।

18. भारत में दुर्भिक्ष

सम्राट के मअवर (कर्नाटक) की राजधानी की ओर जाने के पश्चात भारत में ऐसा घोर दुर्भिक्ष पड़ा कि एक मन अनाज दिरहम का मिलने लगा। जब भाव इससे भी अधिक महंगा हो गया तो लोगों की विपत्ति का ठिकाना न रहा।

एक बार वजीर से भेंट करने जाते समय मैंने तीन स्त्रियों को महीनों के मरे हुए घोड़े की खाल काट मांस खाते देखा। इन दिनों लोगों की यह दशा थी कि खालों को पका पकाकर बाजार में बेचते थे और गायों के वध के समय चूती हुई रुधिर-धारा तक को पी जाते थे (मुसलमान धर्म में रुधिर पीना हराम है)।

कुछ खुरासानी विद्यार्थी तो मुझसे यह कहते थे कि हमने हांसी और सिरसे के बीच 'अगरोहा'[1] नामक नगर में यह दृश्य देखा कि समस्त नगर तो वीरान पड़ा हुआ था परंतु एक घर में, जहां हम रात्रि बिताने को घुस गए थे, एक पुरुष अन्य मृत पुरुष की टांग अग्नि में भून भूनकर खा रहा है।

जनता का असीम कष्ट देख सम्राट ने समस्त दिल्ली-निवासियों को छह छह महीने के निर्वाह के लिए पर्याप्त अन्न देने की आज्ञा दी। सम्राट के इस आदेशानुसार मुंशियों को लिए हुए काजी मुहल्ले मुहल्ले और कूंचे कूंचे फिर फिर कर लोगों के नाम लिख डेढ़ रतल प्रतिदिन के हिसाब से छह छह महीने के लिए पर्याप्त अन्न प्रत्येक को देते जाते थे।

इसी समय मैं भी सम्राट कुतुबउद्दीन के मकबरे के धर्मार्थ भोजनालय (लंगर) में भोजन बांटा करता था। लोग भी फिर धीरे धीरे संभलने लगे। और ईश्वर ने मुझे इस परिश्रम और प्रेम का बदला दिया।

---

1. अगरोहा—हिसार और फतेहाबाद की सड़क पर हिसार से 13 मील की दूरी पर स्थित है। किसी समय तो यह खासा नगर था परंतु इस समय एक गांव मात्र है। अग्रवाल वैश्य अपनी उत्पत्ति इसी स्थान से बताते हैं। कहावत है कि किसी अन्य नगर से अग्रवाल के यहां आने पर नगर का प्रत्येक अग्रवाल उसको एक एक ईंट और एक एक पैसा दे गृह-निर्माण तथा लक्षपति होने के लिए प्रचुर सामग्री दे देता था। यहां के खंडहरों पर पटियाला राज्य के किसी अधिकारी द्वारा निर्मित प्राचीन दुर्ग के ध्वंसावशेष अब भी वर्तमान हैं।

सातवां अध्याय

निज वृत्तांत

1. राजभवन में हमारा प्रवेश

यहां तक मैंने सम्राट के समय तक की घटनाओं का वर्णन किया है। इसके पश्चात मैं अब अपना निजी वृत्तांत, अर्थात मैंने किस प्रकार सम्राट की सेवा प्रारंभ की, किस प्रकार उसको छोड़ सम्राट की ओर से चीन देश की यात्रा की, और फिर वहां से किस प्रकार अपने देश को लौटा—ये सभी घटनाएं विस्तारपूर्वक वर्णन करूंगा।

सम्राट की राजधानी दिल्ली पहुंचने पर हम सब राजभवन की ओर चले और महल के प्रथम और द्वितीय द्वारों को पार कर तृतीय द्वार पर पहुंचे। यहां नकीब (घोषक), जिनका वर्णन मैं पहले ही कर आया हूं, बैठे हुए थे। हमारे यहां आते ही एक नकीब उठा और हमको एक विस्तृत चौक में ले गया जहां पर 'ख्वाजाजहां' नामक वजीर हमारी प्रतीक्षा कर रहे थे।

वजीर महाशय के निकट जाने के पश्चात तृतीय द्वार में प्रवेश करने पर हमको हजार-सतून (सहस्र-स्तंभ) नामक बड़ा दीवानखाना दिखाई दिया। इसी स्थान पर बैठकर सम्राट साधारण दरबार किया करता है।

हम लोगों ने यहां इस क्रम से प्रवेश किया—सबसे आगे तो खुदावंदजादह जियाउद्दीन थे, तत्पश्चात उनके भ्राता कयामउद्दीन और उनके पश्चात सहोदर इमादउद्दीन, फिर मैं और मेरे बाद खुदावंदजादह के भ्राता बुरहानउद्दीन, तत्पश्चात, उनके पीछे खुदावंदजादह का भांजा और फिर बदरउद्दीन कफ्फाल थे।

सबसे पहले वजीर महोदय ने इतना झुककर वंदना की कि उनका मस्तक धरती के निकट आ गया। तत्पश्चात हम लोगों ने वंदना की, यद्यपि हम केवल रुकूअ में (अर्थात घुटनों पर हाथ रखकर नमाज पढ़ने के समय जिस प्रकार झुकते हैं उसी तरह) झुके थे तथापि हमारी उंगलियां तक पृथ्वी के निकट पहुंच गईं। प्रत्येक आगंतुक को इसी प्रकार से सम्राट के सिंहासन की वंदना करनी पड़ती है। हमारे सबके इस प्रकार वंदना कर चुकने पर चोबदार ने उच्च स्वर से "बिस्मिल्लाह" उच्चारण किया और हम बाहर आ गए।

2. राजमाता के भवन में प्रवेश

सम्राट की माता को 'मखदूमे-जहां' कहकर पुकारते हैं। ये बहुत वृद्धा हैं और सदा दान-पुण्य करती रहती हैं। इन्होंने बहुत से ऐसे मठ (खानकाह) निर्मित करवाए हैं, जहां यात्रियों को धर्मार्थ भोजन मिलता है। राजमाता के नेत्र ज्योति-विहीन हैं। कहा जाता है कि इनके पुत्र को राज्य-सिंहासन मिलने पर जब अमीर तथा उच्च पदाधिकारियों की स्त्रियां इनकी वंदना करने आईं तो अपने स्वर्ण-सिंहासन तथा आगंतुक स्त्रियों के रंग-बिरंगे रत्नजटित वस्त्रों की आभा से इनके नेत्रों की ज्योति जाती रही। भांति भांति की औषधि और उपचार करने पर भी यह ज्योति पुनः न आई।

सम्राट इनको बड़े आदर तथा पूज्य दृष्टि से देखता है। कहा जाता है कि एक बार ये सम्राट के साथ कहीं बाहर यात्रा को गई थीं परंतु सम्राट कुछ दिन पहले ही लौट आया। तदुपरांत जब ये राजधानी में पधारीं तो सम्राट स्वयं इनकी अभ्यर्थना को गया और इनके आने पर घोड़े से उतर पड़ा। इनके शिविकारूढ़ होने पर सब लोगों के सामने उसने इनका पद-चुंबन किया।

हां, तो मैं अब अपने कथन पर आता हूं। राजभवन से लौटने पर वजीर महाशय के साथ हम सब अंतःपुर के द्वार की ओर गए। मखदूमे-जहां इसी गृह में रहती हैं। द्वार पर पहुंचते ही हम सब अपने घोड़ों से उतर पड़े। इस समय हमारे साथ बुरहानउद्दीन के पुत्र काजी-उल-कुज्जात जमालउद्दीन भी थे। द्वार पर हम सबने भी काजी तथा वजीर महोदय की भांति वंदना की।

हममें से प्रत्येक व्यक्ति अपनी अपनी सामर्थ्यानुसार राजमाता के लिए कुछ-न-कुछ भेंट लाया था। द्वारस्थ मुंशी ने हमारी इन भेंटों को लिख लिया। इसके पश्चात कुछ बालक बाहर आए और इनमें से सबसे बड़ा लड़का कुछ काल तक वजीर महोदय से धीरे धीरे कुछ बात कर पुनः प्रासाद की ओर चला गया। इसके बाद वजीर के पास दो दास और आए और पुनः महलों में चले गए। अब तक हम खड़े थे। अब हमको एक दालान में बैठने की आज्ञा हुई। इसके पश्चात भोजन आया और फिर वहां सुवर्ण के लोटे, रकाबी, प्याले, बड़े बड़े पतीलों की भांति बने हुए स्वर्ण के मटके तथा घड़ोंचियां लाकर रखी गईं और दस्तरख्वान बिछा दिए गए। प्रत्येक दस्तरख्वान पर दो पंक्तियां थीं। प्रत्येक पंक्ति में सर्वश्रेष्ठ अतिथि को प्रथम आसन दिया जाता है।

दस्तरख्वान की ओर अग्रसर होने के बाद हाजिबों तथा नकीबों के वंदना करने पर हम लोगों ने भी वंदना की। सर्वप्रथम शरबत आया, शरबत पीने के पश्चात हाजिबों के 'बिस्मिल्लाह' उच्चारण करने पर हमने भोजन प्रारंभ किया। भोजन के पश्चात नबीज (अर्थात मादक शरबत) आया और तदुपरांत पान दिए गए और हाजिबों के पुनः 'बिस्मिल्लाह' उच्चारण करते ही हम सबने पुनः वंदना की।

अब हमको अन्यत्र ले जाकर 'जरे-वत्फ' (अर्थात सुनहरी काम की मखमल) की खिलअतें प्रदान की गईं। हमने पुनः महल के द्वार पर आ वंदना की, तथा हाजिबों ने 'बिस्मिल्लाह' उच्चारण किया। वजीर महाशय के यहां रुकने के कारण हम भी रुक गए और इस प्रकार से थोड़ा ही समय बीता होगा कि महल के भीतर से पुनः रेशम-कतां तथा रूई के बिना सिले हुए थान आए। इनमें से हममें से प्रत्येक को कुछ कुछ भाग दिया गया।

तदुपरांत स्वर्ण-निर्मित तीन थालियां आईं। एक में शुष्क मेवा था, दूसरी में गुलाब और तीसरी में पान। जिसके लिए ये चीजें आती हैं, वह इस देश की प्रथा के अनुसार एक हाथ में थाली ले दूसरे हाथ से पृथ्वी का स्पर्श करता है। वजीर महोदय ने प्रथम थाली अपने हाथ में लेकर मुझको किस प्रकार का आचरण करना चाहिए यह भलीभांति समझाया और वैसा करने के उपरांत हम सब उस गृह की ओर चल दिए जो हमारे ठहरने के लिए नियत किया गया था।

यह गृह नगर में पालम दरवाजे के पास था। यहां पहुंचने पर मैंने फर्श, बोरिया, बर्तन, खाट, बिछौना इत्यादि सभी आवश्यक चीजें प्रस्तुत पाईं। इस देश की चारपाइयां बहुत ही हल्की होती हैं। प्रत्येक पुरुष इनको बड़ी सुगमता से उठा सकता है। यात्रा में भी प्रत्येक पुरुष चारपाई सदा अपने साथ रखता है। यह काम दास के सुपुर्द रहता है। वही इसको स्थान स्थान पर ले जाता है।

खाटों के चारों पाये गाजर के आकार के (अर्थात मूलाकृति) होते हैं और इनमें चार लकड़ियां लंबाई तथा चौड़ाई में ठुकी रहती हैं। रेशम या रूई की रस्सियों से ये बुनी जाती हैं। ठंडी होने के कारण शयन के समय इन्हें गीली करने की आवश्यकता नहीं होती।

हमारी चारपाई पर रेशम के बने हुए दो गद्दे, दो तकिये और एक लिहाफ था। इस देश में गद्दों, तकियों तथा लिहाफों पर कतां या रूई के बने हुए श्वेत गिलाफ चढ़ाने की प्रथा है। गिलाफ मैला हो जाने पर धो दिया जाता है और गद्दे आदि भीतर से सुरक्षित रहते हैं।

हमारे यहां आते ही प्रथम रात्रि में खरास (अर्थात आटे वाला) और कस्साब (मांस बेचने वाला कसाई) हमारे पास भेजे गए और हमको प्रतिदिन इन दोनों पुरुषों से नियत परिमाण में आटा तथा मांस लेने का आदेश हो गया। इन दोनों पदार्थों के यथावत परिमाण तो मुझे इस समय याद नहीं रहे परंतु इतना अवश्य कह सकता हूं कि इस देश में ये दोनों पदार्थ समान मात्रा में दिए जाते हैं।

उपर्युक्त आतिथ्य का प्रबंध राजमाता की ओर से था। सम्राट के आतिथ्य का वर्णन अन्यत्र दिया जाएगा।

3. राजभवन में प्रवेश

इसके पश्चात राजभवन में जाकर हमने वजीर को प्रणाम किया और उन्होंने मुझको दो थैलियों में दो सहस्र दीनार सर शुस्ती (अर्थात सिर धोने का उपहार) के लिए देने के अनंतर एक रेशमी खिलअत भी प्रदान की। मेरा इस प्रकार सम्मान कर एक वजीर महोदय ने मेरे अनुयायियों तथा दास और भृत्यों के नाम लिख इनको चार श्रेणियों में विभक्त किया। प्रथम श्रेणी वालों को दो दो सौ दीनार, द्वितीय श्रेणी वालों को डेढ़ डेढ़ सौ, तृतीय श्रेणी वालों को सौ सौ और चतुर्थ श्रेणी वालों को पचहत्तर पचहत्तर दिए। मेरे साथ सब मिलाकर कोई चालीस आदमी थे और इन सबको कोई चार सहस्र दीनार मिले होंगे।

इसके पश्चात सम्राट की ओर से भोज देने का आदेश होने पर एक हजार रतल आटा और इतना ही मांस भेजा गया। आटे का एक तृतीयांश तो मैदा था और शेष बिना छना हुआ आटा। इसके अतिरिक्त शक्कर, घी तथा फोफिल (सुपारी) भी कई रतल[1] आई पर इनका ठीक ठीक परिमाण मुझे स्मरण नहीं रहा। हां तांबूल संख्या में एक सहस्र अवश्य थे।

भारतीय रतल बीस पश्चिमी तथा पच्चीस मिस्र देशीय रतल के बराबर होता है।

खुदावंदजादह के भोजन के लिए चार सहस्र रतल आटा, इतना ही मांस तथा अन्य आवश्यक पदार्थ भेजे गए।

4. मेरी पुत्री का देहावसान और अंतिम संस्कार

यहां आने के डेढ़ महीने के पश्चात मेरी पुत्री का प्राणांत हो गया। इसकी अवस्था एक वर्ष से भी कम थी। सूचना पाते ही वजीर ने पालम दरवाजे के बाहर इब्राहीम कूनबी के मठ के निकट अपने बनवाए हुए मठ में इसको गाड़ने की आज्ञा दी। उसने इस घटना की सूचना सम्राट को भी भेजी और इस पड़ाव के दूरी पर होते हुए भी उसका उत्तर दूसरे ही दिन संध्या समय आ गया।

इस देश में तीसरे दिन प्रातःकाल होते ही मृतक की कब्र पर जाने की परिपाटी चली आती है। कब्र पर फूल रख चारों ओर रेशमी वस्त्र तथा गद्दे बिछा दिए जाते हैं। फूल प्रत्येक ऋतु में मिलते हैं। साधारणतया चंपा, यासमन (माधवी), शब्बो (पीला फूल विशेष), रायबेल (श्वेत पुष्प विशेष) और चमेली के (श्वेत तथा पीत दोनों प्रकार के) पुष्प ही कब्रों

---

1. 'भारतीय रतल' से बतूता का आशय तत्कालीन प्रचलित 'मन' से है। यह आजकल के 14½ सेर के बराबर होता था। परंतु फरिश्ता के कथनानुसार यह प्राचीन मन आधुनिक 12 सेर के बराबर था। यही लेखक अलाउद्दीन खिलजी के समय एक मन चालीस सेर का और प्रत्येक सेर 24 तोले का बताता है। परंतु प्रश्न यह है कि तोले की क्या तौल थी? वह आधुनिक तोले के ही बराबर था या इससे कुछ न्यूनाधिक?

पर बिखेरे जाते हैं। इसके अतिरिक्त, कब्रों पर नींबू तथा नारंगियों की फलयुक्त डालियां भी धर दी जाती हैं। फल न होने पर शाखाओं में विविध प्रकार के मेवे डोरे से बांध दिए जाते हैं। प्रत्येक पुरुष अपनी अपनी कुरान लाकर यहां पाठ करता है। इसके बाद उपस्थित व्यक्तियों को गुलाब पिलाते हैं और उन पर गुलाब ही छिड़कते हैं। फिर पान देकर सबको विदा कर देते हैं।

तीसरे दिन प्रातःकाल होते ही मैं भी परिपाटी के अनुसार समस्त पदार्थ यथाशक्ति एकत्र कर बाहर निकला ही था कि मुझे यह सूचना मिली कि वजीर ने कब्र पर स्वयं सब पदार्थ एकत्र कर डेरा लगवा दिया है। वहां जाकर जो देखा तो सिंधु प्रांत में हमारी अभ्यर्थना करने वाले हाजिब शम्सउद्दीन फोशिन्जी और काजी निजामउद्दीन करवानी तथा नगर के समस्त गण्यमान्य पुरुष वहां उपस्थित थे। ये भद्र पुरुष मेरे आने से पहले ही वहां पहुंच कर कुरान का पाठ कर रहे थे और हाजिब इनके सम्मुख खड़ा था। मैं भी अपने साथियों सहित कब्र पर जा बैठा। पाठ के अनंतर कारियों ने (अर्थात कुरान का शुद्ध स्वर से पाठ करने वालों ने) बड़े सुंदर शब्दों में कलाम अल्लाह (कुरान) का पाठ किया। तत्पश्चात काजी ने खड़ा हो एक मरसिया (अर्थात शोकमयी कविता जो मृत्यु के अवसर पर पढ़ी जाती है) पढ़ा और सम्राट की वंदना की। सम्राट का नाम आते ही समस्त उपस्थित जनता खड़ी हो उसी प्रकार से वंदना कर फिर बैठ गई। अंत में काजी ने दुआ मांगी (अर्थात प्रार्थना की) और हाजिब तथा उसके साथियों ने गुलाब के शीशे ले लोगों पर छिड़का और मिसरी का शरबत पिला तांबूल बांटे।

अब मुझको तथा मेरे साथियों को ग्यारह खिलअतें सम्राट की ओर से प्रदान की गईं और हाजिब घोड़े पर सवार हो राजभवन की ओर चल दिया। हम भी उसके साथ साथ वहां गए और राजसिंहासन के निकट जा परिपाटी के अनुसार वंदना की।

इसके पश्चात जब मैं निवासस्थान पर आया तो मालूम हुआ कि दिनभर का सारा भोजन राजमाता के भवन से आया हुआ धरा है। यह भोजन सबने किया। दीन-दुखियों को भी खूब बांटा गया और फिर भी बहुत-सी रोटियां, हलुआ, चीनी, मिसरी इत्यादि चीजें बच रहीं और कई दिनों तक पड़ी रहीं। यह सब सम्राट की आज्ञा से किया गया था।

कुछ दिन पश्चात मखदूमे-जहां अर्थात राजमाता के घर से डोला आया। इस देश की स्त्रियां और कभी कभी पुरुष भी इस सवारी में बैठते हैं। यह आकार में रेशम अथवा रूई (सूत) की डोरी द्वारा बनी हुई चारपाई के सदृश होता है। इसके ऊपर एक लकड़ी होती है जो ठोस बांस को टेढ़ा कर बनाई जाती है। चारपाई इस लकड़ी में लटकती रहती है। और इस बांस को चार चार पुरुष क्रम से इस प्रकार उठाते हैं कि जब आधे पुरुष भार-वहन करते हैं तो उस समय शेष आधे खाली रहते हैं। जो कार्य मिस्र देश में गदहों से लिया जाता है वही भारत में डोलियों द्वारा संपादित होता है। बहुत-से पुरुषों का निर्वाह इसी

व्यवसाय पर निर्भर है। वैसे तो डोलियां दासों द्वारा वहन की जाती हैं परंतु दास न होने पर किराये पर बहुत-से पुरुष नगर में राजभवन तथा अमीरों के द्वार के पास और बाजार इत्यादि में मिल जाते हैं। इन लोगों की जीविका इसी कार्य द्वारा चलती है। कोई भी व्यक्ति इनको किराये पर डोलियां उठवाने के लिए ले जा सकता है। जिन डोलियों में स्त्रियां बैठती हैं उन पर रेशमी पर्दे पड़े रहते हैं।

राजमाता के डोले पर भी रेशमी पर्दा पड़ा हुआ था। अपनी मृतक पुत्री की माता को इसमें बिठा और उपहारस्वरूप एक तुर्की दासी साथ कर मैंने डोला पुनः राजभवन की ओर भेज दिया। रात्रिभर अपने पास रख राजमाता ने मेरी दासी-स्त्री को अगले दिन एक सहस्र मुद्रा, स्वर्ण के जड़ाऊ कड़े, स्वर्णहार, जरदौजी कतां का कुर्ता और सुनहरी कामदार रेशम की खिलअत तथा अन्य कई प्रकार के सूती वस्त्रों के थान देकर विदा किया। सम्राट के दूत मेरे रत्ती रत्ती वृत्तांत की सूचना सम्राट को देते रहते थे। इस कारण, अपनी प्रतिष्ठा अक्षुण्ण बनाए रखने के लिए, मैंने ये वस्तुएं अपने मित्रों तथा ऋणदाताओं को दे डालीं।

सम्राट ने अब मुझको पांच सहस्र दीनार की वार्षिक आय के कुछ गांव जागीर में दिए जाने का आदेश दिया। सम्राट की आज्ञानुसार वजीर और उच्च न्यायाधिकारियों ने मेरे लिए वावली, बसी, और बालड़ा नामक गांव का अर्ध भाग इस कार्य के लिए नियत किया। ये सभी ग्राम दिल्ली से सोलह कोस की दूरी पर हिंदपत[1] की 'सदी' में स्थित थे। सौ ग्रामों के समूह को इस देश में सदी कहते हैं। प्रत्येक सदी पर एक 'चौतरी' (चौधरी) होता है। कोई बड़ा हिंदू इस पद पर नियत किया जाता है। इसके अतिरिक्त कर संग्रह के लिए 'मुतसरिफ' भी नियत किया जाता है।

इसी समय बहुत-सी हिंदू स्त्रियां भी लूट में आई थीं। वजीर ने इनमें से दस दासियां[2] मेरे पास भेज दीं। मैंने इनमें से एक दासी लाने वाले पुरुष को देना चाहा परंतु उसने लेना स्वीकार न किया। तीन छोटी छोटी दासियां तो मेरे साथियों ने ले लीं और शेष का हाल मुझे मालूम नहीं।

गंदी तथा सभ्यता से अनभिज्ञ होने के कारण इस देश में लूट की दासियां खूब सस्ती मिलती हैं। जब शिक्षित दासियां ही सस्ती मिल जाती हैं तो फिर कोई व्यक्ति ऐसी दासियों को क्यों मोल ले?

---

1. हिंदपत—संभव है, आधुनिक सोनपत या सम्पत को ही बतूता ने 'हिंदपत' लिख दिया हो। 'वावली' नामक उक्त गांव भी सोनपत-दिल्ली की सड़क पर दिल्ली से 5-6 मील की दूरी पर है। बादला नामक गांव भी इसी के पास है। बतूता ने इसको 'बालड़ा' लिखा है।
2. दासी—उस समय साधारण दासी का मूल्य आठ टंक से अधिक न था और पत्नी बनाने योग्य दासी 15 टंक की मिलती थी। मसालिक-उल-अवसार के लेखक का, जो बतूता का समसामयिक था, कथन है कि इन दासियों में से किसी एक सुंदर दासी के साथ विवाह करने की प्रथा भी उस समय थी। बतूता ने भी ऐसी दासियों से अनेक विवाह समय समय पर किए थे।

सारे देश में हिंदू और मुसलमान मिले हुए रहने पर भी मुसलमान हिंदुओं पर गालिब हैं। बहुत-से हिंदुओं ने दुर्गम पर्वतों तथा अगम्य वनों का आश्रय ले रखा है। बांस इस देश में खूब लंबा होता है और इसकी शाखा-प्रशाखाएं भी इतनी होती हैं कि अग्नि का भी इन पर कुछ प्रभाव नहीं होता। ऐसे ही बांस के गंभीर वनों में जाकर हिंदुओं ने आश्रय लिया है। बांस की बाढ़ दुर्ग-प्राचीरों का-सा काम देती है। इसके भीतर इनके ढोर रहते हैं और खेती आदि का भी काम होता है। वर्षा ऋतु का जल भी पर्याप्त राशि में सदा प्रस्तुत रहता है। उपयुक्त अस्त्रों द्वारा इन बांसों को बिना काटे कोई व्यक्ति इन पर विजय प्राप्त नहीं कर सकता।

5. सम्राट के आगमन से पहले की ईद का वर्णन

जब ईद-उल-फितर (अर्थात रमजान के पश्चात की ईद) तक भी सम्राट राजधानी में लौट कर न आया तो ईद के दिन खतीब कृष्ण वस्त्र पहन, हाथी पर सवार हो, नगर में निकला। हाथी की पीठ पर चौकी के समान कोई चीज रख चारों कोनों पर चार झंडे लगाए गए थे।

खतीब के आगे आगे हाथियों पर सवार मोअज्जिन तकवीर पढ़ते जाते थे। इनके अतिरिक्त नगर के काजी और मौलवी भी जलूस के साथ सवारियों पर चढ़े ईदगाह की राह में सदका (दान) बांटते चले जाते थे।

ईदगाह पर रूई के कपड़े के सायबान (शामियाना) के नीचे फर्श लगा हुआ था। सब लोगों के एकत्र हो जाने पर खतीब ने नमाज पढ़ाकर खुतबा पढ़ा (अर्थात धर्मोपदेश दिया)। तदुपरांत और लोग तो अपने अपने घरों की ओर चले गए परंतु हम राजप्रासाद में गए। वहां सब परदेशियों तथा अमीरों को सम्राट की ओर से भोज देने के उपरांत कहीं हमको अपने घर आने का अवकाश मिला।

6. सम्राट का स्वागत

शव्वाल नामक मास की चतुर्थ तिथि को सम्राट ने राजधानी से सात मील की दूरी पर तलपत नामक भवन में विश्राम किया। समाचार पाते ही वजीर की आज्ञानुसार हम लोग सम्राट की अभ्यर्थना के लिए चल पड़े। सम्राट की भेंट के लिए, ऊंट, घोड़े, खुरासान देश के मेवे, तलवार, मिसरी और तुर्की दुम्बे प्रत्येक के पास प्रस्तुत थे।

राजप्रासाद के द्वार पर आगंतुक सर्वप्रथम एकत्र हुए और तत्पश्चात क्रमानुसार भीतर प्रवेश करने पर प्रत्येक को कतां की कामदार खिलअत मिली।

अब मेरे प्रवेश करने की बारी आई। मैंने सम्राट को कुर्सी पर बैठे हुए पाया। देखने पर पहले तो मुझे वह हाजिब-सा प्रतीत हुआ, परंतु उसके निकट ही अपने परिचित मलिक-उल-नुदमा नासिरउद्दीन काफी हरवी को खड़ा देख संदेह दूर हो गया और मैं तुरंत समझ

गया कि भारत-सम्राट यही है। हाजिब के वंदना करने पर मैंने भी ठीक उसी प्रकार सम्राट की वंदना की और सम्राट के चचा के पुत्र फीरोज ने, जो अमीर (अर्थात प्रधान) हाजिब था, मेरी अभ्यर्थना की। इस पर मैंने सम्राट की पुनः वंदना की। तदुपरांत मलिक-उल-नुदमा के 'बिस्मिल्लाह मौलाना बदरउद्दीन' उच्चारण करने पर मैं सम्राट के निकट चला गया (भारतवर्ष में मुझको लोग बदरउद्दीन कहा करते थे। इस देश में प्रत्येक अरबदेशीय पंडित को मौलाना कहने की प्रथा है। इसी कारण नासिरउद्दीन ने मुझे मौलाना बदरउद्दीन कहकर पुकारा)। सम्राट ने मुझसे हाथ मिलाया और तदुपरांत मेरा हाथ अपने हाथ में ले अत्यंत कोमल स्वर से फारसी भाषा में मुझसे कहा कि तुम्हारा आना शुभ हो, चित्त प्रसन्न रखो, तुम पर मेरी सदा कृपा बनी रहेगी। दान भी मैं तुमको इतना अधिक दूंगा कि उसका वर्णन मात्र सुनकर तुम्हारे देशभाई तुम्हारे पास आ एकत्र हो जाएंगे। इसके उपरांत देश के संबंध में प्रश्न करने पर मैंने जब अपना देश पश्चिम में बताया तो उन्होंने मुझसे पूछा कि क्या तुम अमीर-उल-मोमनीन[1] के देश में रहते हो? मैंने इसके उत्तर में 'हां' कहा। सम्राट के प्रत्येक वाक्य पर मैं उसका हस्तचुंबन करता था। सब मिलाकर मैंने उस समय सात बार हस्तचुंबन किया होगा। इसके पश्चात मुझको खिलअत दी गई और मैं वहां से लौटा।

अब समस्त नवागंतुकों के लिए दस्तरख्वान बिछाया गया। प्रसिद्ध काजी-उल-कुज्जात[2] सदरे-जहां नासिरउद्दीन ख्वारजमी, काजी-उल-कुज्जात सदरे-जहां कमालउद्दीन गजनवी, और इमाद-उल-मुल्क बख्शी तथा जलालउद्दीन केजी आदि अन्य बहुत-से हाजिब और अमीर उस समय हमारी सेवा में वहां उपस्थित थे। दस्तरख्वान पर तिरमिज के काजी खुदावंदजादह काजी कवामउद्दीन के चचा के पुत्र, खुदावंदजादह गयासउद्दीन भी उपस्थित थे। सम्राट इनको बहुत आदर और सम्मान की दृष्टि से देखता था। यहां तक कि वह उन्हें भाई कहकर पुकारा करता था। ये महाशय अपने देश से कई बार सम्राट के पास आए थे।

उस दिन परदेशियों में से निम्नलिखित व्यक्तियों को खिलअत दी गई। प्रथम तो खुदावंदजादह कवामउद्दीन और उनके भ्राता जियाउद्दीन, इमादउद्दीन और बुरहानउद्दीन ने

1. अमीर-उल-मौमनी का देश—इससे 'मोराको' का तात्पर्य है।
2. सदरे-जहां और काजी-उल-कुज्जात, इन दोनों पदों पर एक ही व्यक्ति की नियुक्ति की जाती थी। इस पदाधिकारी को सदरअस्सुदूर भी कहते थे। समस्त दीवानी के पदाधिकारी इनकी अधीनता में काम करते थे। मसालक-उल-अवसार के अनुसार तत्कालीन पदाधिकारी काजी कमालउद्दीन सदरे-जहां की जागीर की साठ हजार टंक वार्षिक आय थी।

इसी प्रकार संत, साधुओं (फकीरों) के सर्वोच्च पदाधिकारी को शैख-उल-इस्लाम कहते थे। इनको भी सदरे-जहां के बराबर ही वार्षिक आय की जागीर दी जाती थी।

खिलअत पाई। तदुपरांत उनके भांजे अमीर बख बिन सैयद ताजउद्दीन का भी इसी प्रकार सम्मान किया गया। इनके दादा वजीहउद्दीन खुरासान देश के वजीर थे और मामा अलाउद्दीन भारत में अमीर तथा वजीर थे। फालकिया नामक ज्योतिष विद्यालय स्थापित करने वाले इराक देश के उपमंत्री के पुत्र हैबतउल्ला इन्नुल-फलकी को भी खिलअत मिली। सम्राट नौशे खां के मुसाहिब बहराम चोवी के वंशज और लाल (चुन्नी रत्न विशेष) तथा लाजवर्द आदि रत्नों के उत्पादक बदखशां प्रदेश की पर्वतमालाओं के निवासी मलिक कराम तथा समरकंद निवासी अमीर मुबारक, अरनबगा तुरकी, मलिकजादह तिरमिजी और सम्राट के लिए भेंट लाने वाले शहाबउद्दीन गाजरौनी नामक व्यापारी को भी (जिसकी सब संपत्ति राह में ही लुट गई थी) सम्राट ने खिलअत प्रदान की।

7. सम्राट का राजधानी-प्रवेश

अगले दिन सम्राट ने हममें से प्रत्येक को अपने निजी घोड़ों में से, सोने चांदी के काम वाली जीन तथा लगाम सहित, एक एक घोड़ा प्रदान किया।

राजधानी में प्रवेश करते समय सम्राट अश्वारूढ़ था और हम सब अपने अपने घोड़ों पर सवार हो सदरे-जहां के साथ उससे आगे आगे चल रहे थे। सम्राट की सवारी के आगे आगे सोलह सुसज्जित हाथियों पर निशान फहरा रहे थे। सम्राट तथा हाथियों के ऊपर जड़ाऊ तथा सादे सुवर्ण के छत्र सुशोभित हो रहे थे, और उसके सम्मुख रत्नजटित जीनपोश उठाए लिए जाते थे।

किसी किसी हाथी पर छोटी छोटी गंजनीकें भी रखी हुई थीं। सम्राट के नगर में प्रवेश करते ही इन मंजनीकों में दिरहम तथा दीनार भर भर के फेंके जाने लगे और सम्राट के आगे आगे चलने वाले सहस्रों सैनिक तथा जनसाधारण इनको उठाने लगे। राजप्रासाद तक इसी प्रकार न्यौछावर होती रही। राह में एक स्थान पर रेशमी वस्त्राच्छादित काठ के बुर्जों पर गाने वाली स्त्रियां बैठी हुई थीं। परंतु इन बातों का विस्तृत वर्णन मैं पहले ही कर चुका हूं, अतएव यहां दुहराने की आवश्यकता नहीं।

8. राजदरबार में उपस्थिति

अगला दिन शुक्रवार था। भीतर प्रवेश करने की आज्ञा न आने के कारण हम सब राजप्रासाद के दीवानखाने के द्वार से प्रवेश कर तृतीय द्वार की सहनचियों (तिदरियों) में जाकर बैठ गए। इतने में शम्सउद्दीन नामक हाजिब ने यह कहकर कि इन सबको भीतर प्रवेश करने की आज्ञा है, मुतसद्दियों को हमारे नाम लिखने की आज्ञा दी और हममें से प्रत्येक के अनुगामियों की संख्या भी, जो उसके साथ भीतर प्रवेश कर सकते थे, नियत कर दी गई। मुझको केवल आठ पुरुषों को अपने साथ भीतर ले जाने का आदेश हुआ।

हम सबने अपने अपने अनुगामियों सहित भीतर प्रवेश ही किया था कि दीनारों की थैलियां तथा तराजू आ गए और काजी-उल-कुज्जात तथा मुतसद्दीगण प्रत्येक परदेशी को द्वार पर बुला बुला कर नियत भाग देने लगे। इस बांट में मुझे पांच सहस्र दीनार मिले और सब मिलाकर कोई एक लाख रुपया बांटा गया। राजमाता ने यह धन अपने पुत्र के राजधानी में सकुशल लौट आने के उपलक्ष्य में सदके (दान) के लिए निकाला था। इस दिन हम लौट गए।

इसके पश्चात सम्राट ने हमको कई बार बुलाकर अपने दस्तरख्वान पर भोजन कराया और बड़े मृदुल स्वर से हमारा वृत्तांत पूछा। एक दिन तो सम्राट ने हमसे यह कहा कि तुमने जो मेरे देश में आने की कृपा की और कष्ट सहे, उनके प्रतिकार में मैं तुमको क्या दे सकता हूं। तुममें से वयोवृद्ध पुरुषों को मैं पितातुल्य, समवयस्कों को भ्रातृवत तथा छोटों को पुत्रवत मानता हूं। इस नगर की समता करने वाला इस देश में कोई अन्य नगर नहीं है। तुम इसको अपनी ही मिलकियत समझो। सम्राट के ऐसे वचन सुन हमने उसको धन्यवाद दिया और उसके निमित्त ईश्वर से प्रार्थना भी की। इसके पश्चात हम लोगों का पद तथा वेतन नियत किया गया। मेरा वेतन बारह हजार दीनार वार्षिक नियत कर, मेरी तीन गांवों की पहली जागीर में जोरह और मिलकपुर[1] नामक दो गांव और मिला दिए गए।

एक दिन खुदावंदजादह गयासउद्दीन और सिंधु-प्रदेश के हाकिम कुतुब-उल-मुल्क ने आकर हमसे कहा कि अखवंदे आलम (सम्राट) चाहते हैं कि योग्यता तथा रुचि के अनुसार तुम लोगों को कोई भी कार्य दिया जा सकता है। वजीर, शिक्षक, मुंशी (लेखक), अमीर या शैख, जो पद चाहो ले सकते हो। हम लोगों का विचार तो पारितोषिक ले अपने अपने घरों को लौटने का था, अतएव यह बात सुन पहले तो हम सब चुप हो रहे। परंतु उपर्युक्त अमीर बख बिन सैयद ताजउद्दीन ने अंत में यह कह ही डाला कि मेरे पूर्वज तो वजीर थे और मैं लेखक हूं। इन दो कार्यों के अतिरिक्त मैं किसी अन्य कार्य का संपादन नहीं कर सकता। हैबतउल्ला फलकी ने भी कुछ ऐसा ही कहा। खुदावंदजादह ने अब मेरी ओर देख कर अरबी भाषा में पूछा कि कहिए "सैयदना" (अर्थात हे सैयद) आप क्या कहते हैं? (सम्राट के अरब देशवासियों को सम्मानार्थ सैयद कहकर पुकारने के कारण, इस देश में सभी अरबों को सैयद ही कहकर संबोधन करने की प्रथा है)।

मैंने कहा कि लेखक होना या मंत्रित्व करना मेरा कार्य नहीं है, हमारे यहां तो बाप-दादा के समय से काजी और शैख ही होते आए हैं। रही अमीरी अथवा सेना में उच्च पद की बात, उसके संबंध में तो आप भी भलीभांति जानते ही हैं कि अरबदेशीय तलवार के कारण

1. मिलकपुर नामक गांव कुतुब के पश्चिम दो-तीन मील की दूरी पर पहाड़ी की दूसरी तरफ बसा हुआ है।

ही सभी बाह्य देशों ने मुसलमान धर्म की दीक्षा ली है। तात्पर्य यह है कि सैनिक हो खड्गप्रहार करना तो हमारी घुट्टी में सम्मिलित है। सम्राट उस समय सहस्र-स्तंभ नामक भवन में भोजन कर रहा था। मेरा उत्तर सुनकर वह बहुत प्रसन्न हुआ और हम सबको बुला भेजा। सम्राट के साथ भोजन कर हम पुनः प्रासाद से बाहर आ बैठ गए। फोड़ा निकल आने से बैठने में असमर्थ होने के कारण केवल मैं अपने घर चला आया।

तदनंतर पुनः प्रासाद में उपस्थित होने का सम्राट का आदेश होते ही मेरे सब साथी भीतर गए और मेरी अनुपस्थिति की क्षमा चाही। इसके पश्चात अस्र की नमाज पढ़कर मैं भी पुनः दीवानखाने में जा बैठा, और वहीं मैंने मगरिब (अर्थात सूर्यास्त के पश्चात) की नमाज पढ़ी। इतने में एक और हाजिब ने बाहर आ हमसे कहा कि सम्राट तुमको याद करते हैं। यह सुन सबसे प्रथम, अपने अन्य भ्राताओं में सबसे बड़े होने के कारण, खुदावंदजादह जियाउद्दीन प्रासाद के भीतर गए और सम्राट ने उसी समय उनको मीरदाद (अर्थात प्रधान न्यायाधीश) के पद पर प्रतिष्ठित कर दिया। यह पद केवल कुलीन व्यक्तियों को ही दिया जाता है। यह पदाधिकारी (नित्य-प्रति) काजी महोदय के साथ न्यायासन पर बैठ, किसी उच्च कुलोत्पन्न अमीर के विरुद्ध आरोप होने पर उसे काजी के समक्ष उपस्थित करता है। इस पद पर पचास सहस्र वार्षिक वेतन नियत है और इतनी ही वार्षिक आय की जागीर इस पदाधिकारी को दी जाती है।

परंतु सम्राट ने खुदावंदजादह को उसी समय पचास सहस्र दीनार दिए जाने का आदेश दिया और 'शेर-सूरत' नामक सोने के तारयुक्त रेशमी खिलअत भी उनको उसी समय पहनाई गई (पीठ तथा वक्षस्थल पर सिंह की आकृति बनी होने के करण इस खिलअत को उक्त नाम दिया गया है, खिलअत में सुवर्ण का कितना परिमाण है, यह बात भी उसमें लगे हुए पर्चे से विदित हो जाती है)। इसके अतिरिक्त 'प्रथम श्रेणी' का एक अश्व भी उनको प्रदान किया गया।

अश्वों की इस देश में चार श्रेणियां हैं। और मिस्र देश की ही भांति इन पर जीन रखी जाती है। केवल लगामों के कुछ भाग में चांदी लगी होती है परंतु उस पर सोने का मुलम्मा कर देते हैं।

इसके पश्चात अमीर बख्त भीतर गए। इनको वजीर के साथ मसनद पर बैठ दीवान उपाधिकारी पुरुषों के हिसाब-किताब देखने का भार दिया गया। इनको चालीस सहस्र दीनार वार्षिक दिए जाने का आदेश हुआ और इसी आय की भू-संपत्ति (जागीर) इनके नाम कर दी गई। इसके अतिरिक्त चालीस सहस्र दीनार तथा उपर्युक्त प्रकार का घोड़ा और खिलअत भी उसी समय दे इसको 'अशरफ-उल-मुल्क' की उपाधि प्रदान की गई।

तदनंतर हैबतउल्ला फलकी भीतर गए। चौबीस सहस्र दीनार इनका वार्षिक वेतन कर दिया गया और इतनी ही वार्षिक आय की जागीर दे, इनको सम्राट ने रसूलदार अर्थात

हाजिब-उल-अरसाल के पद पर प्रतिष्ठित किया। बहा-उल-मुल्क की उपाधि से विभूषित कर इनको भी चौबीस सहस्र दीनार उसी समय दिए गए।

अब मेरी बारी आई। प्रासाद के भीतर जा मैंने देखा कि सम्राट तख्त का तकिया लगाए राजभवन की छत पर बैठा हुआ है। वजीर ख्वाजा उसके सामने बैठा था और अमीर कबूला पीछे की तरफ खड़ा था। मेरे सलाम करते ही मलिके कबीर ने कहा कि वंदना करो, क्योंकि अखवंदे आलम (संसार के प्रभु) ने तुमको राजधानी अर्थात दिल्ली का काजी नियत किया है। बारह सहस्र दीनार राजकोष से दिए जाने तथा जीन लगाम सहित अश्व और 'महराबी' खिलअत प्रदान करने का भी सम्राट ने आदेश किया है। (पीठ तथा वक्षस्थल पर वृत्ताकार चिह्न बना होने के कारण इसको मिहराबी खिलअत कहते हैं)।

मेरे वंदना करते ही जब 'कबीर' मेरा हाथ पकड़कर सम्राट के सामने ले गए, तो उसने कहा कि दिल्ली के काजी का पद कोई ऐसा वैसा पद नहीं है। हम इसको बड़ा महत्व देते हैं। मैं फारसी भाषा समझ तो लेता था पर बोल न सकता था और सम्राट अरबी भाषा नहीं बोल सकता था परंतु समझ लेता था। मैंने उत्तर दिया, "मौलाना महोदय, मैं तो इमाम मालिक का धर्म पालन करता हूं (यह सुन्नी धर्म की एक शाखा है) और समस्त नागरिक हनफी सुन्नियों की द्वितीय शाखावलंबी है और इसके अतिरिक्त मैं यहां की भाषा से भी अनभिज्ञ हूं। इस पर सम्राट ने अपने श्रीमुख से पुनः कहा कि वहाउद्दीन मुलतानी तथा कमालउद्दीन बिजनौरी को हमने (इसी कारण) तेरी अधीनता में कार्य करने को नियत कर दिया है। ये दोनों तेरे ही परामर्श से कार्य संपादन करेंगे और समस्त दस्तावेजों पर तेरी ही मुहर होगी। मैं तुझको पुत्रवत समझता हूं। मैंने कहा, "श्रीमान मुझे अपना सेवक तथा दास समझें।"

सम्राट ने फिर अरबी भाषा में 'अत्ता सय्यदना मखदूमन' (तुम सैयद और हमारे संरक्षक हो) कहकर शर्फ-उल-मुल्क को आदेश कर कहा कि यह पुरुष खूब व्यय करने वाला है, इतना वेतन इसके लिए पर्याप्त न होगा, इसलिए यदि यह साधुओं की दशा पर भी विचार करने के लिए समय दे सके तो मेरी इच्छा एक मठ का कार्य भी इसी को देने की है। यह समझकर कि शर्फ-उल-मुल्क भलीभांति अरबी भाषा में बातचीत कर सकता है, सम्राट ने उसी से यह बात मुझको समझाने को कहा। वास्तव में यह अमीर इस भाषा में बात करने में नितांत असमर्थ था। सम्राट ने यह बात जानने पर फारसी भाषा में उससे कहा 'बिरौ यकजाबे खुसपी व आं हिकायत बर ओ बिगोई व तफहीम कुनी, ता फरदा इंशा अल्लाह पेशे मन बियाई व जबाबो ओ बिगोई' अर्थात जाओ, रात्रि को एक ही स्थान पर जाकर शयन करो और इसको सब बातें समझा दो। कल इंशा अल्लाह (ईश्वर की इच्छा हो तो) मेरे पास आकर सब समाचार कहना कि यह क्या उत्तर देता है।

जब हम राजप्रासाद से लौटे तो रात्रि का तृतीयांश बीत चुका था और नौबत भी बज

चुकी थी। नौबत बजने के पश्चात कोई व्यक्ति बाहर नहीं निकल सकता, इस कारण हमने वजीर के आगमन की प्रतीक्षा की और उसी के साथ बाहर आए। नगर-द्वार बंद हो जाने के कारण यह रात्रि हमने सरापूर खां की गली में, इराक-निवासी सैयद अबुल हसन इबादी के ही घर रहकर व्यतीत की। यह व्यक्ति सम्राट की ही संपत्ति से व्यापार करता था, और उसके लिए इराक तथा खुरासान देश से अस्त्र तथा अन्य पदार्थ लाया करता था।

दूसरे दिन धन, घोड़े और खिलअत मिलने पर हम इस देश की परिपाटी के अनुसार खिलअत कंधों पर रख पूर्व क्रमानुसार पुनः सम्राट की सेवा में उपस्थित हुए। तत्पश्चात अश्वों के सुमों पर वस्त्र डाल चुंबन कर हम स्वयं उनको लगाम द्वारा पकड़ राजभवन के द्वार पर ले गए और वहां उन पर आरूढ़ हो अपने अपने घर लौटे।

सम्राट ने मेरे अनुयायियों को भी दो सहस्र दीनार तथा दस खिलअतें प्रदान कीं। सभी आगंतुकों के अनुयायियों को उपहार दिए गए हों सो बात न थी। मेरे अनुयायी रंग-रूप में अच्छे थे और वस्त्रादि भी स्वच्छ पहने हुए थे, इसी से उन्हें देख प्रसन्न हो सम्राट ने उनको सब कुछ दिया। सम्राट की वंदना करने पर उसने उनको भी धन्यवाद दिया।

9. सम्राट का द्वितीय दान

काजी नियत होने के बहुत दिवस बीत जाने पर मैं एक बार दीवानखाने के चौक में पेड़ के नीचे तिरामेज-निवासी धर्मोपदेशक मौलाना नासिरुद्दीन के साथ बैठा हुआ था कि मौलाना को भीतर से बुलावा आया। वहां जाने पर सम्राट ने उनको खिलअत और मुक्ताजटित ईश्वरवाक्य (अर्थात कुरान) कृपा कर प्रदान किया। इतने में एक हाजिब दौड़ा हुआ मेरे पास आया और कहने लगा कि सम्राट ने आपके लिए भी बारह सहस्र दीनार का पारितोषिक देने की आज्ञा दी है। यदि आप मुझको कुछ देने की प्रतिज्ञा करें तो मैं 'छोटी-चिट्ठी' अभी ला सकता हूं। हाजिब तो सत्य ही कह रहा था। परंतु मैंने यही समझा कि यह छल-कपट द्वारा मुझसे कुछ ऐंठना चाहता है। फिर भी मेरे एक मित्र ने उसको 'पत्र' लाने पर दो दीनार देने की प्रतिज्ञा की; बस फिर क्या था, वह जाकर तुरंत ही 'छोटी-चिट्ठी' ले आया।

इस चिट्ठी में यह लिखा रहता है कि अखवंदे-आलम की आज्ञा है कि अमुक पुरुष को अमुक हाजिब के पहचानने पर अनंत कोष से इतने परिमाण में धनराशि दे दो।

इस चिट्ठी पर सर्वप्रथम उस पुरुष के हस्ताक्षर होते हैं जिसके पहचानने पर रुपया मिलता है। तत्पश्चात तीन अमीरों अर्थात सम्राट के आचार्य 'खाने-आजम' कतलू खां, खरीतेदार (सम्राट का कलमदान रखने वाला) अमीर नकबा के हस्ताक्षर होते हैं। इतने हस्ताक्षर हो जाने पर यह चिट्ठी मंत्री विभाग के दीवान के पास जाती है। वहां मुत्सद्दी इसकी प्रतिलिपि ले लेते हैं और तत्पश्चात दीवान अशराफ में और फिर दीवान-उल-नजर में इसकी

प्रतिलिपि हो जाने पर, वजीर कोषाध्यक्ष को धन देने का आज्ञापत्र लिखता है। कोषाध्यक्ष उसको अपनी पुस्तक में लिख प्रत्येक दिन के आज्ञापत्रों का चिट्ठा बना सम्राट की सेवा में भेजता है।

तुरंत दान देने की सम्राट की आज्ञा होने पर रुपया मिलने में कुछ भी देर नहीं लगती, उसी समय धन मिल जाता है। परंतु यह आज्ञा होने पर कि विलंब से भी कोई हानि न होगी, रुपया तो मिल जाता है परंतु बहुत बिलंब से। उदाहरणार्थ, मुझको ही यह पारितोषिक अन्यत्र वर्णित दान के साथ कोई छह मास पश्चात मिला।

भारतवर्ष की ऐसी परिपाटी है कि दान का दशमांश राजकोष में ही काटकर शेष रुपया लोगों को मिलता है; यथा एक लाख की आज्ञा होने पर नब्बे हजार और दश सहस्र की आज्ञा होने पर केवल नौ सहस्र ही मिलते हैं।

10. महाजनों का तकाजा और सम्राट द्वारा ऋण-परिशोध का आदेश

मैं ऊपर ही यह लिख चुका हूं कि मेरा समस्त मार्ग-व्यय, सम्राट की भेंट का मूल्य और तत्पश्चात जो कुछ भी खर्च हुआ वह सब मैंने व्यापारियों से ऋण लेकर किया। जब इन लोगों के स्वदेश जाने का समय आया तो इनसे तंग आकर मैंने सम्राट की प्रशंसा में एक 'कसीदा' (अर्थात प्रशंसात्मक कविता) लिखा जिसकी प्रथम पंक्ति तथा अन्य प्रारंभिक पद ये हैं–

इलैका अमीरुल मोमनीं अलमुवजला।
अतैना नजदूस्सैरो नहूका फिल फुला ॥ 1 ॥
फजैता मेहलन मिन अलायका जायरा।
व मुगनाका कहफा लिज्जियाते अहला ॥ 2 ॥
फलौ अन फोकश्शमस लिलमजदे रुतवन।
लकुंता ले आलाहा इमामन मुहैला ॥ 3 ॥
फ अंतलइमामल माजैदो इल्ला वहदल्लजी।
सजाया हो हतमन अर्वी यकूलो वयफअला ॥ 4 ॥
वली हाज तुन मिन फैजे जुदेका अरतजी।
कजाहा वकसदी इन्दा मजदेका सहला ॥ 5 ॥
अअज कुरोदा अमकद कफानीहयाओकुम।
फइन हयाकुम जिकर हू काना अजमल ॥6॥
फअज्जिल लमन व अफा महल काजाअग।
कजा दैनहू इन्नल अजीमा तअजल ॥ 7 ॥

[तेरे पास, हे अमीरुल मोमनीन ! (मुसलमानों के सम्राट) इस दशा में कि आदर करने

वाला हूं—आया हूं—और यत्न करता हूं तेरी ओर आने का जंगलों में ॥ 1 ॥ मैं तेरी ओर ऊपर की दिशा में उतरने वाला हूं और वह भी दर्शन के लिए, क्योंकि दर्शनार्थियों को तेरा दान और धन्यवाद-योग्य आश्रय मिलता है ॥ 2 ॥ यदि मेरे पद के ऊपर भी कोई और पद दान करने योग्य होता तो मुबारक इमाम होने के कारण तू इससे भी ऊंचा चला जाता ॥ 3 ॥ हेतु इसका यह है कि संसार में केवल तू ही एक अद्वितीय इमाम है—और प्रतिज्ञा को पूर्ण करना तेरा स्वभाव है ॥ 4 ॥ मेरी भी एक प्रार्थना है—और उसके पूर्ण होने की आशा तेरी दयापूर्ण दान-भिक्षा पर अवलंबित है—तेरी दानशीलता के सम्मुख मेरा मनोरथ अत्यंत ही तुच्छ है ॥ 5 ॥ मैं (अपना मनोरथ) तुझसे क्या वर्णन करूं—मेरे लिए तो तेरी 'दया' ही काफी है—तेरी दया के नजदीक मुझसे प्रार्थी का संक्षिप्त रूप से यह संकेत मात्र ही पर्याप्त होगा ॥ 6 ॥ आशाएं पूर्ण कर दे—इष्ट देव के समान तेरी ज्यारत करने से मेरा तात्पर्य ही यह है कि मेरा ऋण दूर हो जाए। ऋणदाता तकाजा कर रहे हैं]।

एक दिन सम्राट कुर्सी पर बैठा हुआ था कि मैंने यह कसीदा सेवा में उपस्थित किया। सम्राट ने उसको अपनी जंघाओं पर रख एक सिरा अपने हाथ से पकड़ लिया और दूसरा मेरे ही हाथ में रहा। मैंने एक एक शेर पढ़ना प्रारंभ किया और काजी-उल-कुज्जात कमालउद्दीन उसका अर्थ करते जाते थे जिसको सुनकर सम्राट अत्यंत प्रसन्न होता था। भारतीय कवि (मुसलमानों से तात्पर्य है) अरबी से बहुत प्रेम करते हैं। सातवां शेर पढ़ने पर सम्राट ने अपने श्रीमुख से "मरहमत" शब्द का उच्चारण किया जिसका अर्थ यह होता है कि मैंने तुम पर कृपा की।

इस पर हाजिब मेरा हाथ पकड़कर अपने खड़े होने के स्थल पर—सम्राट की वंदना करने के लिए ले जाना चाहते थे कि सम्राट ने उनको मुझे छोड़ने और प्रशंसात्मक कविता (कसीदा) को अंत तक पढ़ने की आज्ञा दी। सम्राट के आदेशानुसार मैंने पहले तो कविता अंत तक पढ़ सुनाई और तदनंतर उनकी वंदना की। इस पर लोगों ने मुझको खूब सराहा।

परंतु बहुत काल बीत जाने पर भी, जब मुझको कुछ पता न चला तो मैंने सम्राट की सेवा में सिंधु देश के हाकिम कुतुब-उल-मुल्क द्वारा एक प्रार्थनापत्र भेजा। सम्राट के सम्मुख आने पर उसने उसे वजीर ख्वाजाजहां के पास ऋण चुकवा देने की आज्ञा दे भेज दिया। कुतुब-उल-मुल्क ने जाकर सम्राट का आदेश वजीर को सुना दिया परंतु उसके 'हां' कर लेने पर भी कुछ फल न हुआ। इन्हीं दिनों सम्राट ने दौलताबाद की यात्रा का आदेश निकाल दिया और स्वयं कुछ दिन के लिए वजीर के साथ बाहर आखेट को चल दिया, इस कारण मुझे बहुत काल बीते यह पारितोषिक मिला। अब मैं विलंब होने के कारणों का विस्तारपूर्वक वर्णन करता हूं।

मेरे ऋणदाताओं की यात्रा का समय आने पर मैंने उनको यह सुझाया कि मेरे राजप्रासाद की ड्योढ़ी में प्रवेश करते ही तुम इस देश की परंपरा के अनुसार सम्राट की दुहाई देना।

ऐसा करने पर बहुत संभव है कि सम्राट को भी इसकी सूचना मिल जाए और वह तुम्हारा ऋण चुका दे।

इस देश में कुछ ऐसी प्रथा है कि किसी बड़े पुरुष के ऋण चुकाने में असमर्थ होने पर ऋणदाता राज-द्वार पर आकर खड़े हो जाते हैं, और ऋणी को, उच्च स्वर से सम्राट की दुहाई तथा शपथ देकर, बिना ऋण चुकाए भीतर प्रवेश करने से रोकते हैं। ऐसे समय में ऋणी को या तो विवश होकर सब चुकाना ही पड़ता है या अनुनय-विनय द्वारा कुछ समय लेना पड़ता है।

हां, तो एक दिन जब सम्राट अपने पिता की कब्र पर दर्शनार्थ गया और वहीं पर एक राजप्रासाद में जाकर ठहरा, तो मैंने अवसर देख अपने ऋणदाताओं को संकेत कर दिया। इस पर उन्होंने मेरे राजभवन में प्रवेश करते ही, उच्च स्वर से सम्राट की दुहाई दे बिना ऋण चुकाए मुझसे भीतर घुसने का निषेध किया। ऋणदाताओं की पुकार सुनते ही मुत्सद्दियों ने क्षणभर में इसकी सूचना सम्राट को लिख भेजी। धर्मशास्त्रज्ञ शम्सउद्दीन नामक हाजिब ने बाहर आ उन लोगों से दुहाई देने का कारण पूछा। यह सुनते ही हाजिब ने इसकी सूचना सम्राट को दे दी। अतः सम्राट ने पुनः हाजिब को भेज ऋण की तादाद मालूम करनी चाही। ऋणदाताओं ने मुझ पर पच्चीस सहस्र दीनार ऋण निकाला। हाजिब ने फिर जाकर सम्राट को इसकी भी सूचना कर दी और बाहर जाकर उनसे कहा कि सम्राट का आदेश यह है कि हम यह समस्त ऋण राजकोष से देंगे, तुम इस पुरुष से कुछ न कहो।

सम्राट ने अब इमामउद्दीन समनानी तथा खुदावंदजादह गयासउद्दीन को हजार-सतून (सहस्र-स्तंभ) नामक भवन में बैठ इन दस्तावेजों का इस विचार से निरीक्षण तथा अनुसंधान करने की आज्ञा दी कि यह ऋण इस समय भी पावना है या नहीं। आज्ञानुसार ये दोनों व्यक्ति वहां जाकर बैठ गए और ऋणदाताओं ने अपने अपने दस्तावेजों का निरीक्षण कराना आरंभ कर दिया। अनुसंधान के पश्चात इन्होंने सम्राट से जाकर निवेदन कर दिया कि सभी दस्तावेज ठीक हैं। यह सुनकर सम्राट ने हंसकर कहा, क्यों नहीं, आखिर तो वह काजी ही है, अपना काम क्यों न ठीक ठीक करेगा। फिर उसने खुदावंदजादह को राजकोष से ऋण चुकाने की आज्ञा दे दी। परंतु घूस के लालच के कारण उन्होंने छोटी चिट्ठी भेजने में देर की। यह देख मैंने सौ 'टंक' भी उनके पास भेजे परंतु उन्होंने न लिए। उनका दास मुझसे पांच सौ टंक मांगने लगा पर मैं इतनी रकम देना नहीं चाहता था। अतएव मैंने ये सब बातें इमामउद्दीन समनानी के पुत्र अब्दुल मलिक से जाकर कह दीं। उसने अपने पिता को और पिता ने यह हाल जाकर वजीर को जतला दिया। वजीर तथा खुदावंदजादह में आपस का द्वेष होने के कारण वजीर ने सम्राट से सब वार्ता निवेदन कर दी और साथ-ही-साथ कुछ और शिकायतें भी कीं। फल यह हुआ कि सम्राट ने कुपित हो खुदावंदजादह को नगर में नजरबंद कर कहा कि अमुक व्यक्ति इनको घूस किस कारण से देता था।

उसने इस बात का अनुसंधान करने की आज्ञा दी कि खुदावंदजादह घूस चाहते थे अथवा उन्होंने इसे लेना स्वीकार किया। इन्हीं कारणों से मेरे ऋण चुकाने में विलंब हुआ।

11. आखेट के लिए सम्राट का बाहर जाना

जब सम्राट आखेट[1] के लिए दिल्ली से बाहर गया, उस समय मैं भी उसके साथ था। यात्रा के लिए डेरा (सराचा) इत्यादि सभी आवश्यक वस्तुएं मैंने पहले से ही मोल ले रखी थीं।

इस देश में प्रत्येक पुरुष अपना निज का डेरा रख सकता है। अमीरों के लिए तो वह बड़ी आवश्यक वस्तु है। सम्राट के डेरे रक्तवर्ण के होते हैं और अमीरों के श्वेत, परंतु उन पर नील वर्ण का काम होता है।

डेरे के अतिरिक्त मैंने एक सैवान (सायबान) भी मोल ले रखा था। यह डेरे के भीतर, छाया के लिए, दो बड़े बांसों पर खड़ा कर लगाया जाता है। यह बांस 'कैवानी' नामधारी पुरुष अपने कंधों पर लेकर चलते हैं। भारतवर्ष में बहुधा यात्री इन कैवानियों[2] को किराये पर नौकर रख लेते हैं। घोड़ों को भूसा न देकर घास ही दी जाती है, इसलिए घास लाने वाले, रसोईघर के बर्तन उठाकर ले चलने वाले कहार, डोला उठाकर ले चलने वाले पुरुष, सभी मजदूरी पर रख लिए जाते हैं। अंतिम श्रेणी के पुरुष डेरा भी लगाते हैं, फर्श भी बिछाते हैं और ऊंटों पर असबाब भी लादते हैं। 'दबादवी' नामधारी भृत्य राह में आगे आगे चलते हैं और रात को मशाल दिखाते जाते हैं। अन्य पुरुषों की भांति मैं भी इन सब भृत्यों को मजदूरी पर रख बड़े ठाठ से चला। जिस दिन सम्राट नगर से बाहर आया उसी दिन मैं भी वहां से चल दिया, परंतु मेरे अतिरिक्त अन्य पुरुष तो दो दो और तीन तीन दिन पश्चात नगर से चले।

सवारी निकलने के दिन सम्राट के गन में अस्र की नमाज के पश्चात, यह देखने का विचार हुआ कि कौन तैयार है, किसने तैयारी में शीघ्रता की है और किसने विलंब। सम्राट अपने डेरे के सम्मुख कुर्सी पर बैठा था। मैं सलाम कर दाईं ओर अपने नियत स्थान पर जाकर खड़ा हो गया। इतने में सम्राट ने 'सरजामदार' (सम्राट पर से चंवर द्वारा मक्खियां उड़ाने वाले) मलिके कबूला को मेरे पास भेजकर मुझे बैठने की आज्ञा दे अपनी अनुकंपा

---

1. मसालिक-उल-अवसार के लेखक के कथनानुसार आखेट को जाते समय सम्राट के साथ एक लाख सवार और दो सौ हाथी होते थे। सम्राट का दो-मंजिला दो-चोबी डेरा भी दो सौ ऊंटों पर चलता था। इस बड़े डेरे के अतिरिक्त और भी राजकीय डेरे होते थे। सैर को जाते समय सम्राट के साथ केवल तीस सहस्र सैनिक और दो सौ हाथी ही चलते थे। ऐसे अवसरों पर सोने की जीन तथा लगामों, और आभूषणादि से सुसज्जित एक सहस्र खाली घोड़े भी सम्राट के साथ चलते थे।
2. कैवानी—यह शब्द किस भाषा का है, यह पता नहीं चलता।

ही प्रकट की, अन्यथा उस दिन कोई अन्य पुरुष न बैठ सकता था।

अब सम्राट का हाथी आया और सीढ़ी लग जाने पर सम्राट उस पर खवासों (भृत्य विशेष) सहित सवार हुआ। इस समय सम्राट के सिर पर छत्र लगा हुआ था। कुछ देर तक घूमने के पश्चात सम्राटं अपने डेरे को लौटा।

इस देश की प्रथा ऐसी है कि सम्राट के सवार होते ही प्रत्येक अमीर अपनी सेना सुसज्जित कर ध्वजा, पताका तथा ढोल-नगाड़े, शहनाई इत्यादि सहित सवार हो जाता है। सर्वप्रथम सम्राट की सवारी होती है, उसके आगे आगे केवल पर्देदार (अर्थात हाजिब) और गायक (या नर्तकियां) तथा तबलची गले में तबले लटकाए सरना बजाने वालों के साथ साथ चलते हैं। सम्राट की दाहिनी तथा बाईं ओर पंद्रह पंद्रह पुरुष चलते हैं। इनमें केवल वजीर और बड़े बड़े उमरा तथा परदेशी ही होते हैं। मेरी गणना भी इन्हीं में थी। सम्राट के आगे पैदल तथा पथप्रदर्शक चलते हैं और पीछे की ओर रेशमी तथा कामदार वस्त्र की ध्वजा-पताका तथा ऊंटों पर तबल आदि चलते हैं। इनके पश्चात सम्राट के भृत्यों तथा दासों का नंबर आता है और उनके पश्चात अमीरों का और फिर जनसाधारण का।

यह कोई नहीं जानता कि विश्राम कहां होगा। नदी-तट अथवा वृक्षों की सघन छाया में किसी रम्य स्थल को देख सम्राट वहीं विश्राम की आज्ञा दे देता है। सर्वप्रथम सम्राट का डेरा लगता है। जब तक यह न लग जाए तब तक कोई व्यक्ति अपना डेरा नहीं लगा सकता।

इसके पश्चात नाजिर आकर प्रत्येक व्यक्ति को उचित स्थान बतलाते हैं। सम्राट का डेरा मध्य में होता है। बकरी का मांस, मोटी मोटी मुर्गियां तथा 'कराकी' इत्यादि भोज्य पदार्थ पहले से ही प्रस्तुत कर दिए जाते हैं। पड़ाव पर पहुंचते ही अमीरों के पुत्र सींखें हाथ में लिए आ उपस्थित होते हैं और अग्नि प्रज्वलित कर मांस भूनना आरंभ कर देते हैं। सम्राट एक छोटे-से डेरे के सम्मुख विशेष अमीरों के साथ आकर बैठ जाता है, फिर दस्तरख्वान आता है और सम्राट इच्छानुसार व्यक्ति विशेषों के साथ बैठकर भोजन करता है।

एक दिन की बात है कि सम्राट ने डेरे के भीतर से पूछा कि बाहर कौन खड़ा है। इस पर सम्राट के मुसाहिब सैयद नासिरउद्दीन मथहर ओहरी ने उत्तर दिया, "अमुक पश्चिमी पुरुष बड़े उदासीन भाव से सेवा में उपस्थित है।" सम्राट ने जब उदासीनता का कारण पूछा तो सैयद ने निवेदन किया कि "उस पर ऋणदाताओं का सख्त तकाजा हो रहा है। अखवंदे आलम ने वजीर का ऋण भुगताने की आज्ञा दी थी, परंतु वह तो उसके पहले ही यात्रा को चले गए। श्रीमान यदि उचित समझें तो ऋणदाताओं को वजीर की प्रतिज्ञा करने अथवा राजकोष से धन दिए जाने की आज्ञा दे दें।" इस समय मलिक दौलतशाह भी उपस्थित थे। सम्राट इनको चचा कहकर पुकारा करता था। इन्होंने भी अखवंदे आलम

से प्रार्थना कर कहा कि यह व्यक्ति मुझसे भी प्रतिदिन अरबी भाषा में कुछ कहा करता है। मैं तो समझ नहीं सकता परंतु नासिरउद्दीन जानते होंगे कि इसका क्या तात्पर्य है। इन महाशय का इस कथन से यह अभिप्राय था कि सैयद नासिरउद्दीन ने इस पर यह कहा कि आपसे भी वह ऋण के ही संबंध में कहता था। यह सुन सम्राट ने कहा कि चचा जब हम राजधानी पहुंचें तो तुम जाकर स्वयं इस पुरुष को राजकोष से धन दिलवा देना। खुदावंदजादह भी उस समय वहां उपस्थित थे। उन्होंने अखवंदे आलम से कहा कि यह व्यक्ति सदा खूब हाथ खोलकर व्यय करता है। मावरा उन्नहर के सम्राट तरमशीरीं के दरबार में मेरा इससे समागम हुआ था और उस समय भी इसका यही हाल था। इसके पश्चात सम्राट ने मुझे अपने साथ भोजन करने का आदेश किया। मुझे इस वार्तालाप का कुछ भी पता न था, भोजन कर बाहर आने पर सैयद नासिरउद्दीन ने मुझसे दौलतशाह को और उन्होंने खुदावंदजादह को धन्यवाद देने को कहा। इन्हीं दिनों जब मैं सम्राट के साथ आखेट में था तो वह एक दिन मेरे डेरे के सम्मुख होकर निकला। इस समय मैं उसकी दाहिनी ओर था और मेरे अन्य साथी डेरे में थे। सम्राट के उधर होकर जाने पर उन्होंने बाहर आ सलाम किया। यह देख सम्राट ने इमाद-उल-मुल्क तथा दौलतशाह को भेजकर पुछवाया कि यह किसका डेरा है। उन लोगों के यह उत्तर देने पर कि अमुक पुरुष का है, सम्राट मुस्कराया। दूसरे दिन मुझको, सैयद नासिरउद्दीन और मिस्र के काजी के पुत्र तथा मलिक सवीहा को खिलअत प्रदान की गई और राजधानी को लौट जाने का आदेश हो गया। आज्ञा होने पर हम वहां से लौट पड़े।

12. सम्राट को एक ऊंट की भेंट

इन्हीं दिनों सम्राट ने मुझसे एक दिन पूछा कि मलिके नासिर[1] ऊंट पर सवार होता है या नहीं। मैंने इस पर यह निवेदन किया कि हज के दिनों में सांडनी पर सवार हो वह मिस्र देश से मक्का शरीफ दस दिन में पहुंच जाता है। मैंने सम्राट से यह भी कहा कि उस देश के ऊंट यहां के-से नहीं होते; मेरे पास वहां का एक पशु है। राजधानी में आते ही मैंने एक मिस्र-देशीय अरब को बुलाकर सांडनी की काठी के लिए कैर[2] नामक पदार्थ का एक

---

1. मलिके नासिर—मिस्र का प्रसिद्ध अरब विजेता। इसने खलीफा उमर के राजत्वकाल में मिस्र देश को अपने अधिकार में किया था। इसके पश्चात 254 हिजरी तक अब्बास वंशीय अरब खलीफाओं का इस देश पर प्रभुत्व रहा। इसके बाद कुछ काल तक एक तुर्क गुलाम वहां का सम्राट बना रहा। यह ठीक है कि खलीफाओं का थोड़ा बहुत प्रभुत्व पुनः इस देश पर स्थापित -हो गया परंतु पहली-सी बात नहीं हो पाई।
2. कैर—एक पदार्थ विशेष जो फरात नदी के तट पर हैत नगर के निकट, उष्ण जल के साथ पृथ्वी में से निकलता है। यह पदार्थ कृष्ण वर्ण का होता है परंतु इसमें कुछ कुछ लालिमा भी होती है। कुछ ही देर पश्चात यह बहुत कठोर हो जाता है। बगदाद तथा बसरा-निवासी मिट्टी

'कालबुत' बनवाया, और फिर एक बढ़ई को बुलाकर उसी नमूने का एक सुंदर पालान तैयार करा बानात से मढ़वाया, रकाबें बनवाईं और ऊंट पर एक बहुत सुंदर झूल डाल रेशम की मुहार तैयार कराई। ऊंट को इस प्रकार से सुसज्जित कर मैंने यमन (अरब का एक प्रांत) निवासी अपने एक अनुयायी से, जो हलुआ बनाने में बहुत सिद्धहस्त था, कई तरह के हलुए तैयार कराए। एक प्रकार का हलुआ तो खजूरों का-सा दीखता था। शेष भिन्न भिन्न प्रकार के थे।

सांडनी और हलुए मैंने सम्राट की सेवा में भेजे, परंतु इन वस्तुओं के ले जाने वाले को संकेत कर दिया कि ये दोनों वस्तुएं ले जाकर सर्वप्रथम मलिक दौलतशाह को देना। मैंने एक घोड़ा और दो ऊंट उन महानुभाव के लिए भी भृत्य द्वारा भेजे। दास ने ये सब वस्तुएं आदेशानुसार मलिक दौलतशाह को जाकर दे दीं और उन्होंने इनको लेकर सम्राट से जा निवेदन किया कि अखवंदे आलम, मैंने आज एक अत्यंत अद्‌भुत पदार्थ देखा है। सम्राट के प्रश्न करने पर कि वह पदार्थ क्या है, अमीर ने यह उत्तर दिया कि जीन कसा हुआ ऊंट। सम्राट ने यह सुनकर उसको देखने की इच्छा प्रकट की और ऊंट डेरे के भीतर लाया गया। देखकर सम्राट ने बहुत प्रसन्न हो मेरे भृत्य से उस पर चढ़ने को कहा। इस प्रकार आदेश मिलने पर दास ने सम्राट के सम्मुख ऊंट को चलाकर दिखाया। सम्राट ने इसके पश्चात उस पुरुष को दो सौ दिरहम और खिलअत पारितोषिक में दी।

जब इस पुरुष ने लौटकर यह सब वृत्तांत मुझे सुनाया तो मैंने भी प्रसन्न हो उसको दो ऊंट दिए।

13. पुनः दो ऊंटों की भेंट और ऋण चुकाने की आज्ञा

ऊंट को सम्राट की भेंट कर जब मेरा अनुचर लौट आया तो मैंने दो पालान और निर्माण कराए। इनके पूर्व तथा पश्चिम भागों में चांदी के पत्र लगवा कर सोने का मुलम्मा कराया गया था। समस्त पालान पर बानात चढ़वा कर स्थान स्थान पर चांदी के पत्र जड़वाए गए थे। ऊंटों की झूल पीले चार खाने की थी। उसमें कमख्वाब का अस्तर लगा हुआ था। पैरों में चांदी की झांझनें थीं जिन पर सोने का मुलम्मा किया हुआ था। इसके अतिरिक्त ग्यारह थाल हलुए के तैयार कराकर प्रत्येक पर एक एक रेशमी रूमाल डाला गया था।

आखेट से लौटने पर सम्राट दूसरे दिन दरबारे आम (साधारण राजसभा) में बैठा तो इन ऊंटों के आने पर इनको चलाने का सम्राट का आदेश होते ही मैंने सवार हो इनको स्वयं दौड़ाकर दिखाया। परंतु एक ऊंट की झांझन गिर पड़ी। सम्राट ने यह देख बहाउद्दीन

मिलाकर इस पदार्थ से अपनी नाव, गृह और छत इत्यादि लीपते हैं। इसको हम नैसर्गिक टार (Tar) भी कह सकते हैं।

फलकी को उसे तुरंत उठा लेने की आज्ञा दी।

इसके उपरांत सम्राट ने थालों की ओर देखकर कहा, "चः दारी दरां तबकैहा हलबास्त" (तेरे पास क्या है, क्या इन थालों में हलुआ है?) मैंने उत्तर दिया, "हां, श्रीमन।" इस पर सम्राट ने उपदेशक, एवं धर्मशास्त्र के ज्ञाता नासिरउद्दीन तिरमिजी की ओर देखकर कहा कि अमुक व्यक्ति ने जैसा हलुआ आखेट के समय जंगल में भेजा था वैसा मैंने कभी नहीं खाया; और उन थालों को खास मजलिस में भेजने की आज्ञा दी।

दरबारे आम से उठते समय सम्राट मुझे भीतर बुलाकर ले गया और भोजन मंगवाया। भोजन करते समय सम्राट के द्वारा हलुए का नाम पूछे जाने पर मैंने उत्तर दिया कि हलुए विविध प्रकार के थे, श्रीमान किसका नाम जानना चाहते हैं? यह उत्तर सुन सम्राट ने थालों को लाने का आदेश किया। थाल आते ही रूमाल उठा लिए गए। सम्राट ने एक थाल की ओर संकेत कर कहा कि इसका नाम जानना चाहता हूं। मैंने निवेदन किया कि अखवंदे आलम, इसको लकीमात-उल-काजी कहते हैं। इस समय वहां अपने को अब्बास वंशीय बताने वाला बगदाद का एक समृद्धिशाली व्यापारी भी उपस्थित था। सम्राट इस व्यक्ति को 'पिता' कहकर पुकारता था। इस व्यक्ति ने मुझको लज्जित करने के लिए ईर्ष्यावश कह दिया कि इस हलुए का नाम लकीमात-उल-काजी नहीं है। उसने एक अन्य प्रकार के 'जिल्द-उल-फरस' नामक हलुए को दिखाकर कहा कि इसको लकीमात-उल-काजी कहते हैं। परंतु भाग्यनश वहां सम्राट के नदीम (मुसाहिब) नासिरउद्दीन कानी हरबी भी इस व्यापारी के सम्मुख बैठे थे। ये बहुधा उसके साथ सम्राट के सम्मुख ही ठठोल किया करते थे। इन्होंने बगदादी का कथन सुनते ही कहा कि ख्वाजा साहब आप झूठ कहते हैं। यह काजी हमको सच्चे प्रतीत होते हैं। सम्राट ने इस पर प्रश्न किया कि यह क्यों? 'नदीम' ने कहा, "अखवंदे आलम, यह पुरुष काजी है; प्रत्येक शब्द को औरों की अपेक्षा कहीं अधिक जान सकता है।" यह सुन सम्राट हंसकर बोला, "सत्य है।"

भोजन के उपरांत हलवा खाया, फिर नबीज (मादक शरबत) पीया। तत्पश्चात पान लेकर हम बाहर चले आए।

थोड़ा ही काल बीता होगा कि खजांची ने आकर मुझसे रुपया लेने के लिए अपने आदमियों को भेजने को कहा। मैंने अपने आदमियों को रुपया लेने भेज दिया। संध्या समय घर आने पर मैंने छह हजार दो सौ तैंतीस टंक[1] रखे हुए पाए। मुझ पर पचपन सहस्र दीनार का ऋण था और बारह सहस्र दीनार के पारितोषिक की आज्ञा मिल चुकी थी (उश्र नापक

1. अबुलफजल के कथनानुसार 'दाम' एक तांबे का सिक्का होता था जिसका वजन 5 टंक, अर्थात 1 तोला 8 माशा और 7 रत्ती था। 1 रुपए में 40 दाम आते थे। इन तांबे के सिक्कों को अकबर के राजत्वकाल से पहले पैसा और 'बहलोली' कहते थे, परंतु अबुलफजल के समय इनका नाम 'दाम' था।

कर निकालने के पश्चात ही इतनी धनराशि बची थी)। एक टंक पश्चिम के ढाई सुवर्ण दीनार के बराबर होता है।

14. सम्राट का मअवर देश को प्रस्थान और मेरा राजधानी में निवास

सैयद हसन शाह के विद्रोह के कारण सम्राट ने जमादी-उल-अव्वल की नवीं तिथि को मअवर देश की ओर प्रस्थान किया। अपना समस्त ऋण चुका मैंने भी इस यात्रा का पक्का विचार कर कहार, फर्राश, और हरकारों तक को नौ मास का वेतन दे दिया था कि इतने में मुझको राजधानी में ही रहने का आदेश-पत्र मिला। हाजिब ने मुझसे सूचना मिलने के हस्ताक्षर भी करा लिए। इस देश में राजकीय सूचना देने पर पाने वाले के हस्ताक्षर भी ले लिए जाते हैं जिससे कोई मुकर न जाय। सम्राट ने मुझको छह सहस्र और मिस्र के काजी को दस सहस्र दिरहमी दीनार दिए जाने का आदेश किया, और इसके अतिरिक्त जिनको राजधानी में ही रहने की राजाज्ञा हुई उन सब विदेशियों को भी राजकोष से द्रव्य दिया गया। परंतु भारतवासियों को कुछ न मिला।

सम्राट ने मुझको कुतुबउद्दीन के मकबरे का मुतवल्ली नियत कर देखरेख करने की आज्ञा दी। किसी समय सम्राट कुतुबउद्दीन का सेवक रह चुका था। इसी से उसके समाधिस्थल को बड़े आदर की दृष्टि से देखता था। यह मेरी कई बार की आंखों देखी बात है कि सम्राट ने यहां पर आ, सुलतान कुतुबउद्दीन के जूतों को चुंबन कर सिर से लगा लिया। इस देश में मृतक के जूतों को कब्र के निकट चौकी पर धरने की परिपाटी है। जिस प्रकार सम्राट कुतुबउद्दीन के जीवन में तुगलक उसकी वंदना किया करता था, सम्राट-पद पाने पर, अब भी समाधिस्थल में वह उसी प्रकार से मृतक का सम्मान दत्तचित्त हो करता था। भूतपूर्व सम्राट की विधवा को भी वह बड़े आदर की दृष्टि से देखता था, और 'बहन' कहकर पुकारता था। विधवा रानी सम्राट के ही रनवास में रहा करती थी। इसका पुनर्विवाह मिस्र देश के काजी से हो जाने के कारण काजी महोदय का भी अत्यंत आदर-सत्कार होता था; सम्राट उनके यहां प्रति शुक्रवार को जाया करता था।

हां, तो विदा होते समय जब सम्राट ने हमको बुलाया तो मिस्र देश के काजी ने खड़े होकर निवेदन किया कि मैं श्रीमान से पृथक रहना नहीं चाहता। यह सुन सम्राट ने उसको यात्रा की तैयारी करने की आज्ञा दे दी और यह उसके लिए अच्छा ही हुआ।

इसके पश्चात मेरी बारी आई। मैं भी आगे बढ़ा, परंतु मैं रहना तो दिल्ली में ही चाहता था। इसका परिणाम भी अच्छा न निकला। सम्राट द्वारा निवेदन करने की आज्ञा मिल जाने पर मैंने अपना नोट निकाला। परंतु उन्होंने मुझको अपनी ही भाषा में कहने की आज्ञा दी। मैंने अखवंदे आलम से कहना प्रारंभ किया कि श्रीमान ने बड़ी कृपा कर मुझको नगर का काजी बनाया है, इस पद का पूर्वानुभव न होने पर भी मैंने किसी-न-किसी

प्रकार पद-प्रतिष्ठा अब तक अक्षुण्ण बनाए रखी है और उस पर सम्राट की ओर से दो सहायक काजियों का भी मुझे सहारा रहता है परंतु इस कुतुबउद्दीन के रोजे का मैं किस प्रकार प्रबंध करूं। वहां पर मैं प्रतिदिन चार सौ साठ पुरुषों को भोजन देना चाहता हूं। परंतु इस देवोत्तर की आय पर्याप्त नहीं होती। यह सुन सम्राट ने वजीर की ओर मुख कर कहा कि उसकी वार्षिक आय तो पचास सहस्र है; और मुझसे कहा कि तुम ठीक कहते हो। यह कह चुकने पर उसने वजीर से 'लुकमन गल्लह बिदह' (इसको एक लाख मन अनाज दो) कहकर मुझसे कहा कि जब तक रोजे का अनाज न आए तुम इसी को व्यय करना। (अनाज से गेहूं तथा चावल का तात्पर्य है। इस देश का एक मन पश्चिमी बीस रतल के बराबर होता है)। इसके पश्चात सम्राट के पुनः पूछने पर मैंने निवेदन किया कि जिन गांवों के बदले में मुझको श्रीमान की ओर से अन्य गांव मिले हैं उन (प्रथम) गांवों से कर वसूल करने के अपराध में मेरे अनुयायी पकड़े गए हैं। दीवान लोग उनसे कहते हैं कि या तो सम्राट का आज्ञा-पत्र लाओ या समस्त वसूली की रकम राजकोष में जमा करो।

मेरी यह बात सुन सम्राट ने वसूली की रकम जाननी चाही। मैंने कहा कि पांच सहस्र दीनार मैंने इस प्रकार पाए हैं। सम्राट ने इस पर कहा कि मैंने यह रकम तुमको पारितोषिक रूप से दे दी। फिर मैंने कहा कि श्रीमान का दिया हुआ गृह भी अब बहुत खराब हो गया है। इस पर सम्राट ने कहा 'इमारत कुनेद' (गृह निर्माण कर लो), और पुनः मेरी ओर देख कर कहा 'दीगर न मांद' (और बात तो शेष नहीं है)? मैंने कहा, "नहीं श्रीमान, अब मुझे कुछ निवेदन नहीं करना है।" परंतु सम्राट ने फिर भी कहा 'वसीयत दीगर अस्त' (एक बात तेरी भलाई की और है)। वह यह कि ऋण न लिया कर क्योंकि यदि ऐसा करेगा तो बहुत संभव है कि मुझे सूचना न मिलने पर ऋणदाता तुझको कष्ट दें। मैं जितना दूं उससे अधिक व्यय मत किया कर, क्योंकि परमेश्वर का वचन है, 'फलातजअल यदक मगलूलत वला तब सुतहा कुल्लल वसतह व कुलू वसते व कुलू व शरबू बला तुस रेफू वल्लजीना इजा अन फकू लम युसरेफ व कान वैना जाले का किबामा' (अर्थात बस अपने हाथ को गर्दन में लटका हुआ (संकुचित) न कीजिए और न उसको फैलाइए (अर्थात सर्वथा मुक्तहस्त न होना चाहिए); खाओ और पियो, पर वृथा धन का अपव्यय मत करो। जो लोग व्यय के अवसर पर अपव्यय नहीं करते उनमें सत्यता भरी हुई है)। मैंने इस पर सम्राट का चरण स्पर्श करना चाहा परंतु उसने मेरा सिर पकड़ मुझे रोक लिया, और मैं सम्राट का हस्तचुंबन कर बाहर निकल आया।

नगर में आकर मैंने गृह-निर्माण कराना प्रारंभ कर दिया। इसमें सब मिलाकर चार सहस्र दीनार लग गए। छह सौ तो राजकोष से मिले और शेष मैंने अपने पास से लगाए। गृह के सम्मुख मैंने एक मस्जिद भी बनवाई।

15. मकबरे का प्रबंध

इसके पश्चात मैं सम्राट कुतुबउद्दीन के समाधि-स्थान के प्रबंध में दत्तचित्त हो गया। यहां पर सम्राट ने इराक के सम्राट गाजां शाह के[1] गुंबद से भी बीस हाथ अधिक ऊंचा (अर्थात सौ हाथ का) गुंबद निर्माण करने की आज्ञा दी; और इस 'देवोत्तर' संपत्ति की आय बढ़ाने के लिए बीस गांव और मोल लेने की आज्ञा दी। उसमें दलाली के दशमांश का लाभ कराने के विचार से इन गांवों के मोल लेने का कार्य भी मेरे ही सुपुर्द कर दिया गया था।

भारत-निवासी मृतकों की कब्र पर जीवन की समस्त आवश्यक वस्तुएं धर देते हैं, यहां तक कि हाथी और घोड़े तक वहां बांध देते हैं। इसके अतिरिक्त समाधि भी वहां अत्यंत सुसज्जित की जाती है। मैंने भी इसी प्राचीन परिपाटी का अनुसरण किया, और डेढ़ सौ खतमी अर्थात कुरान का पाठ करने वाले नौकर रखे, अस्सी विद्यार्थियों के निवास तथा भोजनादि का प्रबंध किया, आठ मुकर्रर (कुरान की एक ही सूरत (अध्याय) का कई बार पाठ करने वाले को संभवतया इस नाम से लिखा है।) तथा एक अध्यापक नियत किया। अस्सी दार्शनिकों (सूफियों) के भोज का प्रबंध किया और एक इमाम तथा मधुर एवं स्पष्ट कंठ वाले कई मोअज्जिन, कारी अर्थात स्वरसहित कुरान का शुद्ध कंठ से पाठ करने वाले, मदहख्वां (अर्थात पैगंबर साहब की प्रशंसा करने वाले), हाजिरीनवीस और मुअर्रिफ (एक निम्नपदस्थ कर्मचारी) भी नौकर रखे। इनको इस देश में अरबाब कहते हैं। इनके अतिरिक्त मैंने फर्राश, हलवाई, दौड़ी, आबदार अर्थात भिश्ती, शरबत पिलाने वाले, तंबोली, सिलहदार (अस्त्रधारी), भालेबरदार, छत्रदार, थाल ले जाने वाले, और हाजिब तथा नक़ीब अर्थात पर्देदार और चोबदार भी नौकर रखे। इनको इस देश में 'हाशिया' कहते हैं। समस्त पुरुषों की संख्या चार सौ साठ थी।

सम्राट ने प्रतिदिन बारह मन आटा और इतना ही मांस पकाने की आज्ञा दे रखी थी। पर इसको पर्याप्त न समझ मैंने धनराशि की प्रचुरता के ख्याल से पैंतीस मन मांस और इतना ही आटा पकवाना आरंभ कर दिया। इसके अतिरिक्त शक्कर, घी, मिसरी तथा पान का व्यय भी इसी परिमाण में बढ़ गया। भोजन भी अब केवल समाधि-स्थान के लोगों को ही नहीं, प्रत्युत प्रत्येक राहगीर तक को मिलने लगा। दुर्भिक्ष के कारण जनता को भी इससे

1. गाजां खां—चंगेज खां के पौत्र हलाकू का पौत्र था। यह फारस देश का अधिपति था। ईरान देश के मंगोल नरपतियों में गाजां खां सर्वप्रथम मुसलमान धर्म में दीक्षित हुआ था। वैसे तो हलाकू का पुत्र नकोदार (अहमद) भी मुसलमान था परंतु वह कभी अपने धर्म को भलीभांति प्रकट न कर सका।

इस सम्राट का समाधि-स्थान, जो इसके जीवनकाल में ही निर्मित हुआ था, तबरेज में है। इससे पहले चंगेज खां के वंशजों की किसी स्थान में भी मृत्यु हो जाने पर उनका शव सदा चीन देश के अलताई पर्वत में गाड़ा जाता था।

बड़ी सहायता पहुंची और मेरा यश चारों ओर फैल गया।

मलिक सबीह के दौलताबाद जाने पर जब सम्राट ने दिल्ली स्थित सेवकों की कथा पूछी तो उन्होंने निवेदन किया कि यदि वहां दिल्ली में अमुक पुरुष की भांति दो-तीन पुरुष भी होते तो दीन-दुखियों को बहुत सहायता मिलती, और तनिक भी कष्ट न होता। यह सुन सम्राट ने अत्यंत प्रसन्न हो मुझको अपनी पहनने की विशेष खिलअत भेजकर सम्मानित किया।

दोनों ईद, मौलदेनबवी (पैगंबर की जन्मतिथि), योमे आशरा (मुहर्रम का दसवां दिन) और शब्बेरात तथा सम्राट कुतुबउद्दीन की मृत्यु तिथि पर मैं सौ मन आटा और इतना ही मांस पकवा कर दीन-दुखियों तथा फकीरों को भोजन कराया करता था और लोगों के घर भोजन पृथक भेजा जाता था।

इस प्रथा का भी मैं यहां वर्णन कर देना उचित समझता हूं। भारतवर्ष तथा सराय (कफचाक) में ऐसी प्रथा है कि वलीमे (द्विरागमन के पश्चात के भोज) के पश्चात प्रत्येक उच्च कुलोत्पन्न सैयद, धर्मशास्त्र के ज्ञाता शैख तथा काजी के सम्मुख, गहवारह (पालना) की भांति बना हुआ एक थाल लाकर रखा जाता है। यह खजूर के पत्ते से बनाया जाता है और इसके नीचे चार पाये होते हैं। थाल पर सर्वप्रथम पतली रोटियां (चपाती) रखी जाती हैं और फिर बकरे का भुना हुआ सिर, तत्पश्चात हलुआ साबूनियां से भरी हुई चार टिकियां और इन सबके पश्चात हलुए के चार टुकड़े रखे जाते हैं। इसके अतिरिक्त खाल के बने हुए एक छोटे-से थाल में हलुआ और समोसे अलग से रख दिए जाते हैं।

उपर्युक्त थाल में इन पदार्थों को इस ढंग से रख, ऊपर से उन्हें सूती वस्त्र से ढांक देते हैं। निम्न श्रेणी के मनुष्यों के लिए पदार्थों की मात्रा न्यून कर दी जाती है।

थाल सम्मुख आने पर प्रत्येक व्यक्ति इसको उठा लेता है। यह परिपाटी मैंने सर्वप्रथम सम्राट उजबक की राजधानी 'सराय' नामक नगर में देखी थी, परंतु हमारी प्रकृति के विरुद्ध होने के कारण मैंने अपने अनुयायियों से इनके उठाने का निषेध कर दिया था।

बड़े आदमियों के घर भी इसी भांति थाल सजाकर भेजे जाते हैं।

16. अमरोहे की यात्रा

सम्राट के आदेशानुसार वजीर ने मुझको दस हजार मन अनाज देकर शेष के लिए अमरोहा[1] इलाके में जाने की आज्ञा दी। वहां का हाकिम इस समय अमीर खम्मार था, और शमसुद्दीन बदखशानी नामक एक व्यक्ति अमीर था। जब मैंने अपने भृत्यों को अनाज लाने के लिए

1. अमरोहा—इस समय मुरादाबाद जिले में एक तहसील है। नदी से बतूता का तात्पर्य आधुनिक रामगढ़ है। इसी नदी के तट पर आधुनिक अगवानपुर नामक गांव बसा हुआ है। ऐसा प्रतीत होता है कि भ्रमवश बतूता ने नदी का नाम सरजू लिख दिया है।

उधर भेजा तो वे कुछ ही अनाज वहां से ला सके। लौटकर उन्होंने अमीर खम्मार की कठोरता की मुझसे शिकायत की। अब शेष अनाज वसूल करने के लिए मुझको ही स्वयं वहां जाना पड़ा। दिल्ली से यहां तक पहुंचने में तीन दिन लगते हैं। तैंतीस आदमियों को अपने साथ ले मैं वर्षाऋतु में ही इस ओर चल पड़ा। मेरे अनुयायियों में दो डोम भ्राता भी थे, जो बहुत अच्छा गाना जानते थे। बिजनौर[1] पहुंचने पर तीन डोम और आ गए। ये तीनों भी भाई ही थे। मैं कभी तो उन दोनों भाइयों का और कभी इन तीनों का गाना सुनता था।

अमरोहा आने पर वहां के नगरस्थ सरकारी नौकर हमारी अभ्यर्थना को बाहर आए। इनमें नगर के काजी शरीफ अमीर अली तथा मठ के शैख भी थे। इन दोनों ने मुझको एक सम्मिलित उत्तम भोज भी दिया। मैंने अमरोहे को एक छोटा परंतु सुंदर नगर पाया।

अमीर खम्भार इस समय अफगानपुर में था, जो सरजू नदी के तट पर बसा हुआ है। यही नदी इस समय हमारे और अफगानपुर के मध्य बाधक हो रही थी। नाव न मिलने के कारण लाचार होकर हमने लकड़ी और घास की ही एक नाव बना डाली और उसी पर अपना समस्त सामान पार उतरवाकर दूसरे दिन स्वयं नदी पार की। यहां पर अमीर खम्मार का भ्राता नजीब अपने अनुयायियों सहित हमारी अभ्यर्थना के लिए आया। विश्राम करने के लिए हमें डेरे दिए गए। तत्पश्चात खम्मार का 'वाली' नामक अन्य भ्राता भी हमारा सत्कार करने आया। यह व्यक्ति अत्यंत ही 'क्रूर' प्रसिद्ध था। साठ लाख की वार्षिक आय के डेढ़ सहस्र गांव इसकी अधीनता में थे और इस आय का बीसवां भाग इसको मिलता था।

यह नदी भी बड़ी ही विचित्र है। वर्षाऋतु में कोई इसका जल नहीं पीता और न किसी पशु को ही पिलाता है। तीन दिवस तक तट पर पड़े रहकर भी हमने इस नदी का जल न पिया और न इसके निकट ही गए। यह नदी हिमालय पर्वत से निकलती है। वहां सुवर्ण की एक खान भी है। परंतु यह नदी तो विषैली बूटियों में से होकर यहां आती है, इसी कारण इसका जल पीते ही मनुष्य की मृत्यु हो जाती है।

वह पर्वतमाला (अर्थात हिमालय पर्वत-श्रेणी) भी इतनी लंबी है कि तीन मास में उसकी यात्रा समाप्त होती है। इसकी दूसरी ओर तिब्बत का देश है। वहां 'कस्तूरी' मृग होता है। इस पर्वतमाला में ही मुसलमान सैन्य की दुर्दशा का वर्णन हम कहीं ऊपर कर आए हैं।

---

2. बिजनौर—यह नगर भी बहुत प्राचीन है। हुएनसंग नामक चीनी यात्री ने भी ईसा की छठी शताब्दी में इसके अस्तित्व का वर्णन किया है। सम्राट अकबर के समय यह नगर सकोर सम्भल के अधीन था। इस समय यह एक जिला है। आधुनिक अगवानपुर।

नगर में मेरे पास हैदरी फकीरों का भी एक समुदाय आया। प्रथम तो इन्होंने समाअ (अर्थात धार्मिक राग) सुनाया और फिर अग्नि प्रज्वलित कर ये सब उसमें घुस पड़े और किसी को तनिक भी क्षति न पहुंची।

अमीर शम्सउद्दीन बदखशानी और वहां के सूबेदार में किसी बात पर अनबन हो जाने के कारण, शम्सउद्दीन ने जब अजीज खम्मार को युद्ध करने के लिए ललकारा तो वह अपने घर में घुसकर बैठ गया। तत्पश्चात प्रत्येक ने अपने प्रतिद्वंद्वी की शिकायत वजीर को लिखकर भेजी। वजीर ने मुझको तथा सम्राट के चार सहस्र दासों के अधिपति मलिक शाह अमीर-उल-मुमालिक को लिखकर भेजा कि दोनों के झगड़े की जांच-पड़ताल कर अपराधी को बांध राजधानी में भेज दो।

दोनों ओर के पुरुष अब मेरे घर आ एकत्र हुए। अजीज खम्मार ने शम्सउद्दीन पर यह आरोप लगाया कि इसके सेवक रजी मुलतानी ने मेरे खजांची के घर पर उतर कर मदिरा पान किया और पांच सहस्र दीनार चुरा लिए। रजी से पूछने पर उसने मुझे यह उत्तर दिया कि मैंने मुलतान से आने के पश्चात कभी मदिरा नहीं पी। इस पर मैंने उससे यह प्रश्न किया कि क्या मुलतान में तूने मदिरा पान किया था? अपराध स्वीकार करने पर अस्सी दुर्रे (कोड़े) लगवा कर अमीर खम्मार के, आरोप के कारण उसको बंदी कर लिया।

दो मास तक अमरोहे रहकर मैं राजधानी को लौटा। जब तक वहां रहा मेरे अनुयायियों के लिए प्रतिदिन एक गाय जिबह होती थी। लौटते समय अपने साथियों को अनाज लाने के लिए वहां ही छोड़ आया और गांव वालों को लिख दिया कि तीन सहस्र बैलों पर बीस सहस्र मन अनाज लाद कर पहुंचा दें।

भारत-निवासी बैलों पर ही बोझा तथा यात्रा का असबाब लादा करते हैं और गदहे पर चढ़ना अत्यंत हेय समझते हैं। यह पशु इस देश में कुछ छोटा भी होता है। इसको यहां 'लाशह' कहते हैं। किसी पुरुष की प्रसिद्धि (अपमान) करने के लिए उसको कोड़े मारकर गदहे पर चढ़ाने की इस देश में प्रथा है।

17. कतिपय मित्रों की कृपा

यात्रा के लिए प्रस्थान करते समय नासिरउद्दीन ओहरी मेरे पास दो सौ साठ टंक थाती के तौर पर रख गए थे परंतु मैंने इसको खर्च कर दिया। अमरोहे से दिल्ली लौटने पर मुझको सूचना मिली कि नासिरउद्दीन ने नायब वजीर खुदावंदजादह कवामउद्दीन से यह रुपया वसूल करने के लिए लिख दिया है। रुपए खर्च कर देने की बात कहने में मुझे अब बड़ी लज्जा आती थी। तृतीयांश तो मैंने किसी प्रकार दे दिया और फिर घर में घुसकर बैठ रहा। कुछ दिन तक मेरे इस प्रकार बाहर न आने के कारण मेरी बीमारी की प्रसिद्धि हो गई। नासिरउद्दीन ख्वारजमी सदरेजहां मुझसे मिलने आए तो कहा कि रोग तो कोई मालूम नहीं पड़ता। मैंने

उत्तर में कहा कि भीतरी रोग है। उनके पुनः पूछने पर मैंने कहा कि अपने नायब शैख-उल-इस्लाम को भेज देना, उनको सब हाल बता दूंगा। उनके आने पर जब मैंने अपना समस्त वृत्त कहा तो उन्होंने मेरे पास एक सहस्र दीनार भेज दिए। इसके पूर्व उनके एक सहस्र दीनार मुझ पर और चाहते थे।

खुदावंदजादह के शेष रकम मांगने पर मैंने यह सोचकर कि केवल सदरेजहां ही एक ऐसा धनाढ्य है जो मेरी सहायता कर सकता है, सोलह सौ दीनार के मूल्य का जीन सहित एक घोड़ा, आठ सौ दीनार के मूल्य का जीन सहित एक अन्य अश्व, बारह सौ दीनार के मूल्य वाले दो खच्चर, चांदी का तूणीर, और चांदी की म्यान की दो तलवारें, उनके पास भेजकर कहलाया कि इनका मूल्य मेरे पास भेज दें। परंतु उन्होंने इन सब पदार्थों का मूल्य केवल तीन सहस्र दीनार कूतकर अपने दो सहस्र दीनार काट केवल एक सहस्र ही मेरे पास भेजे। यह देखकर मुझको बहुत ही दुख हुआ और चिंता के कारण और भी ज्वर चढ़ आया। वजीर से शिकायत करने पर तो और भी भंडा फूटता, यह सोच-समझ कर चुप ही हो रहा।

इसके पश्चात मैंने पांच घोड़े, दो दासियां और दो दास मुगीसउद्दीन मुहम्मद बिन इमादउद्दीन समनानी के पास भेजे। परंतु इस युवक ने ये सब पदार्थ लौटाकर दो सौ टंक वैसे ही भेजकर मेरा दूना उपकार किया। कहना न होगा कि मैंने यह ऋण भी चुका दिया।

18. सम्राट के कैंप में गमन

मअवर देश को जाते समय राह में तैलिंगाने देश में सम्राट की सेना में महामारी फैल जाने के कारण सम्राट प्रथम तो दौलताबाद चला आया और तदुपरांत वहां से गंगा-तट पर आकर बस गया। सम्राट ने लोगों को भी इसी स्थान पर बसने की आज्ञा दे दी। मैं भी उस समय वहां पहुंचा ही था कि इतने में दैवयोग से ऐन-उल-मुल्क का विद्रोह प्रारंभ हो गया। इस समय मैं सम्राट की ही सेवा में रहता था और मेरी सेवा से प्रसन्न हो उसने अपने विशेष अश्वों में से एक मुझको भी प्रदान किया और मैं उसके विशेष अनुचरों में समझा जाने लगा। तदुपरांत ऐन-उल-मुल्क के युद्ध में सम्मिलित होने के पश्चात गंगा तथा सरयू को पार कर मैं सालार मसऊद गाजी की कब्र के दर्शनार्थ गया और सम्राट की चरण-धूलि के साथ ही दिल्ली लौटा।

19. सम्राट की अप्रसन्नता और मेरा वैराग्य

एक दिन मैं शेख शहाबउद्दीन शैख जाम के दर्शनार्थ दिल्ली नगर के बाहर उनकी निर्माण की हुई गुहा में गया। वहां जाने का मेरा वास्तविक अभिप्राय केवल उस विचित्र गुफा का दर्शन मात्र था। शैख महाशय के बंदी हो जाने पर जब सम्राट ने उनके पुत्रों से पिता से मिलने वालों के नाम पूछे तो उन्होंने मेरा भी नाम बता दिया। बस फिर क्या था, सम्राट

की आज्ञानुसार चार दासों का पहरा मेरे दीवानखाने पर भी लग गया। पहरा लग जाने पर प्रत्येक मनुष्य का जीवन बड़ी कठिनाई से बचता है।

मेरे ऊपर शुक्र के दिन पहरा बैठा और मैंने भी तुरंत 'हस्वन अल्लाहो व नेमलू वकील' पढ़ना प्रारंभ कर दिया। उस दिन मैंने यह (अर्थात ईश्वर पवित्र है और अच्छा वकील या प्रतिनिधि है) तैंतीस सहस्र बार पढ़ा और रात को दीवानखाने में ही रहा। इसके अतिरिक्त मैंने पांच दिन का व्रत रखा; प्रतिदिन एक बार कलाम उल्लाह समाप्त कर पानी पीकर इफ्तार (व्रतभंग) करता था। पांचवें दिन व्रत तोड़ा। परंतु इसके पश्चात पुनः चार दिन का व्रत धारण कर लिया।

शैख के वध के उपरांत मुझको भी स्वतंत्रता मिल गई और ईश्वर की कृपा से मेरा मन भी नौकरी से खट्टा हो चला और मैं संसार के नेता (इमामे आलम), पवित्र विद्वान, जगत-श्रेष्ठ (फरीद उद्दहर), अद्वितीय (वहीद-उल-अस्र) शैख कमालउद्दीन अब्दुल्ला गाजी की सेवा करने लगा। ये महात्मा ईश्वर-प्रेम में सदा मतवाले रहते थे। इनकी अलौकिक शक्ति भी खूब प्रसिद्ध थी। मैं इसका वर्णन पहले ही कर आया हूं।

अपनी समस्त धन-संपत्ति अनाथों तथा फकीरों को बांट मैंने भी इन शैख महात्मा की सेवा प्रारंभ कर दी। शैखजी दस दिन और कभी कभी बीस बीस दिन तक व्रत (उपवास) रखते थे। उनका अनुकरण करने की मेरे चित्त में लालसा तो बहुत होती थी परंतु शैख निषेध कर कह दिया करते थे कि प्रार्थना करते समय अभी अपनी वासनाओं को इतना कष्ट न दो। वे बहुधा कहा करते थे कि हृदय से पश्चाताप करने वाले के लिए यात्रा करने या पैदल चलने की कोई आवश्यकता नहीं है। मेरे पास कुछ थोड़ी सी संपत्ति शेष रहने के कारण चित्त में सदा कुछ-न-कुछ आसक्ति सी बनी रहती थी। अतएव उसके निवारणार्थ मैंने सब कुछ लुटा अपनी देह के वस्त्र तक एक भिक्षुक से बदल लिए और पांच मास तक शैख के पास रहा। इस समय सम्राट सिंधु देश में गया हुआ था। वहां से लौटने पर मेरे इस प्रकार से विरक्त होने की सूचना मिलते ही उसने मुझे सैवस्तान (सहवान) में बुला भेजा और मैं भिक्षुक के वेष में ही सम्राट के सम्मुख उपस्थित हुआ। सम्राट ने मेरे साथ बड़ी दयालुता का बर्ताव किया और पुनः नौकरी करने का आग्रह किया, परंतु मैंने स्वीकार न किया और हज को जाने की आज्ञा चाही। उसने मेरी यह प्रार्थना स्वीकार कर ली।

सम्राट से मिलने के अनंतर मैं बाहर आकर 'मलिक-वशीर' के नाम से प्रसिद्ध एक मठ में ठहर गया। इस समय हिजरी सन् 742 के जमादी-उल-अव्वल का अंत होने को था। रजब मास में शअवान की दसवीं तिथि तक मैंने वहां रहकर चिल्ला (चालीस दिन का व्रत विशेष) किया। धीरे धीरे मैं पांच दिन का व्रत रखने लगा। पांचवें दिन केवल थोड़े से चावल, बिना सालन के ही, खा लेता था। दिनभर कुरान पढ़ा करता था और रात को जितना हो सकता था ईश्वर-प्रार्थना करता था। अब भोजन तक मुझको भार प्रतीत होने

लगा और उल्टी कर देने पर ही कुछ शांति प्राप्त होती थी। इस प्रकार से ध्यान धारण में मैंने चालीस दिन व्यतीत किए।

चालीस दिन बीतने पर सम्राट ने मेरे लिए जीन सहित घोड़ा, दास-दासियां, मार्ग-व्यय तथा वस्त्र आदि भेजे। सम्राट द्वारा प्रेषित वस्त्र पहनकर मैंने सूती अस्तर युक्त नीले रंग का जुब्बा (चोगा), जिसको पहनकर मैंने चालीस दिन का व्रत साधा था, उतार दिया परंतु राजकीय खिलअत पहनते समय मुझे कुछ बाह्य वस्तु-सी प्रतीत हुई और इसके विपरीत जुब्बे की ओर देखने से मेरे हृदय में ईश्वरीय ज्योति का प्रकाश-सा हो जाता था। जब तक समुद्री हिंदू डाकुओं ने लूटकर मुझे नंगा न कर दिया तब तक यह जुब्बा सदा मेरे पास रहा। सब कुछ लुट जाने पर यह भी जाता रहा।

आठवां अध्याय

दिल्ली से मालावार की यात्रा

1. चीन की यात्रा की तैयारी

सम्राट के सम्मुख उपस्थित होने पर उसने मेरी पहले से भी कहीं अधिक अभ्यर्थना कर कहा कि मैं यह भलीभांति जानता हूं कि तुमको पर्यटन की बड़ी लालसा लगी रहती है, अतएव मैं अपनी ओर से दूत बनाकर तुमको चीन देश के सम्राट के पास भेजना चाहता हूं। इतना कह उसने मेरी यात्रा का समस्त सामान जुटाना प्रारंभ कर दिया और मेरे साथ जाने के लिए कतिपय व्यक्ति भी नियत कर दिए।

चीन देश के सम्राट ने बादशाह के पास सौ दास-दासियां, पांच सौ थान कमख्वाब (जिनमें सौ जैतोन नामक नगर के बने हुए थे और सौ खनका के), पांच मन कस्तूरी, पांच रत्नजटित खिलअतें, पांच सुवर्ण तूणीर और पांच तलवारें भेजकर हिमालय-पर्वत-प्रदेशीय मंदिरों के पुनर्निर्माण की आज्ञा प्रदान करने की प्रार्थना की। कारण यह था कि इस पर्वतीय प्रदेश के 'समहल' नामक स्थान में चीन-निवासी यात्रा करने आते थे और सम्राट ने पर्वत पर आक्रमण कर मंदिर तथा नगर दोनों का ही विध्वंस कर डाला था।

सुलतान ने चीन-सम्राट की इस प्रार्थना का यह उत्तर दिया कि इस्लाम धर्म के अनुसार केवल जजिया देने वाले व्यक्तियों को ही मंदिर निर्माण की आज्ञा मिल सकती है और यदि चीन-सम्राट का भी ऐसा ही करने का विचार हो तो यह कार्य बहुत सुगमता से हो सकता है। पर बदले में उसने कहीं अधिक मूल्यवान उपहार भेजे।

सम्राट की उदारता का कुछ अंदाजा नीचे दी हुई सूची से हो सकता है। सौ हिंदू दास तथा नाचना और गाना जानने वाली दासियां, बेरमिया'[1] नामक वस्त्र के सौ थान (यह वस्त्र सूती होने पर भी सुंदरता में अद्वितीय होता है। प्रत्येक थान का मूल्य सौ दीनार होता है), 'जुज' नामक रेशमी वस्त्र के सौ थान (इस वस्त्र के निर्माण में पांच रंगों का रेशम लगाया जाता है), 'सलाहिया' नामक वस्त्र के एक सौ चार थान, 'शीरींवाफ'-नामक वस्त्र के सौ थान, मरगर के पांच सौ थान (यह ऊनी वस्त्र मारदीन से बनकर आता है—इसमें सौ थान कृष्ण, सौ नीले, सौ श्वेत, सौ रक्त और सौ हरित वर्ण के थे), कतांरुमी के सौ, कजागंद

---

1. बेरमिया—एक प्रकार का अत्यंत उत्तम सूती वस्त्र होता था।

के सौ, तथा सौ बिना बांह के चुगे (चोगे), एक डेरा (बड़ा), छह डेरे (छोटे), चार सुवर्ण के और चार रजत के मीना किए हुए शमादान, लोटों सहित स्वर्ण के चार और रजत के दस थाल, सम्राट के धारण करने के निमित्त सोने के काम की दस खिलअतें, दस रत्नजटित 'शाशिया' नामक टोपियां, दस तलवारें (इनमें एक की म्यान मुक्ता तथा रत्नजटित थी)। दस मुक्ताजटित दस्ताने (दस्तवान) और पंद्रह युवा दास—इतनी वस्तुएं सम्राट ने उपहार में चीन-सम्राट के पास भेजीं।

प्रसिद्ध विद्वान अमीर जहीरउद्दीन जनजानी को भी मेरे साथ यात्रा करने का आदेश हुआ और उपहार की समस्त वस्तुएं सम्राट के पास काफूर शरबदार की सुपुर्दगी में कर दी गईं। समुद्र-तट तक हमको पहुंचाने के लिए अमीर मुहम्मद हरवी की अध्यक्षता में एक सहस्र सवार भी सम्राट ने भेजे।

चीन-सम्राट के 'तरसी' नामक दूत के पंद्रह अनुयायी और सौ भृत्य थे। ये सब भी हमारे साथ ही लौटे। इस प्रकार चीन जाते समय हमारे साथ एक अच्छा समुदाय हो गया था। संपूर्ण मार्ग में हमको सम्राट की ओर से ही भोजन मिलने का प्रबंध था।

2. तिलपत

हिजरी सन् 743 के सफर मास की सत्तरहवीं तिथि को हमने प्रस्थान किया। इस देश में बहुधा प्रत्येक मास की दूसरी, सातवीं, बारहवीं, सत्तरहवीं, बाईसवीं या सत्ताईसवीं तिथि को यात्रा करने की प्रथा है। प्रथम दिन हमने दिल्ली से सात-आठ मील की दूरी पर स्थित तिलपत[1] नामक ग्राम में विश्राम किया। इसके पश्चात 'आवो'[2] नामक स्थान में होते हुए हम 'बयाना' पहुंचे।

3. बयाना[3]

यह नगर अत्यंत सुंदर और विस्तृत है। यहां का बाजार भी रमणीक है, और जामे (अर्थात प्रधान) मस्जिद भी अद्वितीय है। मस्जिद की दीवारें तथा छत पाषाण की वनी हुई हैं। सम्राट

---

1. तिलपत—दिल्ली के जिले में मथुरा की सड़क के पास इस नाम का एक प्राचीन गांव अब भी है। प्राचीन काल में पूर्वीय प्रांतों में दिल्ली आने वाले व्यक्ति पहले यहीं विश्राम करते थे। महाभारत के प्रसिद्ध 'पंच ग्राम' में इसकी भी गणना है; और यह इसकी प्राचीनता का प्रमाण है।
2. आवो—यह गांव इस समय भी मथुरा जिले में ओखला नहर से कुछ मील की दूरी पर भरतपुर-मथुरा की सड़क पर स्थित है।
3. बयाना—भरतपुर राज्य में एक छोटा-सा नगर है। यहां की जनसंख्या भी अब पांच-छह सहस्र ही होगी। मध्ययुग में इस नगर का बड़ा महत्व था। सम्राट अकबर के समय सरकार 'सूबा आगरा' से इस नगर का संबंध था। अबुलफजल के कथनानुसार उस समय इस नगर में बहुतेरे

की धाय का पुत्र मुजफ्फर यहां का हाकिम है। इसके पूर्व मलिके मुजीर इब्ने अवीरिजा इस पद पर प्रतिष्ठित था; यह अपने आपको कुरैशी कहता था परंतु था बड़ा ही क्रूर और निर्दयी (इसका वर्णन पहले हो चुका है)।

इस नृशंस ने नगर के बहुत से व्यक्तियों का वध कर डाला था और बहुतों के हाथ-पांव कटवा दिए थे। इसकी जघन्यता को प्रदर्शित करने वाले अत्यंत सुंदर परंतु हस्तपादविहीन एक पुरुष को मैंने भी इस नगर में अपने गृह की दहलीज में बैठा पाया।

सम्राट के एक बार इस नगर में होकर जाने पर जब नगर-निवासियों ने मलिके मुजीर की शिकायत की तो सुलतान ने इसको बंदी कर गर्दन में 'तौक' (लोहे की हंसली) डलवा मंत्री के सामने बैठा दिया और नगर-निवासी उपस्थित होकर इसकी क्रूरता की कथाएं लिखवाने लगे। तदनंतर सम्राट ने उन सब लोगों को, जिनके साथ निर्दयता का व्यवहार हुआ था, राजी करने की आज्ञा निकाली और इसके ऐसा करने पर इसका वध कर दिया गया।

इस नगर के विद्वानों में इमाम अज्जउद्दीन जुबेरी का नाम उल्लेख योग्य है। ये महाशय जुबेर बिन उल-अवाम सहाबी रसूले खुदा के वंशज थे।

ग्वालियर में मैं इनसे 'वाआजमा' नाम से प्रसिद्ध श्री मलिक अज्जउद्दीन मुलतानी के गृह पर मिला था।

प्राचीन भवन तथा तहखाने विद्यमान थे और तांबे के पात्र तथा अस्त्रादि भी प्राचीन खंडहरों में मिल जाते थे। इससे इसकी प्राचीनता सिद्ध होती है। उस समय यहां एक मीनार बनी हुई थी जो अब तक विद्यमान हे। परंतु इस समय इसके केयल दो खंड शेष रह गए हैं। तृतीय खंड मैगजीन की बारूद में अग्नि लग जाने के कारण उड़ गया। सुलतान कुतुबउद्दीन खिलजी के समय की मलिक काफूर द्वारा निर्मित (हि. 718 की) रक्त पाषाण की एक बावली भी यहां अब तक विद्यमान है और इस पर इसकी निर्माण-तिथि भी अंकित है।

प्राचीन वैभव तथा उसके नष्ट होने की कथा के संबंध में यहां के निवासी नीचे दिया हुआ दोहा पढ़ा करते हैं :

अगारह सौ तिहत्तर सुदि (बदि?) फाग तीज रविवार।
विजय मंदिर गढ़ तोड़ा, अबूबकर कंदहार।

गणना करने से यह समय हिजरी सन् 512 निकलता है। इस समय बहराम बिन मसऊद गजनवी राजसिंहासन पर बैठा था और इसी सम्राट के सेगानायक द्वारा इस प्राचीन नगर का पतन हुआ था।

4. कोल

बयाना से चलकर हमलोग 'कोल' (अलीगढ़) आए और नगर के बाहर एक मैदान में ठहरे। इस नगर में आम के उपवनों की संख्या बहुत अधिक है। यहां आकर मैंने 'ताज-उल-आरफीन' की उपाधि से प्रसिद्ध शैख सालह आबिद शम्सउद्दीन के दर्शन किए। इनकी अवस्था बहुत अधिक थी और नेत्रों की ज्योति भी जाती रही थी। सम्राट ने इसके पश्चात इनको बंदीगृह में डाल दिया और वहीं इनकी मृत्यु हो गई (मृत्यु का वृत्तांत मैं पहले ही लिख चुका हूं)।

'कोल'[1] आने पर सूचना मिली कि नगर से सात मील की दूरी पर जलाली[2] नामक स्थान के हिंदुओं ने विद्रोह कर दिया है। वहां के निवासी हिंदुओं का सामना तो कर रहे थे परंतु अब उनकी जान पर आ बनी थी। हिंदुओं को हमारे आने की कुछ भी सूचना न थी। हमने आक्रमण द्वारा सभी हिंदुओं (तीन सहस्र सवार तथा एक सहस्र पैदल) का वध कर उनके गृह तथा अस्त्रशस्त्रादि अधिगत कर लिए। हमारी ओर के केवल तैंतीस सवार और पचास पदाति खेत रहे। बेचारा काफूर साकी अर्थात शरबदार भी, जिसकी सुपुर्दगी में चीन-सम्राट की भेंट दी गई थी, वीरगति को प्राप्त हुआ। इस घटना की सूचना सम्राट को देकर उत्तर की प्रतीक्षा में हम लोग इसी नगर में ठहर गए।

पर्वतों से निकलकर हिंदू प्रतिदिन जलाली नगर पर आक्रमण किया करते थे, और हमारी ओर से भी 'अमीर' हम सबको साथ लेकर उनका सामना करने जाता था। एक दिन समुदाय के साथ घोड़ों पर सवार हो मैं बाहर गया। ग्रीष्म ऋतु होने के कारण हम सब एक उपवन में घुसे ही थे कि चिल्लाहट सुनाई दी और हम गांव की ओर मुड़ पड़े। इतने में कुछ हिंदू हमारे ऊपर आ टूटे। परंतु हमारे सामना करने पर उनके पांव न टिके। यह देख हमारे साथियों ने भिन्न भिन्न दिशाओं में उनका पीछा करना प्रारंभ किया। मेरे साथ इस समय केवल पांच पुरुष थे। मैं भी भगेडुओं का पीछा कर रहा था कि सहसा एक झाड़ी में से कुछ सवार तथा पदातियों ने निकलकर मुझ पर आक्रमण किया। अल्पसंख्यक होने के कारण हमने अब भागना प्रारंभ कर दिया, और दस पुरुष हमारा पीछा करने दौड़े। हम संख्या में केवल तीन थे। धरती पथरीली थी और कोई राह दृष्टिगोचर न होती थी। मेरे घोड़े के अगले पैर तक पत्थरों में अटक गए। लाचार होकर मैंने नीचे उतर उसके पैर

---

1. कोल (अलीगढ़) में गौड़ राजपूतों के समय का एक गढ़ बना हुआ है और इसके मध्य में सलावत खां की मस्जिद भी इस समय तक वर्तमान है। यहां पर सम्राट नासिरउद्दीन महमूद के समय का (हि. 652) एक प्राचीन मीनार भी थी परंतु जिले के अधिकारियों ने सन् 1861 में उसे ढहवा दिया।
2. जलाली–इस नाम का एक प्राचीन कसबा वर्तमान अलीगढ़ के पास में ही पूर्व की तरफ स्थित है।

निकाले और फिर सवार होकर चला।

इस देश में दो तलवारें रखने की प्रथा है। एक जीन में लटकाई जाती है जिसको 'रकाबी' कहते है; और दूसरी तूणीर में रखी जाती है।

मैं कुछ ही आगे बढ़ा था कि मेरी 'रकाबी' म्यान से निकलकर गिर पड़ी। सुवर्ण की मूठ होने के कारण उठाने के लिए मैं पुनः नीचे उतरा और उसको पृथ्वी से उठा जीन में रख फिर चल पड़ा। शत्रु मेरा पीछा अब भी कर रहे थे। मैं एक गड्ढा देख उसी में उतर पड़ा और उनकी दृष्टि से ओझल हो गया।

गड्ढे के मध्य से एक राह जाती थी। यह न जानते हुए भी कि वह कहां को जाती है, मैं उसी पर हो लिया और कुछ ही दूर गया होऊंगा कि इतने में, लगभग चालीस बाणधारी पुरुषों ने मुझको सहसा घेर लिया। मेरे शरीर पर कवच न होने के कारण भागने में तो यह भय लगा हुआ था कि कहीं कोई बाण द्वारा बिद्ध न कर दे। अतएव धराशायी हो मैंने संकेत द्वारा ही इनको जता दिया कि मैं तुम्हारा बंदी हूं। कारण यह कि ऐसा करने वाले का ये कभी वध नहीं करते। लबादा (जुब्बा), पाजामा और कमीज (कुर्ता) के अतिरिक्त मेरे सभी वस्त्र उतार, ये लोग बंदी बना मुझको एक झाड़ी के भीतर ले गए। इसी स्थान पर वृक्षाच्छादित एक सरोवर के किनारे ये ठहरे हुए थे।

यहां आकर इन्होंने मुझको उर्द (मूंग?) की रोटी दी। भोजन कर मैंने जल पिया। इनके साथ दो मुसलमान भी थे। इन्होंने फारसी भाषा में मेरा निजी वृत्तांत पूछा। मैंने भी अपना सारा वृत्त कह दिया परंतु सम्राट के सेवक होने की बात न बताई।

यह कहकर कि ये लोग तेरा अवश्य वध कर देंगे, इन्होंने एक पुरुष की ओर संकेत कर बताया कि यह इनका सरदार है। मैंने इन्हीं मुसलमानों द्वारा अब उस पुरुष से अनुनय-विनय इत्यादि करना प्रारंभ किया।

इसके अनंतर सरदार ने मुझको एक वृद्ध, उसके पुत्र और एक दुष्टप्रकृति कृष्णकाय मनुष्य–इन तीन व्यक्तियों के सुपुर्द कर कुछ आज्ञा दे विदा कर दिया। परंतु अपनी वध-संबंधी आज्ञा को मैं न समझ सका।

ये तीनों पुरुष मुझको उठाकर एक घाटी की ओर ले चले, परंतु राह में उस कृष्णकाय पुरुष को ज्वर हो जाने के कारण वह मेरे शरीर पर अपने दोनों पांव रखकर सो गया और इसके उपरांत वृद्ध तथा उसका पुत्र दोनों सो गए। प्रातःकाल होते ही ये तीनों आपस में बातें करने और मुझको सरोवर तक चलने का संकेत करने लगे। यह बात भलीभांति समझकर कि मेरी मृत्यु का समय अब निकट आ गया है, मैंने वृद्ध की प्रार्थना पुनः प्रारंभ कर दी। उसको भी अंत में मेरे ऊपर दया आ गई।

यह देख मैंने अपने कुरते की बाँहें फाड़ उसको इसलिए दे दीं कि जिससे वह उनको दिखाकर अपने साथियों से कह सके कि बंदी भाग गया। इतने में हम सरोवर के निकट

आ गए और कुछ पुरुषों का शब्द भी वहां से आता हुआ सुनाई देने लगा। अपने सब साथियों को वहां पर एकत्र जान वृद्ध ने मुझसे संकेत द्वारा पीछे पीछे आने को कहा। सरोवर पर पहुंच कर मैंने वहां बहुत-से पुरुषों को एकत्र पाया। इन लोगों ने वृद्ध से अपने साथ चलने को कहा परंतु वृद्ध तथा उसके साथियों ने यह बात स्वीकार न की।

वृद्ध तथा उसके साथियों ने अपने हाथ की भंग की रस्सी खोल पृथ्वी पर रख दी और मेरे सामने बैठ गए। यह देख मैंने यह समझा कि इस रस्सी से बांधकर ये मेरा वध करना चाहते हैं। इसके पश्चात तीन पुरुष इनके पास आ वार्तालाप करने लगे। इससे मैंने यह अनुमान किया कि वे यह पूछ रहे हैं कि इस पुरुष का वध अब तक क्यों नहीं किया गया। यह सुन बूढ़े ने कृष्णकाय व्यक्ति की ओर संकेत कर कहा कि इसको ज्वर आ जाने के कारण यह कार्य अब तक स्थगित कर दिया गया था। इन तीनों व्यक्तियों में एक अत्यंत सुंदर तथा युवा पुरुष भी था। इसने अब मेरी ओर देखकर संकेत द्वारा पूछा कि क्या तू स्वतंत्र होना चाहता है? मेरे 'हां' करने पर उसने मुझको जाने की आज्ञा दे दी। यह सुन मैंने अपना 'जुब्बा' अर्थात लबादा उसको दे दिया और उसने भी अपनी पुरानी कमरी उठाकर मुझको दे दी और एक राह की ओर संकेत कर कहा कि इसी पथ से चला जा।

मैं चल तो दिया परंतु मन में अब भी डर था कि कहीं और लोग मुझको न देख लें। बांस का जंगल देख मैं उसी में हो रहा और सूर्यास्त तक वहीं छिपा रहा। रात होते ही मैं वहां से निकल उस युवा के प्रदर्शित पथ पर पुनः चल पड़ा। कुछ काल पश्चात मुझे जल दिखाई दिया और मैं अपनी प्यास बुझा फिर राह पर हो लिया और तृतीयांश रात बीतने तक चलता रहा; इतने में एक पर्वत आ गया और मैं उसी के नीचे पड़कर सो गया। प्रातःकाल होते ही पुनः यात्रा प्रारंभ कर दी और दोपहर होते होते एक ऊंची पहाड़ी पर जा पहुंचा। यहां कीकड़ और बेरी की भरमार थी। क्षुधा शांति के लिए मैंने बेर भी भरपेट खाए। कांटों के कारण मेरे पैर इतने घायल हो गए थे कि आज तक उनके चिह्न वर्तमान हैं।

मैं अब पहाड़ से उतर एक घास के खेत में आ गया। इसमें एरंड के वृक्ष लगे हुए थे और एक बाईं (बावली) भी बनी हुई थी (सीढ़ीदार बड़े कूप को बाईं कहते हैं)। कहीं कहीं सीढ़ियां जल के भीतर तक भी होती हैं और वहां पर दालान इत्यादि भी बना दिए जाते हैं। इस देश के धनाढ्य पुरुष इस प्रकार के कूप बनवाने में अपना बड़प्पन तथा गौरव समझते हैं। यह कूप बहुधा ऐसे देशों में बनवाए जाते हैं जहां जल का अभाव होता है।

इस कूप में उतरकर मैंने जल पिया। वहां पर कुछ सरसों के पत्ते भी पड़े हुए थे। ऐसा प्रतीत होता था कि किसी ने वहां बैठकर सरसों धोई है। कुछ सरसों तो मैंने खा ली

और शेष बांधकर रख ली। इस प्रकार उदर पूर्तिकर मैं एरंड के वृक्ष के नीचे ही पड़कर सो गया। इतने में चालीस कवचधारी अश्वारोही सैनिक उस बाईं पर आ पहुंचे और इनके कुछ साथी तो खेत तक चले आए परंतु दैवगति से किसी की भी दृष्टि मेरे ऊपर नहीं पड़ी। इनको आए हुए थोड़ा ही समय बीता होगा कि पचास पुरुषों का एक अन्य दल बाईं पर आकर खड़ा हो गया। इस समुदाय का एक आदमी तो मेरे सामने के वृक्ष तक आ जाने पर भी मुझे न देख सका। मुआमला बेढब होता देख मैं घास के खेत में जा छिपा और आगंतुक बाईं पर जा स्नान तथा जल-क्रीड़ा में रत हो गए। रात्रि में उनका शब्द बंद हो जाने पर, उनको सोया हुआ समझकर, मैं विश्राम-स्थल से बाहर आ अश्वों की लीक पर चल दिया। चांदनी खिली होने के कारण मैं बराबर चलता रहा और अपने पास से सरसों के पत्ते निकालकर खाए और जल पीकर तृषा शांत की। पास में ही एक गुंबद देखकर मैं उसी के भीतर चला गया। भीतर जाकर देखने पर वहां पक्षियों द्वारा लाई हुई बहुत-सी घास पड़ी मिली; बस मैं उसी पर पैर फैलाकर लेट गया। रात्रि को घास में सर्प की-सी किसी वन्य-जंतु की सरसराहट प्रतीत होने पर भी थकावट के कारण मैंने उसकी तनिक परवाह न की। प्रातःकाल होते ही मैं एक विस्तृत सड़क पर चल कुछ देर में एक ऊंचे गांव में जा पहुंचा और वहां से दूसरे गांव की ओर चल दिया। इसी प्रकार कई दिवस पर्यंत घूमता फिरता अंत में एक दिन मैं वृक्षों के झुंड में जा पहुंचा।

यहां एक सरोवर के मध्य में गृह-सा बना हुआ दीखता था और तट पर खजूर के वृक्ष लगे हुए थे। थक जाने के कारण मैं यहां बैठ गया और इस चिंता में था कि ईश्वर के अनुग्रह से यदि कोई व्यक्ति दृष्टिगोचर हो जाए तो बस्ती की राह पूछ लूं। कुछ काल पश्चात देह में बल आ जाने पर मैं पुनः चल पड़ा। राह में मुझको बैलों के खुर दृष्टिगोचर हुए, और एक बैल भी जाता हुआ दीख पड़ा—इस पर एक कंबल और दरांती भी रखी हुई थी। परंतु इस राह को कुफ्फार (अर्थात हिंदुओं) के प्रांतों की ओर जाते देख मैं दूसरी ओर चल पड़ा और एक ऊजड़ गांव में जा पहुंचा। यहां दो कृष्णकाय नंगे पुरुषों को देख मैं वृक्ष के नीचे डरकर बैठ गया और रात्रि हो जाने पर गांव में घुसा। वहां एक उजाड़ गृह में मुझको अनाज भरने की मिट्टी की एक कोठी दिखाई पड़ी जिसके निचले भाग में आदमी के प्रवेश करने लायक एक बड़ा-सा छिद्र बना हुआ था। यह देख मैं उसी में घुस पड़ा और भीतर जाकर एक पत्थर पड़ा देख उसी का तकिया लगाकर सो रहा। सारी रात मुझको वहीं पर किसी जंतु के फड़ फड़ करने का-सा शब्द सुनाई देता रहा। यह जंतु मुझसे भयभीत हो रहा था और मैं इससे। अब तक मुझे इस प्रकार फिरते फिरते पूरे सात दिन बीत गए थे।

सातवें दिन मैं हिंदुओं के एक गांव में पहुंचा। यहां एक सरोवर भी था और शाक-भाजी भी, परंतु मांगने पर किसी ग्रामनिवासी ने मुझे भोजन तक न दिया। लाचार हो कूप

के पास पड़ी हुई मूली की पत्तियों को ही खाकर मैंने क्षुधानिवृत्ति की। गांव में हिंदुओं (काफिरों) का एक समुदाय भी खड़ा हुआ था और रखवाले भी घूम रहे थे। इनमें से एक ने मेरा वृत्त जानना चाहा परंतु उसको कुछ उत्तर न दे मैं धरती पर बैठ गया। फिर इनमें से एक पुरुष मेरे ऊपर तलवार खींचकर आया, परंतु थककर चूर हो जाने के कारण मैंने उसकी ओर देखा तक नहीं। इस पर उसने मेरी तलाशी ली। तलाशी में उसको कुछ न प्राप्त होने पर मैंने अपना बाहु-विहीन कुरता ही उसको दे डाला।

अगले दिन मैं प्यास के कारण व्याकुल हो उठा और बहुत ढूंढ़ने पर भी जल का पता न मिला। एक उजाड़ गांव में गया परंतु वहां भी जल का नाम तक न था। इस देश में वर्षा ऋतु का जल एकत्र कर पीने की परिपाटी है। हार कर मैं भी एक राह पर हो लिया। यहां एक कच्चे कूप के दर्शन हुए। पनघट पर केवल मूंज की रस्सी पड़ी हुई थी, डोल का पता न था। लाचार हो अपनी पगड़ी को ही रस्सी में बांधा और जो कुछ जल इस तरह आ सका उसी को चूसना प्रारंभ कर दिया, परंतु प्यास न बुझी। अब मैंने अपना एक मोजा रस्सी में बांधा परंतु भाग्यवश रस्सी ही टूट पड़ी और मोजा कूप में जा गिरा। यह देख मैंने दूसरा मोजा बांधा और भर पेट जल पिया।

तृषा शांत होने पर मैं मोजे का ऊपरी भाग रस्सी तथा धज्जी द्वारा पांव पर बांध ही रहा था कि आंख उठाने पर मुझको एक कृष्णकाय पुरुष आता हुआ दीख पड़ा। इसके एक हाथ में लोटा और दूसरे में डंडा था, और कंधे पर झोली पड़ी हुई थी। आते ही इस पुरुष ने मुझसे 'अस्सलामौलेकुम' कहा और मैंने भी इसके उत्तर में 'अलैकोमुस्सलाम व रहमत उल्ला व बरकात हूं' (अर्थात सलामती तुम्हारे ऊपर हो और ईश्वर कृपा भी) कहा। इस पुरुष के फारसी भाषा में 'चैह कसी' (तुम कौन हो?) कहने पर मैंने उत्तर दिया कि मैं राह भूल गया हूं। मेरा यह उत्तर सुन आगंतुक भी स्वयं अपनी राह भूलना बताकर लोटे द्वारा कूप से जल खींचने लगा। मैं भी जल पीना चाहता था परंतु उसने मेरा यह विचार रोककर तनिक धीरज धरने को कहा और अपनी झोली में भुने हुए चने और चावल (चौले) निकाल मुझको खाने को दिए। इस प्रकार अपनी क्षुधा शांत कर मैंने जल पिया और उस पुरुष ने वजू (नमाज के पूर्व विशेष प्रकार से हस्तपाद और मुखादि धोने की क्रिया) कर नमाज की दो रकअतें (खंड विशेष—कुरानशरीफ के अध्याय के खंडों से अभिप्राय है) पढ़ीं। कहना न होगा कि मैंने भी इसी प्रकार वजू से निवृत्त हो इसी स्थल पर नमाज पढ़ी।

उपासना से निवृत्त होने पर उसके प्रश्न करने पर मैंने अपना नाम मुहम्मद मीर अनाम बताकर जब उसका नाम पूछा तो उसने कहा कि मुझे कल्ब-फारह (अर्थात प्रसन्नचित्त) कहते हैं। उत्तर सुनते ही मेरे मुख से निकला कि शकुन तो अच्छा हुआ; और यह कहकर मैंने अपनी राह पकड़ी। मुझको इस प्रकार जाते देख उसने मुझसे अपने साथ चलने को कहा और मैं उसी के साथ हो लिया। कुछ ही दूर चलने पर मेरे शारीरिक अवयवों ने जवाब

दे दिया और मैं थककर चूर हो जाने के कारण राह में ही बैठ गया। यह देख उसने जब मेरी दशा जाननी चाही तो मैंने यह उत्तर दिया कि भाई, तुम्हारे न आने तक तो मुझमें चलने की शक्ति थी, परंतु अब न जाने किस कारणवश मैं एक पग भी नहीं चल सकता।

यह सुन उसने 'सुबहान अल्लाह' (अर्थात ईश्वर शुद्ध है) कहकर अपनी गर्दन पर चढ़ बैठने का आदेश दिया। परंतु उस वृद्ध पुरुष के ऊपर इस प्रकार सवार होने को जी नहीं चाहता था। पर वह न माना और यह कहकर कि ईश्वर मुझे बल देगा, उसने आग्रहपूर्वक मुझको अपने ऊपर बैठा 'हस्बन अल्लाहो नेमउल वकील' (अर्थात परमेश्वर पवित्र है और हमारा प्रतिनिधि है) उच्चारण करने को कहा।

वृद्ध के आदेशानुसार यह पाठ करते ही मुझको निद्रा आ गई। धरती पर पांव टेकने के समय जब मेरी आंख खुली तो उसका पता न था और मैंने अपने को एक जन-पूर्ण गांव में खड़ा पाया।

बस्ती के भीतर प्रवेश करने पर पता लगा कि यहां की हिंदू जनता सम्राट के अधीन है और यहां का हाकिम भी मुसलमान ही है। सूचना मिलने पर वह मेरे पास आया। उससे प्रश्न करने पर मालूम हुआ कि इस गांव का नाम ताजपुरा है और कोल यहां से दो फरसख (कोस) की दूरी पर है।

हाकिम ने अपने घर ले जाकर मुझको स्नान कराया और उष्ण भोजन दे कहा कि मिस्रदेशीय एक व्यक्ति मुझको कोल से आकर एक घोड़ा और अमामा (पगड़ी) दे गया है। कैंप तक जाते समय इन वस्तुओं का ही उपयोग करने की इच्छा से मैंने जब इनको मंगवाया तो पता चला कि यह तो वही वस्त्र हैं जो मैंने उस मिस्रदेशीय पुरुष को दे दिए थे। अपनी गर्दन पर सवार कराने वाले का स्मरण करके मुझको अभी तक आश्चर्य हो रहा था। मैं बारंबार स्मरण करने पर भी बहुत काल तक यह निर्णय न कर सका कि वह पुरुष कौन था। अंत में मुझे वली-अल्लाह (ईश्वर-भक्त) अबू अबदुल्ला मुरशदी के वचन स्मरण हो आए। उन्होंने मुझसे कह दिया था कि मेरा भ्राता एक बड़ी कठिनाई से तेरा उद्धार करेगा। मुझे अब यह भी याद हो आया कि उन्होंने उसका नाम 'दिलशाद' बताया था, और 'कल्ब-फारह' का भी यही अर्थ होता है। अब मुझे पूरा विश्वास हो गया कि शैख अबू अबदुल्ला मुरशदी ने जिस पुरुष के संबंध में मुझसे कहा था वह यही था और यह अवश्य ही महात्मा था। परंतु मुझे तो इसी बात का दुख रहा कि उसका साथ कुछ और काल तक मेरे भाग्य में न था।

इसी रात को मैं यहां से चल पड़ा। कैंप में पहुंचकर मैंने अपने सकुशल लौटने की सूचना दी। मुझको इस प्रकार से आया हुआ देखकर लोगों के हर्ष की सीमा न रही। मुझे वस्त्र तथा अश्व आदि भी उसी समय दिए गए।

इस बीच में सम्राट का उत्तर भी आ गया। उसने धर्मवीर काफूर के स्थान पर गुलाम

सुंबुल नामक पुरुष को नियत कर यात्रा करते रहने का आदेश भेजा था। परंतु यहां पर मेरा बंदी हो जाना अशुभ-सूचक समझकर उन लोगों ने सम्राट को यात्रा स्थगित करने का प्रार्थनापत्र भेज दिया था। यात्रा बंद न करने के संबंध में सम्राट का आदेश आ जाने पर मैंने बल देकर यात्रा का विचार भी दृढ़ करना चाहा, पर सबने यह कहना प्रारंभ किया कि यात्रा के प्रारंभ में ही उत्पात आरंभ होने के कारण, या तो यात्रा ही बंद कीजिए या सम्राट के उत्तर की प्रतीक्षा कीजिए, परंतु मैंने ठहरना उचित न समझा और यह कह दिया कि सम्राट का उत्तर हमको राह में ही मिल सकता है।

5. ब्रजपुरा

कोल से चलकर दूसरे दिन हमने ब्रजपुरा (ब्रजपुर) में पड़ाव किया। यहा पर एक अत्यंत उत्तम खानकाह (मठ) में मुहम्मद उरियां (नग्न) नामक शैख रहते थे। ये महाशय जैसे देखने में सुंदर थे वैसा ही उत्तम इनका स्वभाव भी थां। जब हम इनके दर्शनार्थ गए तो शैख महोदय के शरीर पर एक तैमद के अतिरिक्त और कोई वस्त्र न था। मालूम हुआ कि ये सदा इसी प्रकार से रहते हैं।

शैख महोदय मिस्रदेशीय 'कराफा' नामक स्थान के प्रसिद्ध तत्ववेत्ता और ईश्वरभक्त महात्मा शैख सालह वली अल्लाह मुहम्मद उरियां के शिष्य थे। ये गुरुदेव भी नाभिप्रदेश से लेकर पादपर्यंत चौड़ा केवल एक तैमद बांधा करते थे। कहते हैं कि ये महात्मा इशा की नमाज के पश्चात प्रतिदिन मठ का अनाज आदि सब कुछ दीन-दुखियों को बांट दिया करते थे और दीप की बत्ती तक निकालकर फेंक देते थे; और प्रातःकाल होते ही ईश्वर पर भरोसा कर नया कार्यक्रम प्रारंभ कर देते थे। अपने भृत्यों को सर्वप्रथम रोटी तथा बाकला खिलाते थे। इस स्वभाव से परिचित होने के कारण बाकला बेचने वाले प्रातःकाल होते ही मठ में आ बैठते थे और शैख जी आवश्यकतानुसार भाजी मोल लेकर यह आश्वासन दे देते थे कि इसके मूल्य में तुमको प्रथम पुरुष की न्यूनाधिक संपूर्ण भेंट दे दी जाएगी।

जब सम्राट गाजां तातारी सैन्य सहित शाम (सीरिया) में पहुंच दमिश्क को अधिकृत कर लेने पर भी गढ़ को न ले सका, तो उसका सामना करने के लिए मलिक नासिर मैदान में आया। दमिश्क की दूसरी ओर 'कशहब' नामक स्थान में दोनों का युद्ध ठना।

नासिर इस समय युवा था और इसके पहले उसको किसी युद्ध में भाग लेने का अवसर नहीं प्राप्त हुआ था। शैख मुहम्मद उरियां भी उस समय सेना के साथ ही थे। उन्होंने यह विचार कर कि नासिर के रुके रहने से मुसलमान भी रुके रहेंगे, नासिर के घोड़े के पांवों में शृंखलाएं डाल उसको भागने में असमर्थ कर दिया। इसका फल यह हुआ कि मलिक अपने स्थान से तिल मात्र भी न हट सका और तातारियों की बुरी तरह हार हुई; बहुत-से जान से मार दिए गए और बहुतों ने नदी में डूब कर प्राण दे दिए। इसके पश्चात तातारियों

ने शाम (सीरिया) तथा मिस्र की ओर कभी मुख तक न फेरा।

भारत-निवासी शैख मुहम्मद उरियां मुझसे कहते थे कि मैं भी उस युद्ध में उपस्थित था और उस समय युवावस्था में था।

6. काली नदी और कन्नौज

व्रजपुरा से चलकर आवेस्याह अर्थात काली नदी[1] पार कर हम लोग कन्नौज[2] नामक अत्यंत प्रसिद्ध नगर में पहुंचे। यहां का गढ़ अत्यंत ही दृढ़ बना हुआ है। यहां पर खांड खूब उत्पन्न होती है और सस्ती होने के कारण दिल्ली तक जाती है। नगर-प्राचीर भी खूब ऊंचा बना हुआ है। इस नगर का वर्णन मैं इससे पूर्व भी कर चुका हूं। नगर-निवासी शैख मुईनउद्दीन ने यहां आने पर हमको एक भोज दिया। यहां का हाकिम फीरोज बदखशानी (बदखशा-निवासी) बहरामचोबी किसरा नामक सम्राट का वंशज है।

शरफे-जहां के बहुत-से विद्वान एवं धर्मात्मा वंशज भी यहीं रहते हैं। उनके दादा दौलताबाद में काजी-उल-कुज्जात थे और धर्मात्मा तथा पुण्यात्मा होने के कारण वे चारों ओर प्रसिद्ध हो गए थे। कहा जाता है कि एक बार इनके पदहीन होने पर किसी व्यक्ति ने स्थानापन्न काजी के यहां इन पर सहस्र दीनार (मार लेने) का आरोप कर इनको शपथ दिलाने के अभिप्राय से यह कह दिया कि मेरा कोई अन्य व्यक्ति साक्षी नहीं है। काजी द्वारा बुलाए जाने पर इन्होंने आरोप का स्वरूप जानना चाहा और यह मालूम होते ही कि दस सहस्र दीनार का आरोप मुझ पर लगाया गया है, काजी शरफे-जहां ने तुरंत ही यह रकम काजी के पास वादी को देने के लिए भेज दी। इस घटना की सूचना मिलते ही सम्राट अलाउद्दीन ने, अभियोग मिथ्या होने के कारण, काजी शरफे-जहां को पुनः उसी पद पर प्रतिष्ठित कर राजकोष से उनके पास दस सहस्र दीनार भेज दिए।

---

1. काली नदी—इस नाम की दो नदियां हैं—एक पूर्वीय और दूसरी पश्चिमी। ग्रंथकार का अभिप्राय यहां दूसरी से ही है जो मुजफ्फरनगर के जिले से निकलकर मेरठ, बुलंदशहर, अलीगढ़, एटा तथा फर्रुखाबाद के जिलों में बहती हुई कन्नौज से चार मील आगे बढ़कर गंगा में जा मिलती है। गिब्ज साहब के अनुसार यह कालिंदी अर्थात यमुना थी।
2. कन्नौज—फर्रुखाबाद के जिले में एक अत्यंत प्राचीन नगर है। प्रसिद्ध यवन भौगोलिक बतली मूसः (ई. सन् 140) और प्रसिद्ध चीनी यात्री फाहियान (ई. सन् 400) तथा हुएन्सांग (ई. सन् 634) से लेकर मुसलमान शासकों के समय तक के सभी पर्यटकों ने इस नगर का वर्णन किया है और इसे गंगा तट पर ही बसा हुआ बताया है। परंतु गंगा यहां से इस समय चार मील की दूरी पर है और काली नदी नगर के नीचे बहती है। यहां का अंतिम स्वाधीन हिंदू-नृपति जयचंद मुहम्मद गोरी से पराजित होने पर गंगा नदी पार करते समय डूबकर मर गया; और उसी समय से इस नगर का ह्रास होना प्रारंभ हुआ।

कन्नौज में हम तीन दिन ठहरे और इस बीच में सम्राट का यह उत्तर भी आ गया कि शैख इब्नबतूता का पता न लगने पर दौलताबाद के काजी वजीह-उल-मुल्क उनके स्थान पर 'दूत' बनकर जाएं।

7. हन्नौल, वजीरपुरा, वजालसा और मौरी

कन्नौज से चलकर हन्नौल, वजीरपुरा, वजालसा होते हुए हम मौरी[1] पहुंचे। नगर छोटा होने पर भी यहां के बाजार सुंदर बने हुए हैं। इसी स्थान पर मैंने शैख कुतुबउद्दीन हैदर गाजी के दर्शन किए। शैख महोदय ने रोग-शय्या पर पड़े रहने पर भी मुझको आशीर्वाद दिया, मेरे लिए ईश्वर से प्रार्थना की और एक जौ की रोटी मेरे लिए भेजने की कृपा की। ये महाशय अपनी अवस्था डेढ़ सौ वर्ष की बताते थे। इनके मित्रों ने हमें बताया कि यह प्रायः व्रत तथा उपवास में ही रत रहते हैं और कई दिन बीत जाने पर कुछ भोजन स्वीकार करते हैं। यह चिल्ले (चालीस दिन-व्यापी व्रत विशेष) में बैठने पर प्रत्येक दिन एक खजूर के हिसाब से केवल चालीस खजूर खाकर ही रह जाते हैं। दिल्ली में शैख रजब बरकई नामक एक ऐसे शैख को मैंने स्वयं देखा है जो चालीस खजूर लेकर चिल्ले में बैठते हैं और फिर भी अंत में उनके पास तेरह खजूर शेष रह जाते हैं।

इसके पश्चात हम 'मरह' नामक नगर में पहुंचे। यह नगर बड़ा है और यहां के निवासी हिंदू भी जिमी हैं (अर्थात धार्मिक कर देते हैं)। यहां एक गढ़ भी बना हुआ है। गेहूं भी इतना उत्तम होता है कि मैंने चीन को छोड़ ऐसा उत्तम लंबा तथा पीत दाना और कहीं नहीं देखा। इसी उत्तमता के कारण इस अनाज की दिल्ली की ओर सदा रफ्तनी होती रहती है।

इस नगर में मालव जाति निवास करती है। इस जाति के हिंदू सुंदर तथा बड़े डील-डौल वाले होते हैं। इनकी स्त्रियां भी सुंदरता तथा मृदुलता आदि में महाराष्ट्र तथा मालद्वीप की स्त्रियों की तरह प्रसिद्ध हैं।

8. अलापुर

इसके अनंतर हम अलापुर[2] नामक एक छोटे-से नगर में पहुंचे। नगर-निवासियों में हिंदुओं की संख्या बहुत अधिक है और सब सम्राट के अधीन हैं। यहां से एक पड़ाव की दूरी पर

---

1. मौरी या मातरी का ठीक पता नहीं। शायद भिंड (ग्वालियर राज्य) के पास के मावरी नामक स्थान का ही उस समय यह नाम रहा हो।
2. अलापुर—यह नगर ग्वालियर के निकट कहीं रहा होगा। आईने-अकबरी में लिखा हुआ है कि सरकार ग्वालियर में इस नाम का एक दुर्ग था; और उसका प्राचीन नाम उरवारा या अरवारा था। संभव है, बतूता का अभिप्राय इसी नगर से हो।

कुशम[1] (कुसुम?) नामक हिंदू राजा का राज्य प्रारंभ हो जाता है। 'जंबील'[2] उसकी राजधानी है। ग्वालियर का घेरा डालने के पश्चात इस नृपति का वध कर दिया गया था।

इस हिंदू नृपति ने यमुना-तटस्थ 'रावड़ी'[3] नामक स्थान का भी एक बार अवरोध किया। वहां के हाकिम खिताबे अफगान की शूरों में गणना होती थी और नगर तथा आसपास के बहुत से ग्राम तथा मजरे (खेत) उसके अधीन थे। राजा 'कुसुम' को सुलतानपुर[4] के अधिपति रजु की सहायता प्राप्त कर अपने ऊपर आते देख (मुसलमान) हाकिम ने सम्राट से सहायता चाही परंतु राजधानी से यह स्थान चालीस पड़ाव की दूरी पर होने के कारण सहायता आने में विलंब हुआ और इधर दोनों अधिपतियों ने नगर को चारों ओर से घेर लिया। यह देख खिताबे अफगान ने इस भय से कि कहीं हिंदू हम पर विजय प्राप्त न कर लें, तीन सौ पठान, इतने ही दास तथा चार सौ अन्य पुरुष एकत्र कर सबको साथ ले लिया और घोड़ों के गले से साफे बांध नगर से बाहर निकल पड़ा (इस देश में ऐसी प्रथा है कि मरने को उतारू होने पर लोग अपने घोड़ों के गलों में साफा बांध युद्ध करने जाते हैं)। इस छोटे-से समुदाय ने घोर युद्ध द्वारा पंद्रह सहस्र हिंदुओं को ऐसा परास्त किया कि भगोड़ों के अतिरिक्त दोनों सेनाओं में एक भी पुरुष जीता न बचा। दोनों राजाओं सहित सारी सेना मारी गई। राजाओं के सिर काटकर सम्राट की सेवा में दिल्ली भेज दिए गए।

---

1. कुसुम—बहुत संभव है कि नगर का नाम 'कुसुम' और सम्राट का नाम 'जम्बील' रहा हो, किंतु इब्नबतूता ने भूल से ये नाम परिवर्तन कर दिए हों, क्योंकि यमुना नदी पर, इलाहाबाद से 33 मील इधर, कोसम (कौशाम्बी) नामक एक प्राचीन नगर के भग्नावशेष अब भी मिलते हैं। सुलतानपुर नामक एक गांव भी यहां से 117 मील की दूरी पर, गंगा के दूसरे किनारे पर, बसा है।
2. जंबील—कहीं यह वर्तमानकालीन धौलपुर तो नहीं है।
3. रावड़ी—परगना शिकोहाबाद, जिला मैनपुरी में यमुना नदी के किनारे मैनपुरी से आग्नेय कोण में 44 मील की दूरी पर यह गांव इस समय भी विद्यमान है। कहा जाता है कि जोरावर सिंह उपनाम रावड़ सैन ने इसको बसाया था। सन् 1194 में सम्राट मुहम्मद गोरी ने इसको उसके वंशजों से छीन लिया। मुसलमान शासकों के समय में यह बड़ा समृद्धिशाली नगर था। यह स्थान आगरे से 40 मील की दूरी पर है। मालूम होता है कि बतूता ने भ्रमवश इसको दिल्ली से 40 पड़ाव की दूरी पर लिख दिया है।
4. सुलतानपुर—यह नगर इस समय भी अवध में वर्तमान है। हिजरी सन् की छठी शताब्दी में यहां पर बिद्दार राजपूतों का आधिपत्य था और तत्पश्चात सम्राट मुहम्मद गोरी द्वारा इनका राज्य नष्ट-भ्रष्ट होने पर मुसलमानों का प्रभुत्व स्थापित हो गया। उस समय नगर का नाम 'कोसापुर' था परंतु विपक्षियों ने अपनी विजय के बाद इसको भी 'सुलतानपुर' में परिवर्तित कर दिया।

सम्राट का दास 'बदर' नामक एक हबशी अलापुर का हाकिम था। वीरता और साहस में यह व्यक्ति अद्वितीय था। हिंदुओं की बस्तियों में सदा अकेला ही चला जाता और लूटपाट करता था। बहुत-से लोगों का वध कर डालता और बहुतों को बांध कर ले आता था। धीरे धीरे समस्त देश में इसकी प्रसिद्धि हो गई और हिंदू इसके नाम तक से भयभीत हो कांपने लगे थे। इस व्यक्ति का डीलडौल भी खूब लंबा-चौड़ा था। यह एक ही स्थान पर बैठ समूची बकरी हड़प कर जाता था। लोग तो यहां तक कहते थे कि हबशियों की प्रथानुसार यह नररूप दानव भोजन के पश्चात पक्का तीन पाव घी पी जाया करता है। इसका पुत्र भी अपने पिता के तुल्य शूरवीर था। एक बार संयोगवश दासों सहित किसी हिंदू गांव पर आक्रमण करते समय इसके घोड़े की टांग गड्ढे में आ पड़ी और इतने में गांव वालों ने कत्तारह (कटार) द्वारा इसका वध कर दिया। स्वामी की मृत्यु के उपरांत भी दास बड़ी वीरता से लड़े। उन्होंने गांव वालों का वध कर उनकी वधुओं को बंदी बना लिया और स्वामी के अश्व के साथ उन्हें पुत्र के साथ ले आए। दैवयोग से पुत्र भी इसी अश्व पर सवार हो दिल्ली की ओर जा रहा था कि राह में ही काफिरों ने आक्रमण कर उसका वध कर डाला और घोड़ा भागकर स्वामी के अनुयायियों के पास आ गया। घर आने पर जब जामाता इसी अश्व पर सवार हुआ तो हिंदुओं ने उसका भी इसी अश्व पर वध कर डाला।

9. ग्वालियर

इसके पश्चात हम गालियोर[1] की ओर चल दिए। इसको ग्वालियर भी कहते हैं। यह भी अत्यंत विस्तृत नगर है। पृथक चट्टान पर यहां एक अत्यंत दृढ़ दुर्ग बना हुआ है। दुर्गद्वार पर महावत सहित हाथी की मूर्ति खड़ी है। नगर के हाकिम का नाम अहमद बिन शेर खां था। इस यात्रा के पहले मैं इसके यहां एक बार और ठहरा था। उस समय भी इसने मेरा बहुत आदर-सत्कार किया था। एक दिन मैं उससे मिलने गया तो क्या देखता हूं कि वह एक काफिर (हिंदू) के दो टूक करना चाहता है। शपथ दिलाकर मैंने उसको यह कार्य न करने दिया क्योंकि आज तक मैंने किसी का वध होते हुए अपनी आंखों से नहीं देखा था। मेरे प्रति आदर-भाव होने के कारण उसने उसको बंदी करने की आज्ञा दे दी और उसकी जान बच गई।

10. बरौन

ग्वालियर से चलकर हम बरौन[2] पहुंचे। हिंदू जनता के मध्य बसा हुआ यह छोटा-सा नगर मुसलमानों के आधिपत्य में है और मुहम्मद बिन बैरम नामक एक तुर्क यहां का हाकिम

1. इस नगर के संबंध में पहले एक नोट दिया जा चुका है।
2. बरौन—इस समय इस नाम का कोई भी नगर नहीं है। आईने-अकबरी में सूबे आगरे की नरवर

है। हिंसक वन्य पशु भी यहां बहुतायत से हैं। एक नगर-निवासी तो मुझसे यहां तक कहता था कि रात्रि को नगर-द्वार बंद हो जाने पर भी न मालूम किस प्रकार से एक बाघ यहां आकर मनुष्यों का संहार कर देता है। मुहम्मद तोफीरी नामक एक नगर-निवासी ने मुझे बताया कि बाघ मेरे पड़ोसी के घर में प्रवेश कर बालक को चारपाई से उठाकर ले गया। एक अन्य व्यक्ति मुझसे कहता था कि एक बार हम सब एक विवाह में एकत्र थे, उस समय एक आदमी किसी कार्यवश बाहर गया तो बाघ ने उसको चीर डाला। ढूंढ़ने पर वह आदमी बाजार में पड़ा पाया गया; उसका रुधिर पान कर यों ही, बिना मांस खाए ही, छोड़ दिया था। लोग कहते हैं कि बाघ सदा ऐसा ही करता है।

11. योगी और डायन

कुछ पुरुषों ने मुझसे यह भी कहा कि ये वास्तव में हिंसक पशु नहीं हैं प्रत्युत योगी बाघ का रूप धारण कर नगर में आ जाते हैं। पर मुझको इस कथन पर विश्वास नहीं हुआ।

योगीजन भी बड़े बड़े अद्‌भुत कार्य कर डालते हैं। कोई कोई तो कई मास पर्यंत बिना कुछ खाए-पिए वैसे ही रह जाते हैं, और कोई कोई धरती के भीतर गड्ढे में बैठ ऊपर से चुनाई कराकर वायु के लिए केवल एक रंध्र छुड़वा देते हैं। वे कई मास तक, कुछ लोगों के कथनानुसार तो पूरे वर्षभर, इसी प्रकार से रह सकते हैं।

मंजौर (मंगलौर) नामक नगर में मुझे एक ऐसा मुसलमान दिखाई दिया जो इन्हीं योगियों का शिष्य था। यह व्यक्ति एक ऊंचे स्थान पर ढोल के भीतर बैठा हुआ था। पच्चीस दिन तक तो हमने भी इसको निराहार और बिना जलपान के यों ही बैठे देखा, परंतु इसके पश्चात वहां से चले आने के कारण फिर हमको पता न चला कि वह और कितने दिन इस प्रकार से उपवास करता रहा।

कुछ लोगों का कथन है कि एक तरह की गोली नित्यप्रति खा लेने के कारण इन योगियों को भूख-प्यास नहीं लगती। ये लोग अप्रकाश्य घटनाओं की भी सूचना दे देते हैं। सम्राट भी अत्यंत आदर-सत्कार कर इनको सदा अपने पास बिठाता है। कोई कोई योगी केवल शाकाहार ही करते हैं और कोई कोई मांसाहार; परंतु मांस-भोजियों की संख्या अत्यंत अल्प है। प्रकाश्य रूप से तो यह प्रतीत होता है कि तपस्या द्वारा चित्त को वश में कर लेने के कारण संसार के ऐश्वर्य से इनका कुछ भी संबंध नहीं रहता। इनमें कोई कोई तो

नामक सरकार में 'बरोई' नामक एक गढ़ और महल का उल्लेख है। ग्वालियर से मऊ को जाने वाली वर्तमान सड़क इसी नरवर के इलाके से होकर जाती है। संभव है, अबुलफजल का भी इसी नगर से तात्पर्य हो। नरवर ग्वालियर राज्य में 'सिंधु' नदी के किनारे बसा हुआ है। यह भी संभव है कि यह बरौन यही नरवर नामक स्थान हो। नरवर के पास 25 मील पूर्वोत्तर दिशा में परबई नामक एक स्थान भी मिलता है।

ऐसे हैं कि यदि वे एक बार भी किसी की ओर दृष्टि भरकर देख लें तो उस व्यक्ति की तुरंत ही मृत्यु हो जाए। सर्वसाधारण के विचारानुसार इस प्रकार के दृष्टिपात द्वारा मृत पुरुषों के वक्षस्थल चीरने पर हृदय का नामनिशान तक न मिलेगा। कारण यह बताया जाता है कि दृष्टिपात करने वाले मनुष्य इन पुरुषों के हृदय खा जाते हैं। इस प्रकार का कार्य स्त्रियां ही अधिक करती हैं और इनको 'कफ्फार' (जिनकी हड्डियां चलते समय बोलती हों) अर्थात डायन कहते हैं।

भारत में घोर दुर्भिक्ष[1] पड़ने के समय सम्राट तैलिंगाने में था। परंतु उसने वहां से ही प्रत्येक दिल्ली-निवासी को डेढ़ रतल भोजन प्रतिदिन के हिसाब से देने की आज्ञा निकाल दी थी। सम्राट के आदेशानुसार वजीर ने इन सबको एकत्र कर एक एक दल प्रत्येक अमीर और काजी के सुपुर्द कर दिया। इस प्रकार मुझ पर पांच सौ मनुष्यों के भोजन का भार पड़ा। इनके रहने के लिए मैंने अपने ही घर में दालान बनवा दिए थे, यहीं इनको पांच पांच दिवस तक का पर्याप्त भोजन दे दिया जाता था। एक दिन मेरे पास एक स्त्री लाई गई जो डायन कही जाती थी। इसने अपने पड़ोसी के बालक को हृदय भक्षण कर मार डाला था। मैंने इसको सम्राट के नायब (प्रतिनिधि) के पास ले जाने का आदेश कर दिया और उसने इस स्त्री की परीक्षा करने की आज्ञा दे दी। परीक्षा इस प्रकार से की जाती है कि हाथ-पांव में जल भरे चार मटके बांधकर परीक्ष्य को यमुना नदी में डाल देते हैं। जल में डूबने पर वह डायन समझी जाती है और डूब जाने पर संदेह मिट जाता है। परंतु नायब ने इस स्त्री को जलाने की आज्ञा दी थी।

जनसाधारण इस धारणा से कि ऐसे मृतक व्यक्ति की राख को शरीर में रमा लेने से डाकिनी की दृष्टि से रक्षा होती है, इस स्त्री की राख उठा उठाकर ले गए।

---

1. दुर्भिक्ष—इतिहास का अवलोकन करने पर जिन दुर्भिक्षों का पता चलता है उनकी तालिका यहां दी जाती है :
   1. सम्राट मुहम्मद तुगलक के राजत्वकाल (हिजरी सन् 739-745) में;
   2. तैमूर के दिल्ली से लौटने पर हिजरी सन् 801 में;
   3. सम्राट महमूद शाह तुगलक और खिजर खां के समय (हिजरी सन् 811) में;
   4. सम्राट मुबारक शाह के राजत्वकाल (हिजरी 827) में;
   5. सम्राट मुहम्मद आदिल सूर के शासनकाल (हिजरी 962) में;
   6. सम्राट शाहजहां के शासनकाल (ई. सन् 1631) में;
   7. सम्राट औरंगजेब आलमगीर के शासनकाल (ई. सन् 1651) में;
   8. सम्राट मुहम्मदशाह के शासनकाल (ई. सन् 1739) में;
   9. सम्राट शाहआलम द्वितीय के शासनकाल (ई. सन् 1770) में; और
   10. वारेन हेस्टिंगूज के शासनकाल (ई. सन् 1783-84) में।

   इसके पश्चात 19वीं शताब्दी के दुर्भिक्षों की सूची आधुनिक ग्रंथों में देखनी चाहिए।

मैं राजधानी में ही था कि एक दिन सम्राट ने मुझको बुला भेजा। सूचना पाते ही मैं उसकी सेवा में जा उपस्थित हुआ। सम्राट उस समय एकांत में था और केवल विशेष अमीर ही उसकी सेवा में उपस्थित थे। कुछ योगी भी वहां बैठे हुए थे। जिस प्रकार लोग बहुधा अपनी बगल (कक्ष) के बाल नोच डालते हैं, ठीक उसी प्रकार अपने सिर के बालों को राख द्वारा नोच डालने के कारण ये योगी भी अपने सिर तथा समस्त शरीर को रजाई से ढंके रहते हैं।

सम्राट की आज्ञा मिलने पर मैं भी एक ओर बैठ गया। तदुपरांत सम्राट ने मेरी ओर इंगित कर उनसे कहा कि यह पुरुष सुदूर देश से यहां आया है, अतएव इसको कोई अपूर्व वस्तु प्रदर्शित कीजिए। सम्राट के वचन सुनकर एक योगी 'बहुत अच्छा' कह पद्मासन लगाकर बैठ गया। वह धीरे धीरे धरातल से ऊपर को उठने लगा और हमारे ऊपर अधर में आ गया। यह कौतुक देख मैं आश्चर्यान्वित हो संशय में पड़ गया। धीरे धीरे मेरा चित्त ऐसा घबराया कि मैं धरती में लोट गया, और सम्राट के औषधोपचार करने पर मेरा चित्त जाकर कहीं ठिकाने लगा। परंतु उस समय भी वह व्यक्ति पूर्ववत वायुमंडल में ही बैठा हुआ था। इसके उपरांत एक दूसरे योगी ने अपनी खड़ाऊं उठाकर क्रोध में पृथ्वी पर कई बार पटकी। वह वायुमंडल में उड़कर अधर में बैठे हुए योगी की गर्दन पर बारंबार लगने लगी। खड़ाऊं के प्रहार के कारण योगी धीरे धीरे नीचे उतरने लगा और कुछ काल पश्चात हमारे पास ही पृथ्वी पर आ बैठा।

सम्राट के बताने पर मुझे मालूम हुआ कि खड़ाऊ फेंकने वाला गुरु था और वायुमंडल में जाने वाला शिष्य। यदि मैं इस प्रकार हतबुद्धि न हो जाता और मेरे विक्षिप्त हो जाने की आशंका न होती तो सम्राट के कथनानुसार मुझको इससे भी कहीं अधिक आश्चर्यदायक खेल दिखाए जाते। यहां से लौटने पर मैं विक्षिप्त-सा हो गया और सम्राट-प्रेषित शरबत पीने पर मेरा चित्त स्वस्थ हुआ।

12. अमवारी और कचराद

बरौन नामक नगर से चलकर, अमवारी[1] होते हुए, हम कचराद[2] नामक स्थान में पहुंचे। यहां पर एक मील लंबे सरोवर के किनारे बहुत-से मंदिर बने हुए हैं, परंतु इन मंदिरों की

1. अमवारी—आईने-अकबरी में इस नाम के एक नगर का उल्लेख बयानवां की सरकार में मिलता है जो चंदेरी के पूर्वीय भाग में थी। परंतु इस समय इसका चिह्न मात्र भी अवशिष्ट नहीं है।
2. कचराद—इब्नबतूता का तात्पर्य यहां पर बुंदेलखंड के वर्तमान छत्रपुर नगर से 27 मील पूर्व की दिशा में स्थित खजरावां नामक स्थान से है। अबूरिहां ने 1022 ई. में कालिंजर युद्ध के समय महमूद गजनवी के साथ यहां आकर सर्वप्रथम इस नगर का वर्णन 'कजुराहा' कहकर किया है। इब्नबतूता द्वारा वर्णित सरोवर भी यहां इस समय तक बना हुआ है और

प्रत्येक प्रतिमा की आंख, नाक और कान मुसलमानों ने काट लिए हैं।

सरोवर के मध्य में रक्तपाषाण के तीन गुंबद बने हुए हैं। इनके अतिरिक्त प्रत्येक कोण पर भी इसी प्रकार के गुंबद निर्मित हैं जिनमें योगी लोग निवास करते हैं। योगियों के केश पैर तक लंबे होते हैं; सारे शरीर में भभूत लगी रहती है और तपस्या के कारण उनका वर्ण तक पीत हो जाता है। चमत्कार दिखाने की शक्ति प्राप्त करने के इच्छुक बहुत से मुसलमान भी इनके पीछे पीछे लगे फिरते हैं। लोगों का तो यह कथन है कि गलित तथा श्वेतकुष्ठ तक से पीड़ित पुरुष योगियों की सेवा में उपस्थित होने पर ईश्वर-कृपा से आरोग्य लाभ करते हैं। मावरा उन्नहर के सम्राट 'तरम शीरीं' के कैंप में मुझको इनके सर्वप्रथम दर्शन हुए। गिनती में ये पूरे पचास थे। इनके रहने के लिए धरती के भीतर गुहाएं बनी हुई थीं और वहीं धरातल के नीचे ये अपना जीवन व्यतीत करते थे, केवल शौच के लिए बाहर आते थे और प्रातः, सायं तथा रात्रि में शृंग के सदृश किसी वस्तु को बजाया करते थे। इन लोगों की जीवनचर्या भी अतीव विचित्र थी।

एक योगी ने मअवर (अर्थात कर्नाटक) के सम्राट गयासउद्दीन दामगानी के लिए लौह-मिश्रित कुछ ऐसी गोलियां बनवा दी थीं जिनके सेवन से स्तंभन-शक्ति बढ़ जाती है। गोलियों में कुछ अद्भुत सामर्थ्य देख मात्रा से अधिक सेवन करने के कारण सम्राट का देहांत हो गया। तदुपरांत सम्राट का पुत्र नासिरउद्दीन सिंहासन पर बैठा, और यह भी इस योगी का बहुत आदर किया करता था।

13. चंदेरी

इसके पश्चात हम चंदेरी[1] पहुंचे। यह नगर भी बहुत बड़ा है और बाजारों में सदा भीड़ लगी रहती है।

'खजूर सागर' के नाम से प्रसिद्ध है। वहां सरोवर के चारों ओर उपर्युक्त बहुत-सी गुहाएं भी बनी हुई हैं। अबूरिहां के समय में तो यह नगर झिझोंटी (प्राचीन बुंदेलखंड) की राजधानी था। परंतु इस समय यह केवल गांव मात्र है। प्राचीन-भग्नावशेष चार मील की परिधि में फैले हुए हैं, जिससे इसका महत्व भलीभांति विदित होता है। आईने-अकबरी में भी इसका कोई उल्लेख न होने के कारण हमारा अनुमान है कि सम्राट अकबर के बहुत पहले ही यह नगर उजाड़ हो गया था।

1. चंदेरी—अबुलफजल के कथनानुसार इस नगर में किसी समय चौदह सहस्र पाषाण-निर्मित गृह, तीन सौ चौरासी बाजार, तीन सौ साठ पांथ-निवास (सराय) और बारह सहस्र मस्जिदें थीं। सैरउल मुताखरीन का लेखक कहता है कि यहां एक ऐसा विस्तृत मंदिर बना हुआ था कि नगाड़ा बजाने पर उसका शब्द तक बाहर न जाने पाता था। इस कथन में कुछ अत्युक्ति मान लेने पर भी यही निष्कर्ष निकलता है कि मध्यकालीन युग में यह एक बड़ा वैभवशाली नगर

यह समस्त प्रदेश अमीर-उल-उमरा अज्जउद्दीन मुलतानी के अधीन है। ये महाशय अत्यंत दानशील एवं विद्वान हैं और अपना समय विद्वानों के ही समागम में व्यतीत करते हैं। इनके सहवासियों में धर्मशास्त्र के ज्ञाता अज्जउद्दीन जुबैरी तथा बजीहउद्दीन बयानवी (बयाना-निवासी), काजी खास्सा और इमाम शम्सउद्दीन विशेषतया उल्लेखनीय हैं। गवर्नर महोदय के वास्तविक नाम को न लेकर लोग उनको आजम मलिक कहकर पुकारा करते हैं और उनका यही उपनाम अधिक प्रसिद्ध भी है। उनका उप-कोषाध्यक्ष कमरउद्दीन है तथा उप-सेनानायक के पद पर तैलंग देश-निवासी सआदत है। यह उप-सेनानायक अत्यंत साहसी एवं शूरवीर है। यही सेना की उपस्थिति लेता और कवायद देखता है। शुक्रवार के अतिरिक्त शायद ही किसी दिन मलिक-आजम बाहर नगर में निकलते हों।

14. धार

चंदेरी से चलकर हम मालवा प्रांत के सबसे बड़े नगर जहार[1] (धार) में पहुंचे।

खेती के काम में इस प्रांत की खूब प्रसिद्धि है। यहां का गेहूं विशेष रूप से उत्तम होता है और यहां के पान भी दिल्ली तक जाते हैं। यह नगर दिल्ली से चौबीस पड़ाव की दूरी पर है और मार्ग पर सर्वत्र पत्थर के खंभों पर मील खुदे हुए हैं जिनके कारण यात्रियों को बहुत सुविधा होती है और उनको यह जानने में कुछ भी कठिनाई नहीं होती कि दिन भर में कितनी राह समाप्त हुई और कितनी शेष रही। खभों पर दृष्टि डालते ही पता चल जाता है कि अभीष्ट स्थान कितनी दूरी पर है।

था। हिंदुओं के प्राचीन धार्मिक ग्रंथ महाभारत तक में इसका उल्लेख है। यहां के राजा शिशुपाल का वध श्री कृष्णचंद्र द्वारा युधिष्ठिर के राजसूय यज्ञ में हुआ था। उस समय भी यह बड़ा शक्तिशाली राज्य समझा जाता था।

यह प्राचीन नगर ग्वालियर से 105 मील दूर बेतवा नदी के तट पर एक छोटे-से गांव के रूप में अब भी वर्तमान है। पहाड़ी पर निर्मित एक दृढ़ दुर्ग को छोड़कर इसके प्राचीन वैभव का स्मरण कराने वाला अब यहां कोई पदार्थ नहीं है।

1. धार अथवा धारा नगरी प्रसिद्ध राजा भोज की राजधानी थी। इसके पहले पंवार नृपति उज्जैन में राज्य करते थे। भोज देव ने ही प्राचीन राजधानी का परित्याग कर इस नगरी को अपना निवासस्थान बनाया था। मुसलमानों के समय में भी बहुत काल तक तो यही नगर मालवा प्रदेश की राजधानी रहा पर पीछे मंडू नामक स्थान राजधानी बना दिया गया। इस समय भी यह नगर पंवार राजाओं के वंशजों के पास है और धार नामक राज्य की राजधानी है। मुसलमान शासकों के समय में भी यह बड़ा महत्वपूर्ण नगर समझा जाता था और उस समय की दो रक्तपाषाण निर्मित मस्जिदें भी यहां अब तक वर्तमान हैं।

यह नगर मालद्वीप-निवासी शैख इब्राहीम की जागीर में है। कहा जाता है कि शैख महोदय ने यहां पर आ नगर के बाहर बंजर जोतकर उसमें खरबूजा बो दिया और उसमें अत्यंत स्वादिष्ट फल लगे। लोगों ने भी उनकी देखादेखी अन्य धरती जोत खरबूजे बोए परंतु उनके फल उतने मीठे न थे। शैख महोदय का एक यह भी नियम था कि दीन-दुखियों तथा साधु-संतों को भोजन दिया करते थे। सम्राट के मअवर की ओर जाते समय यहां आने पर शैख ने खरबूजे ही भेंट में अर्पित किए। सम्राट ने अत्यंत प्रसन्न हो धार नामक नगर जागीर में प्रदान कर नगर से भी ऊंचे टीले पर एक मठ निर्माण करने का (उनको) आदेश किया।

सम्राट की आज्ञानुसार मठ बनवाकर शैख वर्षों तक प्रत्येक यात्री को रोटी देते रहे। एक बार उन्होंने तेरह लक्ष दीनार ला सम्राट से निवेदन किया कि दीन-दुखियों को भोजन देने के पश्चात मैंने अपनी आय में से यह रकम बचाई है और यह नियमानुसार राजकोष में जमा होनी चाहिए। सम्राट ने यह धन तो कोष में जमा करने की आज्ञा दे दी, पर दीन-दुखियों को संपूर्ण धन न खिलाकर इस प्रकार बचाने की नीति उसको अच्छी न लगी।

इसी नगर में वजीर ख्वाजाजहां के भांजे ने अपने मामा का कोष बलात हस्तगत कर विद्रोही हसनशाह के पास मअवर चले जाने का निश्चय किया था; परंतु इस षड्यंत्र की सूचना पहले ही मिल जाने के कारण मामा (वजीर) ने भांजे तथा अन्य षड्यंत्रकारियों को तुरंत ही पकड़वा कर सम्राट के पास भेज दिया। सम्राट ने अन्य अमीरों का वध करवा भांजे को पुनः लौटा दिया। यह देख वजीर ने स्वयं उसके वध की आज्ञा दी। कहा जाता है कि भांजा अपनी एक लौंडी से प्रेम करता था। वध की आज्ञा सुनकर उसने इस दासी से मिलना चाहा और उसके आने पर उसको गले लगाया, उससे एक पान बनवाकर स्वयं खाया और एक पान अपने हाथ से बनाकर उसको दे विदा ली। तदनंतर हाथी के सम्मुख डालकर उसका वध कर दिया गया और खाल में भूसा भर दिया गया। रात होते ही दासी ने बाहर आकर वध-स्थल के निकट एक कूप में कूदकर जान दे दी। अगले दिन लोगों ने उसका शव कूप में तैरते देख बाहर निकाला और दोनों को एक ही कब्र में गाड़ दिया। यह अब 'प्रेमियों की समाधि' (गोरे आशिकां) के नाम से विख्यात है।

15. उज्जैन

धार से चलकर हम उज्जैन[1] पहुंचे। यह नगर अत्यंत सुंदर है और यहां के भवन भी खूब ऊंचे बने हुए हैं। प्रसिद्ध विद्वान एवं दानशील मलिक नासिरउद्दीन बिन ऐन-उल-मुल्क भी इसी नगर में रहा करते थे और सन्दापुर (गोआ) विजय के समय वीरगति को प्राप्त हुए। धर्मशास्त्र का ज्ञाता और वैद्य जमालउद्दीन मगरबी गरनाती भी यहीं रहता था।

1. उज्जैन—यह नगर प्रसिद्ध आर्यकुल-कमल, शकारि विक्रमादित्य की राजधानी था। पंवार

16. दौलताबाद

उज्जैन से चलकर हम दौलताबाद पहुंचे। विस्तार में यह नगर दिल्ली के बराबर है। इसके तीन विभाग हैं--जहां सम्राट की सेना रहती है यह दौलताबाद कहलाता है। द्वितीय भाग को कतकता कहते हैं और तृतीय भाग को देवगिरि[1]। देवगिरि में एक दुर्ग बना हुआ है जो दृढ़ता में अद्वितीय समझा जाता है। सम्राट के गुरु खाने-आजम (उपाधि विशेष) कतलू खां भी इसी में निवास करते हैं। सागर से लेकर तैलिंगाने तक समस्त प्रदेश इन्हीं की अधीनता में है। इस विस्तृत इलाके की यात्रा करने में तीन मास व्यतीत हो जाते हैं। स्थान स्थान पर आचार्य महोदय कीं ओर से शासक नियत हैं।

देवगिरि का दुर्ग चट्टान पर बना हुआ है। चट्टानें काटकर पर्वत शिखर पर दुर्ग का निर्माण किया गया है। चमड़े की सीढ़ियों द्वारा इस दुर्ग में प्रवेश होता है और रात्रि होने पर ये सीढ़ियां ऊपर खींच ली जाती हैं (फिर इसमें कोई प्रवेश नहीं कर सकता)। दुर्गरक्षक कुटुंब सहित यहीं निवास करता है। घोर अपराधियों के लिए यहां भयानक गुफाएं बनी हुई हैं, और इनमें इतने बड़े बड़े चूहे हैं कि बिल्ली भी उनसे भयभीत रहती है और उपाय तथा कौशल के बिना उनका आखेट नहीं कर सकती। मलिक खिताब अफगान यह कहता था कि एक बार दुर्भाग्यवश मैं इस गढ़ की गुफा में बंदी कर दिया गया। गुफ़ा क्या थी, चूहों की खान थी। वे दल-के-दल एकत्र होकर मुझ पर आक्रमण करते थे और सारी रात उनके साथ युद्ध करने में ही व्यतीत होती थी। एक रात मैं सो रहा था कि किसी ने मुझसे कहा कि सूरह इख़लास (क़ुरान के अध्याय विशेष) का एक लाख बार पाठ करने पर ईश्वर

नृपतिगण भी यहां बहुत काल तक राज्य करते रहे। हिंदू नृपतियों का गौरव नष्ट होने पर अलाउद्दीन खिलजी ने इस नगर को सर्वप्रथम अधिगत किया। 1387 ई. से 1531 तक मालवा प्रदेश के शासक स्वच्छंद रहे। तत्पश्चात गुजरात के प्रसिद्ध शासक बहादुरशाह ने यह समस्त प्रांत जीतकर अपने राज्य में मिला लिया। 1571 ई. में मुगल सम्राट अकबर ने पुनः इसे जीतकर दिल्ली साम्राज्य के अधीन किया। औरंगजेब और दाराशिकोह का इतिहास-प्रसिद्ध युद्ध भी इसी नगर के निकट 1658 ई. में हुआ था। मुगलों के भाग्य-सूर्य के अस्त होने पर यह प्रदेश मराठों के अधीन हो गया और 1810 तक सिंधियावंशीय राजाओं की राजधानी यही नगर रहा। तत्पश्चात ग्वालियर के राजधानी हो जाने पर इसका महत्व कुछ कम हो गया। भारतीय ज्योतिषी अक्षांश आदि की गणना भी इसी नगर से प्रारंभ करते हैं। प्रसिद्ध नृपति जयसिंह द्वारा निर्मित बेधशाला यहां अब तक वर्तमान है। यहां के प्राचीन ध्वंसावशेष अब भी पुरानी कीर्ति का स्मरण दिलाते हैं।

1. देवगिरि अथवा दौलताबाद निजाम सरकार में औरंगाबाद से दस मील की दूरी पर एक गांव के रूप में रह गया है। परंतु वहां का दुर्ग अब भी वर्तमान है। यहा से 7-8 मील की दूरी पर 'रोजा' नामक स्थान में प्रसिद्ध मुगल सम्राट औरंगजेब अपनी अंतिम नींद ले रहा है।

तुमको यहां से मुक्त कर देगा। (दैवी) आदेशानुसार मैंने उक्त सूरह (अध्याय) का उतनी ही बार पाठ किया और मुझको मुक्त करने के लिए सम्राट का आदेश आ गया। पीछे मुझको पता चला कि मेरे निकट की गुफा में एक बंदी के रोगी हो जाने पर चूहों ने उसकी उंगलियां और नेत्र तक भक्षण कर लिए थे। सूचना मिलने पर सम्राट ने इस विचार से कि कहीं चूहे मुझको भी इस प्रकार भक्षण न कर लें, मुझे मुक्त करने का आदेश किया था।

सम्राट से युद्ध में परास्त होने पर नासिरउद्दीन बिन मलिक मल तथा काजी जलालउद्दीन ने इसी गढ़ में आश्रय लिया था।

दौलताबाद में 'मरहटे' रहते हैं। इस जाति की स्त्रियां अत्यंत सुंदर होती हैं। उनकी नासिका तथा भौंह तो विशेषतया अद्वितीय मालूम होती है। सहवास में इन स्त्रियों से चित्त अत्यंत प्रसन्न होता है।

यहां के हिंदू निवासी व्यापार द्वारा जीविका चलाते हैं, कोई कोई रत्न आदि का भी व्यवसाय करते हैं। जिस प्रकार मिस्र देश में व्यापारियों को 'मकारम' कहते हैं उसी प्रकार यहां भी अत्यंत धनाढ्य व्यक्ति 'शाह' (साह, साहूकार) कहलाते हैं। फलों में आम और अनार यहां बहुतायत से होते हैं और वर्ष में दो बार फलते हैं।

जनसंख्या तथा विस्तार अधिक होने के कारण यहां की आय भी अन्य प्रांतों से कहीं अधिक है। एक हिंदू ने संपूर्ण इलाके का तेरह करोड़ रुपए में ठेका लिया था, परंतु कुछ शेष रह जाने के कारण समस्त धन-संपत्ति जब्त कर लेने पर भी उसकी खाल खिंचवा दी गई।

दौलताबाद में गाने वाले व्यक्तियों का भी एक बाजार है जिसको तरवाबाद कहते हैं। यह बहुत ही सुंदर एवं विस्तृत है और दूकानों की संख्या भी यहां बहुत अधिक है। प्रत्येक दूकान में एक द्वार गृह की ओर लगा होता है, इसके अतिरिक्त गृह-द्वार दूसरी ओर भी होता है। दूकानों में बहुत बढ़िया फर्श लगा होता है और मध्य में एक पालना लगा रहता है। गाने वाली स्त्रियों के इसमें बैठ अथवा लेट जाने पर दासियां इसको हिलाती रहती हैं। कहना न होगा कि यह गहवारह (पालना) विशेष रूप से सुसज्जित किया जाता है।

इस बाजार के मध्य में एक बड़ा गुंबद है। यह भी फर्श आदि से खूब सुसज्जित किया रहता है। गाने वाली स्त्रियों का चौधरी इस गुंबद में प्रत्येक बृहस्पतिवार को अस्र की नमाज के पश्चात अपने दासों तथा दासियों से परिवेष्टित होकर बैठता है और प्रत्येक वेश्या बारी बारी से आकर उसके सम्मुख मगरिब के समय तक (अर्थात सूर्यास्त के उपरांत तक) गाती है। इसके बाद वह अपने घर चला जाता है। इस बाजार की मस्जिदों में भी गायक एकत्र होते हैं। बहुधा हिंदू तथा मुसलमान नृपतिगण बाजार की सैर करने आते समय इसी गुंबद

में आकर ठहर जाते हैं और वेश्याएं भी यहीं आकर उनको अपने गीत-नृत्यादि की कला दिखाती हैं।

17. नदरवार

दौलताबाद से चलकर हम नदरवार[1] पहुंचे। इस छोटे-से नगर में अधिकतया मरहटे ही रहते हैं और कला-कौशल द्वारा अपना जीवन निर्वाह करते हैं। इनमें से कोई कोई वैद्यक तथा ज्योतिष के भी अपूर्व ज्ञाता हैं। ब्राह्मण तथा खत्री (क्षत्रिय) जाति के मरहटे कुलीन समझे जाते हैं। चावल, हरे शाक-पात और सरसों का तेल इनके प्रधान खाद्य पदार्थ हैं। यह जाति न केवल मांसाहारी नहीं है, प्रत्युत किसी पशु को पीड़ा तक नहीं देती। जिस प्रकार संभोग के पश्चात स्नान करना आवश्यक है, उसी प्रकार यह जाति भोजन से प्रथम भी अवश्य स्नान करती है। इन लोगों में निकटस्थ संबंधियों से, सात पीढ़ी बीतने से प्रथम, विवाह-संबंध नहीं होते। मदिरा-पान दूषण समझा जाता है और कोई आदमी मद्य-सेवन नहीं करता।

भारतवर्ष के मुसलमानों की दृष्टि में भी मदिरा-पान एक बड़ा दूषण है। मदिरा-पान करने पर मुसलमानों को अस्सी दुर्रे (कोड़े) लगाकर तीन दिन तक तहखाने में बंद रखा जाता है और केवल भोजन के समय ही द्वार खोलते हैं।

18. सागर

यहां से चलकर हम सागर[2] पहुंचे। यह एक बड़ा नगर है और सागर नामक नदी के तट पर बसा हुआ है। नदी के तट पर रहटों द्वारा आम, केले और गन्ने के उपवन अधिकता

---

1. नदरवार—यह वर्तमान काल में नंदनवार के नाम से विख्यात है और बंबई प्रेसीडेंसी के खानदेश (प्राचीन दानदेश) नामक जिले में तापती नदी के दक्षिण तटस्थ तहसील का मुख्य स्थान है। कहावत तो यह है कि इस नगर को सर्वप्रथम नंदागावनी ने बसाया था; इसके अतिरिक्त नगर का नाम भी प्राचीनता का द्योतक है। परंतु फरिश्ता के कथनानुसार देवल देवी को लेने जाते समय मलिक काफूर ने नदरवार और सुलतानपुर नामक दो नगर बसाए थे। चाहे जो हो, प्राचीन काल में इस नगर का व्यवसाय खूब जोरों पर था। आईने-अकबरी के अनुसार अकबर के राज्य में भी यह मालवा प्रांत की सरकार (कमिश्नरी) था। अबुलफज़ल यहां के खरबूजों की बड़ी प्रशंसा करता है।

   'ओवा' नामक तैल भी यहां एक प्रकार की घास से निकाला जाता है जो गठिया रोग में अत्यंत लाभकारी है। सन् 1666 ई. में यहां पर ईस्ट इंडिया कंपनी की एक व्यापारिक कोठी बनी हुई थी परंतु पीछे यहां से हटाकर वह अहमदाबाद लाई गई। बाजीराव पेशवा के पतनोपरांत सन् 1818 में यह स्थान अंग्रेजी राज्य में आ गया।
2. सागर—वर्तमान सोनगढ़ है।

से सींचे जाते हैं। नगर-निवासी भी धर्मात्मा और सदाचारी हैं। यात्रियों के विश्राम के लिए इन सज्जनों ने उपवनों में तकिये (ठहरने योग्य स्थान, विशेषतया उपवनों में, जहां कूप इत्यादि बना देते हैं) और मठ बना रखे हैं।

मठ-निर्माण कर लेने पर प्रत्येक व्यक्ति एक उपवन भी उसके चारों ओर अवश्य लगाता है और अपनी संतान को इसका प्रबंधकर्ता नियत कर देता है। संतान शेष न रहने पर 'काजी' प्रबंधकर्ता हो जाते हैं। नगर में इमारतें भी बहुत अधिक हैं। बहुत-से लोग इस नगर की यात्रा करने आते हैं और कर न लगने के कारण यात्रियों की यहां खासी भीड़ भी रहती है।

19. खम्बायत

सागर से चलकर हम खम्बायत[1] पहुंचे। यह नगर समुद्र की खाड़ी पर स्थित है। खाड़ी भी समुद्र के ही समान है। यहां पोत भी आते हैं और ज्वार-भाटा भी होता है। भाटे के समय मैंने यहां कीच में सने हुए बहुत-से वृक्ष देखे जो ज्वार आने पर पुनः जल में तैरने लगते हैं।

समस्त नगरों की अपेक्षा यह नगर अधिक सुंदर और दृढ़ बना हुआ है। यहां के गृह और मस्जिदें दोनों ही अत्यंत सुंदर हैं। यहां के रहने वाले भी अधिकतया परदेशी ही हैं। भव्य प्रासाद तथा विस्तृत मस्जिदें भी प्रायः इन्हीं व्यक्तियों ने निर्माण कराई हैं। इस कार्य में आपस की प्रतियोगिता अत्यंत अधिक हो जाती है और प्रत्येक व्यक्ति दूसरे से अधिक इमारतें बनाने का प्रयत्न करता है।

यहां सबसे सुंदर भवन उस कुलीन सामरी का है जिसने सम्राट के सम्मुख मुझको हलुए के संबंध में लज्जित करने का प्रयत्न किया था। इस प्रासाद में लगी हुई लकड़ी से अधिक

---

1. खम्बायत—यह एक अत्यंत प्राचीन नगर है। हिंदुओं के धर्मग्रंथों के अनुसार यह नगर कई सहस्र वर्ष पुराना है। उस समय इसका नाम 'त्रम्बावती' था और 'त्रम्बक' नामक राजपुत्र यहां शासन करता था। इस राजा के वंशज अभयकुमार के समय में ईश्वरीय कोप के कारण इस नगर में घोर आंधी छा गई, यहां तक कि गृह, उपवन, राजप्रासाद तक सभी इसमें दब गए। परंतु राजा शिवजी का भक्त था, और उनकी नित्य-प्रति पूजा करता था। देवाधिदेव महादेव ने राजा को स्वप्न में इस घटना से सचेत कर दिया, अतएव कुटुंब सहित राजा शिव की मूर्ति ले जहाज में चढ़ उत्पात से पहले ही समुद्र में चला गया, परंतु लहरों के वेग से जहाज टूट गया और राजा शिव के सिंहासन के लकड़ी के खंभे के ही आधार पर समुद्र में तैरने लगा और किनारे आ लगा और लोगों को एकत्र करने के लिए उसने यही 'स्तंभ' वहां लगा दिया। धीरे धीरे वहां बस्ती हो गई और नगर का नाम पहले तो 'स्तंभावती', फिर बिगड़ कर धीरे धीरे खंभावती और खम्बायत हो गया।

मोटी और दृढ़ लकड़ी मेरे देखने में नहीं आई। भवन का द्वार भी नगर-द्वार की भांति विशद और भव्य बना हुआ है। द्वार के एक ओर एक विशद मस्जिद बनी हुई है जो सामरी की 'मस्जिद' कहलाती है। मुल्क-उल-तुज्जार गाजरोनी का भवन भी अत्यंत विशाल है और उसके पार्श्व में भी उसी प्रकार से एक मस्जिद बनी हुई है। शम्सउद्दीन कुलाहदोज (टोपी सीने वाले) का गृह भी अत्यंत भव्य है।

काजी जलाल के विद्रोह करने पर इस शम्सउद्दीन, नाखुदा इलियास (जो पहले इसी देश का एक हिंदू था) और मलिक-उल-हुक्मां ने इसी नगर में आश्रय लेकर नगर-प्राचीर न होने के कारण खाई खोदना प्रारंभ कर दिया था, परंतु उनकी हार होने पर जब सम्राट ने नगर में प्रवेश किया तो ये तीनों पुरुष बंदी हो जाने के डर से एक घर में जा घुसे। वहां एक ने दूसरे का कटार से अंत कर देना चाहा। दो तो इसी प्रकार मर गए, परंतु मलिक-उल-हुक्मां फिर भी बच रहा।

इस नगर के धनाढ्य एवं सौम्यमूर्ति नज्मउद्दीन जीलानी नामक व्यापारी ने भी विस्तृत गृह और मस्जिद निर्माण कराई थी। सम्राट ने बुलाकर इसको खम्बायत का शासक नियत कर नगाड़े तथा निशान प्रदान किए। इसी कारणवश मलिक-उल-हुक्मां ने विद्रोह कर अपना जीवन और धन सब कुछ गंवा दिया।

जब हम यहां आए तो मकबल तिलंगी नामक एक व्यक्ति इस नगर का शासक था। सम्राट इसका अत्यधिक सम्मान करता था। शैखजादह अस्फहानी भी शासक के साथ रहता था और समस्त कार्यों की देखरेख उसी के सुपुर्द थी। शैख भी शासन-कार्य में अत्यंत दक्ष एवं निपुण होने के कारण अत्यंत धनाढ्य हो गया था। वह अपनी समस्त संपत्ति निरंतर स्वदेश भेजकर स्वयं भी किसी-न-किसी बहाने वहां भाग जाना चाहता था। इतने में सम्राट को भी इसकी सूचना मिल गई; किसी ने उससे यह निवेदन किया कि वह भागना चाहता है। बस फिर क्या देर थी, तुरंत ही सम्राट ने मकबल को लिख दिया कि उसको डाक द्वारा राजधानी भेज दो। सम्राट का आदेश पाते ही शैख तुरंत ही दिल्ली भेज दिया गया और सम्राट की सेवा में उपस्थित होते ही वह पहरे में दे दिया गया। इस देश की कुछ ऐसी प्रथा है कि पहरे में देने के पश्चात शायद ही किसी व्यक्ति की जान बचती है। हां, तो पहरे में आने पर शैख ने पहरेदार से गुप्त मंत्रणा की और उसको बहुत धन-संपत्ति देने का वचन दे अपनी ओर मिला लिया और दोनों भाग निकले। एक विश्वसनीय आदमी कहता था कि मैंने उसको (शैख को) कलहात (मसकत प्रांत के नगर विशेष) की मस्जिद में देखा और वहां से वह अपने देश को चला गया। इस प्रकार उसके प्राण सुरक्षित रहे और समस्त संपत्ति पर भी उसका आधिपत्य हो गया।

मलिक मकबल ने अपने गृह पर हमको एक भोज दिया, जिसमें एक बड़ी आनंददायक घटना घटित हुई। नगर के काजी और बगदाद के शरीफ दोनों ही इसमें सम्मिलित हुए

थे। शरीफ महाशय की आकृति भी काजी महोदय से बहुत कुछ मिलती-जुलती थी, यहां तक कि काजी के सदृश शरीफ के भी केवल एक ही नेत्र था। परंतु भेद केवल इतना ही था कि काजी दाएं नेत्र से हीन थे और यह बाएं नेत्र से। भोज के समय संयोगवश दोनों एक दूसरे के सम्मुख बैठे। काजी की ओर देख देखकर शरीफ ने बारंबार हंसना प्रारंभ किया। इस पर काजी ने उनको खूब झिड़का। यह देख शरीफ ने कहा कि क्यों अकारण क्रोध करते हो, मैं तुमसे तो कहीं अधिक सुंदर हूं। काजी ने (यह सुन) पूछा कि किस प्रकार से? उन्होंने उत्तर दिया कि मैं तो बाएं ही नेत्र से हीन हूं, परंतु तुम्हारे तो दाहिना नेत्र नहीं है। सुनते ही मकबल और समस्त उपस्थित सभ्य जन ठट्ठा मार कर हंस पड़े और काजी जी ने लज्जित हो कुछ भी उत्तर न दिया। कारण यह है कि भारतवर्ष में शरीफों को अत्यंत सम्मान की दृष्टि से देखते हैं।

दयार बकर के निवासी धर्मात्मा काजी नासिर भी इस नगर की जामे मस्जिद की एक कोठरी में रहते हैं। हम लोगों ने भी जाकर उनके दर्शन किए और उनके साथ साथ भोजन किया।

व्रिदोह करने पर काजी जलाल भी इस नगर में आ इनकी सेवा में उपस्थित हुआ था। इस पर किसी ने सम्राट से यह कह दिया कि इन्होंने भी काजी जलाल के लिए प्रार्थना की हैं। इसी कारण सम्राट के नगर में पधारते ही प्राणों के भय से ये महाशय यहां से निकल कर चले गए कि कहीं मेरे साथ भी हैदरी जैसा बर्ताव न हो।

इस नगर में ख्वाजा इसहाक नामक एक और महात्मा हैं। इनके मठ में प्रत्येक यात्री को भोजन, और साधु तथा दुखी पुरुषों को द्रव्य भी मिलता हैं, परंतु इस पर भी लोग कहते हैं कि इनकी धन-संपत्ति में उत्तरोत्तर वृद्धि ही होती जाती है।

20. कावी और कन्दहार[1]

यहां से चलकर हम खाड़ी तटस्थ कावी नामक एक नगर में पहुंचे जहां ज्वार-भाटा भी आता है। यह प्रदेश जालनसी के एक हिंदू राजा (जिसका वर्णन हम अभी करेंगे) के अधीन है।

कावी से चलकर हम कन्दहार पहुंचे। समुद्र तटवर्ती यह विस्तृत नगर हिंदुओं का है। यहां के राजा का नाम जालनसी है। परंतु वह भी मुसलमान शासकों के अधीन है और प्रत्येक वर्ष राजस्व देता है। इस नगर में आने पर राजा हमारे स्वागत को बाहर आया और

1. अब इन दोनों बंदरों का चिह्न तक शेष नहीं है। अकबर के समय तक तो इनका पता चलता है। परंतु इसके पश्चात इनका कहीं उल्लेख नहीं मिलता। आईने-अकबरी में लिखा है कि ये दोनों बंदर नर्मदा नदी के किनारे बसे हुए थे और यात्री तथा वस्तुओं से लदे हुए विदेशी पोत यहां आकर लंगर डालते थे।

हमारा अत्यधिक आदर-सत्कार किया, यहां तक कि हमारे विश्राम के लिए अपना राजप्रासाद तक खाली कर दिया। हम लोगों ने वहीं विश्राम किया और अत्यंत कुलीन मुसलमान अमीरों ने–जिन में ख्वाजा बुहरे के पुत्र और छह पोतों के स्वामी नाखुदा इब्राहीम विशेषतया उल्लेखनीय हैं–राजा की ओर से हमारी अभ्यर्थना की।

नवां अध्याय

पश्चिमीय तट पर पोत-यात्रा

1. पोतारोहण

इसी नगर से हमारी समुद्र-यात्रा प्रारंभ हुई। इब्राहीम नामक मल्लाह के 'जागीर' नामक पोत पर हम सवार हुए। भेंट के घोड़ों में से सत्तर घोड़े तो इसी पोत पर चढ़ा लिए गए, किंतु भृत्यादि सहित शेष अश्व इब्राहीम के भ्राता के 'मनोरत' (मनोरथ?) नामक जहाज पर सवार कराए गए। राय जालनसी ने हमारे मार्ग व्यय के लिए भोजन, जल तथा चारे इत्यादि का प्रबंध कर, गराब-नौका के समान आकार वाले परंतु उससे बड़े 'अकीरी' नामक जहाज में अपने पुत्र को भी हमारे साथ कर दिया। इस पोत में साठ चप्पू (पतवार) थे। युद्ध के समय चप्पू वालों को पत्थर और बाणों की वर्षा से बचाने के लिए पोत पर छत डाल देते थे। राय (राजा) के ही एक अन्य पोत पर भृत्यों सहित सुंबुल और जहूरउद्दीन के अश्व सवार हुए। 'जागीर' नामक जहाज में धनुषधारी तथा पचास हबशी सैनिक नियत थे। इन पुरुषों को समुद्र का स्वामी समझना चाहिए। इनमें से एक व्यक्ति के भी उपस्थित रहने पर हिंदू डाकुओं या विद्रोहियों का कुछ भी खटका नहीं रहता।

2. बैरम और कोका

दो दिन तक यात्रा करने के पश्चात हम स्थल से चार मील दूर बैरम[1] नामक एक जनहीन द्वीप में पहुंचे। यहां विश्राम कर हम लोगों ने जल-संग्रह किया।

कहा जाता है कि मुसलमानों के आक्रमण के कारण यह स्थान जनहीन हो गया और हिंदू पुनः इस स्थान में आकर नहीं बसे। मलिक-उल-तुज्जार ने, जिनका वर्णन मैं ऊपर कर आया हूं, इस स्थान पर प्राचीर निर्माण कराकर उस पर मंजनीक चढ़ा मुसलमानों को बसाया था।

---

1. बैरम—इस नाम का द्वीप खम्बात की खाड़ी में है। यह एक मील लंबा तथा 300-500 गज तक चौड़ा है। ब्रिटिश सरकार ने यहां सन् 1865 ई. में एक प्रकाश-स्तंभ (लाइट हाउस) निर्माण करा दिया।

यहां से चलकर हम दूसरे दिन कोका[1] नामक एक बड़े नगर में पहुंचे। यहां के बाजार खूब विस्तृत थे। भाटा होने के कारण हमने चार मील की दूरी पर लंगर डाला और नाव में बैठकर नगर की ओर चले। जब नगर केवल एक मील रह गया तो जल न होने के कारण नाव कीच में धंस गई। लोगों के यह कहने पर कि कुछ ही काल पश्चात यहां पर जल बहने लगेगा, भलीभांति तैरना न जानने के कारण मैं नाव से उतर दो पुरुषों के सहारे तट की ओर चल दिया, जिसमें जल आ जाने पर भी खूब सैर की और हजरत खिजर और हजरत इलियास के नाम से प्रसिद्ध एक मस्जिद भी देखी और वहीं पर मैंने मगरिब (अर्थात सूर्यास्त के समय) की नमाज पढ़ी। इस मस्जिद में हैदरी साधुओं का एक समुदाय भी अपने शैख सहित रहता है। यहां की सैर करने के बाद मैं पुनः जहाज पर आ गया।

नगर के राजा का नाम 'दंकोल' है। वह नाम मात्र को ही सम्राट के अधीन है। वास्तव में वह उसकी एक भी आज्ञा का पालन नहीं करता।

३. सन्दापुर

यहां से चलकर तीन दिन तक यात्रा करने के पश्चात हम सन्दापुर[2] पहुंचे। इस द्वीप में छत्तीस गांव हैं और इसके चारों ओर खाड़ी का जल भरा रहता है। भाटे के समय तो यह जल मीठा हो जाता है परंतु ज्वार आने पर पुनः खारा हो जाता है। द्वीप के मध्य में दो नगर हैं, जिनमें से प्राचीन तो हिंदुओं के समय का बसा हुआ है और अर्वाचीन की स्थापना मुसलमानों के शासनकाल में द्वीप के प्रथम बार विजित होने पर हुई है। नवीन नगर में बगदाद की मस्जिदों के समान एक विशाल जामे मस्जिद भी बनी हुई है। हनोर के सम्राट जगालउद्दीन के पिता हसन (मल्लाह) ने इसका निर्माण कराया था। द्वितीय बार इस द्वीप की विजय करने जाते समय मैं भी उनके साथ गया था। इस कथा का वर्णन मैं अन्यत्र करूंगा।

इस द्वीप से चलकर हम स्थल के अत्यंत निकटस्थ एक छोटे-से द्वीप में पहुंचे, जहां पादरियों का गिरजाघर, उपवन तथा एक सरोवर बना हुआ था। यहां हमने एक योगी को

---

1. कोका अर्थात गोवा–यह स्थान अब अहमदाबाद के जिले के अंतर्गत बंबई से 193 मील की दूरी पर है। यहां के निवासी बहुधा जहाजों में खलासी अथवा लैस्कर (Laskars) का काम करते हैं, और पोत चलाने में बड़े दक्ष होते हैं। इस समय तो यह नगर अवनति पर है, परंतु अबुलफजल के कथनानुसार सम्राट अकबर के समय में यह 'भड़ौच' सरकार; (कमिश्नरी) में एक पट्टन (बंदरगाह) था।
2. सन्दापुर–आधुनिक अनुसंधान से पता चलता है कि गोवा को मध्ययुग में इस नाम से पुकारते थे।

मंदिर की दीवार के सहारे दो मूर्तियों के मध्य बैठे हुए देखा। योगी के मुख-मंडल को देखने से ऐसा प्रतीत होता था कि उसने उपासना और तपस्या बहुत की है। बहुत काल तक प्रश्न करने पर भी उसने हमको कुछ उत्तर न दिया। योगी के पास कोई भी खाने योग्य वस्तु न होने पर भी उसके चीख मारते ही वृक्ष से एक नारियल टूटकर उसके सम्मुख आ गिरा और उसने उठाकर वह हमको दे दिया। यह देख हमारे आश्चर्य की सीमा न रही। हमने दीनार और दिरहम बहुत कुछ देना चाहा और भोजन के लिए भी कहा, परंतु उसने स्वीकार न किया। योगी के सम्मुख ऊंट के ऊन का बना एक चोगा पड़ा हुआ था। उठा कर उलट-पलट कर देखने के पश्चात उसने वह मुझे ही दे दिया। मेरे हाथ में जैला नामक नगर (जो अदन के सम्मुख अफ्रीका के तट पर स्थित है) की बनी हुई एक तसबीह (माला) थी। योगी के उलट-पलट कर उसको देखने पर मैंने वह उसी को भेंट कर दी। योगी ने माला को अपने हाथ में लेकर सूंघा और अपने पास रखकर आकाश की ओर दृष्टिपात किया, फिर किबले (मक्का की प्रधान मस्जिद में एक स्थान है) की ओर संकेत किया। मेरे साथी तो इन संकेतों को न समझ सके परंतु मैं समझ गया कि यह मुसलमान है और द्वीप वासियों से अपना धर्म छिपाकर नारियल खा जीवन-निर्वाह कर रहा है। विदा होते समय योगी का हस्तचुंबन करने के कारण मेरे साथी मुझसे अप्रसन्न भी हुए। परंतु उनकी अप्रसन्नता को जानते हुए भी उसने मुस्कराकर मेरा हस्तचुंबन कर हमको विदा होने का संकेत किया। लौटते समय सबके अंत में होने के कारण उसने मेरा वस्त्र चुपके से पकड़ कर खींच लिया और मेरे मुख मोड़कर देखने पर दस दीनार दिए। बाहर आने पर जब मेरे साथियों ने वस्त्र खींचने का कारण पूछा तो मैंने दस दीनार पाने की बात कह तीन दीनार जहीरउद्दीन को और तीन सुंबुल को दे दिए। अब मैंने उनको बताया कि यह व्यक्ति मुसलमान था, क्योंकि आकाश की ओर उंगली द्वारा संकेत करने से उसका अभिप्राय यह था कि मैं एक ईश्वर पर विश्वास रखता हूं और किबले की ओर संकेत करने से यह तात्पर्य था कि मैं पैगंबर साहब का अनुयायी हूं। तसबीह लेने से इस बात की और भी पुष्टि हो गई। मेरे इस कथन पर वे दोनों पुनः लौटकर वहां गए परंतु योगी का पता न था। उसी समय हम सवार होकर वहां से चल पड़े।

4. हनोर

दूसरे दिन प्रातःकाल हम हनोर[1] में पहुंच गए। यह नगर खाड़ी में स्थित है और जहाज भी यहां आ जा सकते हैं। समुद्र यहां से आधे मील की दूरी पर है। वर्षा ऋतु में समुद्र

---

1. हनोर—इसका आधुनिक नाम 'हौनोर' है। यह स्थान अब बंबई सरकार में उत्तरी कनाड़ा जिले की एक तहसील का प्रधान स्थान एवं बंदरगाह है। अबुल फिदा ने हि. सन् 731 में इसका वर्णन किया है। उस समय यह बड़ा समृद्धिशाली नगर था। 16वीं शताब्दी के प्रारंभ में पुर्तगाल--

बहुत बढ़ जाता है और उसमें तूफान आने के कारण चार मास पर्यंत कोई व्यक्ति भी मछली का शिकार करने के अतिरिक्त किसी अन्य कार्य के लिए समुद्र में नहीं जा सकता।

हनोर पहुंचने पर एक योगी हमारे पास आकर मुझे छह दीनार दे कहने लगा कि जिसको तूने माला दी थी उसी ने ये दीनार भेजे हैं। दीनार लेकर मैंने एक उसको भी देना चाहा परंतु उसने न लिया और चला गया। अपने साथियों से यह बात कह मैंने उनको पुनः उनका भाग देना चाहा परंतु उन्होंने लेना स्वीकार न किया और मुझसे कहने लगे कि तुम्हारे दिए हुए छह दीनारों में छह और दीनार अपनी ओर से मिला हम उसी स्थान पर रख आए थे जहां योगी बैठा हुआ था। यह सुनकर मुझे और भी आश्चर्य हुआ। ये दीनार मैंने बड़ी सावधानी से अपने पास रख लिए।

हनोर-निवासी शाफई (मुसलमानों का पंथ विशेष जो इमाम शाकुई का अनुयायी है) मतावलंबी हैं और अपने धर्माचरण तथा सामुद्रिक बल के कारण प्रसिद्ध हैं। सन्दापुर की विजय के पश्चात दुर्देववश ये लोग किस प्रकार दीन हो गए, इसका वर्णन मैं अन्यत्र करूंगा।

नगर के धर्मात्मा पुरुषों में शैख मुहम्मद नागौरी (नागौर-निवासी) का नाम विशेष उल्लेखनीय है। इन्होंने अपने मठ में मुझको एक भोज भी दिया था। दास तथा दासियों के अशुद्ध हाथ का स्पर्श होने पर भोजन अपवित्र हो जाने के भय से ये स्वयं ही भोजन बनाते हैं। इनके अतिरिक्त कलामे-अल्लाह (कुरान) पढ़ाने वाले सदाचारी तथा धर्मशास्त्र के ज्ञाता इस्माईल भी अत्यंत दानी तथा सुंदर स्वभाव के हैं। काजी का नाम नूरउद्दीन अली है। खतीब का नाम अब मुझे स्मरण नहीं रहा।

नगर ही नहीं, बल्कि इस संपूर्ण तट की स्त्रियां बिना सिला हुआ कपड़ा ओढ़ती हैं। चादर के एक छोर से अपना सारा शरीर ढंक कर दूसरे अंचल को सिर तथा छाती पर डाल लेती हैं। नाक में सुवर्ण का बुलाक पहनने की प्रथा है। यहां की सभी स्त्रियां सुंदर तथा सदाचारिणी होती हैं। इनके संबंध में विशेष उल्लेखनीय बात यह है कि संपूर्ण कुरान इनको कंठस्थ है। इस नगर में मैंने तेरह लड़कियों की और तेईस लड़कों की पाठशालाएं देखीं। यह बात किसी अन्य नगर में दृष्टिगोचर न हुई। नगर-निवासी केवल सामुद्रिक व्यवसाय द्वारा ही जीविका-निर्वाह करते हैं। कृषि-कार्य कोई भी नहीं करता।

निवासियों ने यहां एक गढ़ निर्माण कराया था परंतु विजयनगर के महाराज के साथ युद्ध होने पर उन्होंने नगर में अग्नि लगा दी। इसके पश्चात इस नगर का उत्तरोत्तर ह्रास ही होता गया। पुर्तगाल-निवासियों का पतन होने पर इस नगर पर बिदनोर के राजा का आधिपत्य हो गया। तत्पश्चात हैदरअली ने इसको जीतकर अपने राज्य में सम्मिलित कर लिया। टीपू के अंतिम युद्ध के बाद यह नगर ईस्ट इंडिया कंपनी के अधिकार में आ गया। यह नगर जरसौया नामक नदी के तट पर, समुद्र से दो मील दूर तक खाड़ी पर स्थित है। यह नदी नगर से 36 मील की दूरी पर एक पहाड़ पर से गिरती है और वहां का दृश्य भी अत्यंत मनोहर है।

महान सामुद्रिक बल तथा छह सहस्र स्थल सैनिक होने के कारण समस्त मालावार प्रदेश जमालउद्दीन नामक राजा को कुछ नियत कर देता है। इसका पूरा नाम जमालउद्दीन मुहम्मद बिन हसन है। यह बहुत ही धर्मात्मा है और हरीव नामक हिंदू राजा के अधीन है। ईश्वरेच्छा से मैं उसका वर्णन भी शीघ्र ही करूंगा।

जमालउद्दीन सदा जमाअत के साथ (पंक्तिबद्ध) हो नमाज पढ़ा करता है और प्रातःकाल होने से पूर्व ही मस्जिद में जा प्रातःकाल पर्यंत तलावत (कुरान का पाठ) करता है। इसके बाद प्रथम काल में ही नमाज पढ़ अश्वारूढ़ हो नगर के बाहर चला जाता है। चाश्त (अर्थात प्रातःकाल नौ बजे) के समय लौटकर मस्जिद में प्रथम दोगाना (नमाज में दो बार उठने-बैठने की क्रिया) पढ़ने के पश्चात वह महल में जाता है। वह रोजा भी रखता है। जिस समय मैं उसके पास ठहरा हुआ था, इफ्तार (व्रत-भंग) के समय वह सदा मुझको बुला भेजता था। धर्मशास्त्र के ज्ञाता अली और इस्माईल भी उस समय वहां उपस्थित रहते थे। जमीन पर चार छोटी छोटी कुर्सियां डाल दी जाती थीं; इनमें से एक पर तो स्वयं वह बैठता था और शेष तीन पर हम तीनों व्यक्ति।

भोजन की विधि यह थी कि सर्वप्रथम खौंचा नामक तांबे का एक बड़ा दस्तरख्वान लाकर उस पर तांबे का एक तवाक, जिसको इस देश में 'तालम' कहते हैं, रख दिया जाता है। तत्पश्चात रेशमी वस्त्रावृता दासी भोज्य पदार्थों से भरी हुई देगचियां तथा तांबे के बड़े बड़े चमचे ला, एक एक चमचा चावल 'तवाक' (बड़े टोकने) में एक ओर रखकर ऊपर से घृत डाल देती है और दूसरी ओर मिर्च, अद्रक, नींबू तथा आम के अचार रख देती है। इन अचारों की सहायता से चावल के ग्रास मुख में डाले जाते हैं। चावल समाप्त हो जाने पर, द्वितीय बार पुनः चमचा भर कर चावल तवाक में रखा जाता है, परंतु इस बार उस पर मुर्ग का मांस और सिरका डाला जाता है और इसी की सहायता से चावल खाया जाता है। इसके भी चुक जाने पर तृतीय बार चावल परोस कर भिन्न भिन्न प्रकार का मुर्ग का, तथा मत्स्य-मांस रखा जाता है। तत्पश्चात हरे शाक-पात आते हैं और उनकी सहायता से चावल खाते हैं। इस प्रकार भोजन करने के उपरांत दासी 'कोशान्' (दही की लस्सी) लाती है और भोजन समाप्त होता है। इस पदार्थ के आते ही समझ लेना चाहिए कि समस्त भोज्य पदार्थ समाप्त हो गए। भोजन के अंत में, शीतल जल पीने से हानि होने का भय होने के कारण, वर्षा ऋतु में उष्ण जल दिया जाता है।

दूसरी बार यहां आने पर मैं राजा का ग्यारह मास पर्यंत अतिथि रहा और इस काल में भी मैंने, इन लोगों का प्रधान खाद्य पदार्थ केवल चावल होने के कारण, कभी एक रोटी तक न खाई। इसी प्रकार मालद्वीप सीलोन (लंका) तथा मअवर में तीन वर्ष तक रहने पर भी मैंने निरंतर चावलों का ही उपयोग किया, किसी अन्य पदार्थ के दर्शन तक न हुए। चावलों की यह दशा थी कि मुख में चलते न थे, जल के सहारे ज्यों त्यों करके गले के

नीचे उतारता था।

राजा रेशम तथा बारीक कतां के वस्त्र पहनता और कटि-प्रदेश में चादर बांधता है। इसका शरीर दोहरी रजाइयों से ढंका रहता है, और गुंधे हुए केशों पर एक छोटा-सा साफा बंधा रहता है। सवारी के समय वह कबा (एक प्रकार का चोगा) पहनकर ऊपर से रजाई ओढ़ लेता है और उसके आगे आगे पुरुष नगाड़े तथा ढोल बजाते चलते हैं।

इस बार हम लोग यहां पर केवल तीन ही दिन ठहरे। विदा के समय उसने हमको मार्ग-व्यय भी दिया।

5. मालावार

यहां से चलकर तीन दिन पश्चात हम मालावार[1] पहुंचे। काली मिर्च उत्पन्न करने वाले इस देश का विस्तार दो मास चलने पर समाप्त होता है। सन्दापुर से लेकर कोलम नगर तक यह प्रांत नदी के किनारे किनारे फैला हुआ है। राह में दोनों ओर वृक्षों की पंक्तियां लगी हुई हैं। आधे मील के अंतर पर हिंदू तथा मुसलमान यात्रियों के विश्राम करने के लिए काष्ठ-गृह बने हुए हैं और इनके चबूतरे पर दूकानें लगी होती हैं। इसके अतिरिक्त प्रत्येक गृह के निकट एक कूप होता है जहां पर हिंदुओं को पात्र में और मुसलमानों को ओक द्वारा (मुख के निकट हाथ लगाकर उसमें जल डालने की क्रिया विशेष) जल पिलाया जाता है। ओक द्वारा जल पिलाते समय हाथ के संकेत से निषेध करने पर जल-दाता जल डालना बंद कर देता है।

इस प्रदेश में मुसलमानों का न तो घर के भीतर प्रवेश ही होने देते हैं और न उनको अपने पात्रों में ही भोजन कराते हैं। पात्र में भोजन कर लेने पर या तो उसे तोड़ देते हैं या भोजन करने वाले मुसलमान को ही प्रदान कर देते हैं। किसी स्थान पर मुसलमान का निवास न होने पर आगंतुक विधर्मी के लिए केले के पत्ते पर भोजन परोस देते हैं। सूप भी उसी पत्ते पर डाल दिया जाता है। भोजन-समाप्ति पर बचा हुआ अन्न पक्षी या कुत्ते खाते हैं।

इस राह में सभी पड़ावों पर मुसलमानों के घर बने हुए हैं। मुसलमान यात्री इन्हीं के पास आकर ठहरते हैं और ये ही उनके लिए भोज्य पदार्थ मोल लेकर भोजन तैयार करते हैं। इनके यहां न होने पर मुसलमानों को इस प्रदेश में यात्रा करने में बड़ी कठिनाई होती।

दो मास तक इस समस्त देश में एक छोर से लेकर दूसरे छोर तक जाने पर एक चप्पाभर धरती भी ऐसी न मिली जहां आबादी न हो। प्रत्येक आदमी का घर पृथक बना हुआ है।

---

1. मालावार—मलय पर्वत के कारण इस देश का यह नाम पड़ गया है। प्राचीन काल में इस देश को 'केरल' कहते थे। आधुनिक ट्रावनकोर तथा कोचीन का राज्य इसी प्रदेश के अंतर्गत समझना चाहिए। हिजरी सन् 200 के लगभग यहां मुसलमान धर्म फैला।

गृह के चारों ओर उपवन होता है और उसके चारों ओर काष्ठ की दीवार। सारी राह इन्हीं उपवनों में होकर जाती है। उपवन की समाप्ति पर दीवार की सीढ़ियों द्वारा दूसरे उपवन में प्रवेश होता है (और इसी प्रकार चलकर सारी राह समाप्त होती है)। राजा के अतिरिक्त कोई अन्य व्यक्ति इस देश में घोड़े या किसी अन्य पशु पर सवार नहीं होता। पुरुष बहुधा डोले (एक प्रकार की पालकी) पर अथवा पैदल ही यात्रा करते हैं। डोले पर यात्रा करने की दशा में यदि दास न हों तो उसे ढोने के लिए मजदूर रख लिए जाते हैं।

व्यापारी और बहुत अधिक बोझ रखने वाले यात्री किराये के मजदूरों पर सामान लदवा कर यात्रा करते हैं। प्रत्येक मजदूर के पास एक मोटा डंडा रहता है; नीचे की ओर तो लोहे की कील और ऊपर की ओर सिरे पर एक आंकड़ा लगा होता है। सामान ये लोग पीठ पर लादने हैं। राह चलते चलते थक जाने पर विश्राम करने के लिए जब कोई दूकान तक पास बनी हुई नहीं होती, तो ये इसी डंडे को धरती में गाड़कर सामान की गठरी इस पर लटका देते हैं और पुनः विश्राम लेकर चलते हैं।

इस प्रांत में जैसी शांति है वैसी मैंने किसी अन्य राह पर नहीं देखी। यहां पर तो एक नारियल की चोरी कर लेने पर भी प्राण-दंड होता है। पेड़ से फल गिर जाने पर भी स्वामी के अतिरिक्त कोई अन्य व्यक्ति उसे नहीं उठाता। कहते हैं कि किसी हिंदू ने एक बार एक नारियल इसी प्रकार उठा लिया था। शासक ने इसकी सूचना पाते ही लोहे की अनीदार लकड़ी पृथ्वी पर इस प्रकार से गड़वाई कि अनी ऊपर की ओर रही, अनी पर एक काठ का तख्ता रखा गया और उस पर अपराधी लिटा दिया गया। लोहे की अनी तख्ता चीर कर अपराधी के पेट के आरपार हो गई। इसके पश्चात अन्य लोगों को भय दिखाने के लिए अपराधी का शव इसी प्रकार से वहां लटकता रखा गया। यात्रियों की सूचना के लिए इस प्रकार की बहुत-सी लकड़ियां राह पर लगी हुई हैं।

राह में हमको बहुत-से हिंदू मिलते थे परंतु हमको आते देख वह सब एक ओर खड़े हो जाते थे और हमारे निकल जाने पर पुनः चलना प्रारंभ करते थे। मुसलमानों के साथ भोजन न करने पर भी यहां उनका बहुत ही आदर-सत्कार किया जाता है।

इस प्रांत में बारह राजा राज्य करते हैं। सबसे बड़े के पास पंद्रह सहस्र और सबसे छोटे के पास तीन सहस्र सैनिक हैं, परंतु इनमें आपस में कभी शत्रुता नहीं होती और न बलवान निर्बल का राज्य छीनने का ही प्रयत्न करते हैं। एक राज्य की सीमा समाप्त होने पर दूसरे राज्य में काष्ठ के द्वार से प्रवेश करना होता है। इस राज्य के द्वार पर राजा का नाम भी अंकित रहता है। इसका तात्पर्य यह है कि द्वार में प्रवेश करने पर यात्री अमुक राजा के आश्रय में आ गया। एक राज्य में अपराध कर अन्य राज्यद्वार में प्रवेश करते ही प्रत्येक हिंदू अथवा मुसलमान अपराधी को दंड का भय नहीं रहता। ऐसी दशा में बलवान राजा भी निर्बल शासक को अपराधी लौटाने के लिए बाध्य नहीं कर सकता।

राजाओं की मृत्यु के उपरांत उनके उत्तराधिकारी भागिनेय होते हैं।[1] वे ही राज्य के शासक नियत किए जाते हैं, पुत्र नहीं। सूडान देश की 'मसूफा' जाति के अतिरिक्त मैंने यह प्रथा किसी अन्य देश में नहीं देखी (मैं इसका वर्णन भी अन्यत्र करूंगा)। इस देश के राजा जब किसी व्यापारी की बिक्री बंद करना चाहते हैं तो उनके दास उक्त व्यापारी की दूकान पर वृक्षों की शाखाएं लटका देते हैं। जब तक ये शाखाएं दूकान पर लटकती रहती हैं, कोई व्यक्ति वहां पर किसी पदार्थ का क्रय-विक्रय नहीं कर सकता।

काली मिर्च का बूटा अंगूर की बेल जैसा होता है परंतु उसमें शाखा-प्रशाखाएं नहीं होतीं। वह नारियल के वृक्ष के निकट बोया जाता है और बढ़कर बेल की भांति उसी वृक्ष पर फैल जाता है। इसके पत्ते घोड़े के कान के सदृश होते हैं, किसी किसी पौधे के पत्ते अलीक़ (घास विशेष जिसको खाकर पशु खूब मोटे-ताजे हो जाते हैं) के पत्तों के समान होते हैं।

इसके फल छोटे छोटे गुच्छों के रूप में लगते हैं और जिस प्रकार किशमिश बनाते समय अंगूर सुखाए जाते हैं, उसी प्रकार इन फलों के गुच्छे भी खरीफ (उत्तरीय भारत की वर्षा ऋतु) आने पर धूप में सुखाए जाते हैं। कई बार पलटे जाने के कारण ये सूखकर काले हो जाते हैं और फिर व्यापारियों के हाथ बेच दिए जाते हैं। हमारे देश-निवासियों का यह विचार कि अग्नि में भुनने के कारण फल काले और करारे हो जाते हैं, ठीक नहीं है। करारापन तो वास्तव में धूप में रखने के कारण आ जाता है।

जिस प्रकार हमारे देश में जुआर एक माप द्वारा नापी जाती है उसी प्रकार मैंने इस फल को कालकूत (कालीकट) नामक नगर में नपते हुए देखा था।

6. अबीसरुर

सबसे प्रथम हम इस प्रदेश के खाड़ी पर स्थित अबीसरुर[2] नामक छोटे-से नगर में पहुंचे। यहां नारियल के वृक्षों की बहुतायत है। यहां मुसलमानों में अत्यंत लब्धप्रतिष्ठ व्यक्ति शैख जुम्मा है, जो 'अबी सत्ता' के नाम से विख्यात है। यह पुरुष बड़ा दानशील है। इसने अपनी समस्त संपत्ति फकीरों तथा दीन-दुखियों को बांट दी है।

दो दिन पश्चात हम खाड़ी-स्थित फाकनोर[3] नामक नगर में पहुंचे। यहां का-सा उत्तम

---

1. नैयर जाति में अब तक यह प्रथा चली आती है।
2. अबीसरुर—यह अब बारसिलोर कहलाता है।
3. फाकनोर—यह अब बरकोर कहलाता है। यह मद्रास अहाते के दक्षिणी कानड़ा नामक जिले में है। बतूता के समय यह नगर विजयनगर के राजाओं के अधीन था। ई. सन् 1565 में दक्षिणी मुसलमानों द्वारा विजयनगर की पराजय के पश्चात इस पर बिदनोर के राजा का आधिपत्य

गन्ना देशभर में नहीं होता। यहां भी मुसलमानों की संख्या बहुत है। हुसैन सलात नामक व्यक्ति इनमें सबसे बड़ा गिना जाता है। इसने यहां एक जामे मस्जिद भी बनवाई है। नगर में काजी तथा खतीब भी हैं। नगर के राजा का नाम वासुदेव है। इसके पास तीस युद्ध-पोत हैं, परंतु उनका अफसर 'लूला' नामक एक मुसलमान है। यह व्यक्ति पहले समुद्री डाकू था और व्यापारियों को लूटा करता था।

नगर के निकट लंगर डालने पर राजा ने अपने पुत्र को हमारे पास भेजा। उसको अपने जहाज में प्रतिभू की भांति रखकर हमने नगर प्रवेश किया।

कुछ तो भारत-सम्राट के प्रति आदरभाव दिखाने और कुछ अपने धर्म, हमारे आतिथ्य तथा जहाजों के व्यापार द्वारा लाभ उठाने के विचार से राजा ने तीन दिन तक हमको भोज दिया।

नगर में आने पर प्रत्येक जहाज को यहां ठहर कर (राजा को) 'हके बंदर' नामक एक नियत कर देना पड़ता है। अपनी इच्छा से कर न देने पर राजा के जहाज बलपूर्वक आगंतुक जहाज को बंदर में ले आते हैं और कर चुकता न होने तक आगे नहीं बढ़ने देते।

7. मंजौर

तीन दिन पश्चात हम मंजौर[1] पहुंचे। यह विस्तृत नगर इस प्रांत की सबसे बड़ी 'दनप' (दंप) नामक खाड़ी पर बसा हुआ है। फारस तथा यमन (अरब का प्रांत विशेष) के व्यापारी यहां बहुधा आते हैं। काली मिर्च और सोंठ यहां खूब होती है। नगर के राजा का नाम रामदेव है और वह मालावार में सबसे बड़ा गिना जाता है।

मुसलमान भी संख्या में लगभग चार-पांच सहस्र हैं, और नगर के एक ओर रहते हैं। व्यापारियों पर निर्भर रहने के कारण राजा नगर-वासियों तथा हमारे सहधर्मियों में आपस का झगड़ा हो जाने पर पुनः दोनों का मेल करा देता है। मअवर के रहने वाले बदरउद्दीन नगर के काजी भी यहीं थे और बालकों को शिक्षा देते थे। हमारे यहां आते ही ये महाशय जहाज पर आए और हमसे नगर में अपने यहां चलने को कहने लगे। हमारे यह उत्तर देने पर कि जब तक फाकनोर के राजा की तरह यहां का राजा भी अपने पुत्र को प्रतिभू रूप में जहाज पर न भेजेगा, तब तक हम नगर में कदापि प्रवेश न करेंगे, इन्होंने कहा कि फाकनोर की बात और है, वहां नगरस्थ मुसलमानों की संख्या अल्प होने के कारण उनका कुछ भी बल नहीं है, परंतु यहां तो राजा हमसे भय खाता है, फिर प्रतिभू की क्या आवश्यकता है? परंतु हम न माने। राजपुत्र के जहाज में आने पर ही हमने नगर-प्रवेश किया, और वहां हमारा तीन दिन तक खूब आतिथ्य-सत्कार हुआ। इसके पश्चात हम यहां से चल पड़े।

हो गया। आधुनिक नगर 'हंगर-कट्टा' कहलाता है और वह प्राचीन 'बरकोर' या बांकनोर से पांच मील दूर सीला नदी के मुख पर स्थित है।

1. मंजौर—यह नगर अब मंगलौर कहलाता है।

8. हेली

हेली[1] की ओर चल हम दो दिन में वहां जा पहुंचे। विस्तृत खाड़ी पर बसे हुए इस विशाल नगर में सुंदर गृह अधिक संख्या में बने हुए हैं। यहां बड़े बड़े जहाज आकर ठहरते हैं, यहां तक कि चीन के जहाज भी, जो कालकूत (कालीकट) और कोलम के अतिरिक्त और किसी स्थान में नहीं ठहरते, इस नगर में आकर रुकते हैं।

हिंदू तथा मुसलमान दोनों ही जातियां इस नगर को पवित्र समझती हैं। यहां एक जामे मस्जिद भी है जो ऋद्धि-सिद्धि-दायिनी समझी जाती है। जहाज के यात्री कुशलपूर्वक यात्रा समाप्त होने की मिन्नतें मांगकर इस मस्जिद में प्रचुर भेंट देते हैं। मस्जिद का कोष खतीब हुसैन और हसन वजां के अधीन है। द्वितीय महाशय मुसलमानों में सर्वश्रेष्ठ समझे जाते हैं। मस्जिद में बालकों को प्रतिदिन शिक्षा तथा कुछ धन दोनों ही नियमित रूप से मिलते रहते हैं। यहां मध्य में एक रसोईघर भी बना हुआ है जहां प्रत्येक यात्री तथा मुसलमान फकीर को भोजन दिया जाता है।

मकदशो के रहने वाले सईद नामक एक धर्मशास्त्री से मैं इस मस्जिद में मिला। इनकी पवित्र मूर्ति तथा सुंदर स्वभाव देखकर मेरा मन अत्यंत प्रसन्न हुआ। ये नित्य-प्रति रोजा रखते हैं और कहते थे कि मैं श्रेष्ठ (मुअज्जमा) मक्का और प्रकाशदायक (मुनब्बरा) मदीना में चौदह वर्ष तक रहा हूं। मैं इन दोनों नगरों में क्रम से अमीर अबू नमी तथा अमीर अलमंसूर से भी मिला हूं। ये चीन तथा भारत की भी यात्रा कर चुके थे।

9. जुर-फत्तन

हेली से तीन कोस चलकर हम जुर-फत्तन[2] पहुंचे। यहां मुझको बगदाद-निवासी एक धर्मशास्त्री मिला, जो 'सररारी' के नाम से प्रसिद्ध है। 'सरसर' नामक नगर बगदाद से दस मील की दूरी पर 'कूफा' की सड़क पर बसा हुआ है। यहां इसका एक भ्राता रहता था जो अत्यंत धनाढ्य था। देहांत होते समय पुत्रों की अवस्था अल्प होने के कारण वह इसी को अपना

---

1. हेली—अब इस नाम का कोई नगर नहीं मिलता। परंतु कनानौर से 16 मील उत्तर की ओर एक पर्वत का कोण समुद्र में निकला हुआ है जिसको एली कहते हैं। अबुल फिदा तथा रशीदउद्दीन नामक प्राचीन मुसलमान लेखकों के कथन से इसकी पुष्टि भी होती है।

   फारसी भाषा में इलायची को 'हेल' तथा संस्कृत में 'एला' कहते हैं। संभव है, इस नगर का नाम इन्हीं शब्दों में से किसी एक से बना हो। मखजन नामक पुस्तक में यह भी लिखा है कि छोटी इलायची मालावार के हेली नामक स्थान में उत्पन्न होती है।

   श्री हंटर के मत से यह नगर 'पायन गाड़ी' नामक एक वर्तमान गांव के निकट था।

2. जुर-फत्तन—कुछ लोगों की सम्मति में यह 'बलिया पत्तन' का प्राचीन नाम है जो कनानौर से चार मील की दूरी पर बसा हुआ है, परंतु श्री हंटर की सम्मति में मालावार के चेराकल नामक

मैनेजर (वसी) नियत कर गया। मेरे चलने के समय यह उनको बगदाद ले जा रहा था। सूडान की तरह भारत में भी यही प्रथा है कि किसी यात्री का इस देश में देहांत हो जाने पर सहस्रों की संपत्ति भी न्याय्य उत्तराधिकारी के न आने तक किसी मुसलमान के पास थाती के रूप में रहती है। अन्य कोई व्यक्ति इसका कोई अंश व्यय नहीं कर सकता।

यहां के राजा का नाम कोयल है। यह मालावार का एक बड़ा राजा समझा जाता है। इसके पास जहाज भी अधिक संख्या में हैं और अमान, फारस तथा यमन तक वाणिज्य व्यवसाय के लिए जाते हैं। दह-फत्तन और बुद-पत्तन नामक नगर भी इसी राजा के राज्य में हैं।

10. दह-फत्तन

जुर-फत्तन से चलकर हम दह-फत्तन[1] पहुंचे। यह नगर एक नदी के किनारे बसा हुआ है। यहां उपवनों की संख्या बहुत अधिक है। यहां काली मिर्च, सुपारी और पान भी होते हैं। अरबी (घुइयां) भी यहां खूब होती है और मांस के साथ पकाई जाती है। यहां जैसे अधिक और सस्ते केले मैंने अन्य किसी स्थान में नहीं देखे।

नगर में एक सुदीर्घ—पांच सौ पग लंबी और तीन सौ पग चौड़ी—रक्तपाषाण की बाईं (वापिका) भी बनी हुई है। इसके तट पर अट्ठाईस बड़े बड़े गुंबद बने हुए हैं और प्रत्येक में बैठने के लिए पाषाण के चार चार स्थान बने हैं। इसके अतिरिक्त प्रत्येक गुंबद के भीतर से वापस तक जाने के लिए सीढ़ियां हैं। मध्य में एक तीन खंड का बड़ा गुंबद बना हुआ है जिसके प्रत्येक खंड में बैठने के लिए चार चार स्थान हैं। कहा जाता है कि राजा कोयल के पिता ने यह वापिका बनवाई थी।

वापिका के सम्मुख जामे मस्जिद की सीढ़ियां भी दूसरी ओर जल में उतरती हैं और हमारे सहधर्मी भी नीचे उतरकर वहीं स्नान या वजू करते हैं।

धर्मशास्त्रज्ञ हुसैन मुझसे कहते थे कि यह वापिका और मस्जिद राजा के दादा ने मुसलमान होने पर निर्माण कराई थी। उसके मुसलमान धर्म में दीक्षित होने की कथा भी बड़ी अद्भुत है। मैंने स्वयं जामे मस्जिद के सम्मुख एक बड़ा वृक्ष देखा है, जिसमें पत्ते अंजीर की तरह होने पर भी उससे अपेक्षाकृत अधिक कोमल हैं। वृक्ष के चारों ओर दीवार तथा एक महराब बनी हुई है।

ताल्लुकों में श्रीकुंदापुरम का प्राचीन नाम है। इस गांव में 'मोपले' नामक मुसलमानों की बस्ती है। गिब्ज के अनुसार कनानौर ही जुर-फत्तन है।

1. दह-फत्तन—'दरमा पत्तन'—श्री हंटर महोदय के कथनानुसार यह स्थान 'टेलीचरी' बंदर के निकट ही था। उत्तरी मालावार में टेलीचरी इस समय एक बड़ा बंदरगाह है। इब्ने दीनार की नौ मस्जिदों में से एक यहां भी बनी हुई थी।

इसी स्थान के समीप बैठकर मैंने दोगाना पढ़ा। यह वृक्ष 'दरख्ते-शहादत (साक्षी-वृक्ष) कहलाता है। इसकी कथा इस प्रकार कही जाती है कि खरीफ में वृक्ष का पत्ता पीला होने के पश्चात जब लाल होकर गिरता है तो प्रकृति देवी अपने हस्तकमल से उस पर अरबी भाषा में 'ला-इला-इल्ल-ल्लाह' मुहम्मद-र्-रसूलल्लाह' लिख देती है। धर्मशास्त्रज्ञ हुसैन तथा अन्य धर्मात्मा और सत्यवादी मुझसे कहते थे कि हमने पत्ते में कल्मा लिखा हुआ स्वयं अपनी आंखों से देखा है। गिरने पर पत्ते का अर्धभाग मुसलमान ले जाते हैं और शेष राजकोष में रखा जाता है। उसके द्वारा बहुत-से रोगियों को आरोग्य-लाभ होता है। इसी पत्ते के कारण राजा कोयल ने मुसलमान धर्म में दीक्षा ले जामे मस्जिद तथा बाईं बनवाई। यह राजा अरबी भाषा पढ़ सकता था, और पत्ते पर लिखा हुआ कल्मा (मुसलमान धर्म का दीक्षा-मंत्र) पढ़कर ही यह मुसलमान—पक्का मुसलमान—हुआ था। हुसैन कहते थे कि ऐसी कहावत चली आती है कि कोयल की मृत्यु के बाद उसके पुत्र ने धर्मपरिवर्तन कर वृक्ष को ऐसा जड़ से निकालकर उखाड़ फेंका कि कोई चिह्न तक शेष न रहा। इस पर भी वृक्ष पुनः उग आया और प्रथम बार से भी अधिक फूला-फला; परंतु राजा तुरंत ही मर गया।

11. बुद-पत्तन

इसके अनंतर हम बुद पत्तन[1] नामक एक बड़े नगर में पहुंचे जो एक बड़ी नदी के तट पर बसा हुआ है। नगर में एक भी मुसलमान न होने के कारण जहाज के मुसलमान यात्री समुद्र-तट पर बनी हुई एक मस्जिद में आकर ठहरते हैं। यह बंदर अत्यंत ही रमणीक है, यहां का जल भी अत्यंत मीठा है। अधिक मात्रा में उत्पन्न होने के कारण सुपारियां यहां से चीन तथा (उत्तर) भारत को भेजी जाती हैं।

नगर-निवासी बहुधा ब्राह्मण ही हैं। हिंदू जनता इन लोगों को बड़े आदर की दृष्टि से देखती है। परंतु मुसलमानों के प्रति इसका घोर द्वेष होने के कारण एक भी मुसलमान यहां निवास नहीं करता। मस्जिद विध्वस्त न करने का यह कारण बतलाया जाता है कि एक ब्राह्मण ने कभी इसकी छत तोड़कर कड़ियां निकाल अपने गृह में लगा दी थीं। उसके घर में आग लगने पर कुटुंब-संपत्ति सहित वह वहीं जलकर राख हो गया। इस घटना के पश्चात समस्त जनता मस्जिद को आदर-भाव से देखने लगी और इसके बाद किसी ने उसका अपमान नहीं किया। यात्रियों के पानी पीने के लिए मस्जिद के बाहर एक जलकुंड तथा पक्षियों का प्रवेश रोकने के लिए द्वारों में जालियां भी नगर-निवासियों ने बनवा दीं।

---

1. इस नगर का कुछ पता नहीं चलता कि कहां है। मस्जिद के होने से तो 'चालयाम' का संदेह होता है जो वर्तमान 'बेपुर' नामक नगर के निकट था। इस स्थान पर भी इब्ने दीनार की एक मस्जिद थी।

12. फन्दरीना

यहां से चलकर हम फन्दरीना[1] नामक एक अन्य विशाल नगर में पहुंचे जहां उपवन तथा बाजार दोनों की ही भरमार थी। यहां मुसलमानों के तीन मुहल्ले हैं और प्रत्येक में एक एक मस्जिद बनी हुई है। समुद्र-तट पर बनी हुई जामे मस्जिद में बैठने का स्थान समुद्र की ही ओर होने के कारण अत्यंत अद्भुत दृश्य दृष्टिगोचर होते हैं। काजी और खतीब अमाल के रहने वाले हैं। उनका एक अन्य विद्वान भ्राता भी इसी नगर में निवास करता है। चीन के जहाज इस नगर में ग्रीष्म ऋतु में आकर ठहरते हैं।

13. कालीकट

यहां से चलकर हम मालावार के सबसे बड़े बंदर कालीकट[2] में पहुंचे। चीन और जावा, सीलोन (लंका) और मालद्वीप, यमन और फारस के ही नहीं प्रत्युत समस्त संसार के व्यापारी यहां आकर एकत्र होते हैं। संसार के बड़े बड़े बंदर-स्थानों में इस नगर की गणना की जाती है।

यह स्थान सामरी नामक एक अत्यंत वृद्ध हिंदू राजा के अधीन है। नगर-निवासी फरंगियों (फ्रैंक का अपभ्रंश जो यूरोपवासियों के लिए व्यहृत होता है) के एक समुदाय की तरह राजा साहब भी दाढ़ी मुड़वाते हैं।

बदरीन-निवासी इब्राहीम शाह बंदर को अमीर-उल-तुज्जार (सर्वश्रेष्ठ व्यापारी) की उपाधि प्राप्त है। ये महाशय बड़े विद्वान एवं दानशील हैं। इनके दस्तरख्वान पर चारों ओर के व्यापारी आकर भोजन किया करते हैं।

नगर के काजी का नाम फखरउद्दीन उस्मान है। यह भी बड़ा दानशील है। शैख शहाबउद्दीन गाजरौनी महाशय यहां मठाधिपति हैं। चीन तथा भारतवर्ष में शैख अबूइसहाक गाजरौनी की मानता मानने वाले पुरुष इन्हीं को भेंट चढ़ाते हैं। सुप्रसिद्ध धनाढ्य और

---

1. फन्दरीना--वर्तमान काल में इसको पन्दारानी अथवा 'पत्तालानी' कहते हैं जो कालीकट से 16 मील उत्तर को है।
2. कालीकट को इब्नेबतूता ने कालकूत के नाम से लिखा है। इस नगर में मोपला नामक मुसलमान जाति की बस्ती अधिक है। कहा जाता है, प्रसिद्ध चैरामन पैरुमल्ल नामक सरदार ने वर्तमान नगर की नींव डाली थी। उसी के 'सामरी' नामक वंशजों ने यहां ई. 1766 (हैदरअली के आक्रमण के समय) तक राज्य किया। उक्त मैसूर-नरेश के घेरा डालने पर सामरी-वंशज नृपति ने समस्त कुटुंब सहित अग्नि-प्रवेश किया। मैसूर का पतन होने के पश्चात यह नगर अंग्रेजों के अधीन हो गया।

   वास्कोडिगामा नामक प्रसिद्ध पुर्तगाल-यात्री यूरोप से आकर सर्वप्रथम यहीं रुका था; और अंग्रेजों के पूर्व पुर्तगाल-निवासियों की ही कोठियां यहां बनी हुई थीं।

जहाज के स्वामी (नाखुदा) मशकाल भी इसी नगर में रहते हैं। इन महाशय के जहाज हिंदुस्तान और चीन तथा यमन और फारस में व्यापार करते हैं।

इस नगर के निकट पहुंचने पर शैख शहाबउद्दीन तथा इब्राहीम शाह प्रभृति बहुत-से व्यापारी और राजा के प्रतिनिधि (जिनको यहां कलोज कहते हैं) नौबत, नगाड़े और ध्वजा-पताका सहित जहाजों में हमारा स्वागत करने आए और जलूस के साथ हमने नगर-प्रवेश किया।

ऐसा विस्तृत बंदर-स्थान मैंने इस देश में और कहीं नहीं देखा। हमारे यहां लंगर डालने के समय नगर में चीन के तेरह जहाज ठहरे हुए थे। जहाज से उतरने पर नगर में आकर हमने एक मकान किराये पर ले लिया और तीन मास पर्यंत चीन देश जाने के लिए अनुकूल ऋतु की प्रतीक्षा करते रहे। इतनी अवधि तक हमारा भोजन राजप्रासाद से ही आता रहा।

14. चीन के पोतों का वर्णन

चीन देश के समुद्र में तद्देशीय जहाज के बिना यात्रा करना शक्य नहीं है। चीनी पोतों की तीन श्रेणियां होती हैं। सबसे बड़ी श्रेणी के पोत 'जंक',[1] मध्यम के 'जो' और लघु श्रेणी के 'ककम' कहलाते हैं। प्रथम श्रेणी के पोतों में बारह और लघु श्रेणी वालों में तीन मस्तूल होते हैं जो खेजरान (बेंत) की लकड़ी के बनाए जाते हैं। बोरियों के-से बुने हुए बादबान कभी नीचे नहीं गिराए जाते, प्रत्युत सदा वायु के बहाव की ओर फेर दिए जाते हैं। जहाजों के लंगर डालने पर भी ये बादबान खड़े खड़े वायु में यों ही उड़ा करते हैं।

प्रत्येक जहाज में एक सहस्र पुरुष होते हैं। इनमें छह सौ तो केवल पोत चलाने का कार्य करते हैं और शेष चार सौ सैनिक होते हैं। सैनिकों में कुछ धनुषधारी तथा चक्र द्वारा छोटे गोले फेंकने वाले भी होते हैं। प्रत्येक बड़े जहाज के नीचे तीन अन्य छोटे जहाज भी रहते हैं। इनमें से एक तो बड़े पोत का आधा, दूसरा तिहाई और तीसरा चौथाई होता है।

जहाज या तो 'महान चीन' या जैतून नामक नगर में बनाए जाते हैं। बनाने की विधि यह है कि सर्वप्रथम काष्ठ की दो दीवारें बना अन्य स्थूल काष्ठ-भागों से मिलाकर उनकी लंबाई और चौड़ाई में तीन तीन गज की लोहे की कीलें ठोक देते हैं। इस प्रकार मिल जाने के उपरांत इन दोनों दीवारों पर फर्श बना पोत के सबसे निचले भाग का फर्श तैयार कर

1. जंक—चीन देश में पोत को अब भी जंक ही कहते हैं। यह ठीक ठीक नहीं कहा जा सकता कि चीन देश-निवासियों ने किस समय मालावार में आना छोड़ दिया। जोसफ कंगोनोरी नामक एक इसाई लेखक का कथन है कि सन् 1555 ई. में कालीकट के राजा ने चीनियों के साथ दुर्व्यवहार किया, इस पर चीनियों ने दूसरी बार आक्रमण कर जनता का खूब वध किया और फिर इस तरफ आना छोड़ पूर्वीय तटस्थ 'मछलीपट्टन' नामक नगर में व्यापार करना प्रारंभ कर दिया।

ढांचे को समुद्र तट के निकट ही जल में डाल देते हैं। जनता इस पर आकर स्नान तथा शौचादि करती रहती है। निचले लट्ठों की करवट में स्तंभों की तरह स्थूल चप्पू लगाए जाते हैं। प्रत्येक चप्पू पर दस-पंद्रह मल्लाहों को खड़े होकर काम करना पड़ता है।

प्रत्येक पोत में चार छतें होती हैं और व्यापारियों के लिए घर, कोठरियां (मिसरिया) और खिड़कियां इत्यादि भी बनी होती हैं। 'मिसरिया' अर्थात कोठरी में रहने का स्थान (गृह), संडास तथा ताला डालने के लिए कपाट-युक्त द्वार तक बने होते हैं। मिसरिया ले लेने पर पुरुष द्वार बंद कर लेते हैं और इस प्रकार से स्त्रियां तक उनके साथ जा सकती हैं। कभी कभी तो मिसरिया में रहने वाले पुरुषों को पोत के अन्य यात्री भी नहीं जान पाते। पोत के लंगर डालने पर यदि किसी यात्री की इनसे नगर में भेंट हो जाने पर जान-पहचान हो गई तो बात ही दूसरी है।

मल्लाह तथा सैनिक इन पोतों में ही सकुटुंब निवास करते हैं। ये लोग काष्ठ के बृहत कुंडों में बहुधा शाक, भाजी तथा अद्रक आदि भी बो देते हैं।

जहाज का वकील भी एक बड़ा संभ्रांत व्यक्ति होता है। जब यह स्थल पर उतरता है तो धनुषधारी तथा हबशी अस्त्र-शस्त्रादि से सुसज्जित हो इसके आगे आगे चलते हैं और नौबत-नगाड़े आदि भी बजते जाते हैं।

पड़ाव पर पहुंचने पर वहां ठहरने की इच्छा हुई तो पोत के दोनों ओर भाले गाड़ दिए जाते हैं और जब तक वहां से आगे नहीं जाते तब तक ये वहां इसी प्रकार गड़े रहते हैं।

चीन-निवासी बहुधा अनेक पोतों के स्वामी होते हैं और इनके जहाजों पर सदा प्रतिनिधि (वकील) उपस्थित रहते हैं। संसार के किसी भी देश में चीन-निवासियों के-से धनाढ्य व्यक्ति नहीं हैं।

15. पोत-यात्रा और उसका विनाश

चीन की ओर यात्रा करने का समय निकट आने पर नगर के राजा 'सामरी' ने बंदर-स्थान में ठहरे हुए तेरह जंकों में से, सीरिया (शाम) निवासी सुलेमान सफदी नामक प्रतिनिधि का एक जंक हमारे वास्ते सुसज्जित कराया।

दासियों के बिना मैं कभी यात्रा नहीं करता। इस यात्रा में भी दासियां सदैव के अनुसार मेरे साथ थीं; अतएव प्रतिनिधि महाशय से परिचय होने के कारण मैंने अपने लिए एक ऐसा मिसरिया चाहा जिसमें कोई अन्य व्यक्ति सम्मिलित न हो। परंतु उनसे पता चला कि चीन-देशवासियों के समस्त मिसरियों को पहले से ही आने-जाने के लिए किरायेदार ले लेने के कारण उस समय एक भी रिक्त न था, फिर भी उन्होंने अपने जामाता से एक मिसरिया खाली करा देने का वचन दिया और इसमें संडास न होने पर मेरे लिए उसका

विशेष प्रबंध करने की भी प्रतिज्ञा की। अब मैंने अपना सामान जहाज पर ले जाने की आज्ञा दी और दास तथा दासियां तक जंक पर चढ़ गईं। बृहस्पतिवार होने के कारण मैंने अगले दिन अर्थात शुक्रवार को स्वयं चढ़ने का निश्चय कर लिया। जहीरउद्दीन तथा सुंबुल भी राजदूत संबंधी सब सामान तथा पशु आदि लेकर सवार हो गए। शुक्रवार के दिन प्रातःकाल ही हलाल नामक अपने दास द्वारा अपने मिसरिये के संकीर्ण तथा कामचलाऊ भी न होने की बात सुनकर मैंने कप्तान से जाकर सब कथा कही, परंतु उसने भी इससे अधिक उत्तम प्रबंध करने में अपनी असमर्थता प्रकट कर मुझको ककम अर्थात सबसे छोटे जहाज में एक अच्छा मिसरिया लेने की राय दी। उसकी नसीहत मुझको भी बहुत अच्छी लगी और मैंने अपने दासों तथा दासियों को शुक्रवार की नमाज से पहले ही समस्त सामान सहित जंक से उतर ककम में डेरा डालने की आज्ञा दे दी।

इस समुद्र में कुछ ऐसा नियम-सा है कि अस्र (अर्थात तृतीय प्रहर) के पश्चात लहरों के आपस में टकराने के कारण कोई व्यक्ति सवार नहीं हो सकता। अतएव दौत्य-संबंधी उपहार वाले जंक तथा फन्दरीना में ठहरने का विचार करने वाले एक अन्य जहाज और मेरे सामान वाले 'ककम' के अतिरिक्त सभी यहां से चल पड़े। शनिवार की रात्रि को हम समुद्र तट पर ही रहे; न तो कोई व्यक्ति ककम से उतरकर हमारे पास ही आ सका और न हममें से कोई उस पर जाकर सवार हो सका। बिछौने के अतिरिक्त मेरे पास रात्रि में कोई अन्य सामान न था। प्रातःकाल जंक और ककम दोनों ही बंदर-स्थान से बहुत दूरी पर जा पड़े थे, और फन्दरीना जाकर ठहरने वाला जंक तो लहरों से टकराकर टूट भी गया। इस पर सवार कुछ व्यक्ति तो बच गए और कुछ डूब गए। इसी जहाज में एक व्यापारी की दासी भी रह गई थी और जंक के पिछले भाग की लकड़ी पकड़े हुए अब तक जीवित थी। अत्यंत प्रेम होने के कारण व्यापारी ने दासी का जीवन बचाने वाले प्रत्येक पुरुष को दस दीनार देने की घोषणा कर दी। जहाज के हुरमुज-निवासी एक कर्मचारी ने उसका उद्धार किया पर पारितोषिक लेना यह कहकर अस्वीकार कर दिया कि मैंने यह कार्य ईश्वर के नाम पर किया है।

जिस जंक में दौत्य-संबंधी समस्त उपहार लादे गए थे, उसके भी समुद्र की लहरों से टकराकर रात्रि में चूर चूर हो जाने के कारण पोत के सभी यात्रियों का प्राणांत हो गया था। प्रातःकाल मैंने इन सबको तट पर पड़े देखा। जहीरउद्दीन का सिर फट जाने के कारण भेजा बाहर निकला पड़ा था और मलिक सुंबुल के कानों में लोहे की कीलें घुसकर आरपार हो गई थीं। जनाजे की नमाज पढ़कर हमने उनको दफन कर दिया।

नंगे पांव, धोती पहने और सिर पर छोटी-सी पगड़ी धारण किए कालीकट के राजा साहब भी वहां पधारे। राजा साहब के सम्मुख अग्नि जलती हुई आती थी और एक दास उन पर छत्रच्छाया किए हुए था। राजसैनिक जनता को पीट पीट कर समुद्र-तट पर पड़ी

हुई वस्तुओं को उठाने से रोक रहे थे। मालावार देश की प्रथानुसार ऐसे समस्त पदार्थ राजकोष में धर दिए जाते हैं। केवल कालीकट में ही ये पुनः जहाज वालों को लौटा दिए जाते हैं। इसी कारण यह नगर अत्यंत समृद्धिशाली एवं जनसंख्या से पूर्ण रहता है और जहाज भी यहां खूब आते-जाते रहते हैं।

जंक की ये दशा देख ककम चलाने वाले मल्लाह भी अपने बादबान उठाकर चल पड़े और दास-दासियों सहित मेरा समस्त सामान भी उन्हीं के साथ चला गया; केवल मैं ही अकेला तट पर रह गया। मेरे पास एक मुक्त दास और था परंतु अब वह भी मुझे छोड़कर कहीं चल दिया। मेरे पास योगी के दिए हुए दस दीनारों तथा बिछौने के अतिरिक्त अब कुछ भी न था। लोगों से यह पता चलने पर कि यह ककम कोलम नामक बंदर में अवश्य ही ठहरेगा, मैंने उस ओर स्थल की राह यात्रा करने की ठान ली। नदी तथा स्थल दोनों ही ओर से कोलम दस पड़ाव की दूरी पर है। इन दोनों पथों में से मैंने नहर-मार्ग द्वारा यात्रा करना ही निश्चित कर एक मुसलमान मजदूर अपना बिछौना उठाने को रख लिया। नहर-मार्ग के यात्री दिनभर यात्रा करने के उपरांत रात होने पर किसी निकट के गांव में जाकर विश्राम करते हैं। प्रातःकाल होते ही पुनः नाव में बैठकर यात्रा प्रारंभ हो जाती है। मैंने भी इसी प्रकार से यात्रा की। नाव में मेरे तथा मजदूर के अतिरिक्त अन्य कोई मुसलमान न था। परंतु पड़ाव पर पहुंचकर हिंदुओं के सहवास में यह मदिरा-पान कर लिया करता था और मुझसे खूब झगड़ा-टंटा किया करता था, इस कारण मेरा मन और भी अधिक खिन्न हो जाता था।

16. कंजीगिरि और कोलम

पांचवें दिन हम पर्वत-चोटी पर स्थित कंजीगिरि[1] नामक नगर में पहुंचे। यहां यहूदी जाति के लोग भी रहते हैं। ये कोलम के राजा को राजस्व देते हैं और इनका अमीर भी पृथक है। इस स्थान में नहर के किनारे दारचीनी और वकम अर्थात पतंग के वृक्ष अत्यंत अधिकता से होने के कारण इन्हीं की लकड़ी जलाने के काम में आती है।

दसवें दिन हम कोलम[2] पहुंच गए। मालावार के समस्त नगरों में यह नगर अत्यंत

---

1. कंजीगिरि–इसको वर्तमान काल में कोडंगलौर कहते हैं। यह कोचीन राज्य में है। इसाई और यहूदी यहां अत्यंत प्राचीन काल से रहते चले आए हैं। कहते हैं कि इसाई ई. सन् 52 में यहां आए थे। पुर्तगाल-निवासियों के अत्याचार के कारण यहूदी ई. सन् 1502 में यहां से निकल कर कोचीन में जा बसे।
2. कोलम–यह नगर इस समय ट्रावणकोर राज्य में है। प्राचीन काल में यह नगर चीन और फारस के साथ व्यापार के कारण अत्यंत प्रसिद्ध था। ई. सन् 1500 तक तो इस स्थान का व्यापार खूब चमकता रहा, पर इसके बाद दिन-पर-दिन बैठता ही गया।

सुंदर है। यहां का बाजार भी बहुत अच्छा है। व्यापारियों को यहां 'सूली' के नाम से पुकारते हैं। ये लोग अत्यंत धनाढ्य होते हैं। इनमें से कोई कोई तो माल से भरा हुआ पूरा का पूरा जहाज व्यापार के लिए मोल लेकर घर में डाल लेते हैं। मुसलमान व्यापारी भी यहां अधिक संख्या में हैं। आवा नामक नगर का रहने वाला अलाउद्दीन आवजी नामक व्यक्ति इनमें सबसे अधिक धनाढ्य है परंतु वह राफजी है (सुन्नी इस अपमानसूचक शब्द द्वारा शिया लोगों का संबोधन करते हैं)। उसके अनुयायी तथा अन्य साथी भी उसी का अनुसरण करते हैं। ये लोग तक्किया[1] नहीं करते।

नगर का काजी कजदैन नामक नगर का निवासी है। मुहम्मदशाह बंदर भी मुसलमानों में एक बड़ा संभ्रांत व्यक्ति समझा जाता है। उसका भ्राता तकीउद्दीन भी उद्भट विद्वान है। ख्वाजा महजब द्वारा निर्मित इस नगर की जामे मस्जिद भी अत्यंत अद्भुत है।

चीन के निकटतर होने के कारण वहां के निवासी मालावार के अन्य नगरों की अपेक्षा यहां अधिक संख्या में आते हैं। मुसलमानों का यहां बहुत आदर होता है। यहां के राजा का नाम तिरवरी[2] है। वह भी हमारे सहधर्मियों को सम्मान की दृष्टि से देखता है और दस्युओं तथा मिथ्यावादियों से बड़ी कठोरता का व्यवहार करता है।

मेरी आंखों देखी बात है कि इराक-निवासी एक धनुषधारी किसी अन्य व्यक्ति का वध कर 'आवजी' नामक एक बड़े धनाढ्य पुरुष के घर में जा घुसा। मुसलमानों ने मृतक को दफन भी करना चाहा परंतु राजा के प्रतिनिधि ने निषेध कर कहा कि जब तक वधिक हमारे सुपुर्द न किया जाएगा तब तक हम इसको गाड़ने की आज्ञा न देंगे। अतएव मृतक की अर्थी आवजी के द्वार पर रख दी गई। उसमें से दुर्गंधि निकलने पर आवजी ने लाचार हो अपराधी को राजा के सम्मुख उपस्थित कर प्रार्थना की कि इसकी जान न लेकर मृतक के उत्तराधिकारियों को धन-संपत्ति ही दे दी जाए। परंतु राजकर्मचारी इस प्रार्थना को न मान अपराधी का वध कर ही शांत हुए, और इसके पश्चात जाकर कहीं मृतक की अंतिम क्रिया हुई। कहा जाता है कि कोलम का नृपति अपने जामाता के साथ, जो किसी अन्य नृपति का पुत्र था, नगर के बाहर उपवनों के मध्य में एक दिन सवार होकर जा रहा था कि जामाता ने एक वृक्ष के नीचे से एक आम उठा लिया। राजा ने अपने जामाता का यह कृत्य देख उसके शरीर के दो खंड करा राह के दोनों ओर एक एक आम्र-खंड के साथ रखे जाने की आज्ञा दी जिससे देखने वालों को शिक्षा मिले। कालीकट में एक बार राजा

---

1. यह शिया धर्म का प्रधान अंग है। इसके अर्थ होते हैं बुद्धिमत्तापूर्वक सत्य को प्रकट न होने देना। सुन्नियों द्वारा पीड़ित किए जाने पर मुहम्मद साहब की मृत्यु के उपरांत ये इसी प्रकार आचरण करते थे। महाभारत के द्रोण पर्व में 'अश्वत्थामा हतः' कहकर युधिष्ठिर ने भी कुछ ऐसा ही आचरण किया था।
2. संभव है, यह तमिल-संस्कृत शब्द 'तिरुपति' का विकृत रूप हो।

के प्रतिनिधि के भतीजे ने किसी मुसलमान व्यापारी की तलवार बलपूर्वक अपहरण कर ली। व्यापारी के उसके विरुद्ध आरोप करने पर न्याय करने की प्रतिज्ञा कर पितृव्य महाशय द्वार पर ही बैठ गए। इतने में भतीजा भी तलवार बांधे वहां आ पहुंचा। आते ही प्रश्न किए जाने पर उसने उत्तर दिया कि यह तलवार मैंने एक मुसलमान से मोल ली है। प्रतिनिधि महाशय ने यह सुनते ही पकड़ कर उसी तलवार द्वारा उसका सिर तन से पृथक करने का आदेश दे दिया।

कोलम में मैं माननीय वृद्ध शैख शहाबउद्दीन गाजरौनी (जिनका मैं कालीकट-वर्णन के समय उल्लेख कर आया हूं) के पुत्र शैख फखरउद्दीन के मठ में ठहरा था। अपने ककम का मुझे यहां पर कुछ भी पता न चला। इतने में हमारे साथी चीन-सम्राट के राजदूत भी अन्य जंक द्वारा कोलम में आ पहुंचे। इनका जहाज भी टूट गया था और चीन-निवासियों ने इनको पुनः वस्त्रादि दे स्वदेश की ओर भेजा। इसके पश्चात ये मुझे चीन देश में भी पुनः मिले थे।

17. हनोर को पुनः लौटना

मेरे मन में अब कोलम से पुनः दिल्ली लौटकर सम्राट से सब वार्ता सुनाने का विचार उठ रहा था, परंतु भय केवल इस बात का था कि यदि उसने मुझसे भेंट और उपहार से पृथक होने का कारण पूछा तो मैं क्या उत्तर दूंगा। बारंबार सोचने के उपरांत मैं इसी अंतिम निश्चय पर पहुंचा कि ककम का पता लगने तक हनोर के सम्राट जमालउद्दीन के ही आश्रय में रहूं। यह दृढ़ निश्चय कर मैं अब पुनः कालीकट को लौटा तो सम्राट के बहुत-से जहाज वहां दिखाई दिए। इनमें पहरेदार सैयद अबुल हसन उसकी ओर से बहुत-सा धन तथा संपत्ति लेकर 'हरमुज' तथा 'कतीफ' नामक स्थानों के अरबों को भारत में लाने के लिए जा रहा था। कारण यह था कि सम्राट अरब देश-निवासियों से अत्यंत प्रेम करता था और उसकी यह इच्छा थी कि जितने अरब देश-निवासी यहां आ सकें, अच्छा है। अबुल हसन के पास जाने पर पता चला कि वह तो कालीकट में ही सारी ग्रीष्म ऋतु बिताकर अरब जाने का विचार कर रहा है। जब उससे सम्राट के पास लौटकर जाने अथवा न जाने के संबंध में मैंने मंत्रणा की तो उसने मुझसे दिल्ली न जाने के लिए ही कहा।

अंत में मैं कालीकट से जहाज में सवार होकर चल दिया। यह इस ऋतु का सबसे अंतिम जहाज था। आधा दिन तो हम यात्रा में व्यतीत करते थे और शेष आधे में लंगर डाले खड़े रहते थे। राह में हमको डाकुओं की चार नावें मिलीं। उनको देखकर हम भयभीत भी हुए, पर ईश्वर की कृपा से उन्होंने हमको कुछ भी कष्ट न दिया और हम सकुशल हनोर पहुंच गए।

यहां आकर मैं सम्राट की सेवा में प्रणाम करने उपस्थित हुआ और उसने मेरे पास कोई भृत्य न होने के कारण मुझको एक आदमी के घर में ठहराकर कहला भेजा कि मैं

भविष्य में उसी के साथ नमाज पढ़ा करूंगा। अब मैं मस्जिद में ही बैठकर कलाम-उल्लाह (कुरानशरीफ) का एक पाठ रोज समाप्त करने लगा। फिर कुछ दिनों के अनंतर मैंने एक दिन में दो बार संपूर्ण पाठ करना प्रारंभ कर दिया। एक तो प्रातःकाल से प्रारंभ होकर जुहर के समय (तीसरे पहर) तक समाप्त हो जाता था और दूसरा जुहर से लेकर मगरिब तक। तीन मास तक यही क्रम रहा। इसके अतिरिक्त चालीस दिन तक मैंने एकांतवास भी किया।

सम्राट तथा सन्दापुर के राजा में कुछ मतभेद और निजी झगड़ा होने के कारण राजा के पुत्र ने सम्राट को लिख भेजा था कि सन्दापुर की विजय कर लेने पर उसकी भगिनी का विवाह सम्राट के साथ कर दिया जाएगा और स्वयं वह (राजपुत्र) भी मुसलमान मत की दीक्षा ग्रहण कर लेगा। यह समाचार पाकर सम्राट जमालउद्दीन ने भी बावन जहाज सुसज्जित कर सन्दापुर पर आक्रमण करने की आयोजना कर दी। तैयारी हो जाने पर मेरे मन में भी इस (धर्मयुद्ध) के श्रेय तथा पुण्य में भाग लेने का विचार हुआ और मैंने कलाम-उल्लाह जो खोलकर देखा तो मेरी दृष्टि सर्वप्रथम "युजकरो फीहा इस मुल्लाहे कसीरन वलयन सुरोनल्लाहो मई यन सुरहू" इस आयत[1] पर पड़ी और मुझको भावी विजय का आभास होने लगा। अस्र की नमाज के समय सम्राट के मस्जिद में आने पर मैंने जब अपना विचार प्रकट किया तो उसने मुझको इस धर्मयुद्ध का प्रधान (अमीर) नियत कर दिया। अब मैंने उससे कलाम-उल्लाह में शकुन निकलने की बात कही। सुनकर वह बहुत प्रसन्न हुआ और पहले युद्ध-भूमि में न जाने का निश्चय कर लेने पर भी अब तुरंत वहां जाने को उतारू हो गया।

हम दोनों एक ही जहाज पर शनिवार को सवार हो मंगलवार को सन्दापुर जा पहुंचे। खाड़ी में प्रवेश करते ही सूचना मिली कि वहां के निवासी भी युद्ध करने को उद्यत हैं और मंजनीक लगाए हुए बैठे हैं। रात्रिभर तो हमने विश्राम किया। प्रातःकाल होते ही नौबत तथा नगाड़ों के शब्द से युद्ध प्रारंभ हो गया। शत्रु ने हमारे जहाजों पर मंजनीक द्वारा पत्थर फेंकना प्रारंभ कर दिया और एक पत्थर सम्राट के निकट खड़े हुए पुरुष को भी लगा। हमारी ओर के पुरुष भी ढाल-तलवार से सुसज्जित हो जहाजों पर से जल में कूद पड़े। सम्राट 'अकीरी' तथा मैंने उनका अनुकरण किया।

हमारे पास दो जहाज ऐसे थे कि जिनके पिछले भाग खुले हुए थे। इनमें घोड़े बंधे हुए थे। इनकी बनावट इस प्रकार की थी कि सैनिक भीतर-ही-भीतर इन पर सवार होकर कवचधारी अश्वारोही के रूप में ही बाहर निकलता था। हमने इस रीति से भी कार्य किया।

---

1. इस आयत का अर्थ यह है कि परमेश्वर के नाम का बहुत अधिकता से वर्णन किया जाता है। जो उसकी सहायता करते हैं ईश्वर उनकी सहायता करता है।

ईश्वर की सहायता और अनुग्रह से मुसलमानों ने तलवार हाथ में लेकर नगर-प्रवेश किया। कुछ हिंदू भय खाकर राजप्रासाद में जा छिपे। हमने अग्निवर्षा द्वारा उनको बंदी बना लिया, परंतु सम्राट ने उनको अभय-वचन देकर उनकी स्त्रियां तक उनको लौटा दीं। इसके अतिरिक्त इन पुरुषों को, जिनकी संख्या लगभग दस सहस्र रही होगी, रहने के लिए नगर से बाहर स्थान भी दिया गया। सम्राट स्वयं राजप्रासाद में जा रहा और आसपास के घर उसने अपने भृत्यों तथा अमीरों को प्रदान कर दिए। मुझको भी 'ममकी' नामक एक दासी दी गई। इसका स्वामी धन देकर इसको लौटाना चाहता था परंतु मैंने अस्वीकार कर दिया और इसका धर्म-परिवर्तन कर 'मुबारका' नाम रखा। इसके अतिरिक्त सम्राट ने राजा के वस्त्रागार से प्राप्त एक मिस्र देशीय चुगा[1] भी मुझको प्रदान किया।

सन्दापुर[2] में मैंने सम्राट के पास तेरह जमादी-उल-अव्वल से लेकर अर्ध शाअबान (मास) पर्यंत (अर्थात लगभग तीन मास) रहकर पुनः यात्रा करने की आज्ञा चाही और सम्राट ने पुनः वहां आने की प्रतिज्ञा ले मुझको विदा किया।

18. शालियात

मैं पुनः जहाज पर चढ़ हनोर, फाकनोर, मंजौर, हेली, जुर-फत्तन, दह-फत्तन, फन्दरीना और कालीकट होता हुआ शालियात[3] नामक सुंदर नगर में जा पहुंचा। इसी नगर में शालियात नामक सुंदर वस्त्र बनाया जाता है। बहुत दिनों तक इस नगर में रहने के पश्चात जब मैं कालीकट लौटा तो ककम नामक जहाज पर बैठने वाले मेरे दो दास मुझको मिल गए। उनके द्वारा मुझे पता चला कि मेरी गर्भवती दासी का, जिसकी मुझे बड़ी चिंता रहती थी, प्राणांत हो गया और जावा के राजा ने मेरी समस्त धन-संपत्ति तथा दास-दासी तक छीन ली और मेरे कुछ साथी जावा, चीन तथा बंगाल में बुरी दशा में पड़े हुए हैं। संपूर्ण समाचार मिल जाने पर मैं प्रथम तो हनोर गया और वहां से चलकर फिर मुहर्रम मास के अंत में सन्दापुर आया। रबी-उस्सानी की दूसरी तिथि तक वहां ही रहा। इतने में वहां का वह पराजित राजा भी, जिससे हमने यह नगर छीना था, कहीं से उधर आ निकला और वहां के समस्त हिंदू उसके चारों ओर आकर एकत्र हो गए। इस समय (सम्राट) सुलतान की सेना की गांवों में बुरी दशा हो रही थी। हिंदुओं ने भी अच्छा अवसर देख सम्राट को चारों ओर से ऐसा घेरा कि आने-जाने का मार्ग तक बंद हो गया। बड़ी कठिनता से मैं किसी प्रकार वहां से बाहर आया और कालीकट पहुंचकर मालद्वीप की ओर चल दिया।

---

1. चुगा—बोलचाल में इसको लबादा कहते हैं।
2. जजीरा नाम के द्वीप के निकट कोलाबा जिले में 'दंडापुर' के नगर से तो कहीं अभिप्राय नहीं है? इस स्थान पर शिवाजी और सिद्दियों में खूब युद्ध हुआ था।
3. शालियात—यह स्थान कालीकट के निकट बसा हुआ है और अब 'शालिया' कहलाता है।

दसवां अध्याय

कर्नाटक

1. मअवर की यात्रा

मालद्वीप से इब्राहीम के जहाज में बैठ, सरनद्वीप (लंका) होते हुए हम मअवर[1] की ओर चल दिए। परंतु वायु की गति तीव्र होने के कारण जहाज में जल आने लगा। जानकार रईस (कप्तान) की अनुपस्थिति में हम पत्थरों में जा पहुंचे और जहाज उनसे टकराकर चकनाचूर हो जाने को ही था कि हम पुनः एक छोटी-सी खाड़ी में आ गए। जहाज भी अब धीरे धीरे बैठने लगा, और हमको साक्षात् मूर्तिमान मृत्यु दृष्टिगोचर होने लगी। यात्री अपने पास के समस्त पदार्थ फेंककर वसीयत (अंतिम आदेश) करने लगे। हमने जहाज के मस्तूल तक काटकर फेंक दिए और जहाज वाले दो मील दूर तट पर पहुंचने के लिए काष्ठ की एक नौका निर्माण करने लग गए। मुझको भी नाव में उतरते देख साथ की दोनों दासियां चिल्लाकर कहने लगीं कि तुम हमको छोड़कर कहां जाते हो। इस पर नौका वालों को केवल दासियों के साथ ही तट पर जाने को कह मैं स्वयं जहाज में ही ठहर गया। मेरा ऐसा निश्चय सुन एक दासी ने कहा कि मैं खूब तैरना जानती हूं, नाव पर से एक रस्सी लटका देने से मैं उसी के सहारे तैरती चली जाऊंगी। मुहम्मद बिन फरहान मिस्र देश-निवासी एक पुरुष और एक दासी ये तीन व्यक्ति तो नाव में बैठ गए और दूसरी दासी जल में तैर कर आगे बढ़ने लगी। जहाज वाले भी अब नाव की रस्सियां बांध तैरने लगे। मुक्ता, अंबर आदि अपने समस्त बहुमूल्य पदार्थों को तट की ओर इसी नाव में भेज मैं स्वयं जहाज

---

1. मअवर—तेरहवीं तथा चौदहवीं शताब्दी के अरब तथा ईरान-निवासी आधुनिक कोरोमंडल तट तथा कर्नाटक को मअवर कहा करते थे। इस समय से प्रथम इस नाम के अस्तित्व का कोई प्रमाण नहीं मिलता।

अबुल फिदा नामक लेखक के अनुसार कन्याकुमारी अंतरीप से लेकर वीलौर तक लगभग सौ कोस लंबा देश इस नाम से पुकारा जाता था। प्राचीन काल में यहां 'पांड्य' नामक हिंदू राजा राज्य करते थे, और 'मदुरा' इनकी राजधानी थी। अलाउद्दीन खिलजी के दास मलिक काफूर हजार दीनारी से सर्वप्रथम इस देश को अपने अधीन कर सहस्त्रों वर्ष के प्राचीन 'पांड्य' नामक राजवंश का अंत कर दिया।

में ही बैठा रहा। अनुकूल वायु होने के कारण जहाज का स्वामी तथा नाव वाले दोनों ही कुशलपूर्वक स्थल पर पहुंच गए।

इधर जहाज वालों के नाव निर्माण करते करते ही संध्या हो गई और जहाज में जल बढ़ने लगा। यह देख मैं पृष्ठ भाग में चला गया और प्रातःकाल तक वहीं रहा। दिन निकलने पर बहुत-से हिंदू नाव लेकर आए और इन्हीं की सहायता से हम किनारे तक पहुंचे। यहां आकर मैंने उनसे कहा कि मैं तुम्हारे सम्राट का नातेदार हूं। प्रजा होने के कारण उन्होंने तुरंत ही इसकी सूचना सम्राट को दे दी। वे यहां से दो दिन की राह पर थे।

यहां से ये लोग हमको जंगल में ले गए और वहां जाकर सुंदर मछली तथा गुग्गुल के वृक्ष का खरबूजे का-सा फल भोजन को दिया। इसके भीतर रूई के गाले के सदृश एक पदार्थ होता है जो शहद की भांति मधुर लगता है। शहद निकालकर इसका हलुआ बनाया जाता है जो 'तिल' कहलाता है और 'चीनी' के सदृश होता है।

तीन दिवस पर्यंत यहां ठहरने के पश्चात मअवर के सम्राट की ओर से कमरउद्दीन नामक एक अमीर कुछ अश्वारोही तथा पैदल सैनिकों के साथ दस घोड़े तथा एक डोला लेकर हमारे पास आया। जहाज का स्वामी, मैं और मेरे अनुयायी तथा एक दासी तो सवार होकर चले और दूसरी दासी डोले में बैठा दी गई। संध्या समय हम 'हरकातू' के दुर्ग में जा पहुंचे और रातभर वहीं विश्राम किया। अपने साथियों तथा दास-दासियों को इसी स्थान पर छोड़कर मैं सम्राट के कैंप में अगले ही दिन पहुंच गया।

2. मअवर के सम्राट

यहां के सम्राट का नाम गयासउद्दीन दासगानी है। यह सर्वप्रथम सम्राट तुगलक के सेवक मलिक मंजीर-बिन-अबी-उल-रजा के अश्वारोहियों में नौकर था और तत्पश्चात सम्राट जलालउद्दीन के पुत्र अमीर हाजी का भृत्य रहने के अनंतर सम्राट बन बैठा। उस समय इसका नाम सराजउद्दीन था परंतु सम्राट होने पर इसने सम्राट गयासउद्दीन की उपाधि धारण कर ली।

मअवर देश पहले दिल्ली-सम्राट के ही अधीन था। परंतु मेरे श्वसुर जलालउद्दीन अहसन शाह ने सम्राट से विद्रोह कर पांच वर्ष तक शांतिपूर्वक यहां शासन किया। इसके पश्चात उनका वध कर दिया गया और एक अमीर अलाउद्दीन ऊंजी यहां का सम्राट हो गया। इसने एक वर्ष तक राज्य करने के अनंतर किसी हिंदू राजा पर आक्रमण कर खूब धन-संपत्ति प्राप्त की। प्रथम विजय के अनंतर द्वितीय वर्ष भी इसने पुनः आक्रमण कर काफिरों का वध कर उनको पराजित किया था। परंतु युद्ध में एक दिन जल पीने के लिए सिर से शिरस्त्राण उठाते समय बाण लग जाने के कारण इसका प्राणांत हो गया। तदनंतर इसका जामाता कुतुबउद्दीन सम्राट बनाया गया, परंतु अच्छा स्वभाव न होने के कारण चालीस दिन

पश्चात ही इसका वध कर गयासउद्दीन सम्राट बनाया गया। इसने सम्राट जलालउद्दीन की पुत्री—दिल्ली में परिणीता मेरी स्त्री की भगिनी—के साथ विवाह कर लिया।

मेरे कैंप पहुंचने पर सम्राट लकड़ी के बुर्ज में आसीन था परंतु उसने स्वागत करने के लिए एक हाजिब मेरे पास भेजा। प्रथानुसार सम्राट के सम्मुख कोई व्यक्ति बिना मोजे धारण किए नहीं जा सकता। मेरे पास उस समय मोजे न होने के कारण, बहुत-से मुसलमानों के वहां एकत्र होते हुए भी एक हिंदू ने अपने मोजे मुझे दे दिए। इस प्रेम के बर्ताव से मुझको अत्यंत आश्चर्य हुआ।

इस प्रकार सुसज्जित हो सम्राट के सम्मुख उपस्थित होने पर उसने मुझको बैठने का आदेश दे काजी हाजी सदर उज्जमां बहरउद्दीन को बुला उनके निकट ही विश्राम करने के लिए मुझको तीन डेरे दिए, और फर्श तथा भोजन अर्थात चावल और मांस भी भिजवा दिया। हमारे देश की भांति यहां भी भोजन के पश्चात दूध की लस्सी पीने की प्रथा है।

इसके अनंतर मैंने सम्राट के निकट जा उसको मालद्वीप पर सेना भेजने के लिए उद्यत किया, और ऐसा करने का दृढ़ निश्चय हो जाने पर उसने जहाज ठीक कर वहां की सम्राज्ञी के लिए उपहार तथा अमीरों के लिए खिलअतें बनवा सम्राज्ञी की भगिनी के साथ अपना विवाह करने के लिए मुझको वकील तक नियत कर दिया। युद्ध सामग्री के अतिरिक्त सम्राट ने द्वीप के दीन-दुखियों के लिए भी तीन जहाज भर कर 'दान' भिजवाने की आज्ञा दे मुझसे पांच दिन बाद आने को कहा।

परंतु अमीर-उल-बहर (नावाध्यक्ष=सामुद्रिक सेनापति) ख्वाजा रार मलक के तीन मास पर्यंत मालद्वीप की ओर यात्रा करना असंभव बताने पर उसने (सम्राट ने) मुझ को पट्टन की ओर जाने का आदेश दे कहा कि अवधि बीत जाने के पश्चात तू राजधानी 'मतरा' (मदुरा) लौटकर पुनः यात्रा को चले जाना।

सम्राट के आदेशानुसार द्वीप-यात्रा स्थगित कर मैं कुछ काल देश में ही ठहरा रहा और इस बीच में मेरे साथी तथा दासियां भी मुझसे आ मिलीं।

जिस भाग में होकर सम्राट ने हमारी यात्रा निर्धारित की थी वहां नितांत वन-ही-वन था, और बांस के वृक्ष इतनी अधिकता से थे कि पुरुष पैदल यात्रा भी नहीं कर सकता था। वन काटने के लिए प्रत्येक सैनिक के पास सम्राट के आदेश से एक एक कुल्हाड़ा रहता था। किसी स्थान पर पहुंचते ही समस्त सैनिक सवार होकर वन में घुस, चाश्त (प्रातःकालीन 10 बजे की नमाज) के समय से लेकर जवाल (सूर्यास्त) के समय तक वृक्ष ही काटा करते थे। इसके पश्चात एक दल भोजन बनाने में जुट जाता था; और तदुपरांत पुनः संध्या समय तक वृक्ष काटे जाते थे।

किसी हिंदू के वहां पर दीख पड़ने पर, दोनों छोर से नुकीली बनी हुई लकड़ी उसके

कंधे पर लाद, तुरंत ही स्त्री-पुत्रादि के साथ कैंप भेज दिया जाता था। वहां पहुंचने पर इनसे कैंप के चारों ओर 'कठघर' नाम की लकड़ी की दीवार बनवाई जाती थी जिसमें चार द्वार होते थे। सम्राट का डेरा इसी कठघर के भीतर लगता था और उसके चारों ओर इसी प्रकार का एक अन्य कठघर बनाया जाता था। कठघर के बाहर पुरुष की आधी ऊंचाई के बराबर चबूतरे बनाकर रात्रि को अग्नि प्रज्वलित की जाती थी और समस्त पदाति तथा दासों को जागरण करना पड़ता था। रात्रि में हिंदुओं के छापा मारने पर प्रत्येक पुरुष अपने हाथ की बांस की छड़ी प्रज्वलित कर लेता था जिससे ऐसी प्रचंड अग्निशिखा निकलती थी कि मानो दिन ही निकल आया हो। इसी के प्रकाश में अश्वारोही आक्रमण कर शत्रु को पकड़ चार भागों में विभक्त कर चारों द्वारों पर भेज देते थे। वहां पर इनके कंधों पर लाई हुई उपर्युक्त नुकीली वन की लकड़ी गाड़कर प्रत्येक बंदी को उसमें पिरो देते थे और स्त्री को केश द्वारा उसमें बांध नन्हें नन्हें बालकों का उन्हीं की गोद में वध करने के अनंतर सबको उसी दशा में छोड़ पुनः वन काटने में लग जाते थे। किसी अन्य सम्राट को ऐसा निष्ठुर एवं घृणित व्यवहार करते मैंने नहीं देखा। इन्हीं दुराचारों के कारण इस सम्राट की शीघ्र मृत्यु भी हो गई।

एक दिन की बात है कि मैं सम्राट के एक ओर बैठा हुआ था और काजी दूसरी ओर। हम सब भोजन कर रहे थे कि एक काफिर (हिंदू) स्त्री-पुत्र सहित बांधकर लाया गया। पुत्र की अवस्था सात वर्ष से अधिक न होगी। सम्राट ने स्त्री-पुत्र सहित बंदी का सिर काटने की आज्ञा दे दी। आदेश होते ही उनकी गर्दनें मार दी गईं परंतु मैंने अपना मुख उधर से मोड़ लिया। जब उठकर उधर देखा तो तीनों सिर धूल में पड़े हुए थे। एक अन्य दिवस की बात है कि मैं सम्राट के पास बैठा हुआ था कि एक काफिर वहां लाया गया। सम्राट ने उससे जो कहा वह तो मैं न समझ सका परंतु वधिक उस पर आघात करने के लिए म्यान से तलवार निकालने लगे। यह देख मैं शीघ्रता से उठ बैठा और सम्राट के प्रश्न करने पर यह उत्तर दे चला आया कि अस्र की नमाज पढ़ने जाता हूं। परंतु मेरा यथार्थ आशय समझकर वह हंस पड़ा। उसने इस पुरुष के हाथ-पांव काटने की आज्ञा दी थी। लौटने पर मैंने उसको धूल में लोटते देखा।

सम्राट के पड़ोस में ही बल्लालदेव[1] नामक एक बड़े समृद्धिशाली राजा का राज्य था। एक लाख के लगभग इसका सैन्य दल था जिसमें बीस सहस्र मुसलमान भी सम्मिलित थे परंतु इनमें चोर-डाकू तथा भागे हुए दासों की ही संख्या अधिक थी।

इस राजा ने मअबर पर आक्रमण किया। सम्राट के पास केवल छह सहस्र सेना थी और उसमें भी आधी संख्या निरर्थक एवं सामग्रीरहित पुरुषों की थी। कुवान नामक नगर

---

1. बल्लालदेव—हयशाल वंशीय नृपति बल्लालदेव ई. सन् 1347 में द्वार-समुद्र के शासक थे।

के बाहर सामना होने पर मअवर देशीय समस्त सैनिक पराजित होकर राजधानी मतरा (मदुरा) की ओर भाग निकले। उधर राजा ने कुवान नगर का घेरा डाल दिया। यह नगर भी अत्यंत दृढ़ बना हुआ था। दस मास पर्यंत घेरा पड़ा रहा। गढ़ वालों के पास केवल चौदह दिन की सामग्री शेष रह गई। राजा ने कहला भेजा कि गढ़ छोड़ देने पर अब भी तुमको कोई भय नहीं है। परंतु उन्होंने खाली करने से पूर्व सुलतान की आज्ञा चाही। राजा ने यह बात मानकर उनको आज्ञा प्राप्त करने के लिए चौदह दिन का समय दिया।

राजा का पत्र सुलतान गयासउद्दीन ने शुक्रवार के दिन सब लोगों को सुनाया। सुनते ही उपस्थित जनता ने अपना जीवन ईश्वर-पथ पर समर्पण कर कहा कि राजा उस नगर को जीतकर हमारे नगर पर आक्रमण करेगा, अतएव पकड़े जाने से तो तलवार की ही छाया में मरना कहीं अधिक श्रेयस्कर है। इतना कह सबने एक-दूसरे से मैदान छोड़ न भागने की प्रतिज्ञा की। और अगले ही दिन घोड़ों के गले में साफे बांध अर्थात यह घोषित कर कि मृत्यु पाने के दृढ़ निश्चय से जा रहे हैं, वहां से चल दिए। तीन सौ के लगभग अत्यंत साहसी और शूरवीर योद्धा सबसे आगे थे। सैफउद्दीन नामक संयमशील वीर विद्वान दाहिनी ओर, मलिक मुहम्मद सिलहदार बाईं ओर और सम्राट मध्य में था। तीन सहस्र सैनिक इसके आगे थे और शेष उसके पीछे असदउद्दीन कैखुसरो की अध्यक्षता में थे। जवाल (अर्थात सूर्यास्त के समय) यह यात्रा प्रारंभ की गई। शत्रु भी नितांत बेखबर थे। उनके घोड़े तक घास के मैदानों में चर रहे थे। असदउद्दीन के आक्रमण करने पर राजा चोरों के भ्रम से तुरंत ही सामना करने बाहर चला आया। इतने में गयासउद्दीन भी आ गए और अस्सी वर्ष के वृद्ध राजा ने बुरी तरह पराजित हो सवार होकर भागना भी चाहा। परंतु गयासउद्दीन के भतीजे नासिरउद्दीन ने उसको पकड़ लिया और अनजान में उसका सिरश्छेद करने को ही था कि दास ने प्रार्थना कर निवेदन कर दिया कि यही राजा हैं। इस पर राजा बंदी बनाकर सम्राट के सम्मुख उपस्थित किया गया। सुलतान ने प्रकाश्य रूप में उसका आदर-सत्कार भी किया और उसके छोड़ने की प्रतिज्ञा कर हाथी, घोड़े तथा बहुत धन-संपत्ति भी वसूल की। परंतु राजा के पास कोई अन्य पदार्थ न रहने पर भूसा भरवाकर उसकी खाल 'मदुरा' के प्राचीर पर लटका दी गई। मैंने स्वयं उसको वहां इस प्रकार से लटकते देखा था।

3. पत्तन

हां, तो मैं पुनः अपनी वास्तविक कथा पर आता हूं। कैंप से चलकर मैं पत्तन[1] नामक एक विस्तृत नगर में पहुंचा। यहां का बंदर-स्थान भी अत्यंत ही आश्चर्यकारक है। यहां पर अत्यंत स्थूल लकड़ियों का ऊपर से ढंका हुआ सीढ़ीदार एक महान बुर्ज बना हुआ है। बंदर में

1. पत्तन—पट्टन अथवा कावेरी पट्टन—कावेरी नदी के मुख पर मध्य युग में एक बड़ा बंदर-स्थान था। कहा जाता है कि यह चौदहवीं शताब्दी में समुद्र की भेंट हो गया।

जहाज आने पर इसी के निकट खड़ा किया जाता है और जहाज वाले इस पर चढ़कर शत्रु से निर्भय हो जाते हैं। पाषाण की एक मस्जिद भी यहां बनी हुई है जिसमें अंगूर तथा अनारों की बहुतायत है। यहां शैख सालह मुहम्मद नैशापुरी से भी मेरी भेंट हुई। ये महाशय साधुओं के उस अवधूत पंथ में हैं जो अपने केशों को जंघा तक बढ़ा लेते हैं। इनके पास सात लोमड़ियां भी पली हुई थीं जो साधुओं के ही पास बैठती थीं और उन्हीं के साथ भोजन करती थीं। बीस अन्य साधु भी इन्हीं के साथ रहा करते थे। उनमें से एक के पास ऐसी हिरनी थी जो सिंह के सम्मुख खड़ी हो जाती थी और वह कुछ न करता था।

इस नगर में मैंने कुछ दिन विश्राम किया। सुलतान गयासउद्दीन की भोग-शक्ति बढ़ाने के लिए किसी योगी ने गोलियां बना दी थीं। कहा जाता है कि इनमें लौह भी मिला हुआ था। मात्रा से अधिक खा जाने के कारण सम्राट रोगी हो पत्तन में आ गया। तभी उससे भेंट करने गया और कुछ उपहार उसकी सेवा में उपस्थित किए। उसने उन्हें स्वीकार कर उनका मूल्य भी मुझको देना चाहा परंतु मैंने कुछ न लिया। अपने इस कृत्य का मुझको पीछे बहुत ही पश्चाताप हुआ क्योंकि सम्राट का तो देहांत हो गया और मुझको कुछ भी लाभ न हुआ।

पत्तन आने पर सम्राट ने अमीर-उल-बहर (नौ-सेनाध्यक्ष) ख्वाजा सरकार को बुलाकर यह आदेश कर दिया था कि मालद्वीप जाने वाले जहाजों से अन्य कार्य न लिया जाए।

4. मतरा (मदुरा)

पंद्रह दिन पत्तन में रहकर सम्राट अपनी राजधानी 'मतरा'[1] की ओर चल दिया। उसके जाने के बाद मैंने भी पंद्रह दिन और ठहर कर राजधानी की ही ओर प्रस्थान कर दिया। यह

---

1. मतरा—मदुरा नामक नगर अब भी खूब बड़ा है। प्राचीनकाल में यह पांड्य राजाओं की राजधानी था। ई. पू. 500 से लेकर 132 ई. पर्यंत मलिक काफूर के शासनकाल तक—यहां राज्य करते रहे। इसके पश्चात इस देश में दिल्ली के सम्राट की ओर से शासक नियत किए जाने लगे परंतु 1337 ई. के लगभग जलालुद्दीन अहसन शाह नामक गवर्नर के विद्रोह कर सम्राट बन जाने पर दिल्ली सम्राट मुहम्मद तुगलक की दक्षिण देश की चढ़ाई और महामारी के कारण लौटने का वृत्त तो इतिहासों में मिलता है, परंतु उन सूबेदारों का वर्णन किसी इतिहासकार ने नहीं किया। बतूता के वर्णन से ही इनके शासन-संबंधी कुछ बातों पर प्रकाश पड़ता है और वंशावली के कुछ नाम मिले हैं।

नगर में अब भी 848 फुट X 744 फुट का एक बड़ा भव्य प्राचीन मंदिर तथा रक्तपाषाण की दीवार से घिरा हुआ बृहत सरोवर बना है, जिसमें चारों कोणों पर चार गुंबद और मध्य में एक मंदिर है। यहां वर्ष में एक बार दीपावली की जाती है और मूर्तियों को सरोवर में घुमाया

नगर अत्यंत विस्तृत है। यहां के हाट-काट भी अत्यंत विशाल हैं। मेरे श्वसुर सैयद जलालउद्दीन अहसन शाह ने इस नगर को सर्वप्रथम राजधानी बना, दिल्ली के समान इसकी कीर्ति का विस्तार करने के लिए, यहां सुंदर सुंदर गृह निर्माण कराए थे।

मेरे पहुंचने के समय नगर में महामारी फैल रही थी। रोगग्रस्त होने पर पुरुष की दूसरे, तीसरे या अधिक-से-अधिक चौथे दिन अवश्य ही मृत्यु हो जाती थी। इससे अधिक कोई भी जीवित न रह सकता था। नगर की दशा ऐसी हो रही थी कि घर से बाहर निकलते ही मुझको रोगी या कोई शव अवश्य ही दृष्टिगोचर होता था। मैंने एक भली-चंगी दासी मोल ली और दूसरे ही दिन उसका प्राणांत हो गया। एक दिन एक स्त्री सात वर्ष के बालक के साथ मेरे पास आई। इसका पति सम्राट अहसन शाह का मंत्री था। बालक देखने में तेज मालूम होता था। दोनों मां-बेटे उस दिन पूर्ण रूप से स्वस्थ थे। निर्धनता के कारण मैंने उनको कुछ दान भी दिया। अगले दिन वही स्त्री अपने पुत्र का कफन मांगने आई तो मुझे पता चला कि उसका देहांत हो गया।

मेरी आंखों देखी बात है कि राजप्रासाद में सम्राट के अतिरिक्त अन्य पुरुषों के भोजनार्थ चावल कूटने वाली सैकड़ों स्त्रियां प्रतिदिन कराल काल के गाल में जा रही थीं। रोगग्रस्त होते ही धूप में शयन करने पर, इन स्त्रियों का प्राणांत हो जाता था।

मदुरा में प्रवेश करते समय सम्राट की स्त्री, पुत्र तथा माता के भी इसी रोग से ग्रस्त होने के कारण वह नगर में केवल तीन दिन ही रहकर नगर से बाहर तीन मील की दूरी पर एक नहर के किनारे, जहां एक हिंदू देवमंदिर भी था, चला गया था। बृहस्पतिवार को वहां पहुंचने पर मुझको काजी के निकट डेरे में रहने का आदेश हुआ। उस समय लोग भागे जा रहे थे। कोई कहता था कि सम्राट मर गया और कोई कहता था कि उसके पुत्र का शरीरपात हो गया। अंत में सम्राट के पुत्र की मृत्यु का ही वृत्त ठीक निकला। तत्पश्चात बृहस्पतिवार को उसकी माता तथा तृतीय बृहस्पतिवार को स्वयं उसका शरीरपात हो गया। गड़बड़ हो जाने के भय से मैं इस समाचार के पाते ही नगर से बाहर चल दिया, और वहां सम्राट का भतीजा नासिरउद्दीन नगर से कैंप की ओर आता हुआ मुझे राह में मिला। देखकर इसने मुझसे भी साथ चलने को कहा पर मैंने अस्वीकार कर दिया। उत्तर सुनकर इसने सब बात अपने मन में ही रख ली।

सर्वप्रथम नासिरउद्दीन दिल्ली में सम्राट का सेवक था, पितृव्य के विद्रोह कर मअबर देश का सम्राट बन जाने पर यह भी साधुओं के वेश में वहां से भाग निकला। पर इसके

जाता है। वर्तमान काल की दर्शनीय वस्तुएं बहुधा तीरुमल नायक के शासनकाल में (1623-1659) निर्माण की गई थीं। प्राचीन काल में यह नगर 'मलयकूट' नामक प्रांत की राजधानी था।

भाग्य में तो सम्राट होना लिखा था, अतएव गयासउद्दीन ने भी कोई पुत्र न होने के कारण इसी को अपना युवराज नियत कर दिया और सुलतान की मृत्यु के उपरांत इसकी राजभक्ति की शपथ ली गई। उस शुभ अवसर पर कवियों को प्रशंसात्मक कविताएं पढ़ने के कारण खूब पारितोषिक भी दिए गए। सर्वप्रथम काजी सदर उज्जमां को स्वागतात्मक कविता पढ़ने के कारण पांच सौ दीनार तथा एक खिलअत प्रदान की गई। तत्पश्चात 'काजी' कहलाने वाले मंत्री महोदय को दो सहस्र तथा मुझको तीन सौ दीनार और एक खिलअत प्रदान की गई। इसके अतिरिक्त दीन-दुखियों तथा साधु-संतों को भी बहुत-सा दान दिया गया और खतीब के खुतबा उच्चारण करते ही उन पर से थालों भरे दीनार तथा दिरहम निछावर किए गए।

नवीन सम्राट ने सुलतान गयासउद्दीन की कब्र पर प्रत्येक दिन कलामे-मजीद (कुरान) समाप्त करने वाले कारी (अर्थात उच्च स्वर से पाठ करने वाले) नियत किए। पाठ समाप्त होने पर मृतक की आत्मा की शांति के लिए प्रार्थनाएं की जाती थीं। और तत्पश्चात समस्त उपस्थित जनता के लिए भोजन आता था। भोजन के बाद प्रत्येक पुरुष को मान-मर्यादानुसार दिरहम दिए जाते थे। यह क्रम चालीस दिन पर्यंत रहा और इसके पश्चात प्रत्येक वर्ष मृतक की वर्षी पर मृत्यु-दिवस की तरह समस्त कृत्य किए जाते थे।

नासिरउद्दीन ने सम्राट होते ही सर्वप्रथम अपने पितृव्य के मंत्री को पद से हटा, धन-संपत्ति ले बदरुद्दीन नामक उस व्यक्ति को अपना मंत्री नियत किया जिसको उसके पितृव्य ने हमारे स्वागतार्थ पत्तन में भेजा था, परंतु इस पुरुष का शीघ्र ही प्राणांत हो जाने के कारण अमीर-उल-बहर (नौ-सेनाध्यक्ष) ख्वाजा सरूर मंत्री बनाया गया। दिल्ली के साम्राज्य के मंत्री की भांति इस देश का मंत्री भी सम्राट की आज्ञा से 'ख्वाजाजहां' कहलाने लगा। इस प्रकार से उसका संबोधन न करने पर लोगों को सम्राट के आदेशानुसार कुछ नियत जुर्माना देना पड़ता था।

इसके पश्चात सम्राट ने अपनी फूफी के पुत्र का, जिसके साथ सम्राट गयासउद्दीन की पुत्री का विवाह हुआ था, वध करा विधवा से स्वयं अपना विवाह कर लिया। सम्राट ने इसी पर संतोष न कर मलिक मसऊद का तो फूफी के पुत्र से बंदीगृह में मिलने की सूचना मिलते ही और मलिक बहादुर नामक अत्यंत विद्वान शूरवीर एवं दानशील पुरुष का अकारण वध करवा दिया।

सम्राट ने अपने भूतपूर्व पितृव्य के आदेशानुसार मेरी मालद्वीप की यात्रा के लिए जो जहाज नियत था उसे वहां जाने की आज्ञा दे दी, पर इसी बीच मुझ पर भी महामारी का प्रकोप हो गया। शैया पर पड़ते ही मैंने भी समझ लिया कि दिन पूरे हो गए, परंतु वह तो यह कहो कि ईश्वर ने मेरे हृदय में आध सेर इमली घोलकर पीने की इच्छा उत्पन्न कर दी थी जिसके तीन दिन पर्यंत दस्त आने के पश्चात मैं भला-चंगा हो गया। नगर छोड़कर

यात्रा करने की आज्ञा चाहने पर सम्राट ने मुझसे कहा कि मालद्वीप की यात्रा करने में अब केवल एक मास का विलंब है अतएव तुमको यहीं ठहरना चाहिए जिससे मैं भी अखवंदे आलम (दिल्ली-सम्राट) की आज्ञा का पालन कर वे समस्त वस्तुएं, जो उन्होंने तुमको दी थीं, पुनः तुम्हारे लिए इकट्ठी कर दूं। परंतु इसको अस्वीकार करने पर उसने पत्तन के अधिकारियों को आदेश कर दिया कि मुझको अपने इच्छित जहाज में ही यात्रा करने दें। वहां आने पर मैंने देखा कि यमन के लिए आठ जहाज तैयार खड़े हैं। इनमें से एक पर बैठ मैं वहां से चल पड़ा।

राह में चार जहाजों का युद्ध में मुंह मोड़ हम सकुशल कोलम पहुंच गए। रोग के चिह्न अब तक देह में अवशिष्ट होने के कारण मैं यहां एक मास तक ठहरा रहा।

5. सामुद्रिक डाकुओं द्वारा लूटा जाना

यहां से एक जहाज में बैठकर मैं हनोर के सुलतान जमालउद्दीन की ओर चल पड़ा। हमारा जहाज अभी हनोर तथा फाकनोर के मध्य में ही था कि हिंदुओं ने बारह युद्ध-पोतों को लेकर हम पर आक्रमण किया। घोर युद्ध के पश्चात जाकर कहीं हम पराजित हुए। बस फिर क्या था, लूट प्रारंभ हो गई। सीलान (लंका) के राजा के दिए हुए मोती, नीलम, वस्त्र तथा सिद्ध महात्माओं के प्रसाद, यहां तक कि आड़े समय के लिए सुरक्षित वस्तुओं तक को उन्होंने मेरे पास न छोड़ा; केवल पैजामा ही मेरे शरीर पर शेष रह गया। कहना वृथा है, जहाज के समस्त यात्रियों की इसी प्रकार दुर्दशा कर डाकुओं ने तट पर उतार दिया। मैं अब पुनः कालीकट में आ एक मस्जिद में जा घुसा। समाचार पा एक धर्मशास्त्री ने कुछ वस्त्र, काजी महोदय ने एक साफा और एक अन्य व्यापारी महाशय ने कुछ और कपड़े आदि मेरे लिए भेज दिए। इस प्रकार मेरा काम चलता हुआ।

यहां आने पर मुझे विदित हुआ कि मालद्वीप में मंत्री जमालउद्दीन के मरने पर मंत्री अबदुल्ला ने सम्राज्ञी खदीजा के साथ विवाह कर लिया है और मेरी गर्भवती भार्या के भी, जिसको मैं वहां छोड़ आया था, पुत्र उत्पन्न हुआ है। यह समाचार मिलते ही मेरे मन में पुनः मालद्वीप जाने की इच्छा उत्पन्न हुई, परंतु इसके साथ ही अबदुल्ला की शत्रुता भी स्मरण हो आई। मैंने अंतिम निश्चय करने के लिए कुरान उठाकर देखा तो निम्नलिखित आयत पर दृष्टि पड़ी 'ततनज्जलो अलेहमुल मलायकतह अनलात खाफ वला तहजनू' (जिसका अर्थ यह है कि उतारे जाते हैं उन पर फरिश्ते ताकि न डरो और न खौफ करो)। इसको अच्छा शकुन समझ मैं मालद्वीप की ओर पुनः चल दिया और पांच दिन पर्यंत वहां ठहरने के पश्चात अपनी भार्या तथा पुत्र से विदा ले पुनः पोतारूढ़ हो बंगाल की ओर चल पड़ा और तैंतालीस दिन और यात्रा करने के उपरांत उस देश में पहुंचा।

ग्यारहवां अध्याय

बंगाल

1. पदार्थों की सुलभता

बंगाल एक अत्यंत विस्तृत देश है। यहां चावल ही अधिकता से होता है। यहां जिस तरह कम मूल्य पर अधिक वस्तुएं मिलती हैं, वैसा मैंने अन्य किसी देश में नहीं देखा। परंतु वस्तुओं का इतना स्वल्प मूल्य होने पर भी यह देश किसी को अच्छा नहीं लगता। खुरासान देश के रहने वाले तो इसकी उपमा धन-धान्य तथा अमूल्य पदार्थ-पूरित नरक से दिया करते हैं। इस देश में एक रौप्य दीनार के पच्चीस रतल[1] चावल आते हैं। दिल्ली का रतल बीस पश्चिमी रतल के बराबर माना जाता है और यहां का एक रौप्य दीनार भी आठ दिरहम के बराबर होता है। यहां के दिरहम हमारे देश के दिरहम के समान होते हैं, कोई भी भेद नहीं है। चावलों का उपर्युक्त भाव हमारे देश में पदार्पण करते समय था जो जनता की सम्मति में महंगी का वर्ष था। दिल्ली में हमारे घर के निकट रहने वाले ईश्वर-द्रष्टा महात्मा मुहम्मद मसमूदी मगरवी कहा करते थे कि बंगाल में मेरे, एक स्त्री, तथा दास, इन तीनों के लिए केवल आठ दिरहम के खाद्य पदार्थ एक वर्ष तक के लिए पर्याप्त होते थे। उस समय यहां (बंगाल में) दिल्ली की तौल से आठ दिरहम में अस्सी रतल सट्टी आती थी और कूटने पर इसमें पचास रतल अर्थात दस कंत्तार (तौल विशेष) चावल बैठते थे।

पालतू पशुओं में गाय तो यहां होती नहीं, परंतु दूध देने वाली भैंस तीन रौप्य दीनार की मिल जाती है। अच्छी मुर्गियां भी दिरहम में आठ मिल जाती हैं। कबूतर के बच्चे दिरहम में पंद्रह बिकते हैं, और मोटे मेंढ़े का मूल्य दो दिरहम है। दिल्ली की तौल से निम्नलिखित वस्तुओं का भाव इस प्रकार है—

---

1. रतल—इस शब्द से यहां स्वयं वतूता के कथनानुसार 'दिल्ली के मन' से ही तात्पर्य है। फरिश्ता के अनुसार यह बारह सेर का और मसालक-उल-अवसार के लेखक के मत से $14\frac{1}{2}$ सेर का होता था। रौप्य दीनार को आधुनिक रुपए के बराबर ही समझना चाहिए। इस प्रकार गणना करने पर उस समय वहां 1 रुपए का $7\frac{1}{2}$ मन चावल तो महंगी के दिनों में तथा 15 मन अनाज सस्ती के समय आते थे।

1 रतल खांड	4 दिरहम
1 रतल गुलाब	8 दिरहम
1 रतल घी	4 दिरहम
1 रतल मीठा तेल	2 दिरहम

इसके अतिरिक्त तीस गज लंबा सूती वस्त्र दो दीनार में और सुंदर दासी एक स्वर्ण दीनार में (जो ढाई पश्चिमी दीनार के बराबर होता है) मिल सकती है। मैंने स्वयं एक अत्यंत रूपवती 'आशोरा' नामक दासी इसी मूल्य में तथा मेरे एक अनुयायी ने छोटी अवस्था का 'लूलू' नामक एक दास दो दीनार में मोल लिया था।

2. सदगावां

इस प्रांत में हमने सबसे प्रथम 'सदगावां'[1] नामक नगर में प्रवेश किया। यह विशाल नगर गंगा और जोन[2] नामक नदियों के संगम पर समुद्र तट पर बसा हुआ है। नगरस्थ बंदर-स्थान के जहाजों द्वारा लोग लखनौती-निवासियों का सामना करते हैं।

यहां के सम्राट का नाम तो वास्तव में फखरउद्दीन है परंतु वह 'फखरा' के नाम से अधिक प्रसिद्ध है। यह बड़ा विद्वान है। साधु-संतों तथा सूफियों (दार्शनिकों) से बहुत प्रेम करता है। इस देश का सम्राट तो वास्तव में सर्वप्रथम, दिल्ली सम्राट, मुअजउद्दीन[3] का पिता नासिरउद्दीन था (जिससे भेंट होने इत्यादि का वृत्तांत मैं पूर्व ही लिख आया हूं)। इसकी मृत्यु के उपरांत इसका पुत्र शम्सउद्दीन, और तदनंतर शहाबउद्दीन सिंहासनासीन हुआ। अंतिम

---

1. सदगावां—यहां बतूता का तात्पर्य हुगली निकटस्थ एक बंदर-स्थान से है। आईने-अकबरी के अनुसार 'सातगांव' हुगली से एक कोस की दूरी पर था। उस समय भी यह एक बंदर-स्थान समझा जाता था। सातगांव की कमिश्नरी (सरकार) में हुगली, कलकत्ता, चौबीस परगना और बर्दवान के आधुनिक जिले सम्मिलित थे।
2. जोन—यह गंगा नदी की एक शाखा थी। आईने-अकबरी में भी इसका उल्लेख है। इसी पर नगर बसा हुआ था। रेत इत्यादि से नदी की धारा बंद हो जाने पर नगर उजाड़ हो जाने के कारण पुर्तगाल देश-निवासियों ने ई. सन् 1537 में हुगली नामक नगर की वृद्धि करना प्रारंभ कर दिया।
3. मध्यकालीन बंगाल के इतिहास के संबंध में फरिश्ता, बदाऊंनी, अबुलफजल तथा निजामउद्दीन अहमद बख्शी आदि प्राचीन ऐतिहासिकों में बड़ा मतभेद है। परंतु वर्तमान काल में श्री टॉमस महोदय द्वारा इन प्राचीन सम्राटों की मुद्रा प्राप्त होने के कारण इब्नबतूता के इस यात्रा-विवरण की सहायता से हमको अब बहुत कुछ जानकारी हो सकती है और बलबन के पुत्र सम्राट नासिरउद्दीन के समय से लेकर मुहम्मद तुगलक के समय तक के बंगाल-शासकों का यथेष्ट ज्ञान हमको हो सकता है। विस्तार-भय से यहां हमने विवरण लिखना उचित नहीं समझा।

शाह ने 'भौरों' नाम से प्रसिद्ध गयासउद्दीन बहादुर द्वारा पराजित होने पर सम्राट गयासउद्दीन तुगलक से सहायता मांगी और उसने उसको बंदी कर लिया। सम्राट की मृत्यु के उपरांत उसके उत्तराधिकारी सम्राट मुहम्मद तुगलक ने उसको मुक्त कर दिया परंतु प्रांत विभाजित करते समय पुनः प्रतिज्ञा भंग करने के कारण सम्राट ने क्रुद्ध हो आक्रमण कर उसका वध कर डाला। तत्पश्चात उसका जामाता सम्राट-पद पर प्रतिष्ठित हुआ परंतु सेना ने उसका भी वध कर दिया। इसी समय अलीशाह नामक एक व्यक्ति लखनौती[1] का शासक बन बैठा। अपने स्वामी नासिरउद्दीन के वंशजों के हाथ से इस प्रकार राज्य निकलते देख फखरउद्दीन ने अपेक्षाकृत अधिक नाविक बल होने के कारण अलीशाह पर वर्षाऋतु में—कीचड़ और

1. लखनौती—यह नगर बंगाल के प्राचीन हिंदू राजाओं की राजधानी था। इसका प्राचीन नाम गौड़ कहा जाता है। परंतु कुछ लोग देश का नाम गौड़ बताते हैं और नगर का 'लखनौती'। नाम चाहे कुछ भी हो, पर इसकी प्राचीनता में कुछ भी संदेह नहीं। मुसलमानों ने भी यहां रहकर तीन सौ वर्ष पर्यंत शासन किया। परंतु नगरस्थ गंगा नदी की शाखा का जल दूसरी ओर परिवर्तित होने के कारण दलदल हो जाने से यहां की जलवायु दिन-प्रतिदिन बिगड़ती ही गई। बंगाल के सम्राटों ने अपनी राजधानी तक यहां से उठा ली और यह गवर्नर के रहने का वासस्थान मात्र रह गया। ई. सन् 1537 में शेरशाह ने, तथा 1575 ई. में अकबर के सेनाध्यक्ष मुनईम खां खानेखाना ने इस पर आक्रमण किया। इतने पर भी नगर कुछ-न-कुछ शेष ही था, प्राचीन कीर्ति चली ही जाती थी। परंतु जब शाहशुजा ने अपना निवासस्थान यहां से उठाकर राजमहल में स्थापित किया तो इस अंतिम और दारुण प्रहार को न सह सकने के कारण नगर उजाड़ हो गया और फिर कभी न बसा। धीरे धीरे वहां ऐसा घोर वन उत्पन्न हुआ कि मनुष्य को जाने तक में भय होता था। १९वीं शताब्दी में वन की कटाई प्रारंभ होने के कारण प्राचीन ध्वंसावशेष दृष्टिगोचर होने लगे हैं जिनसे विदित होता है कि यह नगर आधुनिक कलकत्ते की जोड़ का रहा होगा और इसकी जनसंख्या भी अवश्य ही 6-7 लाख के लगभग रही होगी। उत्तर दिशा का अवशिष्ट नगर-प्राचीर खुदवाने पर नींव सौ फुट चौड़ी निकली। इसके अनंतर 125 फुट चौड़ी खाई थी। प्राचीर के पूर्वोत्तर कोण में राजा बल्लाल सेन के प्रासाद (400 X 400 गज) के भग्नावशेष दृष्टिगोचर होते हैं। नगर-प्राचीर के बाहर दूसरी बस्ती के चिह्नों में सागर डिग्गी नामक 800 गज लंबा तथा 1600 गज चौड़ा चारों ओर से पक्की ईंटों का बना हुआ एक सरोवर अब तक वर्तमान है। इसका जल अत्यंत स्वच्छ एवं स्वादिष्ट है। इसी के निकट प्यासबाड़ी नामक खारे जल का एक अन्य सरोवर भी बना हुआ है जिसका जल बंदियों को पिलाया जाता था। कहा जाता है कि इसका प्रभाव विष सरीखा होने के कारण उनकी मृत्यु तक हो जाती थी। अबुलफजल इसकी पुष्टि में लिखता है कि सम्राट अकबर ने इस प्रथा को बंद कर दिया था। गढ़ तथा प्यासबाड़ी के मध्य में एक सुनहरी मस्जिद भी बनीं हुई है जिसकी छत में गुंबद थे।

शैख सम्राट निजामउद्दीन औलिया के गुरु शैख अखीसराज का मठ भी यहां आधुनिक सादुल्ला पुर में 'सागर-डिग्गी' नामक सरोवर के पूर्वोत्तर कोण में बना हुआ है।

गर्मी में ही–जहाजों द्वारा आक्रमण कर घोर युद्ध किया। वर्षाऋतु बीतते ही स्थल-बल अधिक होने के कारण अलीशाह ने भी लौटकर फखरउद्दीन पर आक्रमण किया।

साधु तथा सूफियों से अधिक प्रेम होने के कारण फखरउद्दीन एक बार 'सातगाम' में शैदा नामक एक सूफी को अपना प्रतिनिधि नियत कर आप स्वयं शत्रु से युद्ध करने चल दिया। उधर मैदान साफ देख शैदा ने अपना आधिपत्य स्थायी करने के लिए विद्रोह खड़ा कर सम्राट के इकलौते पुत्र का वध कर डाला। समाचार पाते ही सम्राट राजधानी को लौटा तो शैदा सुनारगांव नामक सुदृढ़ और सुरक्षित स्थान की ओर भाग गया। परंतु सम्राट ने उसका पीछा कर वहां भी सेना भेजी। यह देख नगर-निवासियों ने भयवश शैदा को पकड़ सम्राट की सेना में भेज दिया। सूफी के इस प्रकार बंदी हो जाने की सूचना मिलते ही सम्राट ने उसका सिर भेजने का आदेश किया और सेना के सम्राट की आज्ञा पालन करने के अनंतर उसके बहुत-से अनुयायी साधुओं का भी वध किया गया।

दिल्ली सम्राट से उनकी शत्रुता थी, अतः मैंने सातगाम पहुंच एतद्देशीय सम्राट से अच्छा फल न होने के भय से भेंट न की।

३. कामरू देश (कामरूप)

सातगाम से मैं कामरू[1] पर्वतमाला की ओर हो लिया, जो वहां से एक मास की राह है। यह विस्तृत पर्वत-प्रदेश कस्तूरी मृग उत्पन्न करने वाले चीन और तिब्बत की सीमाओं से जा मिला है। इस देश के निवासियों की आकृति तुर्कों की-सी होती है। इनकी तरह परिश्रम करने वाले व्यक्ति कठिनाई से भी अन्यत्र न मिलेंगे। यहां का एक एक दास अन्य देशीय कई दासों से भी अधिक कार्य करता है। जादूगर भी यहां के प्रसिद्ध हैं।

इस देश में मैं तवरेज-निवासी प्रसिद्ध ईश्वर-भक्त महात्मा शैख जलालउद्दीन[2] के दर्शनार्थ गया था। शैख महोदय अपने समय के सर्वश्रेष्ठ पुरुष थे। उनके अनेक चमत्कार बताए जाते हैं। उनकी अवस्था भी अत्यंत अधिक थी। कहते थे कि मैंने बगदाद में खलीफा मुस्तअसम विल्लाह का वध होते हुए स्वयं अपनी आंखों से देखा है क्योंकि वध के समय

1. कामरू–आसाम का एक जिला है। 'अजरक' नामक नदी से बतूता का अभिप्राय आधुनिक ब्रह्मपुत्र से ही है। यह नगर अत्यंत प्राचीन है–महाभारत तक में इसका बर्णन है। जादू भी यहां का अब तक कहावतों में प्रसिद्ध चला जाता है। 'कामाक्षा' देवी का प्रसिद्ध मंदिर भी यहीं है। भारत के मुसलमान शासक भी इसको भलीभांति अपने अधीन न कर सके। मध्ययुग में आसाम अर्थात कामरूप पर ब्राह्मणवंशीय राजाओं का प्रभुत्व था जिन्होंने लगभग 1000 वर्ष राज्य किया। हर्षवर्धन के समय ये राजा बौद्ध धर्वावलंबी हो गए थे।
2. शैख जलालउद्दीन–मुसलमानों में यह अत्यंत धार्मिक महात्मा हुए हैं। इनका देहांत तो बंगाल में ही हुआ, परंतु इनके समाधि-स्थान का ठीक पता नहीं चलता कि कहां है।

में वहीं उपस्थित था। इन महात्मा की डेढ़ सौ वर्ष से भी अधिक अवस्था हुई थी, चालीस वर्ष से तो वे निरंतर रोजा ही रखते चले आते थे और दस दस दिन पश्चात व्रत-भंग करते थे। इनका कद लंबा, शरीर हल्का तथा गाल पिचके हुए थे। देश के बहुत-से निवासियों ने इनसे मुसलमान धर्म की दीक्षा ली थी। इनके एक साथी ने मुझे बताया कि मृत्यु से एक दिन पहले इन्होंने अपने समस्त मित्रों को इकट्ठा कर वसीयत की थी कि ईश्वर से सदा डरते रहना चाहिए, ईश्वरेच्छानुसार मैं तुमसे कल विदा होऊंगा, मेरे अनंतर तुम ईश्वर को ही मेरा स्थानापन्न समझना। जुहर की नमाज के पश्चात (तृतीय प्रहर के उपरांत) अंतिम बार सिजदा करते इनका प्राण पखेरू उड़ गया। इनके रहने की गुफा के निकट ही एक खुदी-खुदाई कब्र दीख पड़ी, जिसमें कफन तथा सुगंधि दोनों ही प्रस्तुत थे। साथियों ने शैख को स्नान करा, कफन दे, नमाज पढ़कर दफन कर दिया। परमेश्वर उन पर अपनी कृपा रखे!

शैख महात्मा के दर्शनार्थ जाते समय उनके निवासस्थान से दो पड़ाव की दूरी पर उनके चार अनुयायियों से भेंट हुई। इनके द्वारा मुझको ज्ञात हुआ कि शैख ने बहुत-से साधुओं से कहा था कि एक पश्चिमी यात्री हमारे पास आता है, उसका स्वागत करना चाहिए। इसी कारण ये लोग इतनी दूर मुझे लेने आए थे। शैख महाशय को मेरे संबंध में किसी और रीति से कुछ ज्ञान न हुआ था, केवल समाधि द्वारा ही यह सब वृत्त उन्होंने जाना था।

अनुयायियों के साथ मैं उनकी सेवा में दर्शनार्थ उपस्थित हुआ। वहां जाकर मैंने देखा कि मठ तो रहने की गुफा के बाहर ही बना हुआ है परंतु बस्ती का चिह्न तक नहीं है। हिंदू और मुसलमान सब ही शैख के दर्शनार्थ उपस्थित हो भेंट चढ़ाते थे, परंतु यह सब पदार्थ दीन-दुखियों को खिलाकर शैख अपनी गाय का दूध पीकर ही संतुष्ट रहते थे। वहां जाने पर वे मुझसे खड़े होकर गले से मिले और देश तथा यात्रा का वृत्तांत पूछा। सबका यथावत उत्तर देने के उपरांत श्रीमुख से निकला कि ये अरब देश के यात्री हैं। इस पर एक अनुयायी ने कहा कि श्रीमान, यह यात्री तो अरब तथा अजम[1] दोनों देशों के हैं। यह सुन शैख ने कहा कि हां, ये अरब और अजम के हैं, इनका खूब आदर-सत्कार करो। इसके अनंतर तीन दिवस पर्यंत मठ में मेरा बड़ा आदर-सत्कार रहा।

प्रथम भेंट के दिन शैख को मरगर (एक पशु विशेष के ऊन का) चुगा पहने देख मेरे हृदय में यह विचार उठा कि यदि शैख महोदय यह वस्तु मुझे प्रदान कर दें तो क्या ही अच्छा हो। परंतु जब मैं उनसे विदा होने लगा तो शैख महाशय ने गुफा में एक ओर जा चुगा शरीर से उतारकर मुझको पहनाने के अनंतर ताकिया अर्थात टोपा भी अपने सिर

1. अजम—अरबी में अरब देश के अतिरिक्त अन्य देशों का नाम है।

से उतार मेरे सिर पर रख दिया। साधुओं के द्वारा मुझे ज्ञात हुआ कि शैख महाशय कभी चुगा न पहनते थे, मेरे आने के समाचार सुनकर केवल भेंट के दिन उसको धारणकर आपने अपने श्रीमुख से यह उच्चारण किया था कि वह पश्चिमी यात्री इस चुगे को मुझसे लेने की प्रार्थना करेगा, परंतु वह उसके पास भी न रहेगा और अंत में एक विधर्मी सम्राट द्वारा छीना जाकर पुनः मेरे भ्राता बुरहानउद्दीन की ही भेंट चढ़ेगा। साधुओं के वाक्यों को सुन तथा शैख महोदय द्वारा प्रदत्त पदार्थ को अमूल्य वस्तु की भांति समझ मैंने इसको पहनकर किसी सहधर्मी अथवा विधर्मी सम्राट के सम्मुख न जाने का दृढ़ निश्चय कर लिया।

शैख से विदा होने के बहुत वर्ष पश्चात दैवयोग से चीन देश में गया, और अपने साथियों के साथ 'खनसा'[1] नामक नगर में घूम रहा था कि एक भीड़ के कारण एक स्थान पर मैं उनसे पृथक हो गया। उस समय यह चुगा मेरे शरीर पर था। इतने में मंत्री ने मुझे देखकर अपने पास बुला लिया, और मेरा वृत्तांत पूछने लगा। बातें करते करते हम राजप्रासाद तक पहुंच गए। मैं यहां से अब विदा होना चाहता था परंतु उसने जाने न दिया और सम्राट के सम्मुख मुझको उपस्थित कर दिया। प्रथम तो वह मुझसे मुसलमान सम्राटों का वृत्त पूछता रहा और मैं उत्तर देता रहा, परंतु इसके बाद उसके इस चुगे की अत्यंत प्रशंसा करने पर जब मंत्री ने इसको उतारने को कहा तो लाचार होकर मुझको आज्ञा माननी ही पड़ी। सम्राट ने चुगा ले उसके बदले में मुझको दस खिलअतें, सुसज्जित अश्व और बहुत-सी मुहरें भी प्रदान कीं। परंतु मुझे इसके अलग होने से विशेष दुख एवं आश्चर्य हुआ और शैख के वचन पुनः स्मरण हो आए।

द्वितीय वर्ष में चीन की राजधानी 'खान बालक' में संयोगवश शैख बुरहानउद्दीन के मठ में जाकर मैं क्या देखता हूं कि शैख महोदय मेरा ही चुगा धारण किए किसी पुस्तक का पाठ कर रहे हैं। आश्चर्य से मैंने जो उसको उलट-पुलट कर देखा तो शैख जी कहने लगे, "क्यों? क्या इसको पहचानते हो?" मैंने "हां" कहकर उत्तर दिया कि 'खनसा' के राजा ने मुझसे यह चुगा ले लिया था। इस पर शैख ने कहा कि शैख जलालउद्दीन ने यह चुगा मेरे लिए तैयारकर पत्र द्वारा सूचित किया था कि यह अमुक पुरुष द्वारा तेरे पास भेजा जाएगा। इतना कहकर शैख ने जब मुझको वह पत्र दिखाया तो उसको पढ़कर मेरे आश्चर्य का ठिकाना न रहा और मन में शैख के अद्भुत ज्ञान की सराहना ही करता रहा। मैंने अब उनको इसकी समस्त गाथा कह सुनाई और उसके समाप्त होने पर शैख ने कहा कि मेरे भाई शैख जलालउद्दीन का पद इससे कहीं उच्च है। संसार की समस्त घटनाओं को वे भलीभांति जानते हैं परंतु अब तो उनका शरीरपात भी हो गया।

इसके पश्चात उन्होंने मुझसे यह भी कहा कि मुझे भलीभांति विदित है कि वे प्रत्येक दिन प्रातःकाल की नमाज मक्का नगर में पढ़ा करते थे। प्रत्येक वर्ष हज करते थे और

---

1. खनसा—इस नगर का आधुनिक नाम हो-आन-चू है।

जरफा और ईद के दिन लोप हो जाते थे परंतु (इन घटनाओं की) किसी को भी सूचना तक न होती थी।

4. सुनार-गांव

शैख जलालउद्दीन से विदा होकर मैं 'हबनक'[1] नामक एक विस्तृत नगर की ओर चला। इस नगर के मध्य में होकर एक नदी बहती है।

कामरूप की पर्वतमालाओं में होकर बहने वाली नदी को 'अजरक' कहते हैं। इसके द्वारा लोग बंगाल और लखनौती तक पहुंच सकते हैं। मिस्र देशीय नील नदी के समान इस नदी के दोनों तटों पर जल, उपवन और गांव दृष्टिगोचर होते हैं। यहां के रहने वाले हिंदू (काफिर) हैं और उनसे अन्य करों के अतिरिक्त आधी उपज राजस्व के रूप में ले ली जाती है। पंद्रह दिन पर्यंत हम इस नदी में यात्रा करते रहे और इस काल में उपवनों की अधिकता से ऐसा प्रतीत होता था कि मानो हम किसी बाजार में ही जा रहे हों। नदी द्वारा जाने वाले जहाजों की संख्या भी नियत नहीं है, चाहे जितने जहाज वहां चलाए जा सकते हैं। प्रत्येक पोत पर एक नगाड़ा होता है जो अन्य जहाज के सम्मुख आने पर बजाया जाता है। यह अभिवादन कहलाता है। सम्राट फखरउद्दीन के आदेश के कारण साधुओं से नदी की उतराई अथवा नदी यात्रा का कुछ कर नहीं लिया जाता। उनको भोजन भी मुफ्त दिया जाता है और नगर में पहुंचते ही प्रत्येक साधु को आधा दीनार भी दान में दिया जाता है।

पंद्रह दिन यात्रा करने के पश्चात हम सुनार-गांव[2] में पहुंचे। यहीं के निवासियों ने शैदा को बंदी कर सम्राट के हवाले कर दिया था।

---

1. हबनक तो नहीं परंतु खबनक नामक एक नगर का अवश्य पता चलता है। बहुत संभव है कि बतूता का तात्पर्य कामख्या नामक स्थान से हो जहां प्रत्येक वर्ष मेला लगता है।
2. सुनार-गांव—हिंदुओं के समय से पूर्वीय बंगाल की राजधानी था। यह नगर सर्वप्रथम ब्रह्मपुत्र तथा मेघना से समान दूरी पर मध्य में बसाए जाने के कारण व्यापार तथा राजधानी दोनों की ही दृष्टि से अत्युत्तम था। मुसलमान शासकों तथा अंग्रेजों के प्रारंभिक काल तक इसकी स्थिति बनी रही, परंतु अब तो संपूर्णतया नष्ट हो गया है। ढाका के निकट पंद्रह मील की दूरी पर ब्रह्मपुत्र नदी के तट से दो मील के बाद घोर वन में इसके भग्नावशेष अब भी दृष्टिगोचर होते हैं। केवल 'पैनाम' नामक एक गांव इसकी प्राचीन स्थिति पर अब भी चला जाता है। ईस्ट इंडिया कंपनी के राजत्वकाल में यहां सर्वोत्तम सूत्री वस्त्र तैयार होते थे जिनकी मुसलमान तथा अंग्रेज शासक दोनों ने भूरि भूरि प्रशंसा की है।

गोपसन्स पेपर्स लिमिटेड, नोएडा, (उ.प्र.) द्वारा मुद्रित।